Reinhold Knopp, Karin Nell (Hg.)

Keywork4

Ein Konzept zur Förderung von Partizipation und Selbstorganisation in der Kultur-, Sozial- und Bildungsarbeit

[transcript]

Bibliografische Information der Deutschen Nationalbibliothek
Die Deutsche Nationalbibliothek verzeichnet diese Publikation in der Deutschen Nationalbibliografie; detaillierte bibliografische Daten sind im Internet über http://dnb.d-nb.de abrufbar.

Umschlaggestaltung: Kordula Röckenhaus, Bielefeld
Umschlagabbildung: Nina Selig, Bochum, 2014, © Karin Nell
Lektorat: Klaus Söhnel, www.correctix.de
Satz: Claudia Sander
Druck: Majuskel Medienproduktion GmbH, Wetzlar
Print-ISBN 978-3-8376-2679-7
PDF-ISBN 978-3-8394-2679-1

Gedruckt auf alterungsbeständigem Papier mit chlorfrei gebleichtem Zellstoff.
Besuchen Sie uns im Internet: *http://www.transcript-verlag.de*
Bitte fordern Sie unser Gesamtverzeichnis und andere Broschüren an unter: *info@transcript-verlag.de*

Inhalt

4. Keywork-Projekte in der Kultur-, Sozial- und Stadtteilarbeit

Wir danken allen, die mit ihrem Engagement dazu beigetragen haben, dass Keywork 4 entstehen konnte. Ein ganz besonderer Dank gilt Gabriele Winter, Gerrit Heetderks und Claudia Sander.

Einleitung

Warum schreiben wir dieses Buch?

Karin Nell, Reinhold Knopp

Als wir 2007 unsere erste Veröffentlichung zum Thema Keywork herausgaben, steckte das Keywork-Konzept noch in seinen Kinderschuhen. Auch wenn sich damals bereits andeutete, dass das Konzept ein immenses Potenzial für die Freiwilligenarbeit der Zukunft in sich birgt, so war doch vieles, was wir damals beschrieben haben, noch unausgegoren und beruhte auf wenig gesicherten Praxiserfahrungen. Die meisten Beispiele waren im Umfeld von KulturKontaktAustria in Wien und im Wirkungsfeld der Projektwerkstatt für innovative Seniorenarbeit in Düsseldorf gesammelt worden. Sie dokumentierten erste Schritte in der Umsetzung des neuen Konzepts und standen – zumindest, was die Arbeit im Rheinland betraf – noch stark unter dem Einfluss der innovativen Seniorenarbeit. Um eine Definition im klassischen Sinne haben wir uns damals herumgedrückt. Es erschien uns noch zu früh, hier zu verallgemeinerbare Aussagen zu treffen und uns festzulegen. Offensichtlich hat diese Lücke viele Kolleg(inn)en jedoch nicht davon abgehalten, sich intensiver mit Keywork zu beschäftigen. Im Gegenteil. Hier bestätigt sich, was wir aus der Kunst längst wissen: Gerade das Unfertige weckt Interesse. Es bietet vielfache Anknüpfungs- und Andockpunkte. »Das Vollendete ist langweilig. Es kann nur bewundert werden!«, beschrieb die Künstlerin Uscha Urbainski in einem Keywork-Workshop ihre Skepsis im Umgang mit perfekten Arbeiten. Sie könne sich eher für das Unperfekte begeistern, für die grobe Skizze, das noch unvollkommene Werk. Das Unperfekte mache sie neugierig, fordere sie dazu auf, einen Prozess weiter zu denken und lasse Spielraum für Ergänzungen, Widerspruch und Infragestellung.

Keywork kommt!

Inzwischen ist der Keywork-Gedanke von der innovativen Seniorenarbeit auf andere Bereiche der sozialen und kulturellen Arbeit übergesprungen: Es gibt immer mehr Beispiele für Keywork in der Kinder- und Jugendarbeit, in der

Quartiers- und Nachbarschaftsarbeit und in der Inklusionsarbeit. Auch der theoretische Ansatz von Keywork hat sich weiter ausdifferenziert: Im Verlauf eines intensiven Entwicklungsprozesses, an dem viele Akteure/Akteurinnen beteiligt waren, haben sich vier zentrale Faktoren herauskristallisiert. Aus Keywork ist Keywork 4 geworden.

Keywork-Ateliers sind nach wie vor zentrale Elemente im Keywork, ihre Zahl erlebt derzeit einen sprunghaften Anstieg. Parallel zu diesen Entwicklungen haben sich die Qualifizierungsprogramme verändert; sie greifen Impulse aus Projekten und Diskursen auf und tragen gezielt dazu bei, den Keywork-Ansatz in der weiten Landschaft der sozialen und kulturellen Arbeit zu verbreiten.

Keywork4: ein wachsendes Entwicklungsnetzwerk

Auch wenn sich in den letzten Jahren viel getan hat, Keywork 4 wird auch weiterhin als gemeinsame Baustelle zu betrachten sein. Kolleg(inn)en aus dem ganzen Bundesgebiet haben an Keywork-Fortbildungen und Lernplattformen teilgenommen und bringen sich in unterschiedlichen Praxisfeldern mit ihrem Wissen und ihren Ideen in die Weiterentwicklung des Ansatzes ein. Auch in der Hochschularbeit ist Keywork angekommen. An der Fachhochschule Düsseldorf haben sich in den vergangenen Jahren mehrere Jahrgänge von Studierenden mit Keywork auseinandergesetzt, haben in Seminaren eigene Projekte entwickelt, haben sich im Rahmen von Bachelor- und Masterarbeiten wissenschaftlich mit Keywork beschäftigt und das Konzept von Keywork 4 weiter fortgeschrieben.

Entstanden ist ein komplexes, weitverzweigtes Keywork 4-Entwicklungsnetzwerk. Da im Sinne des Ansatzes alle Beteiligten in einem Netzwerk zugleich Lernende und Lehrende sind, wächst das Erfahrungswissen mit jedem neuen Netzwerkpartner, jeder neuen Netzwerkpartnerin kontinuierlich weiter an. Damit wird die Zusammenarbeit einerseits fruchtbarer und erkenntnisreicher, sie wird andererseits aber auch vielschichtiger und unübersichtlicher.

Wir werden in diesem Buch versuchen, die vielfältigen Erfahrungen in den unterschiedlichen Experimentierfeldern zu bündeln, Entwicklungsrichtungen aufzuzeigen und etwas Ordnung in das komplexe (Projekt-)Geschehen zu bringen.

Im ersten Teil beschreiben wir zunächst die inhaltliche Weiterentwicklung des Konzeptes und seine theoretischen Hintergründe. In Kapitel 1.1 stellen wir zum ersten Mal eine Definition von Keywork 4 zur Diskussion. In ihr haben wir die Erkenntnisse und Erfahrungen aus den unterschiedlichen Lern- und Entwicklungsprozessen zusammengeführt. Vor diesem Hintergrund wird in Kapitel 1.2 der Weg von Keywork zu Keywork 4 ausführlich beschrieben.

Partizipation ist ein Kernelement von Keywork4. Es geht dabei ganz ausdrücklich um mehr als um Informiertwerden und Mitwirkendürfen; es geht um konkrete Mitbestimmung. Und dies von Anfang an. Entscheidend ist für uns die Entwicklungsrichtung von Projekten: Bewegen sie sich auf mehr Mitbestimmung zu oder fallen sie auf Formen des klassischen Ehrenamts zurück? Das Thema Partizipation wird in Kapitel 1.3 aufgegriffen und vertieft. In Kapitel 1.3 werfen wir den Blick auf das erste Keywork-Atelier, das sich zum Zentrum für den Aufbau weiterer Keywork-Ateliers entwickelt hat und das inzwischen zum Sitz des neu gegründeten ersten Keywork-Vereins geworden ist. Im Kapitel »Keywork lernen« (1.5) werden die Erfahrungen im Bereich der Qualifizierung von Keywork beschrieben.

So wie sich moderne Kunst immer auf vorausgegangene Kunstepochen bezieht, so nimmt moderne soziale und kulturelle Arbeit immer auch Bezug auf Entwicklungen, die ihr vorausgegangen sind – und wirft Licht auf Entwicklungen und Strömungen, die sich am Horizont abzeichnen. Keywork hat Wurzeln, die weit in die Zeit der 60er- und 70er-Jahre des letzten Jahrhunderts zurückreichen. Der Ansatz knüpft an Theorien und Visionen von Menschen an, die ihrer Zeit voraus waren, greift – wie der Künstler Ilya Kabakov sagen würde – auf Ideen zurück, die vor Jahren als zarte Pflänzchen ins »Frühbeet der Ideen« eingepflanzt wurden. »Das Museum als Arbeitsplatz der Bürger«, ein Gedanke, eingepflanzt von Bazon Brock bereits 1970, als Setzling achtsam betreut von Kulturvermittlern aus Berlin und Wien, wartet darauf, endlich ins Freiland ausgepflanzt zu werden. Der Boden dafür ist – wie wir am Beispiel einiger Museen zeigen werden – an vielen Orten bereitet. Auch die Idee der Sozialen Plastik von Joseph Beuys – entstanden in Zeiten von »Mehr Demokratie wagen« – kommt im Keywork zu neuer Blüte.

Keywork zeigt Potenziale, die für eine zukunftsfähige Bildungsarbeit und zukunftsfähige Quartiersarbeit von Bedeutung sein werden. Keywork steht in enger Verbindung zu anderen Kulturkonzepten, wie wir in Kapitel 2 aufzeigen werden. Wir haben Rita Klages, Mitbegründerin des Nachbarschaftsmuseums in Berlin-Kreuzberg, als erfahrene Pädagogin und Kulturvermittlerin gebeten, nicht nur einen Blick in den Rückspiegel zu werfen und den Beginn der innovativen Kultur- und Museumsarbeit zu beleuchten, sondern auch aktuelle Projekte aus ihrem Wirkungsfeld vorzustellen (Kapitel 2.1). Als versierte Kennerin der Seniorenkulturszene und Expertin für kulturelle Bildung wird Kim de Groote, Mitarbeiterin am Institut für Bildung und Kultur (IBK) in Remscheid, die vielfältigen Entwicklungen im Bereich der innovativen Seniorenkulturarbeit beleuchten (Kapitel 2.2). Christiane Grabe – Stadtplanerin und Koordinatorin im Programm WohnQuartier4 – betrachtet Keywork aus der Perspektive inklusiver Quartiersarbeit und stellt Verbindungen zu Strömungen im Bereich der modernen Stadtentwicklung her (Kapitel 2.3).

Von der Kulturvermittlung zur Kulturbeteiligung

In Kapitel 3 wird Keywork aus der Sicht der Museumsarbeit beschrieben. Bettina Scheeder, Geschäftsführerin des Museumsverbands Rheinland-Pfalz e. V. und engagierte Streiterin für die Implementierung des Konzeptes, sieht in Keywork Chancen für die Neuausrichtung der Museen (Kap. 3.1). Theresia Kiefer, Museumspädagogin und Kuratorin, berichtet über ein Projekt am Wilhelm-Hack-Museum in Ludwigshafen, an dem sich alle Faktoren von Keywork4 ablesen lassen (Kapitel 3.2). Ragnhild Geck, Leiterin eines großen sozialen Netzwerkes in Mülheim, und Melanie Rimpel, Museumsleiterin, stellen ein Biografie-Projekt vor, das in der Zusammenarbeit mit Keyworkern im Leder- und Gerbermuseum in Mülheim an der Ruhr zustande gekommen ist (Kap. 3.3). Lucie Binder-Sabha, Katja Brandes und Adelheit Sonderegger, Kulturvermittlerinnen, beschreiben ihre Erfahrungen mit Keyworkern im Museum Essl und im Stift Klosterneuburg bei Wien (Kap. 3.4); Isabel Müller dokumentiert einen methodischen Ansatz zur Erforschung von Beteiligung in Keywork-Projekten in Museen, den sie im Rahmen ihrer Masterthesis entwickelt hat (Kap. 3.5).

Projekte als Mosaiksteine auf dem Weg zum Gesamtbild

Den größten Teil des Buches nehmen die Erfahrungsberichte von Menschen aus sozialen und kulturellen Praxisfeldern ein. Kolleg(inn)en berichten über ihre Erfahrungen mit den Faktoren von Keywork4. Sie haben unterschiedliche Aspekte des Keywork-Ansatzes in ihren Arbeitsfeldern in den Mittelpunkt gerückt und legen höchst unterschiedliche Bewertungskriterien an. Bei den Autor(inn)en handelt es sich um hauptamtlich Mitarbeitende und um freiwillig Mitarbeitende aus sozialen und kulturellen Arbeitsbereichen. Wir haben sie ausdrücklich dazu ermutigt, eine für sie stimmige Form der Darstellung zu wählen. Deshalb stehen persönliche Erfahrungsberichte gleichberechtigt neben eher sachlichen Projektbeschreibungen, kurze Interviews neben ausführlichen Erörterungen. Bei der Auswahl der Beiträge kam es uns als Herausgebern darauf an, die unterschiedlichen Positionen, Blickwinkel und Zugänge im Keywork4-Entwicklungsnetzwerk unabhängig voneinander zu dokumentieren. Die einzelnen Projekte wurden an unterschiedlichen Orten und zu unterschiedlichen Zeitpunkten geplant und realisiert. Viele Projekte sind trotzdem – über gemeinsame Lernplattformen oder Qualifizierungsprogramme – eng miteinander verknüpft. Das zeigt sich auch daran, dass die Autor(inn)en auf gleiche Bilder, Theorien und Formulierungen zurückgreifen und gleiche (Implementierungs-)Methoden einsetzen.

Wir schlagen unseren Leserinnen und Lesern vor, das vorliegende Buch als ein Mosaik zu betrachten. Es gilt, die unterschiedlichen, großen und kleinen

Teile behutsam so zusammenzufügen, dass sich ganz allmählich ein Gesamtbild von Keywork4 abzuzeichnen beginnt. Dabei wird sehr bald auffallen, dass an allen Ecken und Enden noch Teile fehlen. Deshalb unser Appell: Mehr Partizipation wagen! Wir würden uns sehr freuen, wenn es uns mit dieser Veröffentlichung gelänge, möglichst viele Menschen dazu anzustiften, sich mit Herzblut aktiv in die Weiterentwicklung des Keywork4-Ansatzes einzumischen.

Jeder Mosaikstein zählt!

1. Keywork[4]

1.1 Was ist Keywork4?

Stand der Dinge

Karin Nell, Reinhold Knopp

Keywork4 ist ein Reformansatz zur Förderung von Partizipation und Selbstorganisation im Bereich der sozialen und kulturellen Arbeit und der Bildungsarbeit – ein Programm zur Neupositionierung von Einrichtungen und zur Verbesserung ihrer Zukunftschancen im demografischen und gesellschaftlichen Wandel.

Keywork4 steht für neue Formen der Zusammenarbeit in komplexer werdenden Systemen (→ [1] neuer Profi-Laien-Mix, → transdisziplinäre Arbeitsformen). Der Ansatz stärkt, verknüpft und erweitert professionelles und zivilgesellschaftliches Engagement in allen gesellschaftlichen Bereichen und Milieus. Er eröffnet neue – individuelle und kollektive – Entwicklungs-, Gestaltungs- und Handlungsspielräume.

Theorie und Umsetzungskonzepte werden in partizipativen Prozessen und vernetzten Strukturen entwickelt und erprobt (→ Entwicklungsnetzwerk Keywork, → Lernplattformen, → Modellprojekte).

Über Kreativprogramme, Vernetzungsprojekte und gemeinsame Lernplattformen wird die Zusammenarbeit der Netzwerke auf allen Ebenen »befeuert« und gesteuert (→ Rolle der Künstler(innen) im Keywork).

Keywork4 setzt auf Transdisziplinarität: Die Entwicklungsarbeit will »die Brücke schlagen zwischen Wissenschaft und Lebenswelt« (Pohl und Hirsch Hadorn 2006: 43). Mit Blick auf Definitionen zur transdisziplinären Forschung – wird transdisziplinäre Zusammenarbeit im Keywork-Netzwerk verstanden als intensiver Theorie-Praxis-Bezug, als gleichberechtigte, sich wechselseitig fördernde Zusammenarbeit wissenschaftlicher und außerwissenschaftlicher Akteure/Akteurinnen. Bei den außerwissenschaftlichen Akteuren/Akteurinnen im Keywork handelt es sich um Menschen aller Generationen, Kulturen und Milieus, die ihr Erfahrungswissen in unterschiedlichen professionellen und lebenswelt-

1 | Die Pfeile markieren wichtige Erkennungsmerkmale und Fortbildungsprogramme von Keywork4. Sie werden in den folgenden Kapiteln ausführlich beschrieben.

lichen Kontexten gewonnen haben. »Transdisziplinarität hebt fachliche und disziplinäre Engführungen auf, die sich eher institutionellen Gewohnheiten als wissenschaftlichen Notwendigkeiten verdanken.« (Mittelstraß 2005)

Inzwischen konnten in Modellprojekten mit Museen, Schulen, Theatern, Familienzentren und Nachbarschafts-Netzwerken Erfahrungen mit Keywork gesammelt werden. In allen zeigte sich ein immenses Entwicklungs- und Zukunftspotenzial. Zugleich wurden Hindernisse und Stolpersteine in der Umsetzung deutlich und Aufgabenschwerpunkte und Themen für die Weiterentwicklung von Keywork4 erkannt.

Vielversprechend sind Kooperationsprojekte im Überschneidungsbereich von sozialer und kultureller Arbeit. Bewährt hat sich der Ansatz auch in der Bildungs- und Quartiersarbeit (→ Keywork im Quartier, → Kulturführerschein®, → Keywork-Ateliers). Keywork4 findet zunehmend Eingang in den Bereich von Stadtentwicklung und Inklusion.

Der Begriff Keywork stammt aus einer europäischen Lernpartnerschaft (vgl. hierzu Stannet, Annette/Stöger, Gabriele, Stöger 2002). Der Grundgedanke wurde von der Projektwerkstatt für innovative Erwachsenenbildungsarbeit (Träger: Ev. Erwachsenenbildungswerk Nordrhein) aufgegriffen und in einem transdisziplinären Arbeitsprozess mit Projektpartner(inne)n in Deutschland, Österreich und der Schweiz zum Konzept Keywork4 weiterentwickelt. Beteiligt waren und sind hauptamtlich und freiwillig engagierte Mitarbeiter(innen) aus den Bereichen Sozialarbeit, Kulturarbeit, Bildungsarbeit, Hochschule und Stadtentwicklung.

Die Zusammenarbeit im Keywork4-Entwicklungsnetzwerk wird vom eeb nordrhein und dem 2013 gegründeten Verein Keywork e. V. koordiniert.

Dies ist der Stand der Dinge im Sommer 2014. In diesem ersten Versuch einer »Definition« von Keywork4 haben wir die Ergebnisse und Erfahrungen eines gemeinsamen, komplexen Entwicklungsprozesses zusammengefasst. Wir stellen sie hiermit zur Diskussion. Mit der vorliegenden Veröffentlichung verfolgen wir das Ziel, den Entwicklungsprozess von Keywork4 zu beschreiben und zu dokumentieren, wohl wissend, dass dies aus subjektiver Perspektive geschieht und viele Mitstreiter(innen) nicht genannt, viele Aspekte nicht berücksichtigt werden können. Das Keywork4-Netzwerk setzt darauf, dass in Zukunft weitere Akteure/Akteurinnen in den Prozess einsteigen. Die, die neu hinzukommen, sollen darüber informiert werden, wie alles angefangen hat, wer mitgearbeitet hat und wo das Gesamtprojekt jetzt steht. Sie sollen Anknüpfungspunkte und Andockmöglichkeiten erkennen können, aber auch mögliche Fehlentwicklungen, Lücken und Versäumnisse. Auch wenn es für die, die schon lange dabei sind, manchmal sehr mühsam ist, immer wieder »die gleichen Geschichten zu hören«: die Qualität einer transdisziplinären Zusammenarbeit hängt im hohen Maße davon ab, ob es gelingt, den neue Mitstreiter(inne)n zu vermitteln, worum es den anderen im Kern geht und wie die bisherige Entwicklung verlaufen ist, bevor sie den weiteren

Prozess mitbestimmen und eigene Schwerpunkte und Akzente setzen (vgl. Braun-Thürmann 2005: 91). Wir gehen davon aus, dass sich das Konzept in den nächsten Jahren weiter verändern wird. Wir wissen nicht, wie lange die Zusammenarbeit dauern wird und ab wann die Grenzen der Überschaubarkeit erreicht sein werden. Wir können auch nicht vorhersagen, in welche Richtung der Prozess verlaufen wird. Wie die Entwicklung weitergeht, bestimmt das Keywork4-Netzwerk.

Literatur

Braun-Thürmann, Holger (2005): Innovation. Bielefeld: transcript Verlag

Mittelstraß, Jürgen (2005): TATuP – Zeitschrift des ITAS zur Technikfolgenabschätzung, Nr. 2, 14. Jahrgang: http://www.tatup-journal.de/tatup052_mitt05a.php, Zugriff am 14.04.2014

Pohl, Christian, Hirsch Hadorn, Gertrude (2006): Gestaltungsprinzipien für die transdisziplinäre Forschung. Ein Beitrag des td-net. München: oekom verlag

Stannett, Annette/Stöger, Gabriele (Hg.) (2002): Museums, Keyworkers and Longlife Learning: Shared practice in five countries. Wien

Autorin und Autor

Nell, Karin, Dipl.-Pädagogin, Referentin für Erwachsenenbildung und Kulturarbeit im Ev. Zentrum für Quartiersentwicklung beim Ev. Erwachsenenbildungswerk Nordrhein, dort verantwortlich für die Programme »Erfahrungswissen für Initiativen« und »WohnQuartier4 – die Zukunft altersgerechter/inklusiver Quartiere gestalten«. Gründerin des Ateliers für Soziale Plastik in Düsseldorf. Aufgabenschwerpunkte: Entwicklung von Projekten und Fortbildungskonzepten der innovativen Bildungs- und Quartiersarbeit.
Kontakt: karinnell@t-online.de

Dr. Knopp, Reinhold, Dipl.-Pädagoge, Dipl.-Sozialarbeiter, Professor an der Fachhochschule Düsseldorf, Fachbereich Sozial- und Kulturwissenschaften, vorher langjähriger Leiter des Soziokulturellen Zentrums zakk in Düsseldorf. Arbeitsschwerpunkte: Stadtentwicklung, Quartiersarbeit, Wohnen, Soziokultur, Beratung und Konzeptentwicklung für sozialraumbezogene Projekte im Kontext des demografischen Wandels.
Kontakt: knopp@stadt-konzepte.de

1.2 Von Keywork zu Keywork4

Ein Entwicklungsprozess mit Höhen und Tiefen

Karin Nell, Reinhold Knopp

In unserer ersten Veröffentlichung haben wir uns eingehend mit dem Keywork-Begriff und den ersten Umsetzungsstrategien des Keywork-Ansatzes beschäftigt, der zu diesem Zeitpunkt noch weitgehend unbekannt war. Roman Schanner, Kulturvermittler bei KulturKontaktAustria und einer der Protagonisten der Entwicklung in Österreich, hat damals in seinem einführenden Aufsatz »Was ist Keywork?« den Stand der Dinge zusammengefasst (Schanner 2007, 21–33). Keywork als Konzept für Kulturvermittlung mit Schwerpunkt auf der Öffnung von Kultureinrichtungen für bisherige Nicht-Nutzer(innen) – hier zunächst Museen – lag im Trend der Debatten um »New Audience Development« (Mandel 2008:34 ff.). Neu war der Gedanke, zivilgesellschaftlichem Engagement innerhalb der Strukturen der Kultureinrichtungen Raum zu geben. Über Keywork sollten neue Zielgruppen wirkungsvoller angesprochen werden, vor allem lag den Kultureinrichtungen daran, neue Besuchergruppen aus dem Bereich bisheriger Nicht-Nutzer(innen) zu gewinnen. Das in einer europäischen Lernplattform entwickelte Ursprungskonzept, so konnten weitere Autor(inn)en anhand konkreter Beispiele belegen, hatte in der Zwischenzeit starke Auswirkungen auf die Erwachsenenbildungsarbeit in Deutschland, vor allem in Nordrhein-Westfalen, gehabt. Hier ist vor allem das Programm »Erfahrungswissen für Initiativen« (EFI) zu nennen. In diesem bundesweiten Programm haben Vertreter(innen) der neuen Alternsgenerationen in vernetzten Entwicklungsprozessen neue Verantwortungsrollen für Menschen im nachberuflichen Leben entwickelt und in selbst organisierten Projekten umgesetzt. Der Keywork-Ansatz war in den Fortbildungsstaffeln dieses Programms auf eine überraschend positive Resonanz gestoßen. Damit rückte eine besondere Zielgruppe in den Fokus von Keywork: die Gruppe der aktiven Älteren, auf die – so der Altersforscher Leopold Rosenmayr – ein ganzes »Bündel von Aufgaben und Chancen der gesellschaftlichen Mitwirkung« warte (Rosenmayr 2007: 287). Neuere Projekte zeigen, dass Keywork inzwischen auch bei jüngeren und sogar jüngsten Engagierten an Bedeutung gewinnt. Dies belegt eindrucksvoll der Beitrag von Hoffmann und Warnecke in dieser Veröffentlichung.

Im Rahmen der sozialen Netzwerkarbeit und der Kulturführerschein-Programme waren vor allen in Düsseldorf und mehreren Ruhrgebietsstädten bereits erste Organisations- und Mitwirkungsstrukturen für die neuen Formen des freiwilligen Engagements aufgebaut worden. Hier ließ sich das antizipative Kulturvermittlungs- und Aktivierungskonzept problemlos in bestehende Arbeitsfelder integrieren. Es entspricht im Kern dem Bedürfnis vieler Bürger(innen), eigenständig neue Formen des zivilgesellschaftlichen Engagements zu entwickeln. Das klassische Ehrenamt – geprägt von selbstlosem Tätigsein für Andere, organisiert in hierarchischen Strukturen von Verbänden und Organisationen – hat für für viele Engagierte an Attraktivität verloren. Es gilt vielerorts bereits als Auslaufmodell. Immer mehr Vertreter(innen) der neuen Altersgenerationen stehen Wohlfahrtsverbänden, Organisationen und Vereinen kritisch gegenüber. Sie wollen nicht mehr nur »ehrenamtliche Helfer und Helferinnen« sein, sondern in ihrem Engagement eigene Akzente setzen. Sie wollen mitbestimmen, mitgestalten und selbst gestalten. Sie interessieren sich für die Zusammenarbeit in transdisziplinären, generationenübergreifenden Entwicklungsteams. Sie wollen Netzwerke aufbauen und sich für die Verbreitung von Konzepten und Modellen engagieren.

Sozialwissenschaftliche Untersuchungen belegen, dass sich die neuen Freiwilligengenerationen in vielerlei Hinsicht signifikant von früheren Freiwilligengenerationen unterscheiden: in ihren Lebenslagen – in ihrer beruflichen und familiären Situation –, in ihrem Bildungshintergrund, in ihrem Freizeitverhalten und in ihrer Bereitschaft, gesellschaftliche Verantwortung zu übernehmen. So ist bereits seit einigen Jahren eine Verlagerung von kontinuierlichem Engagement in Vereinen, Kirchengemeinden etc. hin zu zeitlich begrenztem Engagement in selbst organisierten Projekten zu beobachten (Rauschenbach 2009). Das Engagement soll nicht nur für andere ein Gewinn sein; man möchte auch selbst davon profitieren. In der aktuellen Generali Altersstudie wird ermittelt, dass die Angabe »Es macht mir Spaß« bei den Motiven für ein Engagement mit Abstand am häufigsten genannt wurde (Generali Altersstudie 2012: 358).

Nicht nur im Bereich der Kulturvermittlung, der Erwachsenenbildung und der Freiwilligenarbeit findet der Keywork-Ansatz vermehrt Zustimmung. Die inzwischen stark nachgefragten Keywork-Fortbildungen zeigen, dass viele Teilnehmer(innen) daran interessiert sind, Keywork auch auf die Quartiers- und Nachbarschaftsarbeit, die Kinder- und Jugendarbeit und die Inklusionsarbeit zu übertragen. Hier werden immer mehr Projekte angestoßen, die sich an den vier Faktoren von Keywork[4] orientieren.

Beim Keywork-Ansatz handelt es sich um ein Konzept, das von Anfang an in gemeinsamen Entwicklungsprozessen von hauptamtlichen und freiwilligen

Kräften, Profis und Laien, erweitert, erprobt und überarbeitet wurde. An vielen Orten und in vielen Einrichtungen wird mit dem Konzept experimentiert.

Gemeinschaftsprojekt Keywork4

Das Kulturamt der Stadt Düsseldorf hat dem Ev. Erwachsenenbildungswerk Nordrhein 2009 einen Auftrag für die Entwicklung eines Konzepts zur Implementierung von Keywork in Düsseldorfer Kultureinrichtungen erteilt. An der Konzeptentwicklung waren mehr als 30 Freiwillige aus sozialen und kulturellen Projekten des innovativen bürgerschaftlichen Engagements beteiligt. Zum Team gehörten ferner Mitarbeitende aus fünf Düsseldorfer Kultureinrichtungen, ein Mitarbeiter des Kulturamts sowie mehrere Studierende des Fachbereichs Kultur- und Sozialwissenschaften der Fachhochschule Düsseldorf. Gearbeitet wurde an unterschiedlichen Orten: im Aquazoo, im Museum Kunstpalast, im Filmmuseum, im ForumFreiesTheater (FFT) und im Düsseldorfer Stadtmuseum. Leider waren der Einladung zur Zusammenarbeit nur wenige hauptamtliche Mitarbeiter(innen) der vom Kulturamt ausgewählten Kulturinstitute gefolgt; Leitungskräfte waren nicht beteiligt.

Das Programm erstreckte sich über ca. zehn Monate und wurde die gesamte Zeit über wissenschaftlich begleitet und moderiert. Es umfasste insgesamt acht ganztägige Workshops. Dabei wurden zunächst für jedes Kulturinstitut die Chancen und Risiken einer Implementierung ausgelotet. Im gemeinsamen Arbeitsprozess sind zahlreiche Projektideen entstanden. Viele dieser Ideen konnten – wie an anderer Stelle dokumentiert wird – im Laufe der Zeit realisiert werden.

Ergebnisse und Erfahrungen

Im Programm der Konzeptentwicklung ging es nicht nur darum, Ideen und Strategien zur Implementierung des Keywork-Ansatzes zu entwickeln. Es ging auch darum, Erfahrungen mit transdisziplinärer Zusammenarbeit zu gewinnen sowie Chancen, Möglichkeiten und Grenzen des sogenannten »neuen Profi-Laien-Mixes» auszuloten. Daher stand auch das Miteinander von hauptamtlich Mitarbeitenden und Keyworkern im Fokus des Interesses. Der Prozess der Zusammenarbeit wurde sorgfältig dokumentiert und ausgewertet. Im Folgenden werden die wichtigsten Ergebnisse und Erfahrungen zusammengefasst:

- Freiwillige und hauptamtliche Mitarbeiter(innen) der Kulturinstitute sind an innovativen Konzepten der Freiwilligenarbeit grundsätzlich interessiert. Das Interesse der Freiwilligen ist dabei aber deutlich höher.

- In den beteiligten Kultureinrichtungen ist das Thema Freiwilligenarbeit bzw. Keywork auf der Leitungsebene nicht verankert (keine »Chefsache«), eine Ausnahme bildet das Düsseldorfer Stadtmuseum.
- Keyworker sind untereinander sehr gut vernetzt, die hauptamtlichen Kräfte noch nicht. Keyworker arbeiten in themenspezifischen Arbeitsgruppen projektübergreifend zusammen und tauschen sich im Rahmen von Fortbildungsveranstaltungen und Lernplattformen regelmäßig aus. Die hauptamtlich Mitarbeitenden der beteiligten Kultureinrichtungen sind – was die Implementierung von Keywork betrifft – mehr oder weniger Einzelkämpfer(innen). Sie wünschen sich spezifische Arbeitskreise und die Möglichkeit zu kollegialer Beratung. Der Aufbau von Vernetzungs- und Kooperationsformen im Keywork wird von den Keyworkern und den Hauptamtlichen als wichtig angesehen.
- Den hauptamtlichen Mitarbeitenden der Kultureinrichtungen fehlt – bis auf wenige Ausnahmen – das Handwerkszeug für modernes Freiwilligen-Management. Auch traditionelle Methoden zur Förderung von Freiwilligenarbeit sind nur wenigen Mitarbeitenden bekannt; sie werden an keinem der Häuser systematisch angewendet. Methoden zur Gewinnung und zur Begleitung von Freiwilligen, Methoden zur Förderung von Selbsthilfe und Selbstorganisation, Methoden der Beratung und Begleitung von Freiwilligen beim Aufbau von Mitwirkungs-, Vernetzungs- und Organisationsstrukturen werden in keiner Kultureinrichtung systematisch eingesetzt. Die meisten hauptamtlichen Mitarbeiter(innen) haben keine Erfahrungen mit innovativen Methoden des Konfliktmanagements in Gruppen.
- Fast alle Häuser werden von Freundeskreisen unterstützt. Deren Potenziale und Ressourcen werden allerdings noch zu wenig gesehen, zu wenig genutzt und zu wenig zusammengeführt. Die befragten Mitarbeiter(innen) der Kulturinstitute sind der Meinung, dass die Zusammenarbeit mit den Freundeskreisen verbessert und intensiviert werden sollte.
- Alle Kultureinrichtungen und alle Keywork-Projekte vor Ort sind daran interessiert, neue Zielgruppen zu gewinnen. Sie möchten mit ihren Angeboten vor allem (benachteiligte) Kinder und Jugendliche erreichen, Menschen mit Migrationshintergrund; (alleinstehende) ältere Menschen, Alleinerziehende, junge Familien, pflegende Angehörige und Menschen mit Behinderungen.
- Die einseitige Qualifizierung der Freiwilligen reicht nicht aus, um die Nachhaltigkeit von Keywork-Projekten zu sichern. Auch die hauptamtlichen Mitarbeitenden müssen sich für ihre neuen Verantwortungsrollen (Projektbegleitung und Projektberatung) in der Zusammenarbeit mit den Keyworkern qualifizieren.
- Viele der in den Workshops entwickelten Keywork-Ideen sind ohne großen finanziellen Aufwand zu realisieren. Im Überschneidungsbereich von Kul-

tur-, Sozial- und Bildungsarbeit können Kooperationsformen gefunden werden, über die sich die Nachhaltigkeit von Projekten langfristig sichern lässt.

- Viele Keyworker beklagen das geringe, in ihren Augen halbherzige Interesse der sozialen und kulturellen Einrichtungen an den neuen Formen des Freiwilligenengagements. Besonders dort, wo traditionelle und innovative Formen der Freiwilligenarbeit aufeinanderstießen, käme es häufig zu Konflikten in der Zusammenarbeit. In den Auseinandersetzungen und an den Reibungspunkten spiegelten sich die oft hilflosen Bemühungen der hauptamtlich Mitarbeitenden wider, gestandene, berufs- und lebenserfahrene Freiwillige in bestehende Aufgabenbereiche und Hierarchien »einzupassen«.
- Viele hauptamtlich Mitarbeitende klagen über den großen Kraft- und Zeitaufwand, der erforderlich ist, um den Spagat zwischen den Anforderungen der (oft sehr selbstbewussten und fordernden) neuen Freiwilligen und den Anforderungen ihrer Arbeitgeber(innen) zu bewältigen. Auch wenn es ein grundsätzliches Interesse an Keywork gäbe, so seien die Strukturen und Konzepte ihrer Einrichtungen in der Regel mit Keywork (noch) nicht kompatibel. Da sich manche Keyworker nicht an bestehende Spielregeln der Einrichtungen hielten und sich über langjährige Traditionen hinwegsetzten, käme es häufiger zu Irritationen, Unstimmigkeiten und Konflikten mit Vorgesetzten oder anderen Freiwilligengruppen.
- Die hauptamtlichen Mitarbeitenden hoben aber auch hervor, dass die Zusammenarbeit mit den Keyworkern die Arbeit in ihren Einrichtungen belebe und erweitere, neue Perspektiven aufzeige und neue Kooperationsformen ermögliche. Die Keyworker besäßen wichtige Schlüsselkompetenzen, um – als Botschafter(innen) der Einrichtungen – neue Zielgruppen zu gewinnen und die Themen der Häuser in ihre Stadtteile und Nachbarschaften zu tragen.

Unterscheidungskriterien und Wirkfaktoren

Um die Komplexität der zusammengetragenen Ergebnisse und Erkenntnisse zu reduzieren, wurden sie im Rahmen der Konzeptentwicklung zu insgesamt vier Wirkfaktoren zusammengefasst, die dem Konzept den Arbeitstitel Keywork4 gaben. Dieses Verfahren trug dazu bei, die zentralen Elemente des Keywork-Ansatzes zu bestimmen und die Unterschiede zu klassischen Ansätzen der Kulturvermittlung, der Freiwilligenarbeit und der Bildungsarbeit herauszuarbeiten.

Im Folgenden sollen die vier Faktoren kurz vorgestellt werden; eine ausführlichere Darstellung findet sich in Kapitel 1.4. Es muss darauf hingewiesen werden, dass die nachfolgende Aufstellung den damaligen Stand der Entwicklung widerspiegelt.

Entwicklungen vorantreiben; Innovation ermöglichen

Keywork steht für: neue Ideen entwickeln, neue Verantwortungsrollen entwickeln, Neues auf den Weg bringen und Neues erproben. Keywork bedeutet Engagement in selbst organisierten Projekten. An der Entwicklung der Projekte sind sowohl die Keyworker als auch die hauptberuflichen Mitarbeiter(innen) der Kultureinrichtungen von Anfang an gleichberechtigt beteiligt. Gemeinsam sollen neue Chancen des Zugangs zur Kunst und Kultur geschaffen, eine vertiefende Auseinandersetzung mit Kulturthemen ermöglicht sowie neue Formen der Aneignung für kultur- und bildungsferne Zielgruppen gefunden werden.

Zusammen planen und gestalten

Keywork bedeutet: Partizipation von Anfang an. Die projektbezogene Zusammenarbeit findet auf Augenhöhe statt; Keywork stellt sich der Herausforderung, in gemeinsamen Lern- und Entwicklungsprozessen Erfahrungen mit einem neuen Profi-Laien-Mix zu gewinnen. Alle beteiligten Akteure/Akteurinnen respektieren die jeweiligen Kompetenzen, das Erfahrungswissen und die Professionalität der anderen. Keywork schafft neue Verbindlichkeiten: Für die Realisierung der gemeinsam entwickelten Keywork-Projekte werden Kooperationsvereinbarungen geschlossen, in denen sowohl die Selbstverpflichtung der Keyworker als auch die Verantwortlichkeiten und Beiträge der Kultureinrichtungen festgehalten werden. Keywork muss in der Kultureinrichtung durch Entscheidung auf Leitungsebene gesichert werden.

Gemeinsam lernen

Fester Bestandteil von Keywork ist das gemeinsame Lernen aller Akteure/Akteurinnen im Prozess. Das Konzept orientiert sich an der Theorie der Lernenden Organisation, wie sie von Peter S. Senge beschrieben wurde. Alle am Prozess Beteiligten sind zugleich Lernende und Lehrende. Regelmäßig werden Lernplattformen eingerichtet, um anstehende Entwicklungsaufgaben zu bearbeiten. Hierbei wird das breite Methodenspektrum der modernen Erwachsenenbildung genutzt und erweitert.

Neue Räume erschließen

Keywork entdeckt und schafft Entwicklungs- und Gestaltungsräume, im konkreten und im übertragenen Sinne. Keywork betrachtet die Stadt, ihre Quartiere und kleinste nachbarschaftliche Einheiten als Möglichkeitsräume, als Inszenierungsräume (Bühnen), als Schatzkammern, als Orte der Inspiration, als Labore und Experimentierfelder für neue Formen des Miteinanders von

Generationen, Kulturen und Milieus. Keywork bietet einzelnen Menschen, aber auch Gruppen die Chance, neue Entwicklungs- und Gestaltungsräume zu betreten und Erfahrungen in diesen Räumen zu machen.

Notwendigkeit von Keywork-Management

Aus den Erfahrungen und Ergebnissen der Zusammenarbeit wurde folgendes Fazit gezogen: Soll Keywork funktionieren, müssen klare Rahmenbedingungen geschaffen werden. Wichtiger Eckpunkt bei der Implementierung von Keywork ist die Akzeptanz auf Leitungsebene (siehe den Beitrag von Isabel Müller, Kapitel 3.5 in dieser Veröffentlichung). Keywork muss gewollt sein. Eine ausdrückliche Zustimmung der Verantwortlichen ist Grundvoraussetzung für eine gelingende Zusammenarbeit. Auch müssen auf der Ebene der Mitarbeitenden Zuständigkeiten geklärt werden. Engagierte Keyworker brauchen verlässliche Ansprechpartner(innen) in den Kultureinrichtungen. Es muss klar sein, wer für die Beratung und Begleitung der Keyworker zuständig ist und wer sich aufseiten der hauptamtlichen Kräfte für die Verstetigung der Projekte und die Sicherung der Nachhaltigkeit mit verantwortlich fühlt. Die hauptamtlich Mitarbeitenden haben vor allem auch die Aufgabe, mit ihrem Fachwissen die Qualität der Arbeit zu sichern und – gemeinsam mit den Freiwilligen – dafür zu sorgen, dass die neuen Formen des bürgerschaftlichen Engagements ihren spezifischen Charakter behalten und nicht als Konkurrenz, sondern als Ergänzung und Erweiterung des traditionellen Ehrenamts und der Arbeit der Fördervereine und Freundeskreise wahrgenommen werden. Keywork-Projekte sollten auf zwei Ebenen fachlich begleitet werden. Auf der Ebene der Projekte geht es dabei vor allem um die Beratung und Unterstützung der Projektverantwortlichen in konkreten Fragen, um die Vermittlung von Kooperationspartner(inne)n, die Überprüfung von Etappenzielen und um konkrete Hilfen in Konfliktfällen. Auf der Ebene der Institutionen geht es um den Aufbau von Netzwerken zur Bündelung von Ressourcen und zur Ermöglichung von Modelltransfer sowie um die Schaffung von Strukturen für kollegialen Austausch und kollegiale Beratung. Qualifizierungsangebote sind für beide Ebenen relevant.

Beispiele für Keywork in Düsseldorf[1]

Mit der Ausstellung »Jung und Alt – Stadt im demografischen Wandel« (2008) hat Keywork in das Düsseldorfer Stadtmuseum Einzug gehalten. In einem temporären Keywork-Atelier inmitten der Ausstellung wurde eine Vielzahl von (Kultur-)Projekten von aktiven Düsseldorfer Bürger(inne)n (die Mehrzahl von ihnen Menschen im nachberuflichen Leben) präsentiert. Außerdem wurden in kreativen Workshops »Zukunftsideen« entwickelt. Einige dieser Ideen, z.B. die Errichtung eines festen Keywork-Ateliers im Stadtmuseum und die Durchführung eines umfassenden Qualifizierungsprogramms zur Gewinnung neuer Keyworker, wurden in Kooperation mit dem Evangelischen Erwachsenenbildungswerk Nordrhein inzwischen realisiert.

Mehr als 25 Keyworker konnten für das Stadtmuseum gewonnen werden. Mit ihren selbst organisierten Programmen und Angeboten locken die Freiwilligen neue Besuchergruppen ins Haus. Sie sorgen aber auch dafür, dass das Stadtmuseum in den Stadtteilen bekannt(er) wird. An monatlich stattfindenden Lesungen – meist zu Themen der Ausstellungen – nahmen bis zu 60 Personen teil. Engagierte Keyworker haben ein kleines Ensemble gegründet, das die alte Tradition des Schattentheaters wieder aufleben lässt und in die Quartiere trägt: in Kindergärten, Schulen und Senioreneinrichtungen. Verschiedene andere Gruppen (auch eine Gruppe behinderter Menschen) treffen sich zu kreativen Arbeiten im Atelier; sie planen Aktionen, Feste, aber vor allem Angebote für Menschen, die das Haus kennenlernen und mit eigenen Ideen beleben und »bespielen« sollen. Eine Gruppe von Keyworkern bereitet regelmäßig eigene kleine Ausstellungen vor (z. B. »Türen«, »Es grünt so grün – Grünanlagen in der Stadt«), die auch als Wanderausstellungen in verschiedenen Stadtteilen gezeigt werden.

Im ForumFreiesTheater (FFT) findet seit 2008 einmal monatlich ein sogenanntes Kulturfrühstück statt, bei dem sich Theaterfreunde/Theaterfreundinnen über Inszenierungen des Hauses informieren und mit Theaterleuten ins Gespräch kommen können. Von dem Angebot, sich über aktuelle Produktionen auszutauschen, machen nicht nur theaterbegeisterte »alte Hasen« Gebrauch. Das Kulturfrühstück wird immer häufiger auch zur »Andockstelle« für Menschen, die sich dem Kulturbereich Theater in ihrem nachberuflichen Leben annähern wollen. Die Besucher(innen) können sich mit ihren Fragen und ihrer Kritik direkt an die Fachleute aus den Bereichen Regie, Dramaturgie, Bühnenbild, Öffentlichkeitsarbeit und Marketing wenden. Hier entstand die Idee, das FFT in der Zusammenarbeit mit den Keyworkern zu einem innovativen »Zentrum für Theater und Publikum« auszubauen.

---

1 | Eine ausführliche Beschreibung der ersten Keywork-Projekte findet sich im ersten Keywork-Buch (Knopp und Nell 2007).

Das Museum Kunstpalast hat – als erste Kultureinrichtung in Deutschland – den Keywork-Ansatz offiziell implementiert. Hier sind seit 2006 Keyworker aktiv; sie werden in ihrem Engagement von zwei Mitarbeiterinnen der Museumspädagogik begleitet. Die Keyworker haben unterschiedliche Kulturangebote des Hauses mitgeprägt und sind in verschiedenen Bereichen des Hauses tätig. Die Gruppe der Keyworker ist sehr daran interessiert, neue Zielgruppen (aus den unterschiedlichen Gruppen der Nicht-Nutzer[innen]) für das Museum zu gewinnen. Deshalb wurden Kontakte zu Senioren-, Kinder- und Jugendeinrichtungen und auch zur japanischen Community in Düsseldorf aufgebaut. Den Keyworkern im Museum Kunstpalast ist es ein besonderes Anliegen, Menschen aus bildungsfernen Milieus anzusprechen und ihnen den Zugang zu den Angeboten und Schätzen des Hauses zu ermöglichen.

Im Gezeitenhof in Flingern hatte sich einen Sommer lang ein interkulturelles und intergeneratives Keywork-Projekt etabliert. Keyworker haben dort in Kooperation mit Senioreneinrichtungen im Stadtteil sowie dem Verein Kabawil e. V. diverse Aktionen zur Förderung der Nachbarschaftskultur initiiert. Ein Schwerpunkt der gemeinsamen Arbeit lag auf Biografie-Projekten mit Menschen aller Generationen, Kulturen und Milieus.

Im Familienzentrum Rath arbeitete die Künstlerin Anne Mommertz mit einer Gruppe von Keyworkern im Kunstprojekt »Hier sind wir zu Hause« zusammen. Das Projekt richtete sich an Grundschulkinder. Gemeinsam mit einer kleinen Gruppe von Senior(inn)en erkundeten sie kreativ den Stadtteil Rath. Sie beobachteten, zeichneten und modellierten Kleintiere, Insekten und Fantasietiere und stellten gemeinsam Forschungen über die Tierwelt in ihrem unmittelbaren Lebensumfeld an. Da die Mehrzahl der Kinder aus Familien mit Migrationsgeschichte stammte, zielte das Projekt nicht nur auf die Förderung kultureller Bildung, sondern auch auf die Verbesserung der Sprachfähigkeit ab. Kooperationspartner im Projekt waren der Aquazoo und das Museum Kunstpalast. Die Keyworker begleiteten die Kinder in die Kultureinrichtung und reflektierten mit ihnen gemeinsam die (Kultur-)Erlebnisse.

Keywork4 gewinnt über Umwege an Fahrt

Die Ergebnisse des gemeinsamen Arbeitsprozesses wurden unter der neuen Bezeichnung (»Marke«) Keywork4 zusammengefasst und den Beteiligten schriftlich zur Verfügung gestellt.

In Düsseldorf hat es bis heute leider keine Reaktion vonseiten der Auftraggeber(innen) auf das Implementierungskonzept gegeben, weder vom Kulturamt der Stadt Düsseldorf noch von den Leiter(inne)n der beteiligten Kulturinstitute. Das hat nicht nur die hauptamtlichen Mitstreiter(innen) enttäuscht. Viele Freiwillige, die in diesem Entwicklungsprozess schon die Vorboten einer zukünftigen innovativen Zusammenarbeit gesehen hatten, mussten erleben, wie der Prozess der Partizipation mit der Verschriftlichung des Projektes endete und keinerlei Resonanz von der Leitungsebene erfuhr. Die Freiwilligen, berufserfahrene Männer und Frauen (Lehrer[innen], Unternehmensberater[innen], Handwerker[innen] usw.) haben sehr wohl wahrgenommen, dass das Konzept, in das sie viel Zeit und Arbeit gesteckt hatten, kommentarlos ad acta gelegt wurde. Womit aber niemand gerechnet hatte, war, dass sich das Konzept gegen alle Widerstände – sozusagen »aus der Schublade heraus« – unerwartet schnell verbreiten würde.

Das Konzept mit seinen vier Faktoren wurde über eine Vielzahl von Fort- und Weiterbildungsangeboten, über Vorträge und Präsentationen, über Hochschulseminare, Bachelor- und Masterarbeiten und über Internetforen in virtuellen Netzwerken bekannt gemacht und diskutiert. Nicht nur in Düsseldorf – in ganz Nordrhein-Westfalen und über die Landesgrenzen hinaus – haben Mitarbeitende aus sozialen und kulturellen Einrichtungen und aus der Bildungsarbeit auf das Konzept reagiert; Tagungen und Aufsätze in Fachzeitschriften, vor allem persönliche Kontakte unter Keyworkern in den Netzwerken der Freiwilligenarbeit haben für seine Verbreitung gesorgt.

Doch, doch das geht!

In der Folge zeigte sich, worauf moderne Organisationsentwicklungstheorien hinweisen: Konzepte, die in transdisziplinärer Zusammenarbeit entwickelt werden und Menschen beteiligen, die ein großes Interesse an deren Realisierung haben, haben gute Chancen, umgesetzt zu werden – selbst dann, wenn sie zunächst auf Vorbehalte und Widerstände stoßen, mit den bestehenden Strukturen nicht zu vereinbaren sind und in Konkurrenz zu traditionellen Angeboten stehen. Sie können wichtige Impulse setzen und starke Wirkung entfalten, auch dann, wenn ihre Zeit nach offizieller Meinung noch nicht gekommen ist. Die Kraft des Neuen ist nicht zu unterschätzen, davon zeugen die zahlreichen in diesem Buch veröffentlichten Projektbeispiele. Von besonderer Bedeutung dabei ist, dass sich in den letzten Jahren nicht nur Keywork-Projekte »vor Ort«, also außerhalb von Kultureinrichtungen und in Kooperation mit diesen, realisieren ließen. Inzwischen sind immer öfter positive Erfolge bei der Implementierung von Keywork in Kultureinrichtungen zu beobachten (vgl. Kapitel 2).

Scharmer und Käufer (2008) weisen auf die Bedeutung von Mikro-Interventionen hin. Wenn man an einer Stelle in einem komplexen System eine kleine Veränderung vornimmt, kann dies langfristig große Auswirkungen auf das Gesamtsystem haben. Häufig wirkt das Neue wie ein Sandkorn im Getriebe: Es stört. Es stellt bewährte Abläufe oder Formen infrage, konfrontiert mit zukünftigen Herausforderungen und Entwicklungen und provoziert mit alternativen, unkonventionellen Lösungen.

Ständige Weiterentwicklung bringt Unruhe und Verunsicherung mit sich, sichert aber langfristig die Überlebenschance von Systemen. Nicht zufällig unterhalten große Unternehmen Entwicklungsabteilungen und investieren in Innovation. Damit gelingt es ihnen, zeitnah auf gesellschaftliche Veränderungen zu reagieren und Entwicklungen mit voranzutreiben und zu gestalten. Im Sozialbereich werden Innovationsaufgaben in der Regel in zeitlich befristeten Projekten mit begrenztem Finanzierungsrahmen bearbeitet. Das ist mit Chancen und Risiken für die Einrichtungen und deren Mitarbeitende verbunden. Eins ist unumstritten: (Pilot-)Projekte stellen große Herausforderungen an Organisationen und Einrichtungen: nicht nur an die Mitarbeitenden im Projekt, sondern auch an die Führungskräfte auf allen Ebenen. Pilotprojekte müssen sorgfältig geplant und begleitet werden. Alle Beteiligten brauchen Spielräume, Schutzräume und Resonanzräume. Es muss dafür gesorgt werden, dass genügend Freiraum gegeben ist, um »das Neue im Tun zu erkunden« (Scharmer und Käufer 2008). In Entwicklungsprojekten lässt es sich nicht verhindern – es ist für den Prozess sogar unabdingbar –, dass Grenzen überschritten sowie bewährte und aktuell erfolgreiche Lösungen einer kritischen Überprüfung unterzogen werden. In Innovationsprozessen wird nicht selten gegen Regeln verstoßen und mit Traditionen gebrochen. Deshalb ist es wichtig, eine stabile Vertrauensbasis zu schaffen und die Projektmitarbeitenden bei den zu erwartenden Angriffen in Schutz zu nehmen. Projektmitarbeitende müssen aber auch vor zu hohen Erwartungen und vor Überforderung geschützt werden. Wer Neues entwickelt, muss Regelaufgaben abgeben oder in irgendeiner anderen Form entlastet werden. Wichtig ist, kontinuierlich dafür zu sorgen, dass die Ergebnisse von Entwicklungsprojekten – Erfolge und Misserfolge! – im Gesamtsystem kommuniziert und diskutiert werden können.

Innovation in vernetzten Strukturen

Innovation bedeutet »Neuerung«. »Als Innovationen werden materielle oder symbolische Artefakte bezeichnet, welche Beobachterinnen und Beobachter als neuartig wahrnehmen und als Verbesserung gegenüber dem Bestehenden erleben« (Braun-Thürmann 2005, 6).
Innovationen sind an bestimmte Voraussetzungen geknüpft. Veränderungsprozesse haben, so stellt Braun-Thürmann fest, überhaupt nur dann Chancen, zu Innovationen zu führen, wenn sie in vernetzten Strukturen umgesetzt werden und sich die Akteure(innen) in einem Vertrauensverhältnis ihre Wissensressourcen gegenseitig zur Verfügung stellen. Dabei geht es nicht nur um explizites Wissen,

also Wissen, das gespeichert, gesammelt und weitergereicht werden kann (wie z. B. nachvollziehbare Aussagen und Zahlen). Es geht bei Innovationen vor allem auch um implizites Wissen, d. h. um Erfahrungswissen. »Implizites Wissen ist den Forschungs- und Entwicklungsroutinen eingelagert und von denjenigen, die über es verfügen, selbst schwer zu explizieren, da es in gewissen Handgriffen verkörpert ist. Wenn die Teilnehmenden in interaktiv abgestimmten Beziehungen kooperieren, dann ist es möglich, implizites Wissen zu teilen und weiterzureichen« (Braun-Thürmann 2005, 90). Innovation hängt deshalb in hohem Maße von der Qualität der Beziehungen und der Austauschprozesse in Netzwerken auf allen Akteursebenen ab. Damit eine Kommunikation gelingen und die Zusammenarbeit Früchte tragen kann, sind vor allem zu Beginn von Innovationsprozessen »Übersetzungsleistungen« erforderlich. »Dabei gilt es, implizites Wissen so zu übersetzen, dass es von anderen Beteiligten verstanden werden kann« (Braun-Thürmann 2005, 91). Eine solche Übersetzung setzt wiederum ein bestimmtes Wissen in der Arbeitsgruppe voraus. »Sie muss über Methoden verfügen, die jeweils individuell hervorgebrachten Ideen und Konzepte in Worte, Bilder, Erzählungen, Analogien usw. zu übertragen. Ferner müssen die Mitglieder über kommunikative Kompetenzen verfügen, durch Formen des aktiven Zuhörens und Mitdenkens andere Teilnehmer(innen) zu unterstützen, das eigene Wissen in der Gruppe zu entfalten. Es verlangt von den Teilnehmenden ebenso, vorübergehend Vieldeutigkeit von Aussagen und auch Redundanz der Inhalte auszuhalten« (Braun-Thürmann 2005, 91).

Man braucht Fingerspitzengefühl, um den richtigen Zeitpunkt für eine Implementierung des Neuen ins Gesamtsystem abzupassen. Eins ist sicher: Implementierungsprozesse verlaufen selten reibungslos. Wer möchte schon gern bewährte Konzepte aufgeben? Wer hat Interesse daran, die Sicherheit im Umgang mit vertrauten Handlungs- und Entscheidungsmustern gegen vermeintlich zukunftsfähige, aber ungeprüfte Ansätze einzutauschen? Eher wird man sich für die klassische Form der Krisenbewältigung entscheiden: der besonderen Anstrengung, dem »Immer besser!« und dem »Immer mehr vom selben«. Der Religionssoziologe Paul Zulehner spricht in diesem Zusammenhang von einer »gefährlichen Versuchung«. Es werde weitergemacht wie immer. Und das, obwohl alle wüssten: »Wenn wir so weitermachen wie bisher, werden wir nicht mehr lange weitermachen« (Erhard Eppler zit. von Zulehner 2013: 9). Beispielhaft sind hier zu nennen: das exzessiv betriebene Qualitätsmanagement in verschiedenen Bereichen der sozialen und kulturellen Arbeit und der Anstieg von bewährten Fortbildungen, Ehrenauszeichnungen und Dankeschön-Veranstaltungen für Menschen im klassischen Ehrenamt.

Paul Zulehner, der sich aus der Perspektive der Religionssoziologie intensiv mit Innovationsprozessen in kirchlichen Organisationen beschäftigt, weist darauf hin, dass auch Organisationen Organismen sind, die einem Lebenszyklus unterliegen. Zulehner bezieht sich auf den Amerikaner Martin F. Saarinen, der in seiner Theorie die Lebensphasen von Organisationen und deren spezifische Entwicklungsaufgaben beschreibt. Geboren werden Organisationen aus der Kraft von Visionen. »Am Anfang steht die Vision, daraus bildet sich eine Gemeinschaft Gleichgesinnter, ein Programm wird erstellt, Strukturen geschaffen. Es folgt die Zeit der Reife, der Aristokratie, der Bürokratie, der Tod der Organisation« (Zulehner 2013). In der Kindheitsphase einer Institution gibt es noch viel Spielraum für das Neue, hier steht das Erforschen von Möglichkeiten und Grenzen im Vordergrund. In der Jugendzeit werden neue Programme und Strukturen eingefordert und entwickelt. Sie stehen in der Regel im Widerspruch zu Vertrautem, setzen sich (trotzig!) von traditionellen Organisationsformen ab und sind mit dem bis dahin Bewährten oft nur schwer zu vereinbaren. In der Erwachsenenphase gilt es, die Wirksamkeit und die Leistungsfähigkeit des Neuen zu beweisen. Parallel dazu wächst die Administration: Strukturen werden verfestigt; der bürokratische Aufwand steigt. Die Altersphase einer Organisation kündigt sich – so Saarinen – an, wenn die Kraft der Visionen nachlässt und die Herausforderungen der Zukunft nicht mehr mit den alten Mustern und Strukturen zu bewältigen sind. »Eine Organisation wird alt, wenn die Kraft der Visionen verloren geht. Was machen wir dann? Wir feiern Jubiläen und schauen zurück. […] Das ist die Chance zu prüfen, ob man noch starke Visionen hat. Dieser Zeitpunkt muss nicht zwangsläufig zum ›Tod‹ führen. Es kann auch zur Erneuerung der Visionen kommen« (Zulehner 2013).

»Im Widerspruch liegt der Goldklumpen« (David Jonas)

Trotz der anfänglichen Bedenken und Vorbehalte der Träger von Kultur- und Sozialeinrichtungen gegen den Ansatz kann sich das Keywork4-Konzept inzwischen gut behaupten. Vor allem im Bereich der Bildungsarbeit und der Quartiersarbeit stößt es bei Bürger(inne)n und Institutionen auf ein wachsendes Interesse. Deutlich wird, dass Keywork4 überall dort auf fruchtbaren Boden fällt, wo sich kulturelle und soziale Einrichtungen ins Quartier öffnen wollen und neue Zielgruppen angesprochen werden sollen.

Begeisterung und Skepsis, Angst vor Veränderung und Lust auf Erneuerung, Höhen und Tiefen haben den gemeinsamen Entwicklungsprozess von Keywork zu Keywork4 geprägt und werden ihn auch weiterhin prägen. Rückschläge sind unvermeidbar. Es braucht, so zeigt die Erfahrung, einen langen Atem und viel Geduld, wenn man Strukturen und Programme nachhaltig verändern will. Das mit Herzblut verfasste Konzept für das Kulturamt der Stadt

Düsseldorf schlummert nach wie vor in einer Schublade. Die meisten Düsseldorfer Kultureinrichtungen orientieren sich auch weiterhin an klassischen Formen des Ehrenamts. Sie verfügen – bis auf wenige Ausnahmen – nur über geringe Erfahrungen mit selbst organisierter Freiwilligenarbeit und interessieren sich wenig für entsprechende Qualifizierungsprogramme. Trotzdem wächst die Zahl der Keywork-Projekte in sozialen und kulturellen Einrichtungen stetig an. Hier schaffen vor allem die Mitglieder der neuen Altersgenerationen Fakten, auch wenn sie bei ihren Anstrengungen nicht immer auf wenig Gegenliebe stoßen.

Trost und Ermutigung bei der mühsamen Umsetzung des Paradigmenwechsels in der Freiwilligenarbeit kommt von einem Nobelpreisträger. Der amerikanische Kardiologe Bernard Lown hat sich ausführlich mit Neuerungen im Bereich der medizinischen Behandlung von Herzpatienten beschäftigt. Er spricht – mit Blick auf die Vorbehalte und Widerstände gegenüber Neuerungen – von einem sturen Beharrungsvermögen, das durch Gewohnheit und Autorität gestützt werde. »Die Sicherheit, die durch ein seit langem aufrechterhaltenes Glaubenssystem vermittelt wird – auch wenn dieses auf tönernen Füßen steht – ist ein gewaltiges Hindernis für jeden Fortschritt. Die allgemeine Akzeptanz eines Verfahrens dient als Beweis seiner Gültigkeit [...] Ist ein neues Paradigma aber erst einmal etabliert, wird es außerordentlich rasch akzeptiert, und man begegnet nur wenigen, die bekennen, einer ausrangierten Methode angehangen zu haben. Dies war kurz und bündig von Schopenhauer zusammengefasst worden, der die Ansicht vertrat, dass jede Wahrheit drei Stadien durchlaufe. Im ersten werden sie lächerlich gemacht, im zweiten leidenschaftlich abgelehnt und im dritten schließlich selbstverständlich akzeptiert.« (Lown 2004: 228–229).

Literatur

Braun-Thürmann, Holger (2005): Innovation, Bielefeld: transcript Verlag

Brock, Bazon: Das Museum als Arbeitsplatz. In: Bott, Gerhard (Hg.): Das Museum der Zukunft, Köln: DuMont

Generali Zukunftsfonds (Hg.) und Institut für Demoskopie Allensbach 2012: Generali Altersstudie 2013, Frankfurt a. M.

Knopp, Reinhold/Nell, Karin (Hg.) (2007): Keywork. Neue Wege in der Kultur- und Bildungsarbeit mit Älteren, Bielefeld: transcript Verlag

Lown, Bernard (2004): Die verlorene Kunst des Heilens. Anleitung zum Umdenken, Stuttgart: Suhrkamp TB-Verlag

Mandel, Birgit (2008): Kulturvermittlung als Schlüsselfunktion auf dem Weg in eine Kulturgesellschaft. In: Mandel, Birgit (Hg.): Audience Development, Kulturmanagement, Kulturelle Bildung, München: Kopaed

Rauschenbach, Thomas (2009): Engagiert in die Zivilgesellschaft. Merkmale und Entwicklung ehrenamtlichen Engagements – Einblicke in empirische Studien. In: Epd-Dokumentation, Jahrg.: 15, 2009, Heft 18/19, S. 17–34

Rosenmayr, Leopold (2007): Schöpferisch altern. Eine Philosophie des Lebens, Wien: LIT Verlag

Schanner, Roman (2007): Was ist Keywork? Eine Einführung. In: Knopp, Reinhold/Nell, Karin (Hg.): Keywork. Neue Wege in der Kultur- und Bildungsarbeit mit Älteren, Bielefeld: transcript Verlag

Scharmer, C. Otto/Käufer, Katrin (2008): Führung vor der leeren Leinwand. Presencing als soziale Technik. OrganisationsEntwicklung Nr. 2, www.bertelsmann-stiftung.de/bst/de/media/xcms/ (Zugriff 4.1.2014)

Zulehner, Paul (2013): Kirchenvisionen. Orientierung in Zeiten des Kirchenumbaus, Ostfildern: Patmos-Verlag

Zulehner, Paul (2013): Zuerst die Vision. Zusammenfassung eines Vortrags beim Cursillofest 2013 in Arbing, Oberösterreich. www.cursillo.dioezese-linz.at/index.php?section...act...2013. (Zugriff 20.3.2014)

Autor und Autorin

Dr. Knopp, Reinhold, Dipl.-Pädagoge, Dipl.-Sozialarbeiter, Professor an der Fachhochschule Düsseldorf, Fachbereich Sozial- und Kulturwissenschaften, vorher langjähriger Leiter des Soziokulturellen Zentrums zakk in Düsseldorf. Arbeitsschwerpunkte: Stadtentwicklung, Quartiersarbeit, Wohnen, Soziokultur, Beratung und Konzeptentwicklung für sozialraumbezogene Projekte im Kontext des demografischen Wandels.
Kontakt: knopp@stadt-konzepte.de

Nell, Karin, Dipl.-Pädagogin, Referentin für Erwachsenenbildung und Kulturarbeit im Ev. Zentrum für Quartiersentwicklung beim Ev. Erwachsenenbildungswerk Nordrhein, dort verantwortlich für die Programme »Erfahrungswissen für Initiativen« und »WohnQuartier4 – die Zukunft altersgerechter/inklusiver Quartiere gestalten«. Gründerin des Ateliers für Soziale Plastik in Düsseldorf. Aufgabenschwerpunkte: Entwicklung von Projekten und Fortbildungskonzepten der innovativen Bildungs- und Quartiersarbeit.
Kontakt: karinnell@t-online.de

1.3 Mehr Partizipation wagen

Die besondere Bedeutung von Partizipation im Keywork-Konzept

Reinhold Knopp

Gesellschaftliche Teilhabe durch Keywork ist unter zwei Gesichtspunkten zu betrachten: Teilhabe steht hier zum einen für »an etwas beteiligt sein«, »Zugang haben«, »dabei sein können«. In diesem Zusammenhang stand im ersten Keywork-Buch die Beschäftigung mit dem Begriff der kulturellen Kompetenz im Mittelpunkt, deren Aneignung und kontinuierliche Erweiterung als eine wichtige Voraussetzung für die Entfaltung von gesellschaftlicher Wirksamkeit im Alter beschrieben wurde, und zwar in dem Sinne, sich mit gesellschaftlichen Fragen aus kultureller Perspektive befassen zu können (Knopp 2007a). Teilhabe meint zum anderen aber auch Partizipation im Sinne von »an Entscheidungen in Prozessen beteiligt sein«, denn auf diese Weise wird Wirksamkeit im Alter erst konkret. Diesem zweiten Aspekt von Teilhabe kommt bei der Weiterentwicklung zu Keywork4 große Bedeutung zu und stellt vielleicht auch an alle Beteiligten in Keywork-Prozessen die größten Herausforderungen, insbesondere für Keywork in Kultureinrichtungen.

Partizipation ist allerdings gegenwärtig ein heftig umstrittener Begriff. »Nie war Willy Brands 1969 geprägte Forderung ›Mehr Demokratie wagen‹ aktueller als heute. Gemessen an den damaligen Möglichkeiten und konkreten Veränderungen dieser bewegten Zeit erscheint ihre Aktualisierung unrealistisch und radikal zugleich« (Roth 2011: 89). Dieses Zitat von Roland Roth verdeutlicht die Komplexität der gegenwärtigen Diskussion über die Möglichkeiten und Grenzen von Partizipation. Sein Bezug auf die späten sechziger und die folgenden Jahre ist evident, wird gerade hier in der Sozialwissenschaft ein Kontinuitätsbruch in der Geschichte der Bundesrepublik Deutschland gesehen, der »mit Stichworten wie ›68‹, Wohlstandssteigerung, Bildungsexpansion, Wertewandel u. a. m. charakterisiert werden kann« (Berger / Vester 1998: 24). Insbesondere in den 70er-Jahren stand die in Großdemonstrationen eingeforderte Selbstbestimmung und Einflussmöglichkeit auf gesellschaftliche Entscheidungen in einer Übereinstimmung mit den Erfordernissen eines marktförmigen Modernisierungsprozesses, der wesentlich flexiblere und sich per Teamwork am Arbeitsprozess beteiligende Arbeitnehmer(innen) benötigte (Beck 1994, Knopp 2007b: 40). So wurden einerseits durch die sog. »Neuen Sozialen Bewegungen« mehr Rechte, mehr Bildung und auch ein Mehr an sozialer Sicherung (Beck 1986: 124) gegen Widerstände aus Politik und Kapital durchgesetzt, andererseits nutzen diese Veränderungen dem privatwirtschaftlich strukturierten System, nun auf der Basis einer moderneren Lebensweise international konkurrenzfähig zu bleiben. Gegenwärtig ist eine solche Übereinstimmung von Demokratiestreben und Modernisierung nicht zu verzeichnen. Stattdessen werden vielfach mit Hinweis auf die Kürzungen im Bereich der sozialen Sicherung und den Wandel zum »Aktivierenden Sozialstaat« mit dem Credo des »Förderns und Forderns« gegenläufige Tendenzen beschrieben: »Weitreichende Reformen wären notwendig, soll die Idee der Bürgerdemokratie mit einer soliden sozialen Grundlage ausgestattet werden. Ohne garantierte soziale Bürgerrechte hat politische Beteiligung ›für alle‹ keine Chance«, schreibt Roland Roth (Roth 2011: 32). Die These der »Postdemokratie« (Wagner 2012) ist ein weiterer kritischer Aufschlag in der aktuellen Diskussion über bürgerschaftliches Engagement. Eine Kernthese ist dabei die der »Entmachtung des Bürgers in der ›großen Politik‹« (Wagner 2012: 26) dadurch, dass die großen Themen gesellschaftlicher Entwicklung nur noch kleinen Eliten und Thinktanks vorbehalten werden. Zugleich – so die Aussage – wird Bürgerbeteiligung bei ›nahen Themen‹ wie zum Beispiel Baumaßnahmen im Quartier gefördert und sogar durch die Werbung fürs Mitmachen forciert, allerdings nur, um über die Teilnahme in moderierten Verfahren Zustimmung einzuholen oder Einwände kleinzuarbeiten. Diese Beobachtungen gilt es ernst zu nehmen und vor diesem Hintergrund die Strukturen von Beteiligung kritisch zu hinterfragen – darauf weist auch Roland Roth hin (Roth 2011:302 f.).[1] Hinzuzufügen ist, dass der sorgsamen Überprüfung der Inhalte, der möglicherweise divergierenden Interessen in allen Beteiligungsverfahren große Bedeutung zukommt. Wenn die »Richtschnur« für die Positionierung in solchen Verfahren der Einsatz für ein gesellschaftliches Gemeinwohl auch und gerade im Sinne von sozialer Gerechtigkeit ist, dann ist es auch möglich, diesem Ziel entgegenstehende Partialinteressen zu identifizieren (Knopp 2007b: 48): »Soziale Gerechtigkeit zielt dagegen auf die Gestaltung von alltäglichen Lebensverhältnissen. Dies steht in der Parallele zum Ansatz des ›*capability approach* ... ‹« (Böhnisch / Schröer / Thiersch 2005: 250 f.), bei dem dann von Rechten geredet werden kann, wenn die Chancen, sie wahrzunehmen, also die Zugänge, verfügbar sind (ebd). Alle diese Einwände und Hinweise berücksichtigend,

1 | »Als Mittel privilegierter Interessenpolitik und privatisierter Beteiligung hat Bürgermacht keine demokratische Existenzberechtigung« (Roth 2011:303)

kann dies nicht zur Schlussfolgerung führen, sich weniger für Beteiligung einzusetzen. Nur durch aktive Beteiligung besteht überhaupt die Chance, Einfluss zu nehmen, was zur Verhandlung bzw. Gestaltung ansteht. Wichtig ist nicht in erster Linie, wie groß die Schritte im bürgerschaftlichen Engagement sind, sondern auch, in welche Richtung sie in der Konsequenz führen – in Richtung einer Verfestigung von sozialer Ungleichheit oder zu größeren Teilhabemöglichkeiten und sozialer Gerechtigkeit für alle Gesellschaftsmitglieder (Knopp 2009).

Warum Partizipation so wichtig ist

Die Beteiligung an Partizipationsprozessen beinhaltet die Chance, andere Menschen im gemeinsamen Handeln für eine »dritte Sache« zu erleben, und wie Roland Roth es formuliert – Es »geht auch um das Glück, gemeinsam öffentlich zu handeln, die Erfahrungen von Solidarität und Gemeinsamkeit oder von Streit, Kompromiss und Aussöhnung – all dies kann authentisch nur im politischen Engagement selbst erlebt werden« (Roth 2011: 306). Roland Roth führt weiter aus, dass »Bürgerinitiative, Proteste und soziale Bewegungen ungewöhnlich produktive Lernorte sein können, weil sie dazu nötigen, öffentlich mit guten Argumenten für die eigenen Interessen und Anliegen einzutreten« (ebd: 297). Hinzufügen ist, dass im gemeinsamen Handeln für eine »dritte Sache« auch das Engagement, die Verlässlichkeit und die Kompromissbereitschaft deutlich werden und sich Menschen damit auch über die persönliche Sympathie hinaus kennen und schätzen lernen können.

Dieses gemeinsame Handeln für ein Anliegen, das über private Interessen hinausreicht, beschreibt der amerikanische Soziologe Richard Sennett als Kooperation. Diese »erfordert die Fähigkeit, einander zu verstehen und aufeinander zu reagieren, um gemeinsames Handeln zu ermöglichen …« (Sennett 2912: 10). Auch Sennett blendet nicht die Inhalte aus, wenn er die Bedeutung von Kooperation für eine Gesellschaft hervorhebt, denn so kann es ja auch eine gelungene Zusammenarbeit für Ziele geben, die der Mehrheit der Gesellschaft schaden (ebd).

Um Zusammenarbeit und deren inhaltliche Zielrichtung geht es auch bei Keywork. »Keywork steht für Partizipation und Engagement auf Augenhöhe« – so lautet die Einleitung zur Präsentation des zweiten Faktors im Keywork4-Konzept. Hier ist Zusammenarbeit als respektvolle Beziehung definiert, in der alle am Geschehen beteiligten Akteure Einfluss nehmen und auf der Grundlage ihrer jeweiligen Interessen eine Balance bei den Zielen finden, die durch das gemeinsame Handeln angestrebt werden.

Den Hinweis von Richard Sennett auf die Inhalte von Kooperation aufgreifend, ist ein gemeinsamer Nenner im Keywork-Prozess sicherlich die Öffnung des Zugangs zu Kunst und Kultur für alle, auch gerade für die, die sich damit schwertun, diesen Zugang zu finden, oder sich Hemmschwellen gegenübersehen, die sie allein nicht bewältigen können. Geht man einen Schritt weiter, so könnte das Ziel aus der Perspektive von Keywork lauten, den Zugang zu Kunst und Kultur zu öffnen und eine kritische Auseinandersetzung damit zu ermöglichen, also auch die Fragen nach den Inhalten und der gesellschaftlichen Relevanz zu stellen.

Keywork ist mehr als die Mobilisierung neuer Besucherströme für die Kultureinrichtungen

Wenn man die Entstehungsgeschichte von Keywork aus der Perspektive der Institution Museum betrachtet, dann ist der Zugewinn neuer Nutzergruppen der zentrale Ansatzpunkt. Der ökonomische Druck, durch zahlende Besucher(innen) und Besucher sowohl die Anforderungen des Haushaltes zu bewältigen als auch die eigene Existenz zu legitimieren, ist groß geworden. Dem steht entgegen, dass der »verlässliche Kern der Vielnutzer« kultureller Angebote mit »5 bis 10 Prozent der Bevölkerung« in Deutschland relativ klein ist und ein Großteil aufgrund von »soziale(r) Selektion der Kulturnutzung« ohnehin außen vor bleibt (Sievers /Knopp/Molck 2010: 163 f.). Für die Museen stellt sich also die Aufgabe, Menschen für den Besuch zu gewinnen, die bis dato aus unterschiedlichsten Gründen zu den Nicht-Nutzer(inne)n dieses Kulturangebotes zählen. Ein Weg, den hierbei zumeist die größeren Museen gehen, ist die Ausweitung der Events, wie z. B. durch die »Nacht der Museen«, »begehbare Kunst« und besonders aufsehenerregende Ausstellungen. Kulturvermittlung über Keywork ist weniger spektakulär, aber dafür auf größere Nachhaltigkeit gerichtet. Gelingt es den Keyworkern, im Umfeld ihres sozialen und kulturellen Milieus und darüber hinaus Interesse zu wecken und mögliche Barrieren für den Besuch beiseitezuschaffen, kann dies nicht nur zur temporären Erhöhung der Besuchszahlen führen, sondern bietet der Einrichtung auch die Chance, mehr Menschen als sog. Vielnutzer(innen) zu gewinnen. Keywork im eigenen Haus zu etablieren ist damit für die Museen grundsätzlich von Interesse. Allerdings setzt Keywork die Einbindung der Keyworker in die Institution voraus und ist im Unterschied zu anderen Formen des bürgerschaftlichen Engagements nur im Rahmen eines Partizipationsprozesses zu haben, so die Erfahrungen aus europäischen Keywork-Projekten (Schanner/Kolm 2010: 76 ff.). Aus dieser Perspektive ist Partizipation zunächst einmal ein Preis, den die Institution Museum zahlen muss, wenn sie auf diesem Wege Besuchszahlen erhöhen und Bindungen an die Einrichtung fördern will, denn Partizipation ist mit Aufwand verbunden. Allerdings liegt in der auf »Not gegründeten« Öffnung auch eine große Chance für eine inhaltliche Entwicklung der Kulturinstitutionen, nämlich die Chance einer direkten Kommunikation und Auseinandersetzung mit Menschen, die die Einrichtung sowohl mit dem Blick von außen als auch von innen als (nicht-professioneller) Teil derselben betrachten. Um dies wirksam werden zu lassen, sind die Akteure auf beiden Ebenen gefordert. Auf der Ebene der Institution[2] gilt es, Kommunikation als Austausch und Feedback zu suchen und sich auch auf eine Auseinandersetzung mit eigensinnigen, widerstrebenden Ansätzen einzulassen, also auch auf Kritik, Hinweise und Forderungen. Für die Gruppe der Keyworker ist es bedeutsam, eine eigenständige Position zu bewahren und sich nicht in der Institution zu assimilieren, d.h. als Teil in Hierarchie und Gefüge einzuordnen, sondern immer auch »Fremdkörper« zu bleiben. Grundlage für eine solche Positionierung der Keyworker(innen) bieten die Veränderungen im bürgerschaftlichen Engagement, das weniger als in der Vergangenheit auf Altruismus basiert, sondern auch die Realisierung von eigenen Interessen einfordert (Rauschenbach 2009). Zugleich ist darauf zu achten, dass Keywork-Projekte nicht zum Selbstzweck werden oder gar als Plattform für Selbstverwirklichung dienen – womit keineswegs ausgeschlossen ist, dass Keywork Spaß macht und auch machen soll.

Ältere als Keyworker und die »Aktivierung des Alters«

Der ursprüngliche Ansatz von Keywork ist Kulturvermittler(innen) aus Zielgruppen zu gewinnen, die bis dato wenig Zugang zu Kunst und Kultur im Allgemeinen und zu Museen im Besonderen hatten, damit diese durch entsprechende Qualifizierung und (!) Beteiligung Menschen aus gleichem sozialen und kulturellen Milieu den Zugang zum Museumsbesuch öffnen. Mit Keywork4 wird eine Erweiterung dieses Ansatzes auf die besondere Zielgruppe »Menschen in der nachberuflichen Phase« vorgenommen (Knopp/Nell 2010:70f.)[3] die interessiert sind, sich im Bereich von Kunst und Kultur zu engagieren, und demnach eher als kulturaffin charakterisiert werden können. Insbesondere bei den sogenannten jüngeren Älteren haben wir es vielfach mit Menschen zu tun, die in den 70er-Jahren den Ausbau des Bildungswesens und die Öffnung von Kunst und Kultur mit »Kultur für alle« erlebt haben. Aufgrund ihrer Biografie (Knopp 2007:48f.) sind sie grundsätzlich in der Lage, Nicht-Nutzer(innen) von Kunst und Kultur aus sehr unterschiedlichen gesellschaftlichen Bereichen anzusprechen – dies zeigen auch die vielen in diesem Band dokumentierten Projekte.

---

2 | Diese ist unbedingt auch auf Leitungsebene zu verankern, siehe den Beitrag von Isabel Müller in diesem Band.

3 | Diese ist auch eine der Zielgruppen von »KulturKontaktAustria« (Schanner/Kolm 2010:78).

Mit der Orientierung auf die Zielgruppe »Menschen in der nachberuflichen Phase« muss sich Keywork4 der grundsätzlichen Kritik an der »Aktivierung des Alters« stellen, denn spätestens seit Erscheinen des fünften Altenberichtes der Bundesregierung 2005 wird diskutiert, dass der wachsende Anteil älterer Menschen an der Gesamtbevölkerung nicht nur Probleme mit sich bringt, sondern dass die Älteren selber »Teil der Lösung« sein sollen. Damit werden Ältere, insbesondere die sog. jungen Alten, als »Aktivbürger« angesprochen und in die Pflicht genommen, was im Kontext des Paradigmenwechsels vom versorgenden zum aktivierenden Staat zunächst einmal schlüssig ist. Stephan Lessenich sieht damit eine besondere Form von Mithaltedruck für Ältere gegeben: Wer von den Älteren in der »Aktivgesellschaft« bestehen will, »muss nicht nur aktiv, aktivierbar und aktivierungsbereit *sein*, sondern sich vor allem aktiv, aktivierbar und aktivierungsbereit *geben* bzw., vorgelagert noch: sich aktiv, aktivierbar und aktivierungsbereit *wissen*« (Lessenich 2009: 292 – Hervorhebungen im Original). Auf diese Weise wird die Verantwortung für ein produktives Altern und damit auch das mögliche Scheitern an dieser Herausforderung den einzelnen Älteren zugewiesen. Ihnen kommt eine doppelte Aufgabe zu: einerseits jung und gesund zu bleiben und andererseits mit bürgerschaftlichem Engagement Beiträge zur Bearbeitung und Lösung gesellschaftlicher Probleme zu leisten. Wer versucht, mit mehreren Menschen in der nachberuflichen Phase gleichzeitig eine Verabredung zu treffen, könnte geneigt sein, sich dieser Argumentationsfigur zumindest im Hinblick auf die vollen Terminkalender anzuschließen. Allerdings stellt sich die Frage, ob ein Sich Widersetzen gegen die angeführte Vereinnahmung und Zuweisung von Verantwortung für die Mitwirkung an der Lösung gesellschaftlicher Probleme nur durch Rückzug möglich ist. Die Aussage, Widerständigkeit Älterer konkretisiere sich »mit einem Winter auf Teneriffa, exzessivem Kreuzworträtsellösen oder dem hingebungsvollen Sortieren von Briefmarken« (van Dyk 2010: 44) mutet zumindest recht merkwürdig an. Grenzen setzen und sich der »ökonomischen Beschleunigung« im Alltag entgegenstellen ist sicherlich auch in der nachberuflichen Phase schon aus persönlichem Interesse von Bedeutung. Noch bedeutungsvoller wird die Grenzziehung aber im Hinblick auf das formulierte Problem der potenziellen Instrumentalisierung. Dies beginnt damit, darauf zu achten, dass das Engagement Älterer nicht dazu beiträgt, Arbeitsplätze der jüngeren Generation oder auch nur das »Zubrot« durch Honorare[4] für diese einzusparen. Im Kontext von Keywork ist hier genau hinzuschauen und aufzupassen, dass nicht eigenes Interesse an Kunst und Kultur dazu führt, die Positionen zwischen zu bezahlender Arbeit und bürgerschaftlichem Engagement zu verwischen. Im Gegenteil, ein Ausbau professioneller Arbeit ist

4 | Z.B. Führungen durch Ausstellungen durch Kunststudierende.

anzustreben, denn wenn Keywork Erfolg haben soll, müssen auch auf der Seite der Institution neue Ressourcen zur Verfügung gestellt werden (Knopp / Nell 2010: 81ff.).

Keywork als Engagement für Öffnung und als inhaltliche Einmischung

Partizipation im Kontext von Keywork ist mehr als Mitbestimmen zu verstehen denn als Mitwirken. Dies wird an drei konkreten Handlungsfeldern von Partizipation im Rahmen von Keywork im Folgenden zur Diskussion gestellt: Erstens am Beispiel der Frage nach den Zielgruppen, für die der Zugang geöffnet werden soll. Ganz allgemein formuliert geht es um Nicht-Nutzer(innen) der kulturellen Angebote. Dies können auch Menschen aus dem eigenen sozialen und kulturellen Umfeld sein, denen durch persönlichen Kontakt »eine Brücke gebaut« werden kann. Öffnung zu Kunst und Kultur muss hier jedoch weiter gedacht und praktiziert werden, denn es ist zu beachten, dass Keywork-Projekte immer auf den Zugang »für alle« ausgerichtet sein sollten. Damit sieht sich Keywork auch mit der Auseinandersetzung über mögliche Hemmschwellen gefordert, die von einer Ausgrenzung durch Eintrittspreise bis hin zu unsichtbaren Mauern, die auf kultureller Distinktion gründen, reichen können, was im konkreten Fall auszuloten ist. Bei solchen Themen kann es auch zu Konflikten mit den professionellen Akteuren der kulturellen Einrichtung kommen, zum Beispiel bei der Frage danach, wie niedrig- oder hochschwellig Angebote konzeptioniert sind. Diese Konflikte können jedoch produktiv verlaufen, wenn sich dadurch wichtige Hinweise für eine Ausweitung der Besuchergruppen ergeben.

Zweitens muss Keywork dahingehend offen angelegt sein, neue Akteure als Keyworker aufzunehmen. Das Ziel der Öffnung »für alle« kann auch damit verfolgt werden, dass Keywork-Gruppen anstreben, in ihrer Zusammensetzung die Differenzierungen in der Gesellschaft widerzuspiegeln, und zwar sowohl im Hinblick auf die soziale als auch auf die kulturelle Herkunft künftiger Keywork-Akteure. Stichworte: Keywork und Diversity – Keywork und Inklusion. Eine solche Öffnung kann auch für den Keywork-Prozess eine große Bereicherung sein und neue soziale Strukturen in Keywork-Gruppen hervorbringen.

Drittens ist das Sich-Einbringen in die Diskussion über die inhaltliche Ausrichtung der Arbeit der Kultureinrichtungen aufzuführen, bei Museen vornehmlich bezogen auf die Themen und die Gestaltung von Ausstellungen. Oliver Rump vom Fachbereich Museumskunde der HTW Berlin weist in diesem Zusammenhang auf die wachsende Bedeutung des Gesellschaftsbezuges hin:

»Die Verantwortung der Gesellschaft gegenüber ihren Museen und die Verantwortung von Museen gegenüber der Gesellschaft stehen in einem wechselseitigen Verhältnis zueinander, das immer weniger zu trennen sein wird. Museen werden durch den gesellschaftlichen Wandel begründet, verändert und aufgegeben; Museen, können ihrerseits Wandel in der Gesellschaft bestätigen, beeinflussen oder mitverursachen« (Rump 2010: 41). Diese Aussage ist nicht nur für Museen sondern für alle Kultureinrichtungen zutreffend. An dieser Stelle darf Keywork »keine vornehme Zurückhaltung« zeigen, sondern muss sich einmischen, Beiträge dazu leisten, gleichzeitig akzeptieren, wer in der Kultureinrichtung Verantwortung für die Entscheidungen über die inhaltliche Ausrichtung trägt, und wiederum zugleich Mitbestimmung einfordern. In der Diskussion über die Beiträge der Kultureinrichtungen für eine demokratische, auf Teilhabe ausgerichtete Entwicklung der Gesellschaft können Keyworker eine wichtige Rolle einnehmen, die auf ihrer gleichzeitigen Einbindung und Eigenständigkeit gründet.

Mehr Partizipation wagen: Dies könnte eine Orientierung für die weitere Entwicklung von Keywork sein.

Literatur

Beck, Ulrich (1986): Die Risikogesellschaft. Frankfurt a. M.

Beck, Ulrich (1994): Jenseits von Stand und Klasse. In: Beck, Ulrich / Beck-Gernsheim, Elisabeth (Hrsg.): Riskante Freiheiten, Frankfurt a. M.

Berger, Peter A. / Vester, Michael (1998): Alte Ungleichheiten – Neue Spaltungen. In: Berger, Peter A. / Vester, Michael (Hrsg.): Alte Ungleichheiten – Neue Spaltungen, Opladen

Böhnisch, Lothar / Schroer, Wolfgang / Thiersch Hans (2005): Sozialpädagogisches Denken, Weinheim und München

Bott, Gerhard (1970): Solange es Museen gibt, wandeln sie sich. In: Bott, Gerhard (Hg.): Das Museum der Zukunft, Köln

Knopp, Reinhold (2007a): Kulturelle Kompetenz als Chance für gesellschaftliche Wirksamkeit im Alter. In: Knopp, Reinhold / Nell, Karin (Hrsg.): Keywork. Neue Wege in der Kultur- und Bildungsarbeit mit Älteren, Bielefeld

Knopp, Reinhold (2007b): Position und Perspektive kritischer Sozialer Arbeit. In: Knopp, Reinhold / Münch, Thomas (Hrsg.): Zurück zur Armutspolizey? Soziale Arbeit zwischen Hilfe und Kontrolle, Berlin

Knopp, Reinhold (2009): Kultur doch nicht für alle? Kulturelle Teilhabe als Element in der Diskussion über Gerechtigkeit. In: Brinkmann, Christine/ Knopp, Reinhold (Hrsg:): Gerechtigkeit – auf der Spur gesellschaftlicher Teilhabe, Berlin

Knopp, Reinhold / Nell, Karin (2010): Keywork 4 – ein neuer Ansatz für ein bürgerschaftliches Engagement mit Eigensinn. In: Dreyer, Matthias / Wiese, Rolf (Hrsg.): Das offene Museum, Ehestorf

Lessenich, Stephan (2009): Lohn und Leistung, Schuld und Verantwortung: Das Alter in der Aktivgesellschaft. In: van Dyk, Silke / Lessenich, Stephan (Hrsg.): Die jungen Alten, Frankfurt a. M.

Maedler, Jens (Hrsg.) (2008): TeilHabeNichtse. Chancengerechtigkeit und kulturelle Bildung, München

Roth, Roland (2011): Bürgermacht. Eine Streitschrift für mehr Partizipation, Hamburg

Rump, Oliver (2010): Gesellschaftliche Verantwortung für Museen. Gesellschaftliche Verantwortung von Museen. In: Dreyer, Matthias / Wiese, Rolf (Hrsg.): Das offene Museum, Ehestorf

Schanner, Roman / Kolm, Eva (2010): Über die Teilhabe am Verhandeln von Vielfalt. In: Fonds Soziokultur (Hrsg.). Shortcut Europe 2010, Essen

Sennett, Richard (2012): Zusammenarbeit, Berlin

Sievers, Norbert / Knopp, Reinhold / Molck, Jochen (2010): Kultur nicht für alle? Kulturpolitik und gesellschaftliche Teilhabe. In: Fonds Soziokultur (Hrsg.). Shortcut Europe (2010), Essen

Van Dyk, Silke (2010): Vom Schattendasein zum Bodenschatz? Zur aktivgesellschaftlichen Entdeckung des Post-Erwerbslebens. In: Widersprüche, Heft 117, September 2010

Wagner, Thomas (2012): »Und jetzt alle mitmachen!« Ein demokratie- und machttheoretischer Blick auf die Widersprüche und Voraussetzungen (politischer) Partizipation. In: Widersprüche, Jg. 32, Nr. 123, S. 15–38

Autor

Dr. Knopp, Reinhold, Dipl.-Pädagoge, Dipl.-Sozialarbeiter, Professor an der Fachhochschule Düsseldorf, Fachbereich Sozial- und Kulturwissenschaften, vorher langjähriger Leiter des Soziokulturellen Zentrums zakk in Düsseldorf. Arbeitsschwerpunkte: Stadtentwicklung, Quartiersarbeit, Wohnen, Soziokultur, Beratung und Konzeptentwicklung für sozialraumbezogene Projekte im Kontext des demografischen Wandels.
Kontakt: knopp@stadt-konzepte.de

1.4 Die vier Faktoren von Keywork[4]

Potenzen, Potenziale und Projekte

Karin Nell

In den vergangenen Jahren wurden in Nordrhein-Westfalen vor allem im Umfeld des EFI-Programms (Erfahrungswissen für Initiativen) vielfältige Erfahrungen mit Keywork-Projekten gesammelt. 2007 hat das Kulturamt der Stadt Düsseldorf das Ev. Erwachsenenbildungswerk Nordrhein damit beauftragt, ein Konzept für die Implementierung von Keywork für Düsseldorfer Kultureinrichtungen zu erarbeiten (vgl. Kapitel 1.2). Damals wurden vier Faktoren herausgearbeitet, die Keywork charakterisieren und die Keywork von klassischen Formen des Freiwilligenengagements zum Teil erheblich unterscheiden.
Die vier Faktoren sind:

- Faktor 1 – Innovation:
  Neue Verantwortungsrollen entwickeln und eigene Projekte realisieren
- Faktor 2 – Partizipation:
  Sich auf Augenhöhe begegnen und gemeinsam gestalten
- Faktor 3 – Neue Lernformen:
  Miteinander und voneinander lernen, Wissen vernetzen
- Faktor 4 – Neue Entwicklungs- und Gestaltungsräume erschließen und (er-)finden:
  Sie werden nachfolgend ausführlicher beschrieben.

Faktor 1 – Innovation: Neue Verantwortungsrollen entwickeln und eigene Projekte realisieren

Keywork steht für innovative Formen des freiwilligen Engagements im Überschneidungsbereich von kultureller und sozialer Arbeit und von Bildungsarbeit. Keywork stellt Verbindungen zwischen Institutionen und potenziellen Nutzer(inne)n her.

Bei Keywork geht es nicht nur darum, »Türen zu öffnen« für Menschen, denen der Zugang zu Kultur aus unterschiedlichen Gründen verschlossen ist. Nur über innovative Ansätze kann es gelingen, aus formalen Chancen *Verwirklichungschancen* zu machen, d. h. nicht nur grundsätzlich Kulturteilhabe zu gewähren, sondern ganz praktisch Zugänge zu schaffen, die eine Aneignung der kulturellen Inhalte mit einschließen (vgl. Bartelheimer 2008).

Keywork respektiert und wertschätzt die unterschiedlichen kulturellen Ausdrucksformen und Ressourcen gesellschaftlicher Gruppen. Menschen aller Generationen, Kulturen und Milieus werden ermutigt, sich neue, unvertraute Räume zu erobern und darin neue Entwicklungs- und Gestaltungsmöglichkeiten für sich zu entdecken. Dabei geht es immer auch darum, Kenntnisse und Fertigkeiten zu vermitteln. Menschen zum Erstbesuch einer Kultureinrichtung zu motivieren, ist ein Erfolg. Ihnen aber einen eigenständigen Zugang zu Kunst und Kultur zu eröffnen, Interesse für Kulturthemen zu wecken sowie die Voraussetzungen für eine intensivere Auseinandersetzung mit den Inhalten zu schaffen, ist ein weitaus anspruchsvolleres Ziel, das als besondere Herausforderung für Keywork-Projekte gilt.

Keywork steht auch für die Entwicklung neuer Verantwortungsrollen für Menschen mit Interesse an einem freiwilligen Engagement in der Kulturarbeit und in der Sozialarbeit. »›Role making‹ statt ›role taking‹« lautet die Devise. Die Ausgestaltung eines neuen Profils der Freiwilligenarbeit bildet dementsprechend einen Schwerpunkt im gemeinsamen Lern- und Entwicklungsprozess aller Beteiligten (zu den neuen kulturellen Verantwortungsrollen älterer Menschen vgl. Kinsler 2003; eine ausführlichere Darstellung findet sich in Kapitel 1.5).

In der Entstehungsphase von Projekten des bürgerschaftlichen Engagements ist eine hohe Anfangsenergie erforderlich. Die kann entstehen, wenn eine starke (»zündende«) Idee gefunden wird, die die Beteiligten so begeistert aufnehmen, dass sie auch bei den unvermeidlichen Widrigkeiten von Veränderungsprozessen nicht den Mut verlieren und bei der manchmal sehr mühevollen Aufbauarbeit »am Ball bleiben«. Die Entwicklung eines innovativen Projektes, das Kulturvermittlung mit Verwirklichungschancen verbindet, stellt hohe Anforderungen an ein Team. Vor allem dann, wenn neue Konzepte mit traditionellen Rollen, Methoden, Strukturen und Vorstellungen der Einrichtungen kollidieren, sind Konflikte unvermeidbar.

Hier hat sich eine temporäre fachliche Begleitung bewährt. Erste Erfahrungen mit Keywork-Qualifizierungsprogrammen für hauptamtliche Kräfte in Düsseldorf und Wien zeigen: Sinnvoll und wirkungsvoll ist die Vermittlung speziell entwickelter Moderations-, Vermittlungs- und Vernetzungsmethoden sowie die konkrete Einübung von Formen kollegialer Beratung für alle Akteure(innen) in Keywork-Projekten.

Faktor 2 – Partizipation: Sich auf Augenhöhe begegnen und gemeinsam gestalten

Keywork steht für Partizipation und Engagement auf Augenhöhe (vgl. hierzu Kapitel 1.4). Keyworker sind auf Informationen angewiesen. Es ist wichtig, dass sie über die Angebote, Konzepte und Strukturen der Einrichtungen informiert sind, vor allem dann, wenn sie neue Zielgruppen für die Institutionen gewinnen und begeistern wollen. Keyworker müssen aber auch die Lebensbedingungen, Gewohnheiten und Vorlieben ihrer Zielgruppen kennen. Bereits in der Erprobungsphase von Keywork kristallisierte sich heraus, dass bestimmte Rahmenbedingungen für den Erfolg von Keywork unabdingbar sind, insbesondere Möglichkeiten der Partizipation in den (Kultur-)Einrichtungen (Schanner 2007). Roman Schanner steckt mit Blick auf die Erfahrungen der Kulturvermittlung in Österreich den Rahmen solcher Beteiligung weit: »Vom regelmäßig ›Informiert werden‹ und einer zielgruppenadäquaten Weitergabe dieser Neuigkeiten aus der Institution über ein ›Mit-Reden‹ oder gar ›Mit-Gestalten‹, bei der Entwicklung von neuen, zielgruppenspezifischen Angeboten hin zum ›Mit-Entscheiden‹ bei gestalterischen Fragen der Institution (aus dem Blickwinkel der Bedürfnisse der Zielgruppe) bis zum ›Selbst-Gestalten‹, zum Beispiel in Form von selbst kuratierten Ausstellungen« (Schanner 2007: 25).

Für diese breite Palette von Beteiligungsformen gibt es in Düsseldorf bereits eine Reihe anschaulicher Praxisbeispiele: Bei dem Projekt »Kulturzentrum der Generationen«, angedockt an das Junge Schauspielhaus, konnten Keyworker beträchtliche finanzielle Mittel einwerben und weitere Ressourcen erschließen, um ein breites Bündel von Angeboten zur Förderung der kulturellen Bildung sozial benachteiligter Kinder und Familien zu ermöglichen. Ihr Engagement reichte von der Einrichtung einer WunderBar zur Bewirtung von Theatergästen über anspruchsvolle Kunstaktionen im Wohnquartier bis hin zur Gründung eines Sockentheaters zur Sprachförderung von Kindern im Vorschul- und Grundschulalter (Friedeler 2007: 203–208). Bei einem Keywork-Projekt im Museum Kunstpalast entwickelten Keyworker nicht nur neue Kulturvermittlungsformate für Ältere sondern auch Marketing-Ideen für das Museum (Neysters 2007: 153).

Die hauptberuflichen und die freiwilligen Mitarbeiter(innen) müssen lernen, mit Umwegen, Verlangsamung und vor allem mit Interessenskollisionen umzugehen, die Beteiligungskonzepte unweigerlich mit sich bringen. Nur wenn beide Seiten bereit sind, Zeit und Energie in die Zusammenarbeit zu investieren, und nur, wenn sie sich gegenseitig wertschätzend begegnen, werden gute und nachhaltig wirksame Projekte entstehen. So hat sich zum Beispiel an einem Museum gezeigt, wie durch Keywork neue, an der Kultureinrichtung zunächst wenig interessierte Besuchergruppen über Keywork erreicht werden können (langzeitarbeitslose Jugendliche, Schulverweigerer, ältere Migranten[innen]).

Hier war aber leider auch zu beobachten, welche Auswirkungen es hat, wenn das Gesamtkonzept von Keywork4 nur rudimentär umgesetzt wird und wichtige Bausteine vernachlässigt werden (z. B. der gemeinsame Aufbau von Mitwirkungs-, Organisations- und Vernetzungsstrukturen, Einrichtung von Lernplattformen): In diesem Museum haben viele Freiwillige frustriert das Projekt verlassen, Kooperationspartner(innen) sind auf Distanz gegangen, klassische Organisationsformen und Verantwortungsrollen haben sich langfristig wieder durchgesetzt und die Verbindung zum Entwicklungsnetzwerk ist verloren gegangen. Aber auch Institutionen lernen. Sie ziehen oft nach, spätestens dann, wenn sich konkurrierende Einrichtungen mit dem neuen Ansatz erfolgreich positionieren.

Die Gruppe der bürgerschaftlich engagierten Keyworker ist speziell gefordert, wenn es um ihre Rechte und ihre Pflichten in einer hierarchisch aufgebauten (Kultur-)Einrichtung geht. Keyworker müssen Verbindlichkeiten eingehen; sie müssen im Umgang mit den hauptamtlichen Mitarbeitenden der Kultureinrichtungen gemeinsam ausgehandelte »Spielregeln« einhalten und – bei der Vielzahl von Möglichkeiten – ihre Grenzen erkennen bzw. Gestaltungsräume neu ausloten. Bürgerschaftliches Engagement soll und will die Arbeit der hauptamtlichen Kräfte sinnvoll ergänzen und erweitern, aber nicht ersetzen. So gehören Führungen durch Museen in den Aufgabenbereich der dafür ausgebildeten und bezahlten Fachkräfte, unabhängig davon, ob es sich dabei um fest angestellte Mitarbeiter(innen) oder um Honorarkräfte handelt. Auch die Verantwortung für die Öffentlichkeitsarbeit und das Fundraising einer Einrichtung liegt bei den hauptamtlichen Kräften. Gerade hier bieten sich große Chancen, wenn Keyworker mit ihren vielfältigen Kompetenzen, Ideen und Netzwerken die Arbeit der verantwortlichen Referent(innen) partnerschaftlich unterstützen und mitgestalten. In allen Keywork-Qualifizierungsprogrammen ist die Abgrenzung zwischen Keywork und der Arbeit der bezahlten Kräfte ein Schwerpunktthema. Hier sind in der letzten Zeit die Meinungen und Gepflogenheiten der Beteiligten zum Teil heftig aufeinandergeprallt. Letztendlich geht es auch hier um neue Verantwortungsrollen und um die Schärfung der Aufgabenprofile auf beiden Seiten.

Exkurs: Neuer Profi-Laien-Mix im Keywork

Im Kontext der Diskussion um das neue Miteinander von bezahlten und unbezahlten Kräften ist das Thema »neuer Profi-Laien-Mix« in den Mittelpunkt gerückt. Heute wird bewusster als in den Zeiten des klassischen Ehrenamts darauf reagiert, dass sich auf beiden Seiten (!) professionelle Kräfte und Laien gegenüberstehen. Dies vor allem, weil mit den neuen (Alters-)Generationen gut qualifizierte, selbstbewusste und mit Mitbestimmung und Mitgestaltung aufgewachsene Menschen den Bereich der Freiwilligenarbeit für sich entdecken und seine Entwicklung mit vorantreiben. Vor allem bestimmte Milieus von Menschen im nachberuflichen Leben verfügen – genau wie die hauptamtlich Mitarbeitenden in den Einrichtungen – über ein breites Erfahrungswissen, können auf die Ressourcen familiärer und beruflicher Netzwerke zurückgreifen und haben eigene Vorstellungen und Ideen von ihrem Engagement in kulturellen oder sozialen Feldern.

Noch sind viele hauptamtlich Mitarbeitende in der Kultur-, der Sozial- und in der Bildungsarbeit nicht darauf vorbereitet, selbst organisierte Projekte von Bürger(inne)n zu begleiten und zu unterstützen. Ihnen fehlt das Handwerkszeug für die neuen Herausforderungen und vor allem Erfahrung im Umgang mit Keyworkern.

Vielen Keyworkern wiederum fehlen Erfahrungen im Umgang mit professionellen Kräften in kulturellen und sozialen Einrichtungen. Mit ihrem freiwilligen Engagement betreten sie neue Praxisfelder, die oft anders als ihre vertrauten Arbeitsbereiche organisiert und strukturiert sind und in denen sie neue und ihnen fremde Verantwortungsrollen übernehmen. Oft kommt es zu Konflikten, wenn Organisations- oder Problemlösungsstrategien aus unterschiedlichen Bereichen aufeinanderstoßen. Was sich in der Wirtschaft und in der Industrie bewährt hat, muss nicht zwangsläufig auch im Kultur- oder Sozialbereich von Nutzen sein. Vielen Keyworkern fällt es schwer, bestehende Rahmenbedingungen von Einrichtungen zu akzeptieren. Sie stellen – in ihrer privilegierten Situation als nicht mehr an Weisungen gebundene Mitarbeitende – Aufträge und hierarchische Strukturen infrage, sie kritisieren Organisationsformen, mischen sich in Themen der Einrichtungen ein und überschreiten manchmal auch ihre Kompetenzen.

Das neue Miteinander hat auch die Gratifikationskultur der Freiwilligenarbeit verändert. Früher haben sich Freiwillige Fortbildungen für ihre Aufgaben gewünscht, gemeinsame Ausflüge, Zeichen der Anerkennung. Sie haben ihre Ehrenämter oft viele Jahre lang verlässlich ausgeübt. Die neue Altersgeneration – ganz besonders die Generation der Babyboomer, die nun in den Ruhestand geht – ist deutlich anspruchsvoller. Auch sie wünscht sich Qualifizierungen, allerdings sind die traditionellen Vermittlungsformen und die klassischen Inhalte immer weniger gefragt (vgl. hierzu Kapitel 1.6).

Und was die freiwilligen Aufgaben betrifft: Viele möchten sich nicht dauerhaft festlegen. Sie sind eher an zeitlich überschaubarer Projektarbeit interessiert, auch weil viele von ihnen alte Eltern oder Enkelkinder zu versorgen haben oder noch bezahlten Tätigkeiten nachgehen, um ihre Altersversorgung aufzubessern. Im freiwilligen Engagement geht es jetzt immer auch um persönliche Weiterentwicklung. Diese scheint vielen sogar wichtiger als Anerkennung zu sein. Die neuen Freiwilligen wollen etwas für sich und für andere tun. Sie wollen sich selbst neue Entwicklungs- und Gestaltungsräume eröffnen, aber auch einen Beitrag für das Wohl anderer erbringen. Sie suchen sich ganz bewusst neue Entwicklungsfelder und gesellschaftliche Nischen für ihr Engagement. Hieraus erklärt sich möglicherweise ihr wachsendes Interesse an der Quartiers- und Nachbarschaftsarbeit – einem Bereich, der auch für die hauptamtlichen Mitarbeitenden in der Kultur- und Sozialarbeit an Bedeutung gewinnt und in dem sich vielfältige Anknüpfungspunkte für die zukünftige Zusammenarbeit ergeben.

Auch die Situation der bezahlten Kräfte in den Einrichtungen hat sich in den letzten Jahren erheblich verändert. Viele Mitarbeiter(innen) in der Kultur-, der Sozial- und der Bildungsarbeit arbeiten als Teilzeitkräfte, sind in Projekten befristet angestellt oder als Honorarkräfte beschäftigt. Sie stehen den Keyworkern mit gemischten Gefühlen gegenüber. Einerseits profitieren sie von der Zusammenarbeit (viele Aufgaben ihrer komplexer werdenden Arbeitsbereiche können in Kooperation mit den Keyworkern überhaupt erst bewältigt werden); andererseits sehen sie in den Keyworkern auch Konkurrenten(innen), die ihre festen Arbeitsplätze gefährden. Hier gilt es besonders genau hinzuschauen. Es darf nicht geschehen, dass im Fahrwasser von Keywork bezahlte Stellen gestrichen und Existenzen von hauptamtlichen Kräften gefährdet werden. Es besteht außerdem die Gefahr, dass die bezahlten Kräfte zwischen den Anforderungen ihrer Arbeitgeber(innen) und den Erwartungen der Keyworker aufgerieben werden. Fest steht, dass Erfolg und Misserfolg des Keywork-Ansatzes entscheidend davon abhängen werden, inwieweit es in Zukunft gelingt, neue Verantwortungsrollen und Tätigkeitsprofile aufseiten der Hauptamtlichen und der Freiwilligen zu entwickeln und zu verankern.

Faktor 3 – Neue Lernformen: Miteinander und voneinander lernen, Wissen vernetzen

In der Keywork-Philosophie werden die gesellschaftlichen Herausforderungen nicht als Zukunftsprobleme angesehen, sondern als gemeinsame Gestaltungs- und Lernaufgaben für Menschen aller Generationen und Kulturen. Der Keywork-Ansatz folgt hierin dem Konzept der »Lernenden Organisation«, wie es von dem Organisationsspezialisten Peter S. Senge beschrieben wird (Senge 2001). In Düsseldorf wurden mit diesem Ansatz sehr gute Erfahrungen in Projekten des freiwilligen Engagements mit Älteren gemacht (Nell und Fischer 2003). Nach Senges Auffassung sind alle an einem (Entwicklungs-) Prozess beteiligten Personen und Institutionen Lernende, die sich im Hinblick auf ihre gemeinsamen Aufgaben und Visionen immer wieder die Frage stellen müssen: Was müssen wir lernen, um unsere Vorhaben zu realisieren, d.h. um unsere gemeinsamen Ziele erreichen zu können? Dem individuellen Lernen kommt dabei eine zentrale Bedeutung zu. »Organisationen lernen nur, wenn die einzelnen Menschen etwas lernen. Lernen ist keine Garantie, dass die Organisation etwas lernt, aber ohne individuelles Lernen gibt es keine lernende Organisation« (Senge 2001: 171).

Als starke Inspiration für die Entwicklung neuer Lernformen im Entwicklungsprozess von Keywork wirkte auch und vor allem die von Joseph Beuys entwickelte Idee der Sozialen Plastik (vgl. hierzu Richter 2000: 46): Auch das Soziale, unser gesellschaftliches Miteinander, so Beuys, ist ein Kunstwerk und muss mit den kreativ-schöpferischen Begabungen und Fähigkeiten aller Bürger(innen) gestaltet werden (»Jeder Mensch ist ein Künstler«). Menschen, die sich zivilgesellschaftlich engagieren, sind keine »helfenden Hände«, keine »Kümmerer« oder »Lückenbüßer(innen)«, ihre Arbeit dient nicht dazu, Mängel zu beseitigen oder »Reparaturarbeiten« auszuführen, wenn es irgendwo im gesellschaftlichen Miteinander klemmt. Freiwillige gestalten Gesellschaft. Sie geben dem sozialen und dem kulturellen Leben Ausdruck und Form.

Je mehr gesellschaftliche Gruppen und Milieus sich an kreativen Lern- und Gestaltungsprozessen beteiligen, desto größer ist die Chance, passgenaue Lösungen zu finden, tragfähige Aktionsnetzwerke zu knüpfen und Zukunftsaufgaben gemeinsam zu schultern.

Diese Haltungen zu Veränderungsprozessen stellen hohe Anforderungen an das gemeinsame Lernen und Gestalten; sie sind mit den klassischen Methoden der Erwachsenenbildung nicht zu erfüllen. Folgerichtig werden – in enger Zusammenarbeit von Bildungs- und Kulturexpert(inn)en sowie aktiven Keyworkern – im Rahmen sogenannter *Lernplattformen* kontinuierlich neue Lern- und Vermittlungsmethoden entwickelt, erprobt und evaluiert (Knopp/Nell 2007: 11). Es geht um Forschungs- und Entwicklungsfragen rund um die Implementierung von Keywork: Was inspiriert Menschen? Was können wir tun, damit Menschen ihre Herzenssache finden und aktiv werden? Wie können wir unser Wissen vernetzen? Wie lässt sich das immense Erfahrungswissen aller Generationen und Kulturen nutzen? Wie unterstützt man Menschen bei der Suche nach neuen Verantwortungsrollen? Wie können wir die Nachhaltigkeit von Projekten des freiwilligen Engagements sichern? Wie gelingt es uns, eine neue Anerkennungskultur zu schaffen? Wie überwindet man Konkurrenzdenken? Wie lassen sich neue Konzepte in bestehende Strukturen implementieren? Wie lösen wir Konflikte?

Um Keywork-Projekte zu initiieren, umzusetzen und zu verstetigen, ist ein vernetztes und vernetzendes Denken und Handeln unerlässlich. Nur so können auf allen Ebenen Austauschprozesse stattfinden, Ressourcen gebündelt und Synergie-Effekte erzeugt werden. Viele Erfahrungen aus den Qualifizierungsprogrammen, die im Rahmen der Düsseldorfer Netzwerkarbeit und der Kulturführerschein®-Programme gesammelt wurden, sind in die neuen Lernkonzepte eingeflossen (Fischer/Eichner/Nell 2003; Knopp/Nell 2007). In allen Lernfeldern und Entwicklungsbereichen profitieren die Beteiligten von einer transdisziplinären Zusammenarbeit (siehe Kasten) und den Impulsen aus ungewöhnlichen Teamkonstellationen.

Transdisziplinäre Zusammenarbeit im Keywork4-Netzwerk

Transdisziplinäre Arbeit will »die Brücke schlagen zwischen Wissenschaft und Lebenswelt« (Pohl und Hirsch Hadorn 2006: 43). Mit Blick auf Definitionen zur transdisziplinären Forschung wird transdisziplinäre Zusammenarbeit im Keywork-Netzwerk verstanden als intensiver Theorie-Praxis-Bezug, als gleichberechtigte, sich wechselseitig fördernde Zusammenarbeit wissenschaftlicher und außerwissenschaftlicher Akteure/Akteurinnen. Bei den außerwissenschaftlichen Akteure/Akteurinnen im Keywork handelt es sich um Menschen aller Generationen und Kulturen, die ihr Erfahrungswissen in unterschiedlichen professionellen und lebensweltlichen Kontexten gewonnen haben. »Transdisziplinarität hebt fachliche und disziplinäre Engführungen auf, die sich eher institutionellen Gewohnheiten als wissenschaftlichen Notwendigkeiten verdanken« (Mittelstraß 2005).

Transdisziplinäre Zusammenarbeit im Keywork4-Netzwerk

Transdisziplinäre Arbeit findet an den Schnittstellen zwischen Gesellschaft und Wissenschaft statt und will »die Brücke schlagen zwischen Wissenschaft und Lebenswelt« (Pohl und Hirsch Hadorn 2006: 43). Mit Blick auf Definitionen zur transdisziplinären Forschung – wird transdisziplinäre Zusammenarbeit im Keywork-Netzwerk verstanden als intensiver Theorie-Praxis-Bezug, als gleichberechtigte, sich wechselseitig fördernde Zusammenarbeit wissenschaftlicher und außerwissenschaftlicher Akteure/Akteurinnen. Bei den außerwissenschaftlichen Akteure/Akteurinnen im Keywork handelt es sich um Menschen aller Generationen und Kulturen, die ihr Erfahrungswissen in unterschiedlichen professionellen und lebensweltlichen Kontexten gewonnen haben. »Transdisziplinarität hebt fachliche und disziplinäre Engführungen auf, die sich eher institutionellen Gewohnheiten als wissenschaftlichen Notwendigkeiten verdanken« (Mittelstraß 2005).

Die Keyworker bringen ihre Lebenserfahrungen und ihr umfangreiches Fachwissen aus unterschiedlichen Berufsfeldern mit ein. Außerdem werden für fast alle Fortbildungsprogramme Fachkräfte aus den Bereichen Museums- und Theaterarbeit, Bildende Kunst, Tanz, Stadtentwicklung, Architektur, Organisationsentwicklung, Coaching usw. engagiert. Besonders spannend wird die Zusammenarbeit, wenn Ansätze und Strategien aus fremden (wissenschaftlichen) Fachbereichen vorgestellt und auf ihre Tauglichkeit für

Entwicklungsprozesse im Keywork »abgeklopft« werden. In einer Fortbildungsveranstaltung stellte z.B. ein Ergotherapeut die Bewegungslehre des Physikers Moshé Feldenkrais vor. Auf die Frage, wie eine »verspannte« (unbewegliche) Institution zu behandeln sei, antwortete er: »Wäre die Institution ein Körper, würde ich sie mit Feldenkrais' Methoden darin unterstützen, an ihrer Haltung zu arbeiten. Die Haltung ist das Entscheidende. Die Einrichtung sollte sich behutsam drehen und die Welt wahrnehmen« (vgl. hierzu Triebel Thome 2008: 39–44). Moshé Feldenkrais war es auch, der dazu anregte, sich bei Verspannungen wieder an die ursprüngliche, schmerzfreie Bewegung zu erinnern. Nicht kraftaufwendige Übungen, sondern achtsam ausgeführte, kleinste Bewegungen sind nach seiner Lehre in der Lage, Fehlhaltungen zu korrigieren und ein neues Gleichgewicht herzustellen. Was bedeutet das für eine Organisation, für ein Quartier, für eine Gruppe?

Starke Impulse für das gemeinsame Lernen ergaben sich – wie in Kapitel 1.5 näher ausgeführt wird – auch aus der Beschäftigung mit den Ansätzen der Salutogenese, der Resilienz, der Akupunktur und der Bionic (vgl. hierzu Petzold 2012, Berndt 2013; Unschuld 2013, Nachtigall 2000). Kerngedanken der Ansätze erwiesen sich als geeignet, starke Bilder zu erzeugen, anhand derer sich Gruppen in Projekten und Aktionen auf gemeinsame Ziele und gemeinsame Strategien verständigen konnten.

Faktor 4 – Neue Entwicklungs- und Gestaltungsräume erschliessen und (er-)finden

Keywork ermutigt Menschen, neue und unvertraute Räume zu betreten, und fordert die Bürger(innen) dazu auf, sich Aktionsfelder in ihrem nachbarschaftlichen Umfeld, in ihrem Quartier, in ihrer Stadt und in den Kultureinrichtungen (zurück-)zuerobern. Dabei gilt es nicht nur, für sich selbst und andere konkrete Räume und konkrete Bereiche aufzuspüren und zu erschließen. Es geht auch darum, gemeinsam neue Vorstellungsräume zu betreten, sich auf komplexe Entwicklungsfelder einzulassen sowie neue Gestaltungsräume zu erfinden, zu planen, aufzubauen und einzurichten.

Keywork erfordert inspirierende Umgebungen und anregendes Material (»Ohne Material bleiben die Ideen in den Köpfen der Künstler verborgen«, lautet der Werbespruch der Kunstmaterial-Firma Boesner). Deshalb müssen die Räume, in denen Ideen entwickelt und Projekte geplant und realisiert werden, besondere Bedingungen erfüllen. Als sehr geeignet erwiesen sich Künstler-Ateliers, die den Keyworkern zu vereinbarten Zeiten zur Verfügung gestellt werden. Anders als von klassischen Weiterbildungseinrichtungen, Tagungshäusern und Begegnungsstätten geht von diesen Räumen eine besondere Stimulation und Leuchtkraft aus. Keywork-Ateliers wollen ausdrücklich »Orte für Veränderungen« sein, Experimentierräume, Kultur-Labore und Sinnräume (Frankl, zit. nach Stadler 2007: 46), in denen Menschen ihre kreativen Potenziale entdecken, entfalten und vernetzen können.

Keywork-Ateliers können wie Solitäre im Gemeinwesen betrieben werden oder in kulturelle und soziale Einrichtungen integriert sein. Keywork-Ateliers können auch temporär und im öffentlichen Raum (z. B. auf Plätzen und in Hinterhöfen) eingerichtet werden. Inzwischen gibt es Keywork-Ateliers in Kunstschulen, in Seniorenzentren, in Familien- und Gemeindezentren sowie (temporär) in Containern oder Bauwagen, die in Siedlungen aufgestellt werden (u. a. vor dem Jungen Schauspielhaus in Düsseldorf und auf dem Gelände der Johannes-Kirchengemeinde in Remscheid-Hohenhagen, im Familienzentrum des DRK, in der Alten Schule Ottelau in Herford).

Große Aufmerksamkeit erregt das Keywork-Atelier im Düsseldorfer Stadtmuseum. Hier werden den Keyworkern zwei attraktive Atelierräume und auch ein historischer Innenhof für ihre Aktionen und Projekte zur Verfügung gestellt. Die Keyworker nutzen die Kreativräume nicht nur für künstlerisches Gestalten, sondern auch für ihre Planungstreffen, für Präsentationen, für Ausstellungen, für selbst organisierte Kulturveranstaltungen und für Fortbildungen. Hierhin laden sie ihre Zielgruppen aus den Stadtteilen ein; hier organisieren sie »Schnupperangebote« für Menschen, die langsam und behutsam an die Angebote der großen Kulturhäuser herangeführt werden wollen.

In Keywork-Ateliers werden Lesungen, Filmabende, Kochkurse, Tanzabende, Mal- und Werkkurse angeboten; hier können sich auch die Kultureinrichtungen mit ihren Angeboten präsentieren (Vorschau auf Ausstellungen, Werbung für Theaterstücke, Kostproben von Konzerten u. v. m.).

Mit den Keywork-Ateliers wird einem wichtigen Grundgedanken des Keywork-Konzeptes Rechnung getragen: der Verbindung von »Zentrum« und »Peripherie«. Die Begriffe »Zentrum« und »Peripherie« sind hier sowohl im übertragenen als auch im räumlichen Sinne gemeint. »Zentrum« steht für die Kultureinrichtungen mit ihrem zentralen Angebot, zumeist sind deren Häuser innenstadtnah gelegen. Mit »Peripherie« werden die Stadtteile und die Wohnquartiere erfasst. Hier werden die Menschen in ihrer Lebenswelt angesprochen und für den Besuch der Kultureinrichtungen gewonnen, hier können sie auch auf »vertrautem Terrain« auf die Auseinandersetzung mit dem Kulturangebot vorbereitet werden.

Inzwischen werden vermehrt virtuelle Räume für Keywork-Projekte erschlossen. Gearbeitet wird u. a. mit Formen des blended learning (Lernform, die traditionelle Präsenzveranstaltungen mit Lernen in Online-Räumen verknüpft). Da die neuen Altersgenerationen den neuen Medien aufgeschlossen gegenüberstehen, ist gerade in diesem Bereich mit Entwicklungsschüben zu rechnen. Kompetenter Kooperationspartner ist das Forum Seniorenarbeit NRW (www.forum-seniorenarbeit.de), das sich – nicht nur, was die Vermittlung von Medienkompetenz für Freiwillige und hauptamtliche Kräfte betrifft – bundesweit einen Namen gemacht hat. Das Forum Seniorenarbeit unterstützt die Einrichtung und Nutzung virtueller Lern- und Entwicklungsräume und begleitet Einzelpersonen, Gruppen und Netzwerke bei der Konzeptionierung und Umsetzung realer Projekte – vor allem in der Nachbarschafts- und Quartiersarbeit. In Zukunft wird es darum gehen, virtuelle Räume für Kulturprojekte (wie z. B. das Publikumslabor in Mülheim, das Programm »Erfahrungswissen für Initiativen in der Kultur« in Schwerte und Köln und das Projekt »Wohnschule« in Köln) einzurichten und diese virtuellen Räume auf ihre Potenziale für die transdisziplinäre Arbeit in lokalen, regionalen und überregionalen Keywork-(Entwicklungs-)Netzwerken hin zu untersuchen (vgl. hierzu Carls, Hoffmann, Nicklaus 2011).

Literatur

Bartelheimer, Peter (2008): Was bedeutet Teilhabe? In: Maedler, Jens (Hg.): TeilHabeNichtse, München: kopaed

Brandt, Christina (2013): Resilienz. Das Geheimnis der psychischen Widerstandskraft, München: dtv

Braun-Thürmann, Holger (2005): Innovation. Bielefeld: transcript Verlag

Carls, Christian/Hoffmann, Daniel/Nicklaus, Ulrich (2011): Nutzung von Online-Räumen in Gremien und Fortbildungen. Broschüre des Forum Seniorenarbeit. Download: www.thema-seniorenarbeit.de/onlinemoderation.

Fischer, Veronika/Eichener, Volker/Nell, Karin (Hg., 2003): Netzwerke – ein neuer Typ bürgerschaftlichen Engagements. Schwalbach/Ts: Wochenschau-Verlag

Friedeler, Günter (2007): Kulturzentrum der Generationen im Jungen Schauspielhaus Düsseldorf. In: Knopp, Reinhold/Nell, Karin (Hg.): Keywork. Neue Wege in der Kultur- und Bildungsarbeit mit Älteren. Bielefeld: transcript Verlag

Kinsler, Margrit (2003): Alter Macht Kultur. Kulturelle Alterskompetenzen in einer modernen Gesellschaft. Hamburg: Kovač-Verlag

Knopp, Reinhold/Nell, Karin (Hg.) (2007): Keywork. Neue Wege in der Kultur- und Bildungsarbeit mit Älteren. Bielefeld: transcript Verlag

Knopp, Reinhold/Nell, Karin (2007): Die Ressourcen nutzen – neue Chancen im Alter. In: Knopp, Reinhold/Nell, Karin (Hg.): Keywork. Neue Wege in der Kultur- und Bildungsarbeit mit Älteren. Bielefeld: transcript Verlag

Mittelstraß, Jürgen (2005): TATuP – Zeitschrift des ITAS zur Technikfolgenabschätzung, Nr. 2, 14. Jahrgang: www.tatup-journal.de/tatup052_mitt05a.php (Zugriff 14.04.2014)

Nachtigall, Werner/Blüchel, Kurt G. (2003): Das große Buch der Bionik. Neue Technologien nach dem Vorbild der Natur (Sonderausgabe), Stuttgart und München: dtv

Nell, Karin/Fischer, Veronika (2003): Das Netzwerk als lernende Organisation. In: Fischer, Veronika/Eichener, Volker/Nell, Karin (Hg.): Netzwerke – ein neuer Typ bürgerschaftlichen Engagements. Schwalbach/Ts: Wochenschau-Verlag

Neysters, Silvia (2007): Partizipation und Vernetzung. Botschafterinnen und Botschafter für das museum kunst palast. In: Knopp, Reinhold/Nell, Karin (Hg.): Keywork. Neue Wege in der Kultur- und Bildungsarbeit mit Älteren, Bielefeld: transcript Verlag

Petzold, Theodor Dierk (2010): Praxisbuch Salutogenese – Warum Gesundheit ansteckend ist. München: Süd-West-Verlag

Pohl, Christian, Hirsch Hadorn, Gertrude (2006): Gestaltungsprinzipien für die transdisziplinäre Forschung. Ein Beitrag des td-net. München: oekom verlag

Richter, Petra (2000): Mit, neben, gegen. Die Schüler von Joseph Beuys, Düsseldorf: Richter-Verlag

Schanner, Roman (2007): Was ist Keywork? – Eine Einführung. In: Knopp, Reinhold/Nell, Karin (Hg.): Keywork. Neue Wege in der Kultur- und Bildungsarbeit mit Älteren. Bielefeld: transcript Verlag

Senge, Peter (2001): Die fünfte Disziplin. Kunst und Praxis der lernenden Organisation, Stuttgart: Verlag Schäfer Pöschel

Stadler, Konrad (2009): Die Kultur des Veränderns. Führen in Zeiten des Umbruchs. München: dtv

Triebel Thome, Anna (2008): Bewegung – ein Weg zum Selbst. Einführung in die Feldenkrais-Methode. Paderborn: Verlag Junfermann

Unschuld, Paul U. (2013): Traditionelle Chinesische Medizin. München: C.H.Beck-Verlag

Autorin

Nell, Karin, Dipl.-Pädagogin, Referentin für Erwachsenenbildung und Kulturarbeit im Ev. Zentrum für Quartiersentwicklung beim Ev. Erwachsenenbildungswerk Nordrhein, dort verantwortlich für die Programme »Erfahrungswissen für Initiativen« und »WohnQuartier4 – die Zukunft altersgerechter/inklusiver Quartiere gestalten«. Gründerin des Ateliers für Soziale Plastik in Düsseldorf. Aufgabenschwerpunkte: Entwicklung von Projekten und Fortbildungskonzepten der innovativen Bildungs- und Quartiersarbeit.
Kontakt: karinnell@t-online.de

1.5 Keywork lernen

Konzepte für das gemeinsame Lernen und Gestalten in Keywork-Projekten

Karin Nell

Die Basics der Fortbildungsarbeit im Keywork

Seit vielen Jahren begleitet das Ev. Erwachsenenbildungswerk Nordrhein (eeb) den Aufbau innovativer Projekte in der Erwachsenenbildung, in der gemeinwesenorientierten Seniorenarbeit, der Kulturarbeit sowie der Nachbarschafts- und der Quartiersarbeit. Gemeinsam mit der Diakonie Rheinland Westfalen Lippe wurde 2013 das Evangelische Zentrum für innovative Quartiersentwicklung gegründet.

Wichtiges Anliegen des Zentrums ist es, den Aufbau von Vernetzungsstrukturen und die transdisziplinäre Zusammenarbeit zu fördern. Es versteht sich als »Labor« bzw. »Experimentierraum« für die Entwicklung zukunftsfähiger Bildungs- und Handlungskonzepte. Hier werden Methoden entwickelt, mit denen innovative Projekte initiiert und vorangebracht werden, und hier werden Netzwerke geknüpft, die der gemeinsamen Entwicklung und Weiterentwicklung – auch der des Keywork-Ansatzes – dienen.

Das Ev. Zentrum für Quartiersentwicklung nimmt die Herausforderungen des demografischen und gesellschaftlichen Wandels in den Blick. Diese zeichnen sich in den Quartieren und Nachbarschaften inzwischen immer deutlicher ab. Fest steht: Die Auswirkungen und Folgen einer überalterten, hyper-mobilen und sich zunehmend spaltenden Gesellschaft werden vor allem in den Nachbarschaften und Quartieren sichtbar werden. Hier werden die vielen hochbetagten Menschen versorgt werden – und dies mit immer weniger qualifiziertem Pflegepersonal. Hier wird man die Herausforderungen, die das Miteinander vieler Nationalitäten und Religionen mit sich bringt, bewältigen müssen. Hier werden junge Familien leben, die mit der Gründung eigener Familien, der Versorgung ihrer alten Eltern und der Sicherung ihres Einkommens und ihrer Altersversorgung an die Grenze ihrer Belastbarkeit stoßen. Hier wird sich zeigen, was es bedeutet, wenn – wie prognostiziert – die Schere zwischen Arm und Reich in Zukunft immer weiter auseinandergehen wird.

Der Sozialmediziner Klaus Dörner hat die Entwicklung auf den Punkt gebracht: Der demografische Wandel, so formuliert er unmissverständlich, sei keine Sache, der man gemütlich vom Sofa aus zuschauen könne.

Die Gesellschaft wird lernen und umlernen müssen. Auch die Bildungsarbeit kommt dabei auf den Prüfstand. Von der modernen Erwachsenenbildungsarbeit wird erwartet, dass sie die Entwicklung von Konzepten sowie den Aufbau von Strukturen und Netzwerken unterstützt, die dazu dienen, gesellschaftliche Herausforderungen zu bewältigen. Moderne Erwachsenenbildungsarbeit kann ein Bewusstsein für die Notwendigkeit von Veränderungsprozessen schaffen, Motivation für ein Aktivwerden stärken, Menschen und Institutionen bei der Suche nach zukunftsfähigen Lösungsstrategien unterstützen, zur Verbreitung neuer Ansätze beitragen und den Modelltransfer fördern. Institutionen und Bürger(innen) müssen aktiv werden und gemeinsam Verantwortung übernehmen, wenn die Lebensqualität aller Bevölkerungsschichten in Zukunft erhalten werden soll. Keine Seite darf sich zurücklehnen, sobald sich die andere bewegt. Mit den bestehenden Konzepten von sozialen und kulturellen Einrichtungen und mit den klassischen Formen des Ehrenamts, so viel steht fest, werden die zukünftigen Herausforderungen in den Quartieren, Gemeinden und Nachbarschaften nicht zu bewältigen sein. Ein Paradigmenwechsel ist überfällig; er zeichnet sich in den letzten Jahren immer deutlicher in der sozialen Arbeit, aber auch in der Kultur- und in der Bildungsarbeit ab. Der Paradigmenwechsel betrifft nicht die Freiwilligenarbeit allein, sondern ganz besonders die Verzahnung von bezahlter und unbezahlter Arbeit in unserer Gesellschaft.

Modernes freiwilliges Engagement unterscheidet sich signifikant von Formen des klassischen Ehrenamts. Es ist kein selbstloses Tätigsein für andere, kein stilles Helfen, das dazu beiträgt, soziale und kulturelle Einrichtungen bei der Erreichung ihrer Ziele zu unterstützen. Das neue freiwillige Engagement wird zum selbstbestimmten und selbst organisierten, verantwortungsvollen und unbezahlten Mitgestalten der modernen, emanzipierten Zivilgesellschaft. Es ist dabei, sich eigene Strukturen zu schaffen und eigene Aufgabenschwerpunkte zu setzen. Die neue Generation der Freiwilligen arbeitet mit den bezahlten Kräften in den Einrichtungen auf Augenhöhe zusammen, neue soziale und kulturelle Verantwortungsrollen kommen zum Tragen. Zukünftige Freiwilligenprojekte werden von bezahlten Kräften fachmännisch begleitet – aber nicht geleitet.

Vernetzungsstrukturen aufbauen und transdisziplinäre Zusammenarbeit fördern

Um dem hohen Anspruch gerecht zu werden, setzt das Ev. Zentrum für Quartiersentwicklung auf den Aufbau eines überregionalen Entwicklungsnetzwerkes. Voneinander und miteinander lernen, Wissen und Erfahrungen teilen, Ressourcen nutzen, Ideen vernetzen, Kooperation und fairen Wettbewerb fördern statt sich in Konkurrenzverhalten aufzureiben: So lassen sich die Grundhaltungen der Arbeit beschreiben. Es ist keine leichte Aufgabe, mit diesen – nicht selten belächelten – Haltungen in der rauen Wirklichkeit des gesellschaftlichen Lebens tief greifende Veränderungsprozesse anzustoßen und zu begleiten. Man kann davon ausgehen, dass bisher kaum ein Paradigmenwechsel in Harmonie und Einvernehmen vollzogen wurde. Erst wenn deutlich wird, dass bewährte Strukturen und Handlungsmuster nicht mehr in der Lage sind, die aktuellen und zukünftigen Aufgaben zu bewältigen, sind Menschen und Organisationen in der Regel dazu bereit, sich auf einschneidende Veränderungen einzulassen. Der Abschied vom Vertrauten fällt schwer. Bestehende Systeme, die über Jahre gewachsen sind, verfügen über ein stures Beharrungsvermögen. Sie »sitzen« Anforderungen aus oder siechen langsam dahin (vgl. hierzu das Konzept der Lebenszyklen von Organisationen von Saarinen, zit. nach Zulehner 2013: 10–16). Zulehner spricht in diesem Zusammenhang sogar von einer »nostalgischen Retro-Versuchung« (2013), der Sehnsucht von Institutionen, auf Lösungsstrategien vergangener Zeiten zurückgreifen zu können. Das macht es all denen schwer, die mit Blick in die Zukunft Innovationen anmahnen. Es schützt aber all jene, die sich auf die Wirksamkeit und die Zuverlässigkeit bestehender Systeme verlassen und die vor der Unberechenbarkeit und dem Kraftaufwand zurückschrecken, den Veränderungsprozesse unweigerlich mit sich bringen.

Partizipation von Anfang an

Der Keywork-Funke war 2002 in einem Workshop im Wiener Museumsquartier auf die Teilnehmer(innen) aus Düsseldorf übergesprungen. Dieser Workshop kann ohne Zweifel als erste gemeinsame Lernplattform im Sinne des Ansatzes von Keywork[4] verstanden werden. Auf Einladung von KulturKontaktAustria waren hauptamtlich und freiwillig Mitarbeitende aus der sozialen, der kulturellen Arbeit und der Bildungsarbeit zusammengekommen, um sich gegenseitig ihre Projekte vorzustellen: Kulturvermittler(innen) aus Wiener Museen, Expert(inn)en aus unterschiedlichen Bereichen der Erwachsenenbildung und Keywork-Pioniere aus Wien und Düsseldorf. Früh zeigte sich, dass die Düsseldorfer Fortbildungskonzepte und Projekte (Kulturführerschein®, Kultur auf Rädern) mit dem Keywork-Konzept, das die österreichischen Kolleg(inn)en im Rahmen einer europäischen Lernpartnerschaft erarbeitet hatten, sehr gut zusammenpassten (vgl. Stöger und Stannett 2002).

Es gab Anknüpfungspunkte. So bestand z. B. auf beiden Seiten ein großes Interesse an der Entwicklung neuer Verantwortungsrollen im Überschneidungsbereich von kultureller und sozialer Arbeit. Hier wie dort wurden Partizipation und Selbstorganisation zu grundlegenden Prinzipien erklärt und es wurde ein Schwerpunkt auf den Aufbau von Netzwerken gelegt. Übereinstimmung herrschte auch bei der Förderung von Projektarbeit und beim Interesse an inter- und transdisziplinärer Zusammenarbeit.

Dem Fachaustausch mit den Kulturvermittler(inne)n und den Keyworkern in Wien verdanken die deutschen Kolleg(inn)en einen starken Impuls: Hier zeigte sich ein Hebel für die längst überfällige Reform der Freiwilligenarbeit. Dass der Keywork-Ansatz darüber hinaus weitreichende Folgen für die Erwachsenenbildungsarbeit insgesamt haben würde, konnte zu diesem Zeitpunkt noch keiner voraussehen.

EFI-Programm als Entwicklungsfeld für die Fortbildungsprogramme von Keywork4

In den ersten Jahren wurde der Schwerpunkt auf die Entwicklung von Konzepten für die Bildungsarbeit mit älteren Menschen gelegt. Das Erfahrungswissen von Menschen im nachberuflichen Leben wurde als wichtige Ressource für die Bewältigung zukünftiger gesellschaftlicher Herausforderungen erkannt. Hier bot das bundesweite Programm »Erfahrungswissen für Initiativen (EFI)« ideale Rahmenbedingungen für die Entwicklung und Erprobung innovativer Fortbildungskonzepte. Die ausgebildeten seniorTrainer(innen) haben – das kann zumindest für einige Bundesländer nachgewiesen werden – die Szene der Freiwilligenarbeit »aufgemischt« und nachhaltig verändert.

Im EFI-Programm zeichnete sich schon sehr früh ab, dass die klassischen Methoden zur Gewinnung und Begleitung von Freiwilligen nur bedingt geeignet waren, um dem Anspruch der meisten Teilnehmenden gerecht zu werden. Im Programm waren lebens- und berufserfahrene Männer und Frauen aktiv, die nicht nur hoch motiviert, sondern auch sehr gut ausgebildet, gut vernetzt und mit klaren Vorstellungen, großen Erwartungen und hohen Ansprüchen in das EFI-Programm eingestiegen waren. Viele von ihnen hatten weiterführende Schulen, Universitäten oder Fachhochschulen besucht, Betriebe aufgebaut oder verantwortungsvolle Berufe in Unternehmen ausgeübt – und das auch dann, wenn es für ihre Herkunftsmilieus nicht selbstverständlich war. Viele hatten über den zweiten Bildungsweg in berufliche (Führungs-)Positionen gefunden, hatten sich in ihrer Jugend oder auch zeitlebens politisch engagiert, hatten Bewegungen mit angestoßen und vorangebracht (Frauenbewegung, Friedensbewegung, Umweltbewegung usw.), hatten neue Wohn- und Lebensformen erprobt (Kommunen, Wohngemeinschaften), Kinderläden, Frauenhäuser und alternative Schulen gegründet. Für viele Männer und Frauen der »Generation Erfahrungswissen« ist Weiterbildung – vor allem berufliche Weiterbildung –

so selbstverständlich gewesen wie für keine Generation vorher. Kein Wunder, ist sie doch in Zeiten neu gegründeter Büchereien, Theater, Volkshochschulen und moderner Museen groß geworden, mit Schulfunk, Fachzeitschriften, wissenschaftlichen und politischen Magazinen, mit vielfältigen musischen und sportlichen Förderprogrammen und mit Fernsehen!

In dieser Generation hatten junge Leute – und nicht nur Kinder aus wohlhabenden Elternhäusern – die Möglichkeit, fremde Sprachen zu lernen und die Welt zu bereisen. Später – in ihrem Berufsleben – haben sie die Entwicklung neuer Medien vorangetrieben und internationale Kontakte gepflegt.

Viele Teilnehmer(innen) des EFI-Programms hatten sich intensiv mit modernen Kommunikations- und Organisationsentwicklungstheorien beschäftigt, einige hatten selbst Weiterbildungskonzepte entwickelt: für Auszubildende, Mitarbeitende oder Studierende.

Wie nun sollte man in dem EFI-Qualifizierungsprogramm dieser Gruppe gerecht werden?

Konzeptentwicklung auf Augenhöhe

Wie im Folgenden ausführlicher beschrieben wird, hat es sich als vorteilhaft erwiesen, die Qualifizierungsprogramme gemeinsam *mit* den Teilnehmer(inne)n zu erarbeiten. Das Rahmencurriculum für das EFI-Programm – entwickelt von Detlef Knopf und Joachim Burmeister (Burmeister, Heller, Stehr 2005) – diente dabei als ein erster, mutiger Aufschlag. Die beharrlich eingeforderten Rückmeldungen, Verbesserungsvorschläge und Ideen aller EFI-Teilnehmergenerationen zum Qualifizierungsprogramm sind in seine Überarbeitung eingeflossen und haben es von Grund auf verändert. Der Neuropsychologe und Künstler Axel Beuther betont die Bedeutung des partizipativen Lernens für die Gewinnung von Synergien in Entwicklungsprozessen. Autonomes Denken, kritisches Feedback und das Zusammenprallen unterschiedlicher theoretischer Positionen und Vorstellungen schaffe überhaupt erst die Grundvoraussetzung für die Gewinnung neuer Erkenntnisse und die Entdeckung kreativer Lösungen (Beuther 2013: 13).

Die intensive Zusammenarbeit mit den Wiener Keyworkern hat die deutschen Teilnehmer(inne)n ermutigt und bestärkt, den Keywork-Ansatz zu übernehmen und weiterzuentwickeln. Der Grundgedanke traf den Nerv vieler Mitstreiter(innen) und motivierte sie zu einer intensiven Beschäftigung mit dem Konzept.

Im Rahmen einer zwei Jahre später stattfindenden Lernplattform zum Thema »Implementierung von Keywork« wurden folgende Eckpunkte für die weitere Zusammenarbeit formuliert:

- Wir brauchen innovative Personalführungskonzepte für das Miteinander von hauptamtlichen und freiwilligen Kräften in kulturellen und sozialen Einrichtungen und in Einrichtungen der Erwachsenenbildung. Diese Konzepte müssen berücksichtigen, dass im Keywork auf beiden Seiten neue Verantwortungsrollen entwickelt werden und in der Zusammenarbeit zum Tragen kommen. Es gilt, Rahmenbedingungen für transdisziplinäre Arbeit zu schaffen und Konzepte zu entwickeln, die dazu beitragen, das Erfahrungswissen aller Beteiligten zusammenzuführen, gemeinsam Ideen zu entwickeln, Potenziale und Ressourcen zu entdecken und zu nutzen.
- Wir brauchen Vermittlungsinstanzen (Personen und Prozesse) zwischen Profis und Laien in Projekten der selbstbestimmten und selbst organisierten sozialen und kulturellen Arbeit. Wenn in der transdisziplinären Zusammenarbeit unterschiedliche Erfahrungswelten und (Fach-)Sprachen aufeinanderstoßen, dürfen wir nicht davon ausgehen, dass wir uns ohne »Übersetzungen« sofort verstehen.
- Wir brauchen Keywork-Management. Hierzu sind Qualifizierungen für hauptamtlich und freiwillig Mitarbeitende in Projekten unerlässlich. Und wir brauchen neue Konzepte und Methoden für das gemeinsame Lernen.
- Keywork ist ein zukunftsfähiger Ansatz für freiwilliges Engagement in komplexen Handlungsfeldern. Keywork ist aber kein starres Handlungskonzept. Es ist wichtig, regelmäßig gemeinsame Lernplattformen einzurichten, um den Ansatz weiterzuentwickeln und den Modelltransfer zu fördern. Hierfür lassen sich die zahlreichen Netzwerke nutzen, die im Bereich der sozialen und kulturellen Arbeit bereits existieren.

Nachfolgend werden die Grundlagen der Fortbildungsarbeit sowie zwei ausgewählte Keywork-Qualifizierungsprogramme ausführlicher vorgestellt. Hiermit soll Interessierten die Möglichkeit gegeben werden, den bisherigen Entwicklungsprozess nachzuvollziehen. Es geht aber auch und vor allem darum, Außenstehende aller Fachgebiete zu motivieren, sich in die Keywork-Diskussion einzumischen und die Entwicklung zukunftsfähiger Fortbildungskonzepte mit eigenen Beiträgen und Ideen zu bereichern und aktiv voranzutreiben.

Vorbilder für das gemeinsame Lernen und Gestalten

Die Entwicklung von Keywork greift auf die Erfahrungen aus der Netzwerkarbeit in Düsseldorf zurück (vgl. hierzu Fischer, Eichner, Nell 2003). Während in der Netzwerkarbeit der Aufbau von Organisations-, Informations- und Mitwirkungsstrukturen für zukünftige Formen des freiwilligen Engagements im Zentrum der Entwicklungsarbeit stand, rückte im Keywork die Projektarbeit – und hier vor allem die Projektarbeit im Überschneidungsbereich von sozialer und kultureller Arbeit – in den Mittelpunkt des Interesses. Vorbilder, die für die Netzwerkarbeit wichtig waren, haben aber auch weiterhin erheblichen Einfluss auf die Entwicklungsprozesse und die Fortbildungsarbeit im Keywork gehabt. Menschen aus unterschiedlichen Fachrichtungen haben mit ihren Theorien und Erfahrungen wichtige Bausteine und Anregungen für das Keywork-Konzept geliefert. Hier sind vor allem zu nennen: Peter S. Senge mit seiner Theorie der Lernenden Organisation (Senge 2001), Maria Montessori mit ihrer Theorie der Vorbereiteten Umgebung (Anderlik 1996), Verena Kast mit ihrem Phasenmodell kreativer Prozesse (Kast 2000), Sylvia Kade mit ihrem Basiskonzept der Altersbildung (2007), Hilmar Hoffmann mit seinem erweiterten Kulturbegriff (Hoffmann 1981), Pierre Bourdieu mit seinem erweiterten Kapitalbegriff (Schwingel 1995). Eine ausführliche Darstellung der Vorbilder für Keywork findet sich in Knopp und Nell (2007: 84–115).

Wichtige Impulse kamen aus dem Bereich der Kunst. Hier sind besonders zu nennen: das choreografische Konzept von Pina Bausch, die Idee der sozialen Plastik von Joseph Beuys und die Vorstellung der wachsenden Ideen von Ilya Kabakov.

Pina Bausch – Fragen stellen, Material sammeln, Ideen verbinden

»Das merkt der Tänzer oft erst wesentlich später, dass mich eine kleine Geste, eine Nebenbemerkung, die er gemacht hat, mehr interessiert als die große Nummer.« Pina Bausch

Pina Bausch, die 2009 verstorbene, weltberühmte Choreografin, langjährige Leiterin des Wuppertaler Tanztheaters, war eine geniale Vernetzungsspezialistin. Das erkennt man, wenn man sich mit ihrer Probenarbeit beschäftigt, und das spürt man, wenn man ihre Tanztheater-Stücke auf der Bühne erlebt. Pina Bausch hat die Begegnung mit anderen Kulturen gesucht. Gemeinsam mit ihrem Ensemble ist sie durch die Welt gereist, hat sich von fremden Ländern und Menschen inspirieren lassen. Sie hat die Atmosphäre ferner Metropolen eingefangen und mit viel persönlichem Einsatz ein weltweites Netzwerk geknüpft, mit dessen Unterstützung es ihr gelungen ist, den modernen Tanz nachhaltig zu verändern.
Dass Pina Bausch viel von Vernetzung verstanden hat, kann man vor allem an der Art und Weise ablesen, wie sie ihre Tanzstücke entwickelt hat. Schlechte Erfahrungen mit klassischen Probensituationen hatten sie dazu gebracht, ihre eigene Methode zu entwickeln. Sie hat sich ganz offen und ohne vorgefertigtes Konzept auf den gemeinsamen Arbeitsprozess mit ihrem Ensemble eingelassen. Pina Bausch hat den Tänzer(inne)n Fragen gestellt, mit ihnen gemeinsam

Themen erkundet, hat sie zu ihrer Meinung und zu ihren Haltungen zu Texten, Szenen und Situationen befragt. Auf diese Weise ist es ihr gelungen, »jene Gemeinsamkeit herzustellen ... die sie für die ›Grundvoraussetzung‹ einer erfolgreichen Arbeit« hielt (Schmidt 1998: 88). Sie hat - wenn man genauer hinschaut - ganz im Sinne neuer Organisationstheorien gearbeitet: Sie hat hingehört, hingeschaut, Material gesammelt und - erst zu einem späten Zeitpunkt des (Proben-)Geschehens - auf ihre ganz besondere Art und Weise die Einzelteile zu einem gemeinsamen Ganzen verbunden.
Was den Dingen Zusammenhalt gibt, sagt Pina Bausch, »ist letztlich dann die Komposition. Was man tut mit den Dingen. Es ist ja erst einmal nichts. Es sind nur Antworten: Sätze, kleine Dinge, die jemand vormacht. Alles ist erst einmal separat. Irgendwann kommt dann der Zeitpunkt, wo ich etwas, von dem ich denke, daß es richtig war, in Verbindung mit etwas anderem bringe. Wenn ich dann etwas gefunden habe, das stimmt, habe ich schon ein etwas größeres kleines Ding. Dann gehe ich wieder ganz woanders hin. Es beginnt ganz klein und wird allmählich größer.« (Schmidt 1998: 92 u. 94)
Pina Bausch hat in einem Interview das zentrale Element vernetzender Arbeit auf eindrückliche Weise beschrieben. Ihre Stücke entwickelten sich nicht - wie bei Dramatikern oder anderen Choreografen - »vom Anfang aufs Ende hin ..., vielmehr wüchsen sie um einen gewissen Kern herum, von innen nach außen« (Bausch in Schmidt 1998: 94).

Joseph Beuys - Soziale Plastik gestalten

Überaus fruchtbar für den Aufbau von Netzwerken und die Realisierung von Keywork-Projekten ist die Auseinandersetzung mit dem künstlerischen Werk und den theoretischen Positionen von Joseph Beuys. Im Gegensatz zum konventionellen Verständnis von Skulptur bezog Beuys »das schöpferische Gestaltungsprinzip nicht nur auf sichtbare, materielle Werke, sondern ebenso auf unsichtbare Skulpturen« (Richter 2000: 50). Für ihn galt auch das soziale Miteinander als Kunstwerk. Beuys prägte die Begriffe »Soziale Plastik« und »Soziale Skulptur« und forderte alle Mitglieder einer Gesellschaft dazu auf, »aus der inneren Tiefe, dem Kreativen, dem Schöpferischen« in die sozialen Zusammenhänge einzugreifen (Richter 2000: 50).
Man kann Netzwerke und Keywork-Projekte als soziale Plastik, als soziale Kunst auffassen, die ihre Wirkung in den Sozialraum hinein entfaltet. Auf die gleiche Weise, wie ein Gemälde einen Saal verändert, eine Skulptur einen Platz neu definiert, vermögen sie dem gesellschaftlichen Leben eine neue Qualität zu verleihen.
Wertvoll für die zukünftige Entwicklung dürfte es sein, sich verstärkt der Kunst der sozialen Netzwerke zuzuwenden. Netzwerke sind in überschaubaren und in komplexen sozialen Gefügen wahrzunehmen: in der Nachbarschaft, dem

Wohnumfeld, der Stadt. Sie sind zwar unsichtbar, aber man kann ihre Wirkung spüren: als soziale Wärme, soziale Energie; starke Gestaltungskraft, lebendige Kommunikation und unerschöpflichen Ideenreichtum. Netzwerke bilden ideale Voraussetzungen für die Umsetzung aller vier Faktoren im Keywork (vgl. Kapitel 1.4).

Ilya Kabakov - ein Frühbeet für Ideen anlegen und Projektideen ausstellen

Wenn in (Entwicklungs-)Netzwerken Menschen unterschiedlicher Generationen, Kulturen, Fachdisziplinen und Religionen zusammenwirken und sich auf einer stabilen Vertrauensbasis ihr breites Erfahrungswissen zur Verfügung stellen, entsteht unweigerlich Neues. Menschen werden inspiriert, konfrontiert, herausgefordert, ermutigt, sie werden permanent gezwungen, sich zu präzisieren, eigene Positionen zu erklären, Verhalten kritisch zu hinterfragen sowie neue Perspektiven einzunehmen. Vor allem dann, wenn Gegensätze hart aufeinanderstoßen, ist mit starken Impulsen zu rechnen. Es entstehen Energien, die für Entwicklungs- und Veränderungsprozesse unerlässlich sind.
Der russische Künstler Ilya Kabakov gibt ein Beispiel dafür, wie man mit wertvollem Ideen-Material umgeht. Er hat - in der Kokerei der Zeche Zollverein in Essen - einen Palast (!) der Projekte gebaut. Dort stellt er die Visionen, Utopien und Träume von Künstler(inne)n des 20. Jahrhunderts aus - als gebaute Modelle. Eines dieser Modelle ist der »Kasten zur endgültigen Durchführung von Projekten«, ein Frühbeet für Ideen. Ein großer, niedriger Holzkasten (2.90 x 1.75 x 0.25 m) ist mit dunkler Erde gefüllt. Er ist in 15 Fächer unterteilt, aus denen Hefte, Zettel und Notizblätter, beschriftet mit Projektideen, »herauswachsen«.
Kabakov fordert eindrücklich einen achtsamen und sorgfältigen Umgang mit Ideen. Er weiß, dass Ideen - so wie Pflanzensamen - keimen müssen und dass sie Zeit brauchen, um sich zu voller Größe zu entfalten.
»Am Anfang jeder Erfindung blitzt wie ein Funke der erste Einfall auf, die erste Idee, die sich dann zu einem echten, großen Projekt oder einer tiefsinnigen Theorie auswachsen kann. Dieser Einfallsfunke kann aber auch erlöschen und sich nicht weiter entwickeln.« Damit aber Ideen nicht verloren gehen, vertrocknen oder sterben, müssen sie, so Kabakov, unbedingt zu Papier gebracht und eingepflanzt werden. »Wenn man das eben erst aufgeschimmerte, aber schon auf Papier notierte Projekt in die Erde steckt und dort lässt, so wird es, wie Beobachtungen gezeigt haben, nach kurzer Zeit - natürlich im Kopf des Erfinders - rasch Gestalt annehmen und aufblühen. Einfälle und Pläne dürfen deshalb, sobald man sie aufgeschrieben hat, nicht in der Schreibtischschublade verschwinden.« Hat man sie sorgfältig eingepflanzt, gut bewässert und für gute Lichtverhältnisse gesorgt, werden sie in ihrem Frühbeet langsam gedeihen. »Nach einer gewissen Zeit nimmt man sie dort wieder heraus.« (Kabakov 2001)

Netzwerke sind in diesem Sinne mehr als Strukturen für die Entwicklung und Realisierung gemeinsamer Ideen. Sie sind auch Keimboden für Ideen, die noch nicht »reif« sind, die gut aufbewahrt, geschützt und »kultiviert« werden müssen. Vieles spricht dafür, in Netzwerken regelmäßig zu überprüfen, was dort schon an Neuem wächst und gedeiht und ins Freiland ausgesetzt werden kann.

Gewinnung von Keyworkern

Wie gewinnt man überhaupt Keyworker für Projekte im Überschneidungsbereich von sozialer und kultureller Arbeit? Diese Frage wird häufig gestellt. Die Erfahrungen zeigen: Man gewinnt potenzielle Mitstreiter(innen) vor allem über die Themen, die sie interessieren. Diese Themen erfährt man, wenn man Menschen direkt befragt oder wenn man spezielle Bildungsprogramme für sie anbietet. Bewährt haben sich Ideen- oder Kreativ- und Zukunftswerkstätten, World Cafés, Seminare zur Vorbereitung auf den Ruhestand (z. B. das Programm »Couch oder Cabrio?«[1]), Kulturprogramme, Diskussionsveranstaltungen oder Exkursionen. Die Veranstaltungen sollten, um möglichst viele Interessierte anzusprechen, an attraktiven und inspirierenden Lernorten im Quartier stattfinden. Attraktive Orte – das sind für die einen Museen, Theater, Künstlerateliers und sozio-kulturelle Zentren; für andere sind es Baumärkte, Sporthallen, Betriebe, Werkstätten, Kinos usw. Geworben wird über Ankündigungen in der Presse, Programmhefte, Flyer, Vereins- und Firmenmagazine, Gemeindebriefe, aber vor allem über Mund-zu-Mund-Werbung. Ansprachen über Internetforen gewinnen immer mehr an Bedeutung. Die Zusammenarbeit mit Freiwilligenbörsen und Fördervereinen hat sich ebenfalls bewährt.

Als besonders wirkungsvoll haben sich Stellenausschreibungen erwiesen. Hierin werden die Eckpunkte für die zukünftige Zusammenarbeit klar ausformuliert: Wir sind, wir erwarten, wir bieten. Im Anhang findet sich eine Stellenbeschreibung, mit der das Theater an der Ruhr und die Netzwerke in Mülheim Mitstreiter(innen) für den geplanten Aufbau eines Publikums-Labors suchen. Rückmeldungen von Keyworkern bestätigen die Annahme, dass sich Menschen eher für (Gemeinschafts-)Projekte gewinnen lassen, wenn die gegenseitigen Erwartungen im Vorfeld der Zusammenarbeit geklärt und das Verhältnis von Geben und Nehmen klar geregelt ist.

Genauso wichtig wie die Frage, wie man Keyworker gewinnt, ist die Frage, wie man sie hält. Um Keyworker langfristig in Projekte einzubinden, ist es

1 | Vgl. Gößling 2001.

unerlässlich, ihre Wünsche und Erwartungen an die Zusammenarbeit zu ermitteln und ihre eigenen Lösungsvorschläge aufzugreifen. Keyworker erwarten Freiräume und Gestaltungsmöglichkeiten, sie müssen das Gefühl haben, einen Beitrag zur Lösung wirklich wichtiger Zukunftsaufgaben zu erbringen. Keyworker müssen in ihrem Engagement die Möglichkeit haben, sich persönlich weiterzuentwickeln, interessanten Menschen zu begegnen und persönliche Netzwerke aufzubauen. Keyworker bleiben in Projekten – Klartext einer engagierten Mitstreiterin aus Köln –, »wenn sie spüren, dass sie wieder Teil einer gesellschaftlichen Bewegung sind«.

Didaktische Prinzipien der Fortbildungsarbeit im Keywork

Keywork-Programme stehen und fallen mit ihrem didaktischen Konzept und der inhaltlichen und methodischen Ausgestaltung der Seminarbausteine. Die eingesetzten Methoden wurden auf die Wünsche und Erwartungen der angesprochenen Zielgruppen zugeschnitten. In vorausgegangenen Seminarprogrammen, die in Kooperation mit Düsseldorfer Kultureinrichtungen erprobt wurden, waren bereits gute Erfahrungen mit Beteiligungs- und Aktivierungskonzepten gemacht worden. Hier sind vor allem die Programme »Kulturführerschein®« (vgl. Frank und Nell 2007: 117–140) und »Kultur auf Rädern« (Frank 2007: 141–155) zu nennen.

Axel Beuther (2013) hat in seiner Veröffentlichung »Wege zur kreativen Gestaltung« zehn didaktische Prinzipien formuliert, die – bis auf geringe Abweichungen – so auch für Keywork-Programme gelten:

1. **Muße:** *Freiräume und spielerisch-experimentelle Situation schaffen*
   Sokrates hat Muße als den wichtigsten Besitz von Menschen angesehen. Freie Zeit und innere Ruhe, um etwas zu tun, was den eigenen Interessen entspricht, sind auch nach Beuther eine wichtige Ressource in kreativen Gestaltungsprozessen.
   »Im Prozess der Muße entziehen wir uns den Anstrengungen des Alltags und seinen Problemen, treten aus dem zirkulären Kreis der Denk- und Handlungskonventionen heraus und haben plötzlich Zeit und Raum, vergangene und gegenwärtige Ereignisse aus einer neuen Perspektive zu betrachten. Durch den Perspektivwechsel werden wir uns der Leistungsgrenzen von Körper und Geist gewahr, die sich in alle Richtungen ausweiten lassen, sobald wir die bewährten Handlungsroutinen aufgeben und die sicheren Denkpfade verlassen. […] Muße bedingt Freiraum und freie Zeit, in der wir scheinbar irrelevante oder bezugslose Probleme zum Nachdenken und Ausprobieren anregen, die uns in anderen Zusammenhängen vielfach befruchten und inspirieren können.« (Beuther 2013: 18)

2. **Interesse:** *Gedanklich motivierende Perspektive einnehmen*
Ohne ein wirkliches Interesse aller Beteiligten hat ein kreativer Lern- und Schaffensprozess wenig Aussicht auf Erfolg. »Sobald wir neben der emotionalen auch eine kognitive Verbindung mit dem Problem finden, sind wir am Schaffensprozess auch gedanklich beteiligt. Die Entdeckung der eigenen Interessen an einer Problemlösung ist von entscheidender Bedeutung für die Entwicklung und den Erfolg kreativer Strategien. [...] Jeder Lerner muss etwas finden können, was ihn an der Aufgabe interessiert und zur eigenständigen Suche nach Wegen zur Problemlösung motiviert.« (ebd.: 19)
3. **Arbeitsatmosphäre:** *Thematisch anregende Kontexte herstellen oder suchen*
Beuther unterstreicht die Bedeutung einer anregenden Arbeitsatmosphäre. Inspirierende Umgebungen, intensive Spiel- und Experimentierphasen und anregendes Material fördern den schöpferisch-kreativen Prozess. »Leere Papierseiten, Massen aus Stein, Gips oder Ton können Möglichkeitsräume für Entdeckungsreisen und mannigfache Begegnungen bilden. Im Prozess des Werdens kann sich hieraus ein fruchtbarer Dialog entwickeln, da Fantasie und Realität in der Wahrnehmung des Materials zusammen treffen. [...] Für die Suche nach geeigneten Kontexten kreativer Prozesse gilt daher eine einfache Regel. Wir müssen möglichst viele verschiedene Orte und Situationen spielerisch-experimentell erproben, bis unsere Lust an der Erkenntnis geweckt ist. [...] Naturgemäß haben Atmosphären großen Einfluss auf unsere Schaffenskraft, da unsere Aktivitätsphasen an Umweltphänomene gebunden sind.« (ebd.: 20–21)
4. **Lustgefühl:** *Emotional motivierende Einstellung finden*
Beuther kommt in diesem Zusammenhang auf die Spielfreude von Kindern und ihre Lust am Experimentieren zu sprechen. Diese gelte es für Erwachsene wiederzuentdecken. »Emotionen und Gefühle sind für die Bewältigung von komplexen Problemstellungen unverzichtbar, da sie vom Hintergrundbewusstsein gesteuert werden, das unwillkürlich und unmittelbar auf implizite Gedächtnisinhalte zugreift, die den größten Teil unseres Erfahrungspotenzials bilden.« (ebd.: 22)
5. **Reflexion:** *Wahrnehmung und Bewertung des Prozessverlaufs*
Ohne die konzentrierte Beobachtung und die Bewertung der Prozessverläufe blieben die Experimentierphasen ohne richtungsweisende Bedeutung für den weiteren Entwicklungsprozess. »Aus diesem Grunde sollten wir uns am Ende von intensiven Spiel- und Experimentierphasen mit den Ergebnissen auseinandersetzen und das entstandene Ideenpotenzial sichten, überprüfen und bewerten. Viele spontane Einfälle und Ideen werden erst in den zwischenzeitlichen Wahrnehmungs- und Bewertungsphasen sichtbar. [...] [Eine] kritische Reflexion von kreativen Prozessen hat das Ziel der Klärung und Motivation, der Steuerung von Aufmerksamkeit und Interesse, der fantasievollen Konstruktion von Sinnzusammenhängen und

inhaltlichen Deutungen.« (ebd.: 24) Es gehe, so Beuther, vor allem darum, die wirklich spannenden Ideen herauszufiltern und sie zur Orientierung im weiteren Schaffensprozess zu verwenden (vgl. ebd. 2013: 25).

6. **Ideenfluss:** *Den Weg zum Ziel machen und auf Entdeckungsreise gehen*
Für den Verlauf eines kreativen Gestaltungsprozesses wählt Beuther das Bild des Ideen- und Gedankenflusses, der nicht nur beschaulich dahi fließt, sondern oft steinige Hindernisse zu überwinden hat. Kreative Prozesse seien nicht in erster Linie auf die Erreichung eines konkreten Zieles hin ausgerichtet, vielmehr entfalteten sie sich »in den Landschaften unserer inneren und äußeren Bilder. (...) Das Ziel hat keine absolute Bedeutung, da jedes Ereignis eines kulturellen Schaffensprozesses nur im Kontext der vorangegangenen und nachfolgenden Werke verstanden werden und bewertet werden kann.« (ebd.: 27)
7. **Originalität:** *Fokussierung auf die Ideensuche und Persönlichkeitsbildung*
Beuther hebt hervor, dass alle Ideen, die generationsübergreifend von Gesellschaften kultiviert, von Individuen bewahrt und gepflegt werden, der Bildung zukünftiger Generationen dienten. »Gleichwohl streben wir nach Originalität im Kreativprozess. Wir fördern damit unsere Identität und unsere Persönlichkeitsentwicklung. (...) Welche Ideen für gegenwärtige und künftige Generationen von Nutzen sind, entscheidet sich am ideellen oder lebenspraktischen Gebrauchswert für die Gesellschaft. (...) Indem wir immer wieder Herausforderungen suchen, uns für neue Menschen, Räume, Dinge und Themen interessieren, können wir uns diese kreative Haltung ein Leben lang bewahren.« (ebd.: 29)
8. **Inspiration:** *Soziokulturellen und interdisziplinären Austausch suchen*
Auch Beuther nimmt das neue Miteinander von Expert(inn)en und Laien in den Blick und knüpft – wie der Soziologe Braun-Thürmann (2005: 91) – entsprechende Erwartungen an Vermittlungsprozesse. »Interdisziplinäre Projekte fordern das kreative Denken von Experten und Laien, da jeder den konventionellen Wissensstand der eigenen Profession zum Zweck der Vermittlung auf allgemein verständliche Inhalte reduzieren muss. Das erfordert die schöpferische Neukonstruktion eines modellhaften Vorstellungsbildes, indem die spezifischen Inhalte sowie Denk- und Handlungsstrategien auf ihre Anschlussfähigkeit mit anderen Wissensfeldern geprüft werden. Wo immer wir gezwungen sind, einen komplexen Sachverhalt in einfachen Worten oder Bildern verständlich zu erklären, müssen wir kreativ werden. (...) Wenn wir uns dagegen auf unbekannte Territorien, verwirrende Situationen und unlösbare Probleme einlassen, fordert das Mut, da wir Fragen zulassen, auf die wir keine Antworten haben, Begegnungen provozieren, auf die wir nicht vorbereitet sind, oder Wege beschreiten, die uns vielleicht nie zum Ziel führen.« (Beuther 2013: 30 u. 32)

9. **Improvisation:** *Kultivierung von Spontanität und Bauchgefühl im Stegreif*
Beuther setzt in Veränderungs- und Entwicklungsprozessen Improvisation und Bauchgefühl gegen Strategie und Rationalität. »Improvisation ist die Form der Kreativität, die Offenlegung der Idee durch das ungeschliffene Wort, die schnelle Skizze, das Arbeitsmodell oder die direkte Demonstration. Einmal ins Werk gesetzt, folgt die Arbeit an der Form, in deren Zentrum die Lesbarkeit der Idee steht«. (ebd.: 32) Zur Sichtbarmachung von Ideen sei auch das Stegreifspiel von großem Nutzen. »Im Ursprung des Wortes verweist der Stegreif auf eine Handlung, die ein Reiter, ohne vom Pferd zu steigen, ausführen kann. Bei einem Stegreif fehlt uns jegliche Vorbereitung auf das gestellte Problem, das daher völlig überraschend kommt und von uns spontane Lösungsangebote fordert.« (ebd.: 32)
10. **Synergien:** *Partizipatives Lernen und autonomes Denken im Diskurs*
Im gemeinsamen kreativen Schaffensprozess ist das Ergebnis im Idealfall immer größer als die Summe der Teile. Bei allem Respekt für die Vorteile des Miteinanders sollte die Bedeutung der Autonomie jedes einzelnen Mitstreiters und jeder Mitstreiterin nicht unterschätzt werden. »Neben der Synergie gehört auch die Autonomie des Individuums zum Kennzeichen kreativer Prozesse, da das Gehirn ein selbstlernendes System ist, dessen Leistungspotenzial sich ausschließlich durch Kommunikation und Interaktion mit der Umwelt entfalten kann. Die geistige Diversität autonomer Individuen ist die Triebkraft und das Prinzip schöpferischer Entwicklungen.« (Beuther 2013: 34) Aus der Unterschiedlichkeit der Vorstellungen, Erwartungen, Meinungen, Haltungen und des Erfahrungswissens ergeben sich Reibungspunkte, die diskutiert und im Konfliktfall genauer unter die Lupe genommen werden müssen. Auch was gerade nicht gut zueinanderpasst, kann für den Prozess von hohem Wert sein. »Der Schaffensprozess fordert den offenen Diskurs über die Qualität von Einfällen und Ideen« (ebd.: 34). Beuther rät zu Zwischenpräsentationen: »Über regelmäßige Zwischenpräsentationen der Arbeitsergebnisse nimmt die Gruppe emotionalen Anteil an der individuellen Suche nach Antworten auf die gemeinsame Fragestellung. [...] Durch mehrfache Perspektivwechsel kommt es zu gedanklichen Befruchtungen [...] Das Innovationspotenzial der eigenen Ideen kommt auf den Prüfstand, die gefundenen Lösungsansätze werden hinterfragt und neu bewertet. Dies baut einen enormen Veränderungsdruck auf, an dem das Leistungspotenzial des Individuums und der Gruppe wachsen kann.« (ebd.: 35)

Zentrale Bausteine der Keywork-Qualifizierungsprogramme

Die innovative Erwachsenenbildungsarbeit ist dabei, sich von den klassischen Formen der Wissensvermittlung zu verabschieden. Inhalte und Methoden werden so dicht wie möglich an den Wünschen und Erwartungen der Teilnehmenden ausgerichtet. Vor diesem Hintergrund haben folgende Bausteine Eingang in die Programme gefunden.

Suche nach der persönlichen Herzenssache

In allen Keywork-Qualifizierungsprogrammen geht es darum, Menschen bei der Suche nach (bzw. beim Wiederfinden) ihrer persönlichen Herzenssache(n) zu unterstützen. Die Erfahrung zeigt: Die eigene Herzenssache ist eine unerschöpfliche Motivationsquelle. Wer sich für seine Herzenssache engagiert, findet schnell Mitstreiter(innen), kämpft beherzter gegen Widerstände an und kann die unvermeidbaren »Mühen der Ebenen« in Projekten besser durchstehen. Wichtige Impulse hierfür sind dem Kardiologen und Friedensnobelpreisträger Bernard Lown zu verdanken (vgl. Kap. 4.6). Er gibt in seinem Buch »Die verlorene Kunst des Heilens. Eine Anleitung zum Umdenken« ein überzeugendes Beispiel dafür, wie man über das Thema, das einem sehr am Herzen liegt, in ein freiwilliges Engagement finden kann. Ihm selbst hat die Bedrohung der Schöpfung durch Atomwaffen so viel Sorgen bereitet, dass er in seinem nachberuflichen Leben – gemeinsam mit einem russischen Kollegen – die Vereinigung »Ärzte gegen den Atomkrieg« gegründet hat. Bei der Suche nach der Herzenssache kann auch die Frage nach Menschen bzw. Zielgruppen, die einem am Herzen liegen, sehr hilfreich sein. Das sind z. B. alleinerziehende Mütter, arbeitslose Jugendliche, bildungsbenachteiligte Kinder, Menschen mit Behinderungen oder an Demenz erkrankte Menschen und ihre Angehörigen. In den Keywork-Fortbildungen finden sich die Teilnehmenden in der Regel über ihre Herzenssachen zu Projektgruppen zusammen. Was dabei herauskommen kann, wird in den Projektbeispielen in Kapitel 4 ausführlich dokumentiert.

Auseinandersetzung mit der eigenen Biografie und mit persönlichen Vorbildern

Biografiearbeit gilt als der Königsweg in der Bildungsarbeit mit Älteren (vgl. Kade 2007). Biografiearbeit ist auch ein Königsweg bei der Suche nach der eigenen Herzenssache und der Entscheidung für ein eigenes Projekt im Keywork. Goethe findet für die persönliche Lebensrückschau eine poetische Formulierung: »Rückwärts! steht an die Türe geschrieben, durch die eine neue Welt betreten wird. Nicht: Vorwärts!« Weniger poetisch formuliert es der Organisationsberater und Diakon Heinrich Fallner im Ausbildungsprogramm für

Coachs: »Schau in den Rückspiegel, bevor du auf die Überholspur gehst!« Der Unternehmensberater und Begründer der berühmten Managerschule auf Kloster Andechs, Anselm Bilgri, hat die Ordensregeln der Benediktiner für das moderne Management »übersetzt«. Er empfiehlt (nicht nur Führungskräften), sich mit den eigenen Wurzeln zu beschäftigen, und rät in diesem Zusammenhang zu einer Haltung der Demut. Bilgri hebt hervor, dass sich das Wort Demut vom lateinischen demovere herleitet und »sich vorbeugen« bedeutet. Nur wer sich vorbeuge, so Bilgri, könne sehen, wo er stehe und worauf er stehe. Dies sei wichtig, weil Menschen aus ihren Wurzeln die Kraft für die Bewältigung großer Herausforderungen ziehen könnten (vgl. Bilgri 2006). In den Keywork-Fortbildungen wird die Biografie-Arbeit mit kreativen Methoden unterstützt (malen, zeichnen, bauen, collagieren usw.). Meist steht die persönliche Lebensrückschau am Anfang der Fortbildungsprogramme. Fragen können beim Blick zurück hilfreich sein: Gibt es einen roten Faden, der sich durch mein Leben zieht? Was habe ich immer gern getan? Woran möchte ich anknüpfen? Welche Lebensumstände haben mich geprägt? Welchen Menschen bin ich begegnet, die lebenslang Eindruck auf mich gemacht haben? Was hat mich glücklich gemacht? Welche Aufgaben möchte ich nicht mehr übernehmen? Doch in der biografischen Arbeit wird nicht nur nach hinten geschaut. Es werden auch Zukunftsperspektiven entworfen und Pläne geschmiedet: Womit soll jetzt Schluss sein? Welche Ideen (in meinem persönlichen Gewächshaus) sind jetzt »reif« und können realisiert werden? Was möchte ich anpacken? Was möchte ich für mich selbst tun? Was möchte ich mit anderen für mich tun? Was möchte ich mit anderen für andere tun? Was sollen andere für mich tun? Woraus schöpfe ich Kraft? Wohin soll meine Kraft fließen? Was packe ich an?

Ein wichtiges Element der Biografiearbeit in den Keywork-Programmen ist die Auseinandersetzung mit den persönlichen Vorbildern: Wen habe ich in meiner Jugendzeit bewundert? Wem wollte ich nacheifern? Mit wem hätte ich gerne zusammengearbeitet? Wer hat mich ermutigt? Wer hat mich inspiriert? Die Palette der Vorbilder ist breit: Oft werden Albert Schweizer, John F. Kennedy, Dorothee Sölle oder die Beatles und inzwischen immer häufiger Che Guevara, Willy Brandt und Alice Schwarzer genannt. Nicht selten werden Familienangehörige als Vorbilder aufgeführt: Eltern, Großeltern oder Geschwister. Viele Keyworker nennen Lehrer(innen) und Ausbilder(innen), die großen Einfluss auf ihre berufliche Laufbahn und ihre Lebensentscheidungen gehabt haben. Fast immer kann eine Beziehung zwischen dem persönlichen Vorbild und den eigenen Begabungen und Talenten hergestellt werden. Aus der Frage »Was würden mir meine Vorbilder bei der Frage nach der geeigneten freiwilligen Aufgabe raten?« ergeben sich in der Regel wichtige Anhaltspunkte – nicht selten die zentralen Beweggründe – für die Auswahl einer Zielgruppe bzw. die Entscheidung für ein konkretes Projekt.

»›Role making‹ statt ›role taking‹«

Das von Knopf und Burmeister (2005) aufgestellte Postulat »›role making‹ statt ›role taking‹« ist auch für die Keywork-Programme von zentraler Bedeutung. Im Gegensatz zum klassischen Ehrenamt geht es im Keywork4-Konzept ausdrücklich nicht darum, vorgefertigte Rollen zu übernehmen. Es wird vielmehr größter Wert darauf gelegt, dass Menschen in Freiwilligenprojekten für sich selbst passende Rollenmuster entwerfen. Wichtiger Baustein der Qualifizierungsprogramme ist deshalb die Suche nach der eigenen neuen Verantwortungsrolle. Gerade im Überschneidungsbereich von sozialer und kultureller Arbeit sind viele Verantwortungsrollen möglich. Margit Kinsler hat neue Rollenprofile und ihre Erkennungsmerkmale für den Bereich der Kulturarbeit beschrieben, die auch für den Bereich der Bildungsarbeit und der Sozialarbeit an Bedeutung gewinnen:

- Die reifen Künstler(innen): Sie werden aktiv im Spannungsfeld von Kontinuität und Neuentwicklung.
- Die alternativen Denker(innen): Sie bündeln das Erfahrungswissen und/oder überschreiten die Grenzen des Denkbaren.
- Die kulturellen Förderer, Unterstützer(innen): Sie treiben Entwicklungen voran und/oder verlangsamen (zügeln) Entwicklungsprozesse, um die Qualität der Ergebnisse zu sichern.
- Die weisen Kritiker(innen): Sie nehmen die Entwicklungen aus objektiver und/oder subjektiver Perspektive war und begleiten (kommentierend) das Geschehen.
- Das kompetente Publikum: Das kompetente Publikum ist den Kulturschaffenden ein wichtiges Gegenüber. Es beschäftigt sich ernsthaft mit dem Kulturgeschehen und hinterfragt und kritisiert die künstlerischen Produktionen.
- Die Synoptiker(innen): Sie bringen Ordnung in das (Erfahrungs-)Wissen und in die Erfahrungsfelder. Sie strukturieren das Unüberschaubare, reduzieren Komplexität und sorgen dafür, dass alle Akteure/Akteurinnen den Überblick über Entwicklungen behalten; sie erarbeiten Unterscheidungskriterien, auch um Prozesse und Ergebnisse bewerten zu können.
- Die Vermittler(innen): Sie sammeln Kenntnisse und bieten ihre Kenntnisse unterschiedlichen Zielgruppen an. Sie bauen Brücken, schaffen Zugänge.
- Die Filterer: Sie entwickeln Gütekriterien und schaffen Qualitätsstandards. Sie lesen aus und verwerfen.
- Die kulturellen Mentoren(innen): Sie fördern, beraten, vernetzen und vermitteln. Sie stärken anderen den Rücken, geben ihr Erfahrungswissen an Einsteiger(innen) weiter und verschaffen anderen Zugriff auf die Ressourcen bestehender Netzwerke (Darstellung in Anlehnung an Kinsler 2003: 219 –273).

In den Keywork-Fortbildungen wird den Teilnehmenden die Gelegenheit geboten, die neuen Verantwortungsrollen zu erproben und auch dazu ermutigt, neue Verantwortungsrollen zu erfinden. Man kann sich seinen alten und in seinen neuen Verantwortungsrollen in die Arbeit einbringen. Vor allem in der Planung und Umsetzung von Gemeinschaftsprojekten wird dabei das Potenzial transdisziplinärer Arbeit deutlich: Für die gemeinsame Arbeit steht nicht nur eine breite Palette an Erfahrungswissen aus unterschiedlichen gesellschaftlichen Milieus sondern auch eine Vielzahl an Verantwortungsrollen zur Verfügung. Im Sinne Pierre Bourdieus kann auf ein unschätzbares Guthaben an sozialem und kulturellem Kapital[2] zurückgegriffen werden.

Theoretische Positionen in attraktiver Form vermitteln

Die innovative Erwachsenenbildung setzt verstärkt auf Konzepte, die das bereits vorhandene Wissen der Teilnehmenden zusammenführen. Das gilt sowohl für das individuelle Wissen als auch für das Wissen, das in Netzwerken und Institutionen gespeichert ist. Gleichzeitig wird in Keywork-Programmen großer Wert auf die Vermittlung und die Verknüpfung theoretischer Ansätze aus unterschiedlichen wissenschaftlichen Bereichen gelegt. Damit alle Teilnehmenden Zugang auch zu komplizierten Theorien finden können, ist es

2 | Der französische Soziologe Pierre Bourdieu geht in seiner Theorie von einer Pluralität der Kapitalformen aus. Neben das ökonomische Kapital (materieller Reichtum) setzt er das kulturelle Kapital und das soziale Kapital eines Individuums. Kulturelles Kapital umfasst in seinem inkorporierten Zustand »sämtliche kulturellen Fähigkeiten, Fertigkeiten und Wissensformen, die man ... erwerben kann« (Schwingel 1995: 89). Im Gegensatz zu ökonomischem Kapital ist kulturelles Kapital körper- und damit personengebunden. Das soziale Kapital ist nach Bourdieu eine weitere eigenständige Form von Ressourcen. »Sozialkapital resultiert aus der Ausnutzung ›eines dauerhaften Netzes von mehr oder weniger institutionalisierten Beziehungen gegenseitigen Kennens oder Anerkennens‹, in das ein Akteur eingebunden ist und auf das er zurückgreifen kann, falls er aus irgendeinem Grunde einer Unterstützung durch einzelne Akteure oder durch Gruppen bedarf« (ebd. 92). Ein soziales Beziehungsnetz werde durch permanente »Beziehungsarbeit« aufrechterhalten. Soziales Kapital diene auch dazu, im Bedarfsfalle die Profitchancen des ökonomischen und kulturellen Kapitals zu erhöhen. Folglich übt das auf gegenseitiger Anerkennung und Wertschätzung beruhende Sozialkapital, wenn es eingesetzt wird, bezüglich der anderen Kapitalformen einen »Multiplikatoreffekt« aus (ebd. 92).

wichtig, sie in leichter Sprache und verständlicher Form zu vermitteln. Die Lernenden sollen mit den Theorien etwas anfangen können. Eine große Herausforderung für alle Referent(inn)en – aber auch ein wirkungsvolles Element für die gemeinsame Arbeit. So wurde z. B. die Darstellung der komplexen Theorie U von C. Otto Scharmer auf »Bierdeckelgröße« gebracht.[3] Diese Theorie ist für die Realisierung von (Keyowork-)Projekten zu besonderer Bedeutung gelangt; einige Keyworker haben sich inzwischen zu Expert(inn)en der Theorie U entwickelt.

Exkurs: Theorie U von C. Otto Scharmer

Otto C. Scharmer steht in der Tradition der Lernenden Organisation. Er macht eindrücklich klar, dass man in Zeiten von Globalisierung und anwachsender gesellschaftlicher Komplexität Lösungen für Probleme nicht mehr einfach »herunterladen« kann. Prozesse müssen verlangsamt und Umwege eingeplant werden. Scharmer spricht von fünf Bewegungen in Innovationsprozessen. Und diese fünf Bewegungen sind im Rahmen von Keywork zu zentralen Elementen moderner Bildungsarbeit geworden. Kurz zusammengefasst lauten sie:

1. Kläre deine Ausgangssituation und deine Motivation!
2. Unterbrich die Routine deines Handelns! Nimm Kontakt zu Menschen auf, die für das Neue brennen. Begib dich an Orte, die für deine Fragestellung und dein Thema relevant sind und an denen du schon Aspekte der Zukunft anschauen kannst. Nimm Kontakt zu Menschen auf, die für das Thema brennen.
3. Geh zu einem Ort der Stille und lass das innere Wissen entstehen. Frage: Was ist die zukünftige Möglichkeit, die sich hier realisieren will? Was hat das mit meinem zukünftigen Weg zu tun?
4. Starte ein kleines Modellprojekt! Entwickle einen Prototypen des Neuen, um die Zukunft im Tun zu erkunden. Diese Prototypen, so schreibt Scharmer, bilden dann die Landebahnen für die Zukunft.
5. Integriere das Neue! Überprüfe die praktischen Erfahrungen! Sichere die (Weiter-)Entwicklung und die Nachhaltigkeit des Projektes durch helfende institutionelle Infrastrukturen.

---

3 | Zum besseren Verständnis und zur Vertiefung der Theorie U wird den Keyworkern der Aufsatz von Otto C. Scharmer und Kathrin Käufer »Führung vor der leeren Leinwand. Presencing als soziale Technik« ausgehändigt. Der Artikel wurde in der Fachzeitschrift OrganisationsEntwicklung Nr. 2/2008 veröffentlicht. www.bertelsmann-stiftung.de/bst/.../xcms_bst_dms_31157_31158_2.pdf (Zugriff 20.4.2014).

Bezogen auf Keywork heißt das: Keywork-Fortbildungen sind so organisiert, dass die Teilnehmenden Gelegenheit haben, aus ihrem Alltagstrott auszusteigen. Die Unterbrechung von Routinen gelingt vor allem, wenn an inspirierenden Orten gearbeitet wird, wenn in Ruhe und genussvoll miteinander gegessen wird, wenn überraschende Elemente in das Programm eingebaut werden. Viele Fortbildungen finden – wie bereits erwähnt – in Museen und Theatern statt. Gearbeitet wird auch in soziokulturellen Zentren, in Künstlerateliers und in der freien Natur (z. B. im Japanischen Garten im Düsseldorfer Nordpark und auf der Museumsinsel Hombroich).

Es gehört auch zum Programm, Brücken zu bauen, damit Menschen ihre Ideen realisieren können. Wer ein kleines Pilotprojekt plant und umsetzt, kann erste Erfahrungen mit dem Neuen machen. Wer klein anfängt, überfordert sich nicht, kann feststellen, was geht und was nicht geht. Pilotprojekte veranschaulichen abstrakte Ideen. So, wie Architekturmodelle einen Eindruck von geplanten Bauvorhaben vermitteln, zeigen Pilotprojekte, wie man sich größere Vorhaben im Bereich der Kultur und der sozialen Arbeit vorstellen kann. In den Qualifizierungen werden Erfahrungen mit Prototypen weitergegeben (hierfür werden in der Regel aktive Keyworker in die Seminare eingeladen), Kontakte vermittelt und Netzwerke aufgebaut. Für die Förderung von Modelltransfer haben sich Keywork-Multiplikatorenfortbildungen bewährt. Sie bilden ideale Plattformen für den Austausch und die Weiterentwicklung von Projektideen. Und sie bringen die Keyworker mit Vertreter(inne)n von Institutionen zusammen. Davon profitieren, wie aus den Projektbeispielen in Kapitel 4 zu ersehen ist, immer beide Seiten: die Keyworker und die Institutionen.

Projektentwicklung: Von der Projektskizze zum Pilotprojekt

Wesentlicher Bestandteil aller Keywork-Qualifizierungsprogramme sind der Aufbau von Projektgruppen und die Planung konkreter Projekte. Dazu werden von Anfang an Projektideen gesammelt. Viele Projektideen entstammen den »Frühbeeten« der Teilnehmenden. Es handelt sich dabei um Vorhaben, die man immer schon einmal realisieren wollte, Ideen, deren Zeit nun endlich gekommen ist. Andere Ideen entstehen in kreativen Arbeitseinheiten oder während der Exkursionen. Die Idee zum Aufbau des Heinzelwerks, eines großen Projektes zur Unterstützung bedürftiger Menschen in Mülheim (das Projekt gibt es inzwischen in zehn Städten Nordrhein-Westfalens), ist vor einem expressionistischen Bild im Museum Kunstpalast in Düsseldorf entstanden. Das Bild zeigt eine Arbeiterbrigade; es erinnerte einen Teilnehmer – pensionierte Führungskraft eines großen Industrieunternehmens – an sein Herkunftsmilieu. Er sei durch Handwerker, Arbeiter und einfache Menschen geprägt worden, und für die wolle er sich in seinem nachberuflichen Leben engagieren.

Im weiteren Verlauf der Zusammenarbeit werden Projektskizzen erstellt und daran anschließend Konzepte ausgearbeitet. Hierfür wird ein Leitfaden verwendet, der von der ersten Keyworker-Generation entwickelt und von allen nachfolgenden Gruppen ergänzt und fortlaufend überarbeitet wird.

Leitfragen für die Planung von Projekten

1. Wie heißt mein/unser Projekt?

2. Wer ist Projektverantwortliche(r)? Wer sind die Projekt-Verantwortlichen?

3. Warum wird das Projekt realisiert?
   Was ist das Besondere an dem Projekt? Warum liegt mir/uns das Projekt am Herzen?
   Wem kommt das Engagement zugute?
   Wer sind die »Gewinner(innen) des Projekts«?

4. Welche Ziele werden verfolgt?
   Langfristig:
   Kurzfristig:

5. An welche Einrichtung kann das Projekt andocken? Welche Einrichtung könnte Träger des Projektes sein?

6. Wer kommt als Kooperationspartner infrage? Wen sollten wir unbedingt mit ins Boot holen? Welche Gründe sprechen für eine Kooperation?

7. Wem könnten wir mit unserem Vorhaben in die Quere kommen?

8. Wo gibt es schon Erfahrungen mit ähnlichen Vorhaben?

9. Wo und wie könnte man ein kleines »Pilotprojekt« starten, um erste Erfahrungen zu machen und die Wirkungen zu erproben?

10. Wer übernimmt dabei welche Aufgaben?

11. Was brauchen wir an Mitteln? Und woher könnten wir sie bekommen?

12. Wie gewinne ich/wie gewinnen wir Mitstreiter(innen)?

13. Wie machen wir das Projekt bekannt?

14. Wer könnte unser Vorhaben sonst noch unterstützen, Türen öffnen, Kontakte vermitteln, Ressourcen zur Verfügung stellen, beraten usw.?

15. Zeitschiene:
Wann starten wir? Was wollen wir bis wann erreicht haben (Meilensteine)? Wann soll das Projekt beendet werden?

16. Erfolgskriterien:
Wann betrachten wir unser Projekt als erfolgreich/als gelungen?

17. Für welche Aufgaben müssen wir uns qualifizieren?
Wer könnte diese Qualifizierung anbieten? Wie ist sie zu finanzieren?

18. Wie stabilisieren wir das Erreichte und wie sichern wir die Nachhaltigkeit des Projektes?

19. Wen könnten wir zum Mentor/zur Mentorin für das Projekt machen?

20. Worauf müssen wir achten? (Stolpersteine, Fettnäpfchen ...)

21. Wie beenden wir das Projekt?
Wie feiern wir den Erfolg? Wie gehen wir mit Misserfolg und Scheitern um?

22. Wie geben wir unsere Erfahrungen/unser Erfahrungswissen weiter?
Wie unterstützen wir den Modelltransfer?

Bei der Planung der Projekte können die Projektverantwortlichen auf das Erfahrungswissen ihrer Mitstreiter(innen) zurückgreifen. Dies ist, wie sich gezeigt hat, eine nicht zu unterschätzende Ressource moderner Freiwilligenarbeit. In der Zeit nach den Seminarveranstaltungen werden die Projekte – in der Regel mit ausgewählten Kooperationspartner(inne)n – umgesetzt. Die Keyworker docken hierbei an kulturelle und soziale Einrichtungen, Bürgerinitiativen, Vereine, Quartiers- oder Nachbarschaftsinitiativen an. In Keywork 4 werden Projekte vorgestellt, die mit Museen, Theatern, Familienzentren, Schulen, Wohnprojekten, Altenheimen und anderen sozialen Einrichtungen realisiert wurden. Das Unterstützungs-Netzwerk, das sie sich in der Qualifizierungsphase aufbauen konnten, steht den Projektverantwortlichen in den meisten Fällen auch in der Umsetzungsphase beratend und begleitend zur Seite.

Qualifizierungsprogramme im Keywork

In der Zwischenzeit liegen zahlreiche Erfahrungen mit Qualifizierungsprogrammen für Keywork vor. Sie orientieren sich an Konzepten, die im Programm »Erfahrungswissen für Initiativen« entwickelt und erprobt wurden. Immer geht es um das gemeinsame Lernen. In den Programmen werden alle Beteiligten als Lernende und Lehrende betrachtet.

Erfahrungen wurden mit Qualifizierungsprogrammen in Museen in Düsseldorf, Ludwigshafen, Köln, Schwerte und Mülheim gemacht. Erfolgreich war auch das Programm »Soziales Inszenieren«, das für die Keyworker und mit den Keyworkern im Jungen Schauspielhaus in Düsseldorf erarbeitet wurde (vgl. hierzu: Nell 2007, 134–137).

Erfahrungswissen für Initiativen in der Kultur Keywork im Museum

Für das Stadtmuseum in Düsseldorf wurde 2008 das Fortbildungsprogramm »Keywork im Museum« entwickelt. Hierauf baut das Programm »Erfahrungswissen für Initiativen in der Kultur« auf, das zunächst im Wilhelm-Hack-Museum und im Stadtmuseum in Ludwigshafen zur Anwendung kam (vgl. hierzu Kap. 3.1) und demnächst im Rahmen einer außergewöhnlichen Kooperation in der Stadt Schwerte umgesetzt wird. Kooperationspartner sind in diesem Fall die Volkshochschule, das Ruhrtalmuseum, das Kulturzentrum Alte Rohrmeisterei, die Ev. Kirchengemeinde und eeb nordrhein. Die Keyworker und mehrere hauptamtlich Mitarbeitende der Einrichtungen werden für die Belebung des neuen Bürgerzentrums »Rund um St. Viktor« qualifiziert. 2014 startet an der Melanchthon-Akademie in Köln ein neues EFI-Qualifizierungsprogramm (»EFI-spezial«), in dem der Schwerpunkt der Zusammenarbeit auf die Weiterentwicklung von Keywork in und mit Kultureinrichtungen gelegt werden wird.

Überblick über das Programm »Erfahrungswissen für Initiativen in der Kultur«

Einführungsveranstaltung: Circa. 3 Stunden, Vorstellung des Programms, seiner Inhalte und Methoden (Lernort: Bildungseinrichtung oder Museum)

Block 1: Motivation (2 Seminartage, Lernort: Museum)
Themenschwerpunkte:
- Gegenseitiges Kennenlernen der Teilnehmer(innen)
- Ermittlung der Erwartungen der Teilnehmenden an die Zusammenarbeit
- Kennenlernen der Kooperationspartner(innen) im Projekt (Museen, Bildungsträger, soziale Einrichtungen u. a.)
- Biografie-Arbeit: Woher stammt mein Interesse an der Kultur? Was interessiert mich an der Kultur? Wer hat mich an Kunst und Kultur herangeführt? Wer war mein Vorbild? usw.
- Kreativwerkstatt: Das Museum als Arbeitsplatz der Bürger(innen)
- Was bewegt uns? Was will ich allein/was wollen wir gemeinsam bewegen?
- Ideenspeicher aufbauen

Block 2: Zusammenarbeit (2 Seminartage; Lernort: Museum)
Themenschwerpunkte:
- »Vom Ich zum Wir und wieder zurück« – Kleines Einmaleins der Arbeit in Gruppen
- Kooperation und Vernetzung, transdisziplinäre Zusammenarbeit
- Chancen, Risiken und Nebenwirkungen von Kooperation und Vernetzung
- (Neue) kulturelle Verantwortungsrollen (Margrit Kinsler)
- Basiskonzept Keywork[4]: ein innovativer Ansatz für freiwilliges Engagement im Überschneidungsbereich von Sozial-, Kultur- und Bildungsarbeit
- Neuer Profi-Laien-Mix: Wie können hauptamtliche und freiwillige Kräfte in Kulturprojekten erfolgreich zusammenarbeiten?

Block 3: Projektentwicklung (2 Seminartage, Lernort Museum, ggf. ausgewählte Projektstandorte)
Themenschwerpunkte:
- Von der Idee zur Projektskizze
- Von der Projektskizze zum Konzept (Planung von Projekten; Vorstellung eines Projektleitfadens)
- Gewinnung von Mitstreiter(inne)n für die geplanten Vorhaben
- Kurzinput: Öffentlichkeitsarbeit für selbst organisierte Kulturprojekte
- Kurzinput: Fundraising für selbst organisierte Kulturprojekte
- Spielregeln für die Zusammenarbeit im Projekt und im Projekt-Netzwerk
- Ideensammlung für den Aufbau von Organisations- und Mitwirkungsstrukturen
- Vereinbarungen für die weitere Zusammenarbeit

Intensivkurs Keywork im Quartier

Mitarbeitende in sozialen und kulturellen Einrichtungen und Dozent(inn)en in der Erwachsenenbildung haben in der Regel noch keine oder nur wenig Erfahrungen mit Keywork. Sie haben in ihrer Ausbildung selten gelernt, wie man Partizipation und Selbstorganisation in der Zusammenarbeit mit Freiwilligen fördern kann, wie man die höchst unterschiedlichen Interessen der selbstbewussten und oft fordernden Akteure/Akteurinnen unter einen Hut bringen und wie man sich zwischen den Anforderungen und Erwartungen von Vorgesetzten und Freiwilligen positionieren kann, ohne sich zu zerreißen. Sie sind oft noch sehr unsicher in der Begleitung und Beratung von selbst organisierten Projekten. Den meisten hauptamtlichen Kräften fehlt ein »Methodenkoffer« für transdisziplinäre Zusammenarbeit. Im Rahmen der Konzeptentwicklung für die Implementierung von Keywork[4] in Düsseldorfer Kultureinrichtungen wurden die erforderlichen Grundkenntnisse für die hauptamtlichen Mitarbeitenden zusammengetragen. Zum Handwerkszeug von Begleiter(inne)n von Keywork-Projekten gehören demnach:

- Methoden zur Gewinnung, Begleitung und Beratung von Keyworkern
- Methoden zur Implementierung von Keywork-Programmen, kulturellen Handlungsfeldern und zum Aufbau von Keywork-Ateliers
- Kenntnisse im Bereich »Kulturvermittlung und Partizipation« sowie im Projekt- und Veränderungsmanagement
- Methoden zur Förderung von Selbstorganisation
- Methoden zur Förderung von Kooperation und Vernetzung in Keywork-Programmen
- Moderationsmethoden
- Methoden des Konflikt-Managements
- Kenntnisse über die Zusammenarbeit mit Freiwilligen im Bereich von Fundraising und Öffentlichkeitsarbeit
- Methoden kollegialer Beratung

Gleichzeitig wurde festgestellt, dass auch die (neuen) Freiwilligen sich für das neue Miteinander im Keywork – über die Grundqualifizierung des EFI-Programmes hinaus – qualifizieren müssen.

Vor diesem Hintergrund wurde das Programm »Keywork im Quartier« entwickelt, das sich sowohl an hauptamtliche als auch an freiwillige Kräfte und an freischaffende Künstler(innen) wendet. Es umfasst fünf bis sechs Seminartage, von denen mindestens vier Tage als Blockveranstaltung angeboten werden.

Dieses Programm wird inzwischen in mehreren Städten umgesetzt und erfreut sich wachsender Beliebtheit – vielleicht auch deshalb, weil es an attraktiven Lernorten und mit interessanten Kooperationspartner(inne)n umgesetzt wird. Keywork-Fortbildungen finden inzwischen nur noch selten in klassischen Tagungshäusern statt. Immer häufiger werden Kultureinrichtungen oder Ateliers als Tagungsorte ausgewählt (das Atelier im Museum Kunstpalast und im Wilhelm-Hack-Museum, Keywork-Ateliers in Düsseldorf und Karlsruhe). Seminare und Workshops haben im Kinder- und Jugendtheater stattgefunden (im Foyer, auf der Probebühne und auf der großen Bühne); im Filmstudio des Düsseldorfer Filmmuseums, im »Korallenriff« des Düsseldorfer Aquazoos, in Tanzstudios des tanzhaus nrw; inmitten einer Fotoausstellung von Wolfgang Tillmans im Museum Kunstpalast; im Beuys-Raum der Landessammlung NRW, in den Räumen des ForumFreiesTheater (hier wurden nicht nur die Probebühne und das Foyer für die Workshops genutzt, sondern auch die Künstlergarderoben, die Küche und ein Hinterhof) und in zahlreichen Stadtmuseen.

Allen Keywork-Fortbildungsprogrammen ist ein gemeinsames Grundmuster unterlegt. In allen Programmen gibt es:

- **Schnuppertage**
  Alle Fortbildungen starten mit einem Schnuppertag, an dem ein grober Überblick über die geplanten Themenschwerpunkte des Programms gegeben wird und die Interessierten einen ersten Eindruck von den Methoden der Fortbildung erhalten. Besonders wichtig aber ist, dass die Verantwortlichen der Fortbildung von den Wünschen und Erwartungen der Teilnehmer(innen) an das Programm erfahren und sich ein erstes Bild von den Ressourcen und Potenzialen der Gruppe machen können. Die gewonnenen Informationen fließen in die Feinplanung der Seminareinheiten ein.
- **Kreative Übungen**
  Die Inhalte der Fortbildungen werden über alle Sinne vermittelt. Zentrales Element bildet das kreative Gestalten. Hierfür werden mit Bedacht Aufgaben ausgewählt, die in Einzel- oder Gruppenarbeit zu bearbeiten sind. Für diese Aufgaben wird sorgfältig ausgewähltes Material zur Verfügung gestellt. Beispiele für kreative Übungen: persönliche oder berufliche Baustelle skizzieren; Modell für den eigenen Entwicklungsraum bauen; Schlüssel zeichnen, malen oder modellieren, mit dem man sich neue Themen oder Aufgabenfelder »erschließen« möchte; im Rollenspiel eigene »Herzenssache« präsentieren usw.
- **Theoretische Inputs**
  Der Anteil theoretischer Inputs wird auf ein Minimum reduziert. Wichtiger ist der Austausch über die in den kreativen Übungen gemachten Erfahrungen. Erfahrungen und Erkenntnisse werden gebündelt, schriftlich festgehalten und den Teilnehmenden nach jeder Seminareinheit zur Verfügung ge-

stellt. Es wird darauf geachtet, dass die theoretischen Elemente – wo immer möglich – an den Erfahrungen der Teilnehmenden »andocken«. Theorie soll in diesem Sinne nicht als »Belehrung« wirken, sondern dazu dienen, die persönlich gewonnenen Erkenntnisse der Teilnehmenden mit Ergebnissen aus Wissenschaft und Forschung zu konfrontieren bzw. zu untermauern. Beispiele für theoretische Inputs: Theorie U (Scharmer 2009); Phasen kreativer Prozesse (Kast 2000), Erweiterter Kulturbegriff (Hoffmann 1981); Idee der sozialen Plastik von Joseph Beuys (Richter 2000); System-dynamische Positionen nach Kantor und Beratungskreuz von Fallner (2001)[4].

- **Exkursionen**
  In jeder Fortbildung werden mindestens zwei attraktive Kulturorte aufgesucht. Immer ist dafür gesorgt, dass Fachpersonal – in der Regel Mitarbeitende der Häuser – die Einrichtungen, ihre Konzepte, vor allem auch die Erfahrungen der Institution mit Freiwilligenarbeit vorstellt. Es wird großer Wert darauf gelegt, die Kultureinrichtungen – im Sinne Bazon Brocks – als »Arbeitsplätze« für Besucher(innen) zu erkunden (Brock 1970, 26).
  Beispiele: Suche nach (Vor-)Bildern im Museum Kunstpalast Düsseldorf; Arbeit im Keywork-Atelier des Stadtmuseums zum Thema »Hinterhöfe«; Thema »Bionic« im Korallenriff des Aquazoos – Fragestellung: Was können wir über das Zusammenleben verschiedener Kulturen von den Korallen lernen?
- **Projektarbeit**
  Um ein Zertifikat zu erwerben, haben die Teilnehmer(innen) jeder Fortbildung die Aufgabe, ein eigenes Keywork-Projekt für eine Einrichtung zu planen und in Kooperation mit mindestens einer Kultureinrichtung bzw. sozialen Einrichtung zu realisieren. Hierfür wird in allen Fortbildungen ein Leitfaden zur Projektentwicklung vorgestellt. Die Teilnehmenden werden außerdem ermutigt, Praxisgruppen zu bilden und sich gegenseitig bei der Umsetzung der Projekte zu ermutigen, zu beraten und zu unterstützen. Dies dient auch dem Aufbau kleiner Netzwerke. Bei den Freiwilligen hat es sich als zweckmäßig erwiesen, einen entsprechenden Rahmen für die Präsentation der Projekte zu schaffen.
  Beispiele für Projekte: einwöchige Sommerakademie der Keyworker im Düsseldorfer Stadtmuseum zum Thema »(Hinter-)Höfe« mit den Projekten: Schattentheater; »Höfisches Leben«; »Hofnarren«, »Literatur-Café im Hinterhof«; Beispiel für ein Keywork-Projekt, das eine Diakonin in der Kirchengemeinde Mülheim Saarn realisiert hat: Sommerakademie zum Thema »Herzenssachen« mit »Herzenssprechstunde«; Theaterworkshop

4 | Diese beiden theoretischen Zugänge werden in der Coaching Ausbildung von Heinrich Fallner (Coaching mit System) vermittelt.

»Herzflimmern«; Kreativ-Workshop »Herzkammern« und Gottesdienst zum Thema »Geh aus, mein Herz, und suche Freud«.
Weitere Beispiele für Keywork-Projekte: Kulturwerkstatt für Kinder aus einem benachteiligten Stadtteil; Nachbarschaftsgruppe »Gezeitenhof«, die die Geschichte(n) des Stadtteils Düsseldorf-Flingern sammelt und in Form szenischer Lesungen in (Senioren-)Einrichtungen präsentiert; Projekt »Hinterhof-Kino« und Projekt »Klapp-Café« zur Förderung von Kontakten und zur Bildung von Mikro-Netzwerken in der Nachbarschaft; Kultursalon für die Begegnung von Menschen aus unterschiedlichen Kulturen; Projekt »Sommer vorm Balkon« in der Johanneskirchengemeinde Remscheid (mit Kreativangeboten, großem interkulturellen Nachbarschaftsfest und Filmnacht).

- **Gastreferent(inn)en**
  Gastreferen(inn)en werden eingeladen, um Aspekte, die sich im Laufe der Zusammenarbeit herauskristallisieren, zu vertiefen. Eingeladen werden z. B. Fachleute aus dem Bereich der Stadtentwicklung, der Museums- und Theaterarbeit und der Sozialforschung, aber auch Künstler(innen), die sich z. B. mit Projekten in Schulen, Familienzentren oder im öffentlichen Raum beschäftigen. Die Gäste informieren über aktuelle Entwicklungen in ihren Fachgebieten, vermitteln Kontakte zu potenziellen Kooperationspartner(inne)n und stehen den Seminarteilnehmenden vor allem für die Beantwortung von Fragen zu deren selbst geplanten Vorhaben zur Verfügung.

Das Programm »Keywork im Quartier« wurde vom Ev. Erwachsenenbildungswerk Baden in Karlsruhe und vom Ev. Erwachsenenbildungswerk in Dortmund übernommen. Hierbei zeigte sich, dass sich das Konzept problemlos auf andere Städte übertragen lässt.

Programm 117 [5]

»Es geht in diesem Zusammenhang um die Anschaulichkeit von Kunst. Kunst als ›sinnlicher Denkgegenstand‹ bedeutet, dass man sich gemeinsam über die sinnliche Wahrnehmung nähert, weniger über Behauptungen, denn über Fragen. Fragen bedeutet, in Kommunikation zu treten mit anderen und mit den Kunstwerken.«
Jean Christophe Amman (2004: 55).

---

5 | Diese beiden theoretischen Zugänge werden in der Coaching-Ausbildung von Heinrich Fallner (Coaching mit System) vermittelt.

»Too old to rock 'n' roll, too young to die« (Jethro Tull)

In den letzten Jahren hat das eeb nordrhein zahlreiche Gruppen bei der Gründung von Wohn- und Nachbarschaftsprojekten begleitet. In fast allen Gruppen wurde deutlich, dass das Thema »Leben im Alter« mit einer Vielzahl von Ängsten behaftet ist. Nicht selten werden Themen, die mit der Lebenssituation von Menschen im hohen Alter zu tun haben, regelrecht tabuisiert. Lange schien es, als würden die eher dunklen Seiten von Altwerden und Altsein in der öffentlichen Diskussion immer mehr ausgeblendet und die leuchtenden und vielfältigen persönlichen Entwicklungs- und Gestaltungsmöglichkeiten für Menschen im nachberuflichen Leben überbetont. Ganz allmählich zeichnet sich aber eine Veränderung ab. In fast allen (Bildungs-)Milieus ist ein wachsendes Interesse an der Auseinandersetzung mit den sogenannten Schattenseiten des Alters zu beobachten. Viele Menschen um die 60 sind durch die Versorgung ihrer alten Eltern mit der Lebenssituation von Hochbetagten konfrontiert. Sie erleben hautnah, was es heißt, chronisch erkrankt, in seiner Mobilität eingeschränkt, von Demenz bedroht und auf Hilfe und Unterstützung angewiesen zu sein. Häufig wird deshalb vor allem im Zuge der Gründung von Wohn- und Nachbarschaftsprojekten der Wunsch geäußert, sich möglichst frühzeitig auf die zu erwartenden Entwicklungen vorzubereiten und – solange man noch körperlich und geistig in der Lage ist – gezielt vorzubeugen bzw. Gegenmaßnahmen zu ergreifen.

Den meisten Bürger(innen) wird inzwischen bewusst, dass es für die damit verbundenen Herausforderungen keine einfachen Lösungen gibt und geben wird. Längst ist klar, dass die Beschreibung der Zukunftsperspektiven und ein allgemeines Lamentieren über die unzureichende Versorgungs- und Betreuungssituation nicht ausreichen werden, um notwendige Veränderungsprozesse anzustoßen. Menschen aller Generationen werden Lösungen entwickeln und ganz konkrete Schritte unternehmen müssen. Aber individuelle Lösungsstrategien reichen nicht aus. Um die Zukunftsaufgaben zu bewältigen, wird es unerlässlich sein, gemeinschaftlich zu handeln. Menschen werden sich mit anderen Menschen in ihrer Nachbarschaft zusammentun müssen, um ihre Kompetenzen, Ideen und Projekte zu bündeln und zu vernetzen – eine große Herausforderung in Zeiten von Unabhängigkeitsstreben und Selbstverwirklichung.

Idee

Das Programm 117 ist eine Auftragsarbeit. Im Fortbildungsprogramm »Lernende Nachbarschaft«, das auf die Initiative einer engagierten Wohngruppe zustande kam, war der Lerngruppe aufgefallen, was sie alles bewerkstelligt hatte, um das eigentliche Thema der Zusammenarbeit – nämlich die Vorbereitung auf das Leben im hohen Alter – zu »umschiffen«. Erst in der allerletzten Seminarsequenz hatten sich die Teilnehmenden getraut, ihre tiefen Ängste vor dem Thema auszusprechen. Bis zu diesem Zeitpunkt, das wurde in der Reflexion deutlich, hatte man sich – und zwar mit allergrößtem Engagement – eher mit Randthemen beschäftigt. Erst als ein Teilnehmer in der Abschlussauswertung (!) seine Enttäuschung darüber zum Ausdruck brachte, dass man dem eigentlichen Thema ausgewichen sei, es regelrecht verdrängt habe, brach der Damm. Über die gemeinsame Zusammenarbeit hatte sich eine Vertrauensbasis aufgebaut: Man war nun bereit, sich mit den Fragen hinter den Fragen zu beschäftigen.

Die Gruppe forderte die weitere Beschäftigung mit dem Thema ein, wünschte sich aber eine kreative Auseinandersetzung und eine aktive Beteiligung an der Konzeptentwicklung. Finanziert aus Kollektenmitteln der evangelischen Kirche im Rheinland, konnte das Programm 117 vom eeb nordrhein 2013 als Pilotprojekt entwickelt werden. Die zentrale Fragestellung lautete: Wie kann man Menschen dazu motivieren, sich mit den Themen des hohen Alters zu beschäftigen? Wie kann man ihnen Mut machen, sich auch den eher unerfreulichen Seiten dieses Themas zuzuwenden? Und weiter: Wie kann man Menschen unterstützen, beizeiten Vorsorge zu treffen und aktiv zu werden? Wie kann man einzelne Menschen und Gruppen anstiften, kleine Aktionsnetzwerke zu knüpfen, Ideen zu entwickeln und Veränderungsprozesse und Projekte in ihrem nachbarschaftlichen Umfeld zu initiieren, um voraussehbaren Entwicklungen konstruktiv zu begegnen?

(Parallel-)Prozesse

2013 wurde das Vorhaben in Angriff genommen und das Programm 117 mit vielen Beteiligten auf den Weg gebracht. Das Programm 117 setzt auf die Wirkung von Parallelprozessen. Während sich Menschen mit unterschiedlichen Materialien kreativ beschäftigen, haben sie die Möglichkeit, sich einem – möglicherweise angstbesetzten – Thema behutsam anzunähern und sich einen persönlichen Zugang zur Auseinandersetzung damit zu verschaffen. Der schöpferische Prozess gibt die Möglichkeit, die Fragestellung »zu begreifen«, Gefühle auszudrücken und das Thema aus unterschiedlichen Blickwinkeln zu betrachten. Der Weg zum »Sehen«, zum »Erfassen« und zum »Benennen« von Schattenseiten des Alters führt im Programm 117 auch über die Auseinandersetzung mit berühmten und weniger berühmten Künstler(inne)n und über die Betrachtung ihrer Werke. Hier greift das Konzept das Interesse vieler älterer Menschen an kultureller Bildung auf und lädt sie zu einer vertiefenden Auseinandersetzung mit Bildern, Skulpturen, Künstlerbiografien usw. ein. Ganz bewusst wird in der Ankündigung das Kunsterlebnis hervorgehoben.

Nicht nur der Titel des Gesamtprogramms, auch die Überschriften der einzelnen Bausteine sollen neugierig machen und eine gewisse Spannung erzeugen.

Struktur

Die Seminare finden einmal monatlich statt und umfassen in der Regel vier Zeitstunden. Die Struktur der Seminareinheiten lehnt sich an die Struktur bewährter Bildungskonzepte an (Kulturführerschein®, Keywork im Quartier). Auch hier geht es darum, mithilfe eines stabilen Gerüsts und eines klaren Aufbaus der Komplexität der Themen zu begegnen und den Teilnehmenden Sicherheit und Orientierung zu geben.
Ablaufplan:

- Begrüßung und kurze Einführung in das Thema
- Einstiegsrunde mit Einstiegsfrage
- Kreativaufgabe
- Pause
- Austausch in Kleingruppen
- Zusammenführung der Ergebnisse und Austausch der Erfahrungen im Plenum, Diskussion
- Sammlung von Vorschlägen zur Vertiefung des Themas (Ideenspeicher)
- Abschlussrunde und Verabschiedung

Alle Veranstaltungen des Programms 117 starten mit einer kurzen Einführung in das Thema. Wie bei der Ouvertüre einer Oper geht es in der Einführung darum, auf die Zusammenarbeit einzustimmen und den Themenschwerpunkt des Tages anklingen zu lassen. Die Texte für die Einführungen sind bewusst schlicht gehalten. Auch wenn sie noch lange nicht dem Anspruch einer inklusiven Bildungsarbeit entsprechen, so ist doch der Versuch unternommen worden, erste Schritte in Richtung »Verwendung leichter Sprache« zu wagen. Die Einstiegsrunde gibt den Teilnehmer(inne)n Gelegenheit, Wünsche und Erwartungen an die Zusammenarbeit zu äußern. Jede Einstiegsrunde im Programm 117 wird mit einer speziellen Frage verknüpft.

Diese Einstiegsfrage erfüllt mehrere Funktionen: Sie dient zum einen dazu, jedem Teilnehmenden von Anfang an zu signalisieren: Deine Erfahrung, deine Meinung und deine Ansicht sind hier gefragt. Darüber hinaus schafft sie Augenhöhe. Jede und jeder wird um eine Antwort gebeten und leistet damit einen Beitrag zur gemeinsamen Auslotung des Themas. Die unterschiedlichen Erfahrungen, die in den Antworten zum Ausdruck kommen, sorgen dafür, dass die Komplexität des Themas unmittelbar erfahrbar wird. Es bedarf deshalb in der Regel nur eines kurzen Hinweises auf die Vielzahl der

Zugänge und Perspektiven und die Vielschichtigkeit des Themas; auf einen klassischen Vortrag zum Thema kann verzichtet werden.

Die Einzelarbeit gibt den Teilnehmer(inne)n die Möglichkeit, sich individuell mit dem Thema zu beschäftigen und einen persönlichen Zugang zu finden. Alle Aufgaben des Programms 117 sind so gewählt, dass sie ohne großen zeitlichen Aufwand und ohne Vorkenntnisse bewältigt werden können. Besondere Begabungen sind nicht erforderlich, kommen aber bei den Übungen nicht selten zum Vorschein.

Von Kunstschaffenden weiß man, wie schwer es oft ist, eigene Arbeiten zu präsentieren und sich den kritischen Blicken und Kommentaren des Publikums auszusetzen. Auch viele Workshop-Teilnehmer(inne)n spüren, dass ihre Bilder, Collagen, Skulpturen usw. emotional aufgeladen sind und etwas sehr Persönliches, Intimes preisgeben. Man möchte gern hören, was die anderen von der eigenen Arbeit halten und würde auch gern selbst Kommentare zu den Werken der Mitstreitenden abgeben. Gleichzeitig besteht aber die Befürchtung, nicht verstanden oder als Kunstbanause entlarvt zu werden und anderen bei persönlichen Rückmeldungen zu nahe zu treten. Trotz aller anfänglichen Ängste besteht in nahezu allen Gruppen ein großes Interesse am Austausch über den Prozess und über die Arbeitsergebnisse. Aus diesem Grunde wird den Teilnehmer(inne)n Gelegenheit gegeben, sich im geschützten Rahmen einer Kleingruppe ihre kreativen Arbeiten gegenseitig vorzustellen. Hier ist auch der Raum, um sich über die gewonnenen Erfahrungen und Erkenntnisse auszutauschen.

Einen besonderen Höhepunkt in der Dramaturgie der Veranstaltung bildet die Frage nach den Fragen hinter den Fragen. Wie sich nämlich in vielen ähnlichen Weiterbildungsprogrammen mit Erwachsenen gezeigt hat, sind es gerade diese Fragen, die für die Teilnehmenden von besonderem Interesse sind. Hier geht es ausdrücklich nicht darum, nach Antworten zu suchen. Allein die Formulierung der richtigen Frage kann, wie sich in vielen Projekten gezeigt hat, bereits ein Feuerwerk an Erkenntnis auslösen und die Motivation fördern, aktiv zu werden.

In jeder Veranstaltung wird dafür gesorgt, dass die Erfahrungen und die Erkenntnisse aus den Kleingruppen im Plenum zusammengetragen werden. Dabei geht es nicht darum, die einzelnen Kleingruppenbeiträge stereotyp zu wiederholen. Vielmehr sollen die Gesamt-Ergebnisse der Kleingruppen zu einem großen Ganzen zusammengefügt werden. Hier zeigt sich nämlich in der Regel, dass jede Kleingruppe in ihrem Austausch andere Schwerpunkte gesetzt und andere Aspekte beleuchtet und vertieft hat. Für die Teilnehmenden wird erfahrbar, dass das Ergebnis einer Gruppe immer größer ist als die Summe der einzelnen Beiträge.

Die Ergebnisse und Erkenntnisse werden immer schriftlich festgehalten. Damit wird nicht nur die Wertschätzung der Arbeitsergebnisse zum Ausdruck gebracht, sondern auch die nachhaltige Wirkung der Zusammenarbeit gesichert. Vor der Abschlussrunde werden alle Ideen zur Vertiefung des Themas zusammengetragen und in einem Ideenspeicher gesammelt (Vorschläge für Exkursionen, Einladung von Fachleuten, Filme, Literatur usw.)

Eine kurze Abschlussrunde gibt den Teilnehmenden Gelegenheit, das Seminar gut für sich abzuschließen. Was hat mich gefreut? Was hat mich geärgert? Was hat mir gefehlt? Was muss noch gesagt werden? Der Seminarverantwortliche hat die Möglichkeit, festzustellen, ob es noch offene Fragen oder Bedarf zu einem Gespräch nach der Veranstaltung gibt.

Grundsätzlich muss gesagt werden: Bei dieser Form der Bildungsarbeit ist es nicht anders als bei Theater- und Museumsbesuchen. Wann immer man sich auf eine intensive Begegnung mit Kunst und Kultur einlässt, kann es passieren, dass man stark angerührt, aufgewühlt und betroffen ist. Seminarleitende und Teilnehmende müssen auf eine hohe Emotionalität in der Zusammenarbeit gefasst sein. Es empfiehlt sich, dies bereits in der Informationsveranstaltung sensibel anklingen zu lassen.

Bausteine

Das Programm 117 setzt sich aus Bausteinen zusammen; die einzelnen Module können in beliebiger Reihenfolge angeboten werden. Inzwischen wurden acht Bausteine erarbeitet und in der Praxis erprobt. Die positiven Rückmeldungen zu den Inhalten und Methoden ermutigen dazu, zukünftig weitere Bausteine zu entwickeln. Eine ausführliche Darstellung des Programms und seiner Elemente würde den Rahmen dieser Arbeit sprengen. Deshalb soll an dieser Stelle nur ein kurzer Überblick über die Themenschwerpunkte gegeben werden. Außerdem werden die Fragen vorgestellt, die im Laufe der Zusammenarbeit in den Mittelpunkt der Diskussionen gerückt sind, und Kunstwerke[6] aufgeführt, anhand derer die Themen bearbeitet wurden. Eine ausführliche Veröffentlichung ist in Vorbereitung.

- altklug (Rembrandt u. a.)
  Porträts unterschiedlicher Künstler(innen)
  Wird man aus Erfahrung klug? Woran erkennt man Altersweisheit?
  Exkursion: Museum Kunstpalast, Düsseldorf
- verrückt (Pablo Picasso)
  Großes Profil, 1963, und Portrait der Sylvette David, 1954

6 | In den meisten Fällen wird mit Kunstkarten gearbeitet, die den Teilnehmenden zur Verfügung gestellt werden. Sie erhalten auf diese Weise ihr eigenes kleines »Museum für die Handtasche«.

Muss man im Leben auch einmal was Verrücktes tun? Gibt es verrückte Ideen für das Leben im Alter?
Exkursion: Landessammlung NRW, Düsseldorf

- beschränkt (Paul Klee)
  Garten am Bach, 1927
  Habe ich alles, was ich brauche? Brauche ich alles, was ich habe?
  Exkursion: Paul-Klee-Sammlung in der Landessammlung NRW, Düsseldorf
- von der Rolle (Paul Klee)
  Handpuppentheater für Felix Klee, 1916–1924[7]
  Was hat man davon, die/der komische Alte zu sein? Traue ich mich, in meinem Alter aus der Rolle zu fallen?
  Paul-Klee-Sammlung in der Landessammlung NRW, Düsseldorf
- durch den Wind (Alexander Calder)
  Champignon, 1936, Museumsinsel Hombroich
  Was bewegt mich? Wie kann ich das Leichte und das Schwere in meinem Alter in Balance halten? Was trägt mich?
  Große Calder-Ausstellung in der Landessammlung NRW, Düsseldorf und Museumsinsel Hombroich
- dünnhäutig (Corinna Bernshaus)
  Porzellanarbeiten aus dem Zyklus »Weites Weiß«
  Wie gehe ich mit meiner Zerbrechlichkeit um? Brauche ich ein dickes Fell für das Alter? Was schützt mich?
  Exkursion: Hetjens-Museum, Keramikmuseum, Düsseldorf
- peinlich (Lucian Freud)
  Lucian Freud, Selbstportrait, 1993
  Wie stehe ich zu mir und meinen körperlichen Veränderungen?
  Was bedeutet Schönheit im Alter?
  Exkursion: Museum Kunstpalast, Düsseldorf
- eigensinnig (Emily Kame Kngwarreye)
  Emily Kame Kngwarreye, ohne Titel (Alalgura/Alhalkere), 1989
  Erkenne ich ein Grundmuster in meinem Leben? Kann und möchte ich im Alter neue Lebensmuster für mich entwerfen? Wie erahlte ich mir meine Autonomie?
  Exkursion: Museum Ludwig, Köln

7 | Als Anschauungsmaterial dient die Veröffentlichung: Zentrum Paul Klee (Hg.) (2006): Paul Klee. Handpuppen, Ostefildern: Hatje Cantz-Verlag

Beispiel für einen Seminarbaustein

1. Einführung

Man weiß, dass Menschen im Alter oft stur, dickköpfig und eigensinnig werden. Das macht den Umgang mit ihnen manchmal sehr schwer. Statt sich den Erwartungen der anderen anzupassen, ziehen sie konsequent »ihr Ding durch«. Sie beharren auf Meinungen, halten an – zum Teil auch skurrilen – Verhaltensmustern fest und zeigen nicht die geringste Bereitschaft, sich auf Kompromisse einzulassen. Sie nehmen auf niemanden Rücksicht. Sie tun, was sie wollen.

Die australische Künstlerin Emely Kame Kngwarreye hat erst im Alter von 77 Jahren angefangen zu malen. Sie wollte Künstlerin werden und hat ihren Kopf durchgesetzt. Bis dahin hatte sie als Viehzüchterin und Kameltreiberin an einem sehr abgelegenen Ort inmitten einer kargen Landschaft Australiens gelebt. Diese Landschaft nannte man Utopia. Emely Kame Kngwarreyes Familie gehört zu den Ureinwohnern des Kontinents, den sogenannten Aborigines. Obwohl es sich in ihrer Familie und in ihrem Umfeld nicht gehörte, dass Frauen als Künstlerinnen arbeiteten, setzte sich Emely Kame Kngwarreye über die Traditionen ihres Stammes hinweg. In ihrer Kunst hat sie sich vor allem mit Mustern beschäftigt, was der Kunst der Aborigines entspricht. Aber sie hat auch hier eigene Vorstellungen entwickelt. Sie hat den klassischen Mustern neue und außergewöhnliche Formen entgegengesetzt.

2. Einstiegsrunde

Gab es eine besondere Situation in Ihrem Leben, wo etwas ganz nach Ihrem eigenen Sinn gegangen ist? Gab es einen besonderen Anlass, in der Sie Ihren Willen ganz entschieden gegen den Willen von jemand anderem durchgesetzt haben?

3. Einzelarbeit

Entwerfen und malen Sie ihre eigenen Muster. Bedecken Sie das Papier mit Farben und Formen, die Ihnen guttun, die Ihnen gefallen, die zu Ihnen passen. Material: Große Papierrollen, Farben, Pinsel in allen Größen.

4. Austausch in Kleingruppen

Wie ist es mir in dieser Übung ergangen? Ist sie mir leicht gefallen, hatte ich Schwierigkeiten, »mein« Muster zu finden? Habe ich mit breitem Pinselstrich gearbeitet oder einen feinen Pinselstrich gewählt? Gibt es Lieblingsfarben? Gibt es Formen, die sich wiederholen? Habe ich mir genügend Platz für meine Muster genommen oder habe ich mich mit dem einmal gewählten Papierformat begnügt? Was fällt mir, was fällt den anderen auf? Fragen hinter den Fragen: Erkenne ich ein Grundmuster in meinem Leben? Wann und wo habe ich

Veränderungen erlebt? Wie reagiere ich auf Veränderungen und Brüche? Was will ich im Alter fortsetzen, womit will ich abschließen? Wie soll es für mich weitergehen? Wie erhalte ich mir meine Autonomie?

5. Zusammenführung der Ergebnisse im Plenum
Ausstellung der Arbeiten; Anordnung der Musterbilder zu einem großen Gesamtbild; Zusammenführung der Ergebnisse aus den Diskussionen in den Kleingruppen; wichtige Ergebnisse und Erkenntnisse schriftlich festhalten.

6. Sammlung von Vorschlägen zur Vertiefung des Themas
Vertiefende Auseinandersetzung mit der Biografie und dem künstlerischen Werk von Emely Kame Kngwarreye; philosophische Runde zum Thema »Die Kunst des Eigensinns«; Vergleich von Künstler(innen)-Biografien; »Kreativ-Workshop Lebensmuster« (Lebenslauf in Mustern malen); Gesprächskreis: »Die Bedeutung von Kontinuität und Brüchen im Lebenslauf«; Vertiefung des Themas »Künstler(innen)schicksale« (z. B. Paula Modersohn-Becker, Käthe Kollwitz, Maria Lassnig) usw.

Erfahrungen mit dem Programm 117

Bei dem hier beschriebenen Konzept wurden Erfahrungen und Elemente aus verschiedenen Projekten des eeb zusammengeführt. Die Bausteine wurden mit unterschiedlichen Gruppen entwickelt und erprobt. Insgesamt waren mehr als 50 Freiwillige aus Düsseldorfer und Kölner Freiwilligenprojekten beteiligt. Zu diesen gehörten auch eine Gruppe griechischer Senior(inn)en, zwei an Demenz erkrankte Menschen und ihre Angehörigen, Bewohner (innen) eines Düsseldorfer Wohnprojektes und Menschen aus deren Nachbarschaft, Mitglieder einer Düsseldorfer Nachbarschaftswerkstatt und Mitglieder einer Siedlungsgemeinschaft aus Köln-Vogelsang.

Außerdem waren mehrere Künstler(innen) im Prozess beteiligt, was entscheidenden Einfluss auf die Qualität der Arbeit gehabt hat. Sie haben sich nicht nur beratend eingebracht und Themenschwerpunkte und Kunstwerke vorgeschlagen; sie haben vielmehr fast alle Kreativbausteine konzipiert und – im Falle von Corinna Bernshaus und Uscha Urbainski – auch eigene Kunstwerke zur Verfügung gestellt. Fruchtbar für die Zusammenarbeit war die Unterstützung durch die Kulturgeragogin Sophie Voets-Hahne, der wichtige Hinweise zur Ausgestaltung der biografischen Elemente im Programm zu verdanken sind.

Der Entwicklungsprozess hat nicht nur vom immensen Erfahrungswissen der Teilnehmenden profitiert. Auffallend war ihre große Bereitschaft, sich auf die einzelnen Elemente des Programms einzulassen und sie einer kritischen Bewertung zu unterziehen. Als besonders wertvoll wurde das eigene kreative

Gestalten bewertet. Hervorgehoben wurde der Spaß an den überraschenden Aufgabenstellungen, die Ernsthaftigkeit bei der Suche nach den Fragen hinter den Fragen und die Freude an den gemeinsamen Arbeitsergebnissen. Bis auf wenige Ausnahmen gaben die Teilnehmenden an, dass es ihnen nicht schwer gefallen sei, sich über die – manchmal auch sehr persönlichen Themen – auszutauschen. Die Vertrautheit in der Gruppe habe sehr dazu beigetragen, Ängste und Befürchtungen anzusprechen und den Blick auch auf die Schattenseiten des Alters zu werfen. Die Bilder, die im Laufe der Arbeit entstanden sind, hatten viele der Teilnehmenden – nach eigener Aussage – noch lange beschäftigt (Balance, Lebensmuster, Perspektivwechsel, Grenzüberschreitung, Selbstbild usw.); viele hatten Angehörigen, Freunden/Freundinnen oder Nachbar(inne)n von den Workshops berichtet und über die aufgeworfenen Fragen diskutiert. Sehr gut angekommen waren die gemeinsamen Exkursionen und die damit verbundene Gelegenheit, mit Expert(inn)en aus dem Bereich der Kunst, der sozialen Arbeit und der Erwachsenenbildung Fragen zu vertiefen. Es gab auch Unzufriedenheit: Die Zeit für die einzelnen Workshops sei zu knapp bemessen gewesen; die Gruppe zu groß/zu klein gewesen; man habe die Themen nur sehr oberflächlich bearbeiten können und es habe keine/zu wenig Möglichkeiten zur individuellen Betrachtung und Überarbeitung der künstlerischen Arbeiten gegeben. Ferner gab es kritische Anmerkungen zur Auswahl der Themen und Kunstwerke, die aber in den meisten Fällen mit Vorschlägen für Alternativen einhergingen.

Die Ergebnisse sind nicht repräsentativ. Unklar ist zum gegenwärtigen Zeitpunkt auch, welche Konsequenzen die Teilnehmenden aus den Erfahrungen mit dem Programm gezogen haben. Haben sie die Bedeutung der frühzeitigen Beschäftigung mit dem Thema für sich erkannt? Welche Schlussfolgerungen haben sie aus der gemeinsamen Arbeit gezogen? Sind sie aktiv geworden? Interessieren sie sich nun mehr für die Situation alter Menschen in ihrem nachbarschaftlichen Umfeld? Konnte ein Interesse an einem freiwilligen Engagement im Quartier geweckt werden? Konnten über das Programm neue Kontakte geknüpft werden? Viele Fragen, die im Rahmen einer empirischen Untersuchung genauer beantwortet werden müssen.

Inzwischen arbeitet eine kleine Entwicklungsgruppe an einer Fortsetzung des Programms 117. Themenvorschläge gibt es genug. Hierzu gehören u. a.: unperfekt, nah am Wasser gebaut, kindisch/kindlich, ängstlich, neugierig, misstrauisch und versponnen. Museen, Galerien, Privatsammlungen und das Internet halten großartige Kunstwerke bereit, die zur Entwicklung neuer Bausteine anregen und auf ihre Eignung für das Programm 117 überprüft werden können.

Lernplattformen

Wann immer ein Mitglied des Keywork-Entwicklungsnetzwerkes die Notwendigkeit verspürt, sich mit anderen über ein Entwicklungsthema auszutauschen, hat es die Möglichkeit, eine Lernplattform einzurichten. Das heißt: Es kann Mitstreiter(innen) und Außenstehende zur gemeinsamen Arbeit, zum gemeinsamen Lernen, einladen. Lernplattformen können lokal, regional oder überregional eingerichtet werden. Es sind Treffen, die nach Methoden des Keywork 4-Ansatzes geplant und durchgeführt werden: Es geht immer darum, aus unterschiedlichen Perspektiven auf ein Thema zu schauen, das Erfahrungswissen und die Ideen aus dem Kreis der Teilnehmenden zusammenzuführen, ggf. gemeinsame Projekte zu entwickeln, über Finanzierungsmöglichkeiten zu beraten usw. Auch die Lernplattformen finden an inspirierenden Orten statt. Hier ergibt sich für die Akteure/Akteurinnen die Möglichkeit, mit lokalen und überregionalen Bildungsträgern zu kooperieren.

Das Ev. Zentrum für Quartiersarbeit hat inzwischen zahlreiche Lernplattformen organisiert. Hierzu gehört die Lernplattform »Lernende Nachbarschaft«, die auf Initiative der Wohngruppe »Miteinander wohnen in Verantwortung e.V.« in Düsseldorf zustande gekommen ist. Sie beschäftigte sich mit der Frage: »Wie kann sich eine Nachbarschaft im demografischen Wandel auf das Zusammenleben mit vielen alten Menschen vorbereiten?« Eingeladen waren nicht nur die Bewohner(innen) des Wohnprojektes, sondern auch deren Nachbar(inne)n, Keyworker aus anderen Projekten, Vertreter(innen) der Kommune, Mitarbeitende von Wohnungsgenossenschaften, Mitglieder anderer Wohnprojekte und hauptamtliche Kräfte aus Senioreneinrichtungen unterschiedlicher Wohlfahrtsverbände. Mitgearbeitet haben auch zwei Künstlerinnen und eine Kulturgeragogin. Die Ergebnisse der Lernplattform wurden in einem Konzept zusammengefasst und werden Interessierten über den Verein »Miteinander wohnen in Verantwortung e. V.« und das eeb nordrhein in Düsseldorf kostenlos zur Verfügung gestellt.

Eine weitere Lernplattform beschäftigte sich intensiv mit dem Thema »Keywork und Quartier«. Hierbei rückte das Thema »Gesundheit« in den Mittelpunkt des Interesses, ein Thema, das nicht nur im Bereich der modernen Quartiersarbeit zunehmend an Bedeutung gewinnt. Eingeladen waren Keyworker und Interessierte aus ganz Nordrhein-Westfalen. Bei dem Treffen, das in Münster stattfand, ging es zunächst um den Austausch über Erfahrungen mit Keywork in der Quartiersarbeit. Gearbeitet wurde dabei auch im Picasso-Museum, in der Sonderausstellung »Picasso und Braque«, aus deren Exponaten sich – zur Überraschung der Teilnehmenden – wichtige Impulse für Keywork im Quartier ergaben. Zu den gemeinsamen Ergebnissen gehörte u. a. die Entscheidung der Teilnehmenden, das Thema »Gesundheit und Quartier« – und hier vor allem die Ansätze der Salutogenese (Petzold 2010) und der Resilienz (2013) – stärker in den Blick zu nehmen. Außerdem wurde eine Idee von Gabriele Schmidt-Schulte aufgegriffen und gemeinsam ein Papiermodell für ein Resilienz-Spiel gebaut. Bestärkt durch die Rückmeldungen der Mitstreitenden, hat die Kollegin die Idee inzwischen realisiert: Das Resilienz-Spiel kommt u.a. in den Fortbildungen »WohnQuartier4 – die Zukunft inklusiver Quartiere gestalten« regelmäßig zum Einsatz. Ergebnis der Lernplattform in Münster war auch, die Idee einer After-Work-Akademie wieder aufzugreifen und gemeinsam an ihrer Realisierung zu arbeiten. Diese Projektidee stammt aus dem Ideenspeicher der ersten EFI-Gruppe in Düsseldorf. Dabei geht es um den Aufbau einer Akademie von Menschen im nachberuflichen Leben für Menschen im nachberuflichen Leben. Kompetente Frauen und Männer, so die Idee, entwickeln Bildungsangebote, um sich gegenseitig kostenlos ihr Erfahrungswissen zur Verfügung zu stellen. Von diesem Angebot könnten auch junge Menschen, Langzeitarbeitslose und arme Menschen profitieren. Die Projektidee musste für lange Zeit auf Eis gelegt werden, weil es aufseiten lokaler Bildungseinrichtungen, die als Kooperationspartner für die After-Work-Akademie infrage gekommen wären, noch kein schlüssiges Konzept für das Miteinander von bezahlten und unbezahlten Kräften in der Bildungsarbeit gab.

Eine zweite Lernplattform in Münster beschäftigte sich dann explizit mit dem Thema »Gesundheit im Quartier«. Eingeladen waren Anne Bensberg und Gabriele Schmidt-Schulte, die einem großen Kreis von Teilnehmenden die theoretischen Konzepte und praktischen Umsetzungsstrategien von Salutogenese und Resilienz vorstellten. Eingeladen war auch der Künstler und Akupunkteur Rudi Fink aus Berlin. Ihm wurde die Aufgabe gestellt, zu beschreiben, wie er als Akupunkteur einen »kranken« Stadtteil behandeln würde. Rudi Fink zeigte den Teilnehmenden zunächst sein Arbeitsmaterial: Zum Erstaunen der Teilnehmenden bestand es nicht nur aus hauchdünnen Nadeln, sondern auch aus Schröpfgläsern und Goldkügelchen. Dann erläuterte Rudi Fink kurz den Unterschied zwischen chinesischen und japanischen Akupunktur-Schulen und wies darauf hin, dass er selbst der japanischen Schule angehöre, die die chinesischen Akupunkturmethoden aufgegriffen, aber sehr verfeinert (!) habe. Er selbst würde beim »Patienten« Stadtteil zunächst einmal eine sehr sorgfältige Untersuchung vornehmen, um festzustellen, was ihm wirklich fehle. Er würde hinschauen, hinschauen, hinschauen! Als Akupunkteur würde er zunächst versuchen, Energieblockaden zu lokalisieren: »Wo ist zu viel Energie, die nicht abfließen kann, und wo ist zu wenig Energie, wo kommt nichts an?« Dann würde er mit sehr feinen Nadeln in zwei Punkte einstechen und versuchen, unter Berücksichtigung der Stadtteil-Meridiane einen Energiefluss zwischen eben diesen Punkten (wieder-)herzustellen. Und wenn erst einmal eine einzige Energieblockade gelöst sei, hätte das langfristig Auswirkungen auf den gesamten Stadtteil-Organismus. Der Patient brauche aber Geduld. Eine Verbesserung würde sich erfahrungsgemäß erst allmählich einstellen.

Als Künstler könne er sich viele heilsame Interventionen an signifikanten Orten im Quartier vorstellen.

Das Bild von den Akupunkturnadeln im Stadtteil hat eine starke Wirkung auf die Teilnehmenden der Lernplattform gehabt, vielleicht auch deshalb, weil sich hier Verbindungen zur Organisationstheorie von Otto C. Scharmer herstellen lassen, der Theorie U, die im Keywork von zentraler Bedeutung ist. Das Vertrauen darauf, dass auch kleinste Aktionen und Projekte in der Lage sein können, langfristig nachhaltige Veränderungen in komplexen Systemen zu bewirken (allerdings nur dann, wenn man die Wirk-Orte vorher sorgfältig eruiert), könnte ein Schlüssel für die Eröffnung interessanter neuer Perspektiven im Keywork sein: Keywork-Mikro-Projekte als Akupunkturnadeln oder Goldkügelchen in der sozialen und kulturellen Arbeit.

Als weitere Lernplattformen sind geplant: Wohnen und Arbeiten im Alter (in Köln), Publikumslabore (in Mülheim), Das Miteinander von bezahlter und unbezahlter Arbeit in Keywork-Projekten (in Münster) und Das Museum als »Ort der ständigen Konferenz (Joseph Beuys)« (in Düsseldorf).

Literatur

Ammann, Jean Christophe (2004): Das Museum als kollektives Gedächtnis. In: John, Hartmut/Thinesse-Demel, Jutta (Hg.) (2004): Lernort Museum – neu verortet! Ressourcen für soziale Integration und individuelle Entwicklung. Ein europäisches Praxisbuch, Bielefeld: transcipt Verlag

Anderlik, Lore (1996): Ein Weg für alle! Montessori-Therapie und -Heilpädagogik in der Praxis, Dortmund

Beuther, Axel (2013): Wege zur kreativen Gestaltung. Methoden und Übungen, Leipzig: E.A. Seemann-Verlag

Brandt, Christina (2013): Resilienz. Das Geheimnis der psychischen Widerstandskraft, München: dtv

Brock, Bazon (1970): Das Museum als Arbeitsplatz. Begründete Vermutungen. In: Bott, Gerhard (Hg.) (2007): Das Museum der Zukunft. 43 Beiträge zur Diskussion über die Zukunft des Museums, Köln: DuMont-Verlag

Burmeister, Joachim/Heller, Anne/Stehr, Ilona (2005): Weiterbildung älterer Menschen für bürgerschaftliches Engagement als seniorTrainer/-innen. Ein Kurskonzept für lokale Netzwerke, Köln: ISAB-Verlag

Fallner, Heinrich/Pohl, Michael (2001): Coaching mit System. Die Kunst nachhaltiger Beratung. Opladen

Nell, Karin/Frank, Ute (2007): Kulturführerschein® und Co. In: Knopp, Reinhold/Nell, Karin (Hg.) (2007): Keywork. Neue Wege in der Kultur- und Bildungsarbeit mit Älteren, Bielefeld: transcript Verlag

Frank, Ute (2007): Kultur auf Rädern. In: Knopp, Reinhold/Nell, Karin (Hg.) (2007): Keywork. Neue Wege in der Kultur- und Bildungsarbeit mit Älteren, Bielefeld: transcript Verlag

Gößling, Inge (2001): Zwischen Muße und Engagement. Beiträge zur Entwicklung und Durchführung eines Orientierungsprogramms im Rahmen der Netzwerkarbeit Düsseldorf zur Vorbereitung auf die nachberufliche Phase im Kontext der Individualisierung. Diplomarbeit an der FH Düsseldorf im Fachbereich Sozialarbeit. Düsseldorf

Hoffmann, Hilmar (1981): Kultur für alle, Frankfurt: Fischer-Verlag.

Kabakov, Ilja/Kabakov, Emilia (2001): Palast der Projekte. Katalog zur Ausstellung in der Kokerei Zollverein. Stiftung Industriedenkmalpflege und Geschichtskultur, Düsseldorf: Richter-Verlag

Kade, Sylvia (2007): Altern und Bildung, Bielefeld: W. Bertelsmann-Verlag

Kantor, David (1995): Dialogprozessmodell. In: Giesecke, Michael (2004): www.michael-giesecke.de/theorie/dokum.../09_dialogprozessmodell_von_kantor

Kast, Verena (2000): Der schöpferische Sprung, München: dtv

Kinsler, Margrit (2003): Alter Macht Kultur. Kulturelle Alterskompetenzen in einer modernen Gesellschaft, Hamburg: Verlag Dr. Kovac

Knopp, Reinhold/Nell, Karin (Hrsg. 2007): Keywork. Neue Wege in der Kultur- und Bildungsarbeit mit Älteren, Bielefeld: transcript Verlag

Nell, Karin (2007): Keywork lernen. Fortbildungskonzepte für die Gewinnung und Qualifizierung von Keyworkern. In: Knopp, Reinhold/Nell, Karin (Hrsg.) 2007: Keywork. Neue Wege in der Kultur- und Bildungsarbeit mit Älteren, Bielefeld: transcript Verlag

Petzold, Theodor Dierk (2010): Praxisbuch Salutogenese – Warum Gesundheit ansteckend ist. München: Süd-West-Verlag

Richter, Petra (2000): Mit, neben, gegen. Die Schüler von Joseph Beuys, Düsseldorf: Richter-Verlag

Roters, Wolfgang (2001): Der Palast der Projekte. In: Kabakov, Ilja/Kabakov, Emilia (2001): Palast der Projekte. Katalog zur Ausstellung in der Kokerei Zollverein. Stiftung Industriedenkmalpflege und Geschichtskultur, Düsseldorf: Richter-Verlag

Scharmer, Otto C. (2013): Theorie U – Von der Zukunft her führen. Presencing als soziale Technik. Heidelberg: Carl Auer-Verlag

Schmidt, Jochen (1998): Pina Bausch. Tanzen gegen die Angst, Berlin: List-Verlag

Schwingel, Markus (1995): Bourdieu zur Einführung, Hamburg: Junius-Verlag.

Senge, Peter M. (2001): Die fünfte Disziplin. Kunst und Praxis der lernenden Organisation, Stuttgart: Klett-Cotta

Stachelhaus, Heiner (2001): Joseph Beuys, München: Econ-Verlag

Stadler, Konrad (2009): Die Kultur des Veränderns. Führen in Zeiten des Umbruchs, München
Stannett, Annette/Stöger, Gabriele (Hg.) (2002): Museums, Keyworkers and Longlife Learning: shared practice in five Countries, Wien
Täube, Dagmar (1997): Soziale Plastik. In: SchnütgenMuseum und Museumsdienst Köln (Hg.): Beuys und das Mittelalter, Köln
Zentrum Paul Klee (Hg.) (2006): Paul Klee. Handpuppen, Osterfildern: Hatje Cantz-Verlag
Zulehner, Paul (2013): Kirchenvisionen. Orientierung in Zeiten des Kirchenumbaus, Ostfildern: Patmos-Verlag

Autorin

Nell, Karin, Dipl.-Pädagogin, Referentin für Erwachsenenbildung und Kulturarbeit im Ev. Zentrum für Quartiersentwicklung beim Ev. Erwachsenenbildungswerk Nordrhein, dort verantwortlich für die Programme »Erfahrungswissen für Initiativen« und »WohnQuartier4 – die Zukunft altersgerechter/inklusiver Quartiere gestalten«. Gründerin des Ateliers für Soziale Plastik in Düsseldorf. Aufgabenschwerpunkte: Entwicklung von Projekten und Fortbildungskonzepten der innovativen Bildungs- und Quartiersarbeit.
Kontakt: karinnell@t-online.de

1.6 Keywork-Ateliers als Knotenpunkte im Quartier

Interview mit Corinna Bernshaus und Uscha Urbainski

Reinhold Knopp

In der Kunstschule Werksetzen von Uscha Urbainski wurde 2002 das erste Keywork-Atelier gegründet. Hier wurden die ersten Fortbildungen für Keyworker angeboten und hier haben die Keyworker ihre ersten Quartiersprojekte und Aktionen geplant. Uscha Urbainski, freischaffende Künstlerin und Betreiberin einer Freien Kunstschule, hat die Entwicklung von Keywork4 von Anfang tatkräftig unterstützt und aus der Perspektive einer Kunstschaffenden sehr kritisch begleitet. Sie hat Gruppen und Einzelpersonen ihre Räume und ihr Material unkompliziert zur Verfügung gestellt, sie hat Künstlerkolleg(inn)en in die Zusammenarbeit einbezogen und sie hat sich leidenschaftlich in den Diskurs um die Rolle der Künstler(innen) in Keywork-Projekten eingeschaltet. Es war anfangs nicht vorauszusehen, dass Keywork-Ateliers zu wichtigen Orten für Keywork4 werden würden. Inzwischen sind in mehreren deutschen Städten Keywork-Ateliers nach dem Düsseldorfer Vorbild entstanden. Sie dienen überall als Werk-Räume und Begegnungsorte für Keyworker. Hier wird an der Sozialen Plastik gearbeitet.

Parallel zu den Aufbauprozessen von Keywork haben Uscha Urbainski und Corinna Bernshaus in ihren eigenen künstlerischen Arbeiten Entwicklungsthemen von Keywork aufgegriffen und analysiert. 2002 bis 2014 sind Arbeiten entstanden, die sich mit Wachstums- und Entwicklungsprozessen beschäftigen, die Lebenszyklen untersuchen, innere und äußere Räume erkunden und schöpferische Potenziale ausloten.

Corinna Bernshaus hat im Keywork-Atelier in Düsseldorf den Raum D geschaffen, ein Atelier für Menschen mit Demenz.

Wie seid ihr in das Keywork-Entwicklungsnetzwerk eingestiegen? Welche Beweggründe gab es für euch?

Corinna Bernshaus: Der erste Berührungspunkt mit den Keyworkern war für mich die PlatzDa![1]-Aktion. Ich habe gesehen, dass ein Stadtteil wirklich mobilisiert werden kann. Das hat mich beeindruckt. Bei der Aktion »100 Jahre Zoopark« haben alle mitgemacht. Alte Leute, junge Leute, Kinder, Jugendliche, die Kirchengemeinde, das Seniorenzentrum, die Kindergärten, die Grundschulen und Vereine, da war plötzlich viel Leben in unserem Stadtteil. Die Vorbereitungen für die Aktion sind ja bei uns im Atelier gelaufen. Wir haben zusammen die Zootiere gebaut, Schilder gemalt und das Begleitprogramm organisiert.

Und dann habe ich das Seminar »Keywork im Quartier« mitgemacht. Im Lehmbruck-Museum in Duisburg, da habe ich plötzlich gemerkt: Demenz und Kunst – das ist mein Thema. Meine Herzenssache. Der wichtigste Impuls kam von Sybille Kastner. Als sie uns gezeigt hat, wie sie mit Menschen mit Demenz im Museum arbeitet, da hat es bei mir Klick gemacht. Sie hat uns gezeigt, wie man mit künstlerischen Mitteln Zugang zu demenziell erkrankten Menschen bekommen kann. Wie wichtig das ist, weiß ich von meinem eigenen Vater. Der war auch an Demenz erkrankt und hat irgendwann wieder angefangen zu malen. Das war wichtig für ihn. Er hat sich über das Malen als kompetent und kommunikationsfähig erlebt.

Ich wusste: Ich werde ein Atelier für Menschen mit Demenz aufbauen. Ich will an Demenz erkrankten Menschen die Möglichkeit geben, sich über die Kunst ihre Ausdrucksfähigkeit zu erhalten. Eine meiner dementen Kunstschülerinnen hat mal gesagt: »Da staunt man, was man noch alles kann.« Sie ist immer ganz stolz auf ihre Arbeiten. Und ihr Mann ist stolz auf sie, das spürt man. Das Atelier ist für die beiden ein Ort der Lebensfreude geworden, ein Ort der Bestätigung und der Wertschätzung und ein Ort zum Auftanken und Entspannen. Hier sind sie beide Teil einer großen kreativen Atelier-Gemeinschaft, hier erleben sie sich als schöpferisch-kreative Menschen und werden auch über

1 | PLATZDA! war eine Aktion der Stadt Düsseldorf zur Gestaltung der City-Plätze in Düsseldorf. Bürger und Bürgerinnen waren dazu eingeladen, die öffentlichen Räume der Stadt zu nutzen, zu beleben, und mitzuplanen. PLATZDA! führte Akteure/Akteurinnen zusammen, bündelte Projekte und erarbeitete unter Mitwirkung der Bewohnerschaft ein Handlungskonzept für die Weiterentwicklung der Platzkultur in Düsseldorf. Das Stadtplanungsamt lenkte als Koordinator die Prozesse. Vgl. Information des Bundesinstituts für Bau-, Stadt- und Raumforschung (BBSR) im Bundesamt für Bau wesen und Raumordnung (BBR). 2009. WERKSTATTSTADT, www.werkstatt-stadt.de/de/projekte/183/ (Zugriff 18.04.2014).

ihre Arbeiten wahrgenommen. Und sie können genau wie die anderen Zukunftsperspektiven entwickeln. Sie erleben Zugewinn und werden nicht nur mit den Verlusten der Krankheit konfrontiert.

Uscha Urbainski: Ich habe die Keyworker auch über die PLATZDA!-Aktionen und über das EFI-Programm kennengelernt. Hier hat eigentlich die neue Form der Zusammenarbeit angefangen. Die Leute waren damals irgendwie stark verunsichert: Die hatten noch die alten Ehrenamtsmodelle im Kopf und merkten: Das ist eigentlich nicht das, was wir wollen.

In den Projekten und Aktionen, die wir im öffentlichen Raum gemacht haben, haben sie dann sehen können, über welche Potenziale sie verfügen. Das hat ihr Selbstbewusstsein sehr gestärkt. Sie haben erlebt: Wir können gemeinsam etwas bewegen. Hier sagt keiner, wo's langgeht. Hier entscheiden wir alle gemeinsam. Es war anfangs sehr anstrengend, weil wir einen gemeinsamen Nenner für unsere Aktionen finden mussten. Als Künstlerin war ich sehr begeistert. Viele Aktionen im Stadtteil wurden mit den Keyworkern überhaupt erst möglich.

Welchen Beitrag leistet die Kunst?

Uscha Urbainski: Wir Künstler sind Übersetzer, wir unterstützen den Prozess: Weg von der gesprochenen Sprache, hin zu einer Form- und Farbsprache, die von allen Menschen verstanden werden kann. Künstlerisches Gestalten zwingt zur Konzentration und hilft Menschen, Dinge für sich zu klären. Man kann in Parallelprozessen wichtige Erfahrungen machen.

Durch die Entfernung von überflüssigem Material schält sich der Kern einer Sache heraus. Den sieht man dann. Den muss man nicht erklären. Und mit diesem Kern einer Sache kann man etwas ganz Konkretes anfangen.

Ich interessiere mich sehr für Ideen, die noch zurückgehalten werden, weil es noch kein Gespür für ihre Wertigkeit gibt. Ich unterstütze andere dabei, die Ideen, mit denen noch niemand Erfahrungen gemacht hat, in Projekte umzusetzen. Das erfordert Mut, denn man betritt Neuland. Mein weiß nie, was passiert. Man hat die Sache erst mal nicht im Griff. Die Frage ist ja immer »Wie verändert mich meine Idee?«

Ich möchte Menschen Lust auf Experimente machen. Ich möchte sie ermutigen, aus gewohnten Strukturen auszubrechen, Grenzen zu überwinden und zu schauen: Was liegt jenseits des Gewohnten? Hier, außerhalb der vertrauten Muster, außerhalb der Wohlfühlzone liegen die Möglichkeiten für existenzielle neue Erfahrungen. Was man da entdeckt, kann einen regelrecht schockieren. Aber auch faszinieren. Hier sind die eigentlichen Kraftzentren für Veränderungsprozesse. Und das ist mir elementar wichtig: Ich möchte den Menschen signalisieren: Diese Experimente sind wertvoll. Dieses Infragestellen des Vertrauten, dieses Ausbrechen aus gewohnten Mustern, dieser neue Blick auf das Vertraute eröffnet Zukunftschancen, schafft Anknüpfungspunkte, mobilisiert uns und versogt uns mit Energie. Und das alles brauchen wir, um etwas verändern zu können. In unserem Leben. Und in unserer Nachbarschaft und in unserer Stadt.

Das nehmen auch die Kinder mit, die hier im Atelier arbeiten. Das prägt. Alle erfahren: Bildende Kunst ist mehr, als ein Kunstwerk zu schaffen. Kunst zwingt uns, genau hinzugucken, uns mit uns selbst und der Welt auseinanderzusetzen; Kunst fordert uns dazu heraus, frei und schöpferisch zu denken und zu handeln. In Keywork-Projekten ist die Kunst Prozessauslöser, Prozessbeschleuniger, Werkzeug und Wirkfaktor.

Corianna Bernshaus: Ich möchte an den Begriff Wohlfühlzone anknüpfen. Es ist mir ganz wichtig, dass wir hier einen Raum schaffen, in dem sich die Menschen wohlfühlen können. Sie finden hier eine vorbereitete Umgebung. Hier liegt Material für sie bereit und fordert dazu auf, bearbeitet zu werden. Alle Sinne werden angesprochen. Aber die Dinge im Atelier sind nicht einfach Dekoration. Sie sind Stilmittel, die eine besondere Ästhetik vermitteln und unserer Haltung Ausdruck verleihen.

Ich sehe meinen Raum D nicht nur als Atelier, sondern auch als ein besonderes »Sprachlabor«. Hier wird den Menschen – und nicht nur den Menschen mit Demenz – die Möglichkeit gegeben, neue Ausdrucksmöglichkeiten zu finden, zu erfinden und auszuprobieren, mit anderen in einer neuen Sprache zu kommunizieren, mitteilsam zu bleiben.

Und parallel zu diesen schöpferischen Prozessen erfahren sich die Menschen – in einer Art sozialem Resonanzraum – als gleichberechtigte Individuen in einer künstlerisch-produktiven Gemeinschaft. Sie nehmen sich und andere wahr. Und sie spüren, dass andere sie wahrnehmen.

Welche Rolle haben die Künster(innen) in Keywork-Projekten?

Uscha Urbainski: Als freischaffende Künstlerin werde ich oft um meine Autonomie beneidet. Ich bin es einfach gewohnt, außerhalb von Strukturen zu stehen, und muss mich nicht auf Kompromisse einlassen. Als Künstlerin habe ich sogar die Verpflichtung, Bestehendes infrage zu stellen und mich ganz weit hinauszuwagen. Ich darf neugierig sein, ich darf unangepasst sein, ich darf unbequem sein, darf dekonstruieren und provozieren. Ich bin fast immer meine eigene Auftraggeberin.

Aber ich bezahle für dieses Privileg einen hohen Preis: Als Künstlerin habe ich kein festes Einkommen und keine geregelten Arbeitszeiten. Ich habe auch keine Sicherheiten, wie sie Menschen haben, die irgendwo fest angestellt sind. Ich muss immer, wie Picasso das einmal gut ausgedrückt hat, Halt im Unbekannten finden.

In den Keywork-Prozessen treffe ich auf Menschen, die meine Haltung schätzen, mich aber auch herausfordern. Man kann von einer Win-win-Situation sprechen. Ich bin in ein großes Netzwerk eingebunden, erfahre von den anderen Anerkennung und Unterstützung, und die anderen schauen sich von mir unkonventionelles, unkonformes Verhalten ab. Das sagen die Leute auch: Ich beneide dich um deinen Mut und deine Unabhängigkeit. Und um deine Begabung, das, was du wirklich willst, ins Werk zu setzen.

Für mich ist es existenziell wichtig, dass ich für meine Beiträge in den Keywork-Fortbildungen entsprechend honoriert werde; auf diese Weise kann ich das große Atelier finanzieren und es den anderen für ihre Projekte zur Verfügung stellen.

Abbildung 1: Raum D, Atelier für Menschen mit Demenz: Freude am Werk – »War ich das?«

Foto: Corinna Bernshaus

Corinna Bernshaus: In der Arbeit mit den Demenzerkrankten habe ich als Künstlerin die Aufgabe, Prozesse anzustoßen, etwas in Bewegung zu bringen, Schwingungen aufzugreifen und zu unterstützen. Ich beobachte Bewegungen und verstärke Bewegungen. Ich höre zu. Ich greife Impulse auf und gebe Feedback. Ich verstehe mich als Assistentin; ich nehme aber niemandem die Arbeit ab, sondern unterstütze Menschen dabei, sich kreativ und schöpferisch entfalten zu können. Ich bin aufmerksam und stelle Vermutungen an: Was braucht sie, was braucht er jetzt, um weiterzukommen? Ich kann Material anbieten, aber die Entscheidung, welches Material verwendet wird, liegt nicht bei mir. Ich bin außerdem sehr daran interessiert, den Austausch von Kreativen im Keywork-Atelier zu fördern. Wir bauen hier auch ein Netzwerk von Kunstschaffenden auf. Hier kann sich jeder mit seiner Arbeit zeigen und austauschen. Mir geht es darum, mit Künstler(inne)n und Nicht-Künstler(inne)n den Diskurs über die Verantwortung der Kunst für das gesellschaftliche Leben zu führen.

Was passiert überhaupt in einem Keywork-Atelier? Wie und mit wem arbeitet ihr hier?

Corinna Bernshaus: Für Raum D gilt: Spüren, was da ist. Über das Material in Kontakt mit den eigenen Wünschen und mit der eigenen Biografie kommen. Und dann Impulse und konkrete Unterstützung erhalten, damit man ins Tun kommt. Über das Tun erfährt man dann eine Bereicherung. Man erlebt sich als gestaltender, produktiver Mensch. Man spürt: Ich kann noch etwas beitragen zum Miteinander; ich schließe mich nicht aus und ich werde nicht ausgeschlossen.

Uscha Urbainski: Wer hierherkommt? Neugierige Menschen, die merken, dass das, womit sie sich bisher beschäftigt haben, nicht ausreicht. Menschen, die Veränderung wollen, die gemeinsam mit anderen etwas auf den Weg bringen wollen; die offen für neue Entwicklungen sind und die – jenseits von reinem Selbstzweck und Eigennutz – etwas für diese Gesellschaft tun wollen. Die klar sagen: So, wie es jetzt ist, kann es nicht weitergehen. Es wird Zeit, dass wir uns einbringen.

Die Leute finden hier bei uns im Atelier ein Forum, in dem sie ihre Ideen vorstellen und mit anderen diskutieren können. Die meisten suchen Räume, die nicht institutionell vorgeprägt sind; Räume, die zu freiem Rumspinnen und Experimentieren einladen. Sie fangen dann an, erst mal ins Unreine hineinzudenken. Sie schätzen Umgebungen, die ausdrücken: Macht! Fangt an! Und dann machen sie auch was. Sie starten Projekte: Projekte mit Museen, Projekte mit Schulen, Projekte im öffentlichen Raum.

Wer sind eure Kooperationspartner(innen)?

Uscha Urbainski: In Keywork-Projekten arbeiten wir mit vielen verschiedenen Kooperationspartnern zusammen. Aktuell bin ich in ein Programm in Köln eingebunden, das läuft mit der Melanchthon-Akademie und einer gemeinnützigen Wohnungsbaugesellschaft. Dort bauen wir gerade mit den Bewohnern und Bewohnerinnen einer Siedlung in Köln Vogelsang ein mobiles Nachbarschaftsmuseum auf. Ich arbeite aber auch mit Studierenden der Universität Düsseldorf und der Fachhochschule zusammen.

Ein wichtiger Kooperationspartner ist das Ev. Erwachsenenbildungswerk Nordrhein in Düsseldorf. Ich bin bei diesem Bildungsträger seit vielen Jahren in Qualifizierungsprogramme eingebunden, vor allem in Keywork-Fortbildungen und Quartiersprojekte. Viele Fortbildungen finden in meiner Kunstschule statt. Ich arbeite im Keywork aber auch mit Museen und Theatern und sozialen Einrichtungen zusammen. Gerade unterstütze ich am Theater an der Ruhr in Mülheim den Aufbau eines Publikums-Labors und in Schwerte ein Programm mit dem Ruhrtalmuseum. Ich habe auch vor ein paar Jahren ein Keywork-Atelier im Düsseldorfer Stadtmuseum eingerichtet und die Arbeit dort längere Zeit begleitet. Eine sehr interessante Erfahrung und ein tolles Experiment: Keywork als Software für die Stadt. Im Stadtmuseum hat sich aber auch gezeigt, dass es Grenzen der Zusammenarbeit gibt.

Abbildung 2: Vernetzung im Keywork-Atelier der Kunstschule Werksetzen

Foto: Corinna Bernshaus

Kannst du das genauer beschreiben?

Uscha Urbainski: Für mich war der Punkt, zu erkennen, dass die Institution und auch viele Keyworker selbst noch nicht wirklich bereit waren, Basisdemokratie umzusetzen. Hier gab es dann plötzlich Entwicklungen zurück zu Formen des klassischen Ehrenamts. Also: Das Haus macht Vorschläge und sucht dafür Helfer. Plötzlich haben sich Menschen Positionen erarbeitet, die der eigenen Profilierung dienten. Die haben das Gemeinschaftsanliegen völlig aus den Augen verloren. Ich habe auch nicht akzeptieren können, dass die Diskussion über das Thema »Vernichtung von Arbeitsplätzen durch Freiwillige« unter den Tisch gefallen ist. Es stand aber immer unausgesprochen im Raum. Mich hat besonders gestört, dass hier kein offener Diskurs mehr geführt wurde. Die, die das Thema immer wieder aufrollten, galten plötzlich als Unruhestifter, die die Harmonie der Zusammenarbeit zerstören wollten. Hier sah ich die Ursprungsidee von Keywork gefährdet. Und ich fühlte mich auch nicht mehr ernst genommen.

Abbildung 3: »Ideenbrunch« in der Kunstschule Werksetzen

Foto: Corinna Bernshaus

Corinna Bernshaus: Zu der Frage nach den Kooperationspartnern: Meine Kooperationspartner sind Einrichtungen, die mit Menschen mit Demenz zu tun haben; z. B. die Diakonie und die Alzheimergesellschaft. Wichtig ist mir der Kontakt zu Michael Ganss und Sybille Kastner. Michael Ganss ist Experte für das Thema »Kunst und Demenz«. Er war mein Ausbilder an der Hochschule für Künste im Sozialen in Ottersberg. Dort habe ich eine Weiterbildung für die künstlerische Arbeit mit Demenzerkrankten gemacht. Sybille Kastner habe ich über meine Keywork-Fortbildung kennengelernt. Sie ist sehr bekannt für ihre Projekte rund um das Thema »Kulturvermittlung für Menschen mit Demenz« am Lehmbruck-Museum in Duisburg. Mit beiden stehe ich in Kontakt. Es ist für mich sehr wichtig, Kollegen und Kolleginnen zu haben, die wie ich aus der Kunst kommen und sich dem Thema Demenz aus einer anderen Perspektive zuwenden als Sozialarbeiter oder Pflegekräfte. Mein Fokus ist nicht auf das Krankheitsbild gerichtet, sondern auf den kreativen Prozess und darauf, dass sich jeder und jede mit eigenen und eigensinnigen Sichtweisen einbringen kann.

Welche Erfahrungen habt ihr gemacht? Was hat eure Arbeit unterstützt? Woran seid ihr gescheitert?

Uscha Urbainski: Man spürt mit der Zeit, dass man sich, wenn man sich in eine neue Richtung bewegt, von Menschen und Ideen trennen muss. Wenn man merkt, hier gehen unsere Interessen auseinander, dann hat man zwei Möglichkeiten: Man geht Kompromisse ein, mit denen man nicht wirklich glücklich ist, weil man spürt: Hier wird die Grundidee verwässert. Zweite Möglichkeit: Man macht einen Schnitt und bleibt sich und der eigenen Haltung treu. Ich hätte mir sehr gewünscht, dass Keywork im Museum weniger Mainstream wird, sondern Lücken erkennt, Brachland in Besitz nimmt, Hierarchien aufbricht und das herkömmliche Verhalten von Menschen in Museen revolutioniert. Besucher müssen im Museum Zeichen setzen, Spuren hinterlassen und Position beziehen können. Das Museum ist kein Ort, der einen in beschaulicher Betrachtung verstummen lässt. Das Museum ist ein Ort der Konfrontation, an dem man sprach- und handlungsfähig werden kann. Zukunftsfähige Museumsarbeit ist Empowerment.

Corinna Bernshaus: Ich war nicht darauf gefasst, dass sich noch immer so viele Menschen mit Demenz zurückziehen und sich selbst ausschließen. Auch die Angehörigen sind verunsichert. Sie sind noch zu stark in alten Denkmustern gefangen und sehen in der Demenz einen einseitigen Abbauprozess. Sie wollen ihre Partner oder Eltern schützen und reagieren äußerst skeptisch, wenn man sie mit anderen Haltungen konfrontiert. Der Aufbauprozess des Ateliers für Menschen mit Demenz ist mühsam und zäh. Ich hätte nicht gedacht, dass es so lange dauern würde, bis es Menschen gelingt, die Hemmschwellen zu überwinden.

Was sind eure aktuellen Baustellen?

Uscha Urbainski: Es gibt zurzeit mehrere Baustellen. Ich arbeite gerade mit einer Gruppe von Keyworkern an einem Quartiersprojekt zum Thema Goethe; wir würden langfristig gern mit dem Goethemuseum kooperieren, das in unserer Nachbarschaft liegt. Außerdem beschäftigen wir uns mit dem Thema »Netzwerke«. Dazu hat uns die Ausstellung in orbit von Tomás Saraceno im Ständehaus inspiriert. Außerdem bauen wir im Keywork-Atelier das »Forum MachBar« auf, in dem Menschen aller Generationen und Menschen aus allen

Berufen ihre Ideen vorstellen und sich mit anderen darüber austauschen können. So eine Art Thinktank. Wir planen auch, unsere gemeinsamen Filmabende stärker ins Quartier zu öffnen, und sind gerade dabei, gemeinsam mit einer engagierten Frau aus unserer Nachbarschaft eine eigene Quartierszeitung zu gründen.

Corinna Bernshaus: Ich werde im Herbst für das IBK in Remscheid ein Seminar anbieten und das Konzept von Raum D vorstellen. Ich bin auch an den Aktionen beteiligt, die Uscha gerade beschrieben hat. Wir werden hier auch Qualitätsstandards für unsere Arbeit entwickeln. Wir müssen genau klären, was wir als Künstlerinnen mit Keywork wollen und was wir nicht wollen.

Künstlerinnen

Bernshaus, Corinna, Dipl.-Designerin, Keramikerin, freischaffende Künstlerin; Gründerin des Keywork-Ateliers für Menschen mit Demenz in Düsseldorf (Raum D). Freie Mitarbeiterin im Ev. Zentrum für Quartiersentwicklung, hier verantwortlich für das Multiplikatorenprogramm »Keywork.Demenz.Quartier«.

Urbainski, Uscha, Dipl.-Sozialpädagogin, Freie Hörerschaft an der Kunstakademie Düsseldorf. Seit 1995 freischaffende Künstlerin. 2003 Gründung der Kunstschule »Werksetzen« in Düsseldorf. Kooperationspartnerin im Projekt PLATZDA! Arbeitsschwerpunkte: Kunstarbeit mit Menschen aller Generationen, künstlerische Begleitung und Qualifizierung von hauptberuflich und freiwillig Mitarbeitenden in Keywork-Projekten; Aufbau von Keywork-Ateliers. Freie Mitarbeiterin im Ev. Zentrum für Quartiersentwicklung. Mitglied im Vorstand von Keywork e.V. in Düsseldorf.

2. Impulse zur Entwicklung und Weiterentwicklung von Keywork[4]

2.1 Nachbarschaftsmuseum e. V.

»Museum as places for social inclusion?«

Rita Klages

Jean Capart, Begründer der belgischen Museumspädagogik, formulierte 1922 eine Doppelfunktion des Museums: Nach innen sehend, kommunikativ, und nach außen gehend (Gesch'e-Koning 1996: 2). Dieser Anspruch an das Museum als Bildungsstätte und seine Ausrichtung auf breitere Kreise der Öffentlichkeit (Amelung/Schemm 1996) wurde auch in Deutschland von der reformpädagogischen Bewegung formuliert. Hier knüpfte die Kulturpolitik in den 70er-Jahren mit der Forderung nach gesellschaftlicher Partizipation an.

Die »Declaration of Quebec« forderte 1984 als »Neue Museologie« (ecomuseology, community museology) die Erweiterung der traditionellen Museumsaufgaben durch Einbeziehung der gesellschaftlichen Entwicklung und die »Erziehung der Besucher zum aktiven Museumsgast« durch interdisziplinäre Ansätze (Vieregg, 1994: 132). Neighbourhoodmuseen, Ecomuseen und andere Beispiele in Skandinavien begründeten weitergehende Traditionsbildungen in der Museumslandschaft, nicht zuletzt auch das Nachbarschaftsmuseum e. V. (Gößwald/Klages, 1996: 147 ff.).

In Großbritannien ermutigten im Jahre 2000 neue politische Richtlinien zur sozialen Inklusion die Museen, ihre Angebote für jeden zu öffnen und die kulturellen Veränderungen in der Gesellschaft auch hier nachhaltig zu verankern.

In den Niederlanden wurde »soziale Inklusion« zum Schlüsselwort, verbunden mit der Forderung nach neuen Zugängen, Partizipation und Repräsentation der gesamten Bevölkerung im Museum. Auch wenn in den meisten europäischen Ländern soziale Inklusion in Zusammenhang mit Museen und Bildungsarbeit überwiegend nicht in einem integrativen Sinne, sondern als zusätzlich angebotene Aktivitäten betrachtet wird, zeichnet sich doch ein Wandel ab. Insbesondere Stadtmuseen diskutieren zunehmend auch international, welche Auswirkungen eine verstärkte Besucherorientierung für Sammlungsstrategien, Ausstellungstätigkeit und die museumspädagogische Praxis haben. Interdisziplinäre Kooperationen, neue Leitlinien und Förderwege werden angestrebt.

Beispielhaft hierfür stehen Projekte, die vom Verein Nachbarschaftsmuseum e. V. im europäischen Kooperationsverbund initiiert worden sind.

Wie alles anfing

Der Verein Nachbarschaftsmuseum, 1991 in Berlin gegründet, steht in der Tradition der »Neuen Museologie«, der Ecomuseen und des Anacostia Neighborhood Museum (heute: Anacostia Community Museum), dessen Name und Gründungsidee für den Verein maßgeblich war.

Seine Aufgabe sieht der Verein, ähnlich wie das Anacostia Community Museum, in der Herstellung von Kooperations-Beziehungen zwischen Museen, Bildungs- und sozio-kulturellen Einrichtungen sowie zwischen unterschiedlichen Bevölkerungsgruppen und deren Communitys in der Stadt. Anliegen ist die lebensweltliche Öffnung der Museen mithilfe nachbarschaftlicher und kulturübergreifender (Ausstellungs-)Projekte, die interdisziplinär, intergenerativ und interkulturell ausgerichtet sind. Sie reagieren auf lokale, regionale, nationale und europäische Herausforderungen, die immer wieder nach neuen Formen der Vermittlung und der Mitgestaltung aller Bevölkerungsschichten bei der Entfaltung einer demokratiefähigen Gesellschaft verlangen.

Der Verein Nachbarschaftsmuseum entstand 1991 im Verlauf des Projektes »Erfahrungswissen im Heimatmuseum Neukölln«, das ich von 1986 bis 1999 in dem Berliner Museum aufbaute und leitete. Die Arbeit mit Zeitzeug(inn)en in Zusammenhang mit Ausstellungen, Begleitveranstaltungen und begleitenden Projekten orientierte sich an Themen der Sozial-, Kultur- und Alltagsgeschichte. Die »gelebte Geschichte« und der Austausch von Erfahrungswissen zwischen den Generationen im Dialog waren bestimmend für dieses Projekt (Glaser/Röbke, 1992: 127 ff.).

Das »Anacostia Neighborhood Museum« wurde 1967 in Washington D.C. eröffnet. Als kleines Satelliten-Museum nimmt es Bezug auf seine unmittelbare Umgebung, ein sog. Niedrigeinkommen-Viertel, welches überwiegend von Farbigen bewohnt ist. Das »store-front«-Museum will reflektieren und auf die Menschen in der Nachbarschaft reagieren. Es arbeitet mit Schulen der Umgebung, mit Eltern und Familien zusammen und entwickelt neue Formen der Präsentation und Zusammenarbeit mit der Bevölkerung. Es versteht sich nicht als Konkurrenz zu Kultureinrichtungen, sondern als Brücke, um zu ihrem Gebrauch besonders zu ermutigen.

Leitgedanke bei Kooperationsprojekten des Nachbarschaftsmuseums ist, dass das Museum als Ort der individuellen und kollektiven Rückvergewisserung nur dann seinem Bildungsauftrag gerecht wird, wenn es für breite Schichten der Bevölkerung mit seinem sozialen Gedächtnis dazu beitragen kann, »relevante [...] Verbindungen zu vergangener und gegenwärtiger gesellschaftlicher Wirklichkeit« herzustellen (Gößwald/Klages, 1996: 148).

Projekte, die den aktuellen sozialen und kulturellen Wandel in der Gesellschaft reflektieren, müssen sich den unterschiedlichen Erfahrungsdimensionen der Beteiligten öffnen, die sozial, kulturell, geschlechts- und generationenspezifisch verschieden geprägt sind. Bedingungen müssen entwickelt werden, um sich auf eine übergreifende Zielgruppenarbeit einzulassen, die sich an der Lebenswelt der Menschen, ihren Problemen und Potenzialen orientiert.

Bestimmend für die Arbeit des Vereins ist die sich rapide wandelnde Gesellschaft in der Metropole Berlin. Infolge von Globalisierung, internationalen Migrationsbewegungen und deren zunehmender Konzentration in den Metropolen drohen gesellschaftliche Konflikte, Segregationen und Ghettoisierungen. Welchen Beitrag können Museen als Bildungs- und Kultureinrichtungen angesichts einer sich neu formierenden Gesellschaft leisten? Wo liegen ihre Orientierungs- und Inklusionspotenziale?

»Keywork« versteht sich auch in unserem Sinne als Kulturvermittlungsarbeit. Sie will Anknüpfungspunkte zwischen Lebenswelten verschiedener Personengruppen und den Museen herstellen und Impulse für nachhaltige, reflexive Lernprozesse anbieten (Knopp/Nell, 2007: 26).

Der Verein Nachbarschaftsmuseum verbindet Keywork gleichzeitig mit dem Anliegen:

- Brücken zu schlagen zwischen Museen und unterschiedlichen Bevölkerungsgruppen
- den eigenständigen Umgang der Communitys untereinander, das wechselseitige Kennenlernen, das Herausfinden und Verfolgen gemeinsamer Interessen zu befördern und zu verstärken
- den Communitys über die Zusammenarbeit mit den Museen eine gemeinsame Plattform für gesellschaftliche Verständigungen zu schaffen und damit eine Öffentlichkeit für gemeinsame Interessen herzustellen
- sie durch Kooperationen mit weiterführenden Netzwerken im Bildungs- und Kulturbereich zu verbinden

Aus der Praxis des Nachbarschaftsmuseums

»Ein Haus in Europa. Stadtkultur und Museum« 1994-1996

Das Museum als »Ort der ständigen Konferenz« (Joseph Beuys)
Hierbei handelt es sich um ein interdisziplinäres Kooperationsprojekt mit dem Heimatmuseum Neukölln, dem Amsterdamer Historischen Museum, dem Ethnologischen Museum in Budapest, Universitäten, Wohnungsbaugenossenschaften und lokalen Akteuren in den beteiligten Städten. Das Projekt war mit Ausstellungen, Begleitprogrammen und einem internationalen Austausch der beteiligten Partner verbunden.

Im Rahmen der Ausstellung »Ein Haus in Europa«, in der die Gegenwartsbefindlichkeit Berliner Quartiersbewohner erforscht und dokumentiert wurde, entstanden begleitend zur Ausstellung im Neuköllner Museum »vor Ort« zahlreiche Projekte mit der Bevölkerung und lokalen Akteuren. Es galt herauszufinden, inwieweit das im Museum »gespeicherte« Wissen durch Kooperationen zwischen Museumsbesuchern und Zeitzeugen unter Einbeziehung der lokalen Infrastrukturen auch in die Gegenwart hineinwirkt. Im Fokus stand das Problemquartier Schillerpromenade in Berlin-Neukölln. Durch fotografische Selbstporträts und Interviews vermittelten Bewohner eines Mietshauses Einblicke in ihren Lebensalltag, ihre persönliche Geschichte, was sie untereinander, mit dem Kiez und mit Berlin verbindet oder was sie tendenziell zum Wegziehen bewegt. Die Selbstporträts und die Aussagen der Bewohner(innen) bildeten die Grundlage für die Ausstellung im Neuköllner Museum und das sozio-kulturelle Begleitprogramm. Das Konzept und die Realisierung des sozio-kulturellen Programms standen unter der Regie des Nachbarschaftsmuseums.

Methoden wie Nachbarschaftskonferenzen, Zukunftswerkstätten, »planning for real«, offen geführte Stadtrundgänge, Berliner Tafelrunden sowie Erzählcafés unter Mitwirkung der Kiezbewohner wurden erfolgreich erprobt (s. Gößwald/Klages, 1996: 147 ff.). Gemeinsames Thema der Projekte und Veranstaltungen waren der gesellschaftliche Strukturwandel und seine Auswirkungen auf das Lebensumfeld von betroffener Menschen. Unter Hinzuziehung von Bürger(inne)n verschiedener Herkunftskulturen und intergenerativer Teams wurden Gebietsexpert(inn)en, Fachleute zu sozialen Fragen sowie Politiker(innen) zu einem aktiven Forum zusammengeführt. Durch die Einbeziehung der lokalen Netzwerke, Akteure und Zeitzeug(inn)en konnten sozialräumliche Milieus aktiviert und Kommunikationsstrukturen aufgebaut werden, die teils auch nach Projektende im Quartier weiterwirkten. Das Museum übernahm dabei die Rolle des öffentlichen Gedächtnisses, des Mittlers und des Veranstalters.

Nachbarschaftskonferenz »Wohnalternativen im Alter«

Ziel der Nachbarschaftskonferenz war es, die stadtplanerische Sicht auf die Neuköllner Schillerpromenade und das benachbarte Gelände des Flughafens Tempelhof, dessen Schließung zur Diskussion stand, öffentlich zu machen und mit den Anwohnern, Initiativgruppen und Entscheidungsträgern im Vorfeld von Bebauungs-Entscheidungen zu diskutieren. Dem ging eine dreitägige Zukunftswerkstatt mit professionell Engagierten, interessierten Neuköllner(inne)n und Museumsbesucher(inne)n voraus. Die Teilnehmer(innen) waren überwiegend zwischen 50 und 60 Jahre alt und begründeten ihr Interesse an der Zukunftswerkstatt damit, dass sie nicht wegen ihres Alters, sondern aufgrund ihrer Interessenslage Gemeinsamkeiten mit anderen Menschen finden wollten.

Die zentralen Fragen waren: »Inwieweit haben die aktuellen sozialen Veränderungen Auswirkungen auf Lebensstile und Wohnformen? Was brauchen Menschen, wenn sie sich gemeinschaftlich organisieren wollen? Welche speziellen Forderungen stellen Migrant(inn)en?«. Probleme rund ums Wohnen wurden thematisiert, eine Modellstadt im Rahmen der Zukunftswerkstatt entworfen, ideale Wohnformen im Theaterspiel entwickelt und Möglichkeiten der Umsetzung diskutiert.

Die Ergebnisse lieferten anschließend Grundlagen für die Nachbarschaftskonferenz, die im Museum stattfand. Eingeladen waren neben den Anwohner(inne)n Stadtplaner, Vertreter der Denkmalschutzbehörde, Politiker, Spezialist(inn)en, die zur Wohnsituation Älterer forschten, Vertreter(innen) von Baugenossenschaften, Bürgerinitiativen, der Kirche und Migranten-Organisationen. Sachinformationen wie erste Gutachten wurden ausgetauscht, der Entwurf einer Modellstadt vorgestellt, der Wandel von Lebensstilen und insbesondere die Situation älterer Migrant(innen) diskutiert. Gesprächsstoff boten außerdem intergenerative Wohnkonzepte und eine vom Potsdamer Platz in die Nähe der Schillerpromenade vertriebene »Wohnalternative Wagenburg«, deren Mitglieder sich an der Zukunftswerkstatt beteiligten.

Durch das breite Spektrum von Wohnalternativen und -perspektiven konnten die Teilnehmer(innen) viel voneinander lernen. Die »Professionellen« erhielten »Futter von der Basis« und umgekehrt. Neue Verbindungen und Kontakte entstanden. Die Zukunftswerkstatt und die Nachbarschaftskonferenz motivierten viele Teilnehmer(innen), sich an weiteren Veranstaltungen des Museums aktiv zu beteiligen, neue Ansprechpartner(innen) zu gewinnen oder selber zu Akteuren/Akteurinnen zu werden, sodass bis heute mit den Ergebnissen gearbeitet wird.

Mit dem Museum als »sozialem Gedächtnis« wurde versucht, an die Handlungsmöglichkeiten und Kompetenzen des Einzelnen, an Veränderbarkeit und Eingriffsmöglichkeiten zu erinnern. Die eigene Lebensgeschichte konnte in einen sozialgeschichtlichen Zusammenhang eingeordnet, Fragen nach der persönlichen Verantwortung gestellt und Potenziale zur Umgestaltung einzelner Lebensbereiche freigesetzt werden. »Meine Zukunft selbst in die Hand nehmen, kann ich mit euch andenken« (Zitat einer Kiezbewohnerin). Damit ist das Museum sich mit seinem Konzept als »Ort der ständigen Konferenz« (Joseph Beuys) im Bezirk zu verstehen, vorgestellt worden.

»Migration, Arbeit und Identität. Die Geschichte von Menschen in Europa, erzählt in Museen« 2000-2004

Dieses europäische Ausstellungsprojekt hatte zum Ziel, die Bedeutung von Migration und Migrant(inn)en für den kulturellen, technischen und gesellschaftlichen Wandel im 20./21. Jahrhundert in unterschiedlichen europäischen

Regionen herauszuarbeiten und eine gemeinsame Perspektive zum Thema »Migration« zu entwickeln. Museen aus sechs europäischen Ländern (Manchester/GB, Kopenhagen/DK, Norrköping/SE, Steyr/AT, Terrassa/ES, Hamburg/DE), die sich im »Worklab«-Netzwerk zusammengeschlossen hatten, beteiligten sich an dem EU-Projekt.

Kooperationspartner in Berlin waren neben dem Nachbarschaftsmuseum (Initiator des Berliner Projekts) das Museum Europäischer Kulturen – Staatliche Museen zu Berlin, das Deutsche Technikmuseum und der Museumspädagogische Dienst.

Anhand von Exponaten der Berliner Museen wurde der unterschiedliche wie gemeinsame kulturelle und gesellschaftliche Wandel aufgrund technischer Veränderungen in den Lebens- und Arbeitsprozessen erfasst. Das Museum Europäischer Kulturen zeigte hierzu drei Ausstellungen (Hampe, 2005: 53 ff.). Begleitveranstaltungen unter aktiver Einbeziehung von Migrant(inn)en verfolgten insbesondere die Frage, wie sich Menschen in ihren sozialen und kulturellen Kontexten organisieren und welches Erfahrungswissen sie an nachfolgende Generationen weitergeben wollen. Intergenerative Ausstellungsführungen sowie die Interkulturelle Tage, an denen sich Migrantenorganisationen präsentierten und ihre Anliegen im Museum öffentlich vortrugen, waren ebenso Teil des Projekts.

Mit dem Ausstellungsprojekt, so verständigten sich die Kooperationspartner, sollten neue Möglichkeiten der Zusammenarbeit mit Migrant(inn)en und deren Communitys geschaffen werden.

Verfolgt wurden die Ziele:

- Migrant(innen) als Akteure zu gewinnen
- neue Sammlungs- und Vermittlungsstrategien mit ihnen zu entwickeln
- neue Schnittstellen in den Communitys zu schaffen und
- neue Besuchergruppen zu erreichen

Perspektivisch, so der Wunsch, sollten sich die Museen für alle Bevölkerungsgruppen öffnen, als Plattform für kulturelle Aktivitäten wirken und so als Orte der Toleranz und Bildung einen Beitrag zu gesellschaftlichen Verständigungen leisten.

Der Verein Nachbarschaftsmuseum konnte seine langjährigen Erfahrungen in der Zusammenarbeit mit Migrant(inn)en, seine Netzwerkerfahrungen und Kenntnisse in das Projekt einbringen. Er war an der Gesamt-Konzeptentwicklung, dem Aufbau der Kooperationsbeziehungen, den Ausstellungen, den Workshops und den Veranstaltungen maßgeblich beteiligt.

Im Verlauf der Kontaktgespräche und Feldforschungen wurden verschiedene Zielgruppen (Migrantenorganisationen, Einrichtungen aus dem Sozio-

Kulturbereich, der Wirtschaft, den Gewerkschaften sowie Einzelpersonen) angesprochen und für eine Zusammenarbeit gewonnen. Die unterschiedlichen Interessen am Thema und an der Zusammenarbeit mit den Museen wurden miteinander diskutiert und mit der eigenen Arbeit (z. B. Weiterbildungsangeboten wie Deutsch als Fremdsprache) verknüpft. Die Ergebnisse flossen sowohl in die Ausstellungen als auch in die begleitenden Aktivitäten mit ein. Die Interkulturellen Tage im Deutschen Technikmuseum seien hier beispielhaft aufgeführt. Das anschließende Resümee bezieht sich auch auf die Ausstellungen und Begleitprogramme im Museum Europäischer Kulturen.

Die Interkulturellen Tage im Deutschen Technikmuseum

Für die Aktivierung von Erfahrungswissen im Bereich von Arbeit und Identität bot sich das Deutsche Technikmuseum an. Wie kann sich das Museum für alle Migrant(inn)en in Berlin öffnen, und an welche Interessen kann das Museum anknüpfen?

Ausgewählten Migrantengruppen wurde das Museum durch das Projektteam vorgestellt und für gemeinsame Gespräche zugänglich gemacht. Führungen mit anschließenden Gesprächen bezogen sich auf die Bereiche Mobilität, Energienutzung, Kommunikation und Produktion. Sie gaben die Gelegenheit, sich sowohl mit der Technik- und Kulturgeschichte des Herkunftslandes als auch mit der präsentierten, weitgehend europäisch bestimmten Technikentwicklung auseinanderzusetzen. Gerade die älteren Migrant(inn)en verbanden die ausgestellte Technik nicht nur mit ihrem Heimatland. Vielmehr hatten sie während ihres Arbeitslebens Umgang mit mehreren Generationen von Maschinen, unterschiedlichen Produktions- und technischen Neuerungsprozessen. Technische Ausstellungsobjekte wurden hier zu Medien der Erinnerung. Sie schufen die Möglichkeit, spezielle Kenntnisse anderen Teilnehmer(inne)n zu vermitteln.

Es entstand die Idee, eigenen Landsleuten und Museumsbesucher(inne)n das Museum aus der persönlichen Sicht heraus in ausgewählten Bereichen nahezubringen. Teams aus Migrant(inn)en und Besucherbetreuer(inne)n des Museums bildeten sich fort, um sich detailliert auf die Interkulturelle Tage vorzubereiten, zu denen gezielt auch innerhalb der eigenen Community geworben wurde.

Türkische Migrant(inn)en zeigten z. B. in der Textilabteilung verschiedene Filztechniken, spezielle Textilien aus der Heimat, Handarbeiten oder Methoden der Wollverarbeitung, wie sie typisch für ihre Heimat sind.

Ein Teilnehmer von der Elfenbeinküste führte in der Windmühle Mahltechniken aus dem eigenen Dorf vor. Kinder erhielten durch eine jordanische Künstlerin in der Druckabteilung Wissen über alte arabische Buchstaben. Angeleitet in türkischer und deutscher Sprache erlernten sie spielerisch die Technik des Papierschöpfens. In der Abteilung Kommunikation machten sich die Besucher(innen) im Gespräch mit Vertreter(inne)n der Ersten Gastarbeitergeneration ein Bild über Arbeitserfahrungen bei der Telefonapparate-Produktion. Nachrichten aus Afrika wurden im TV-Studio live vorgetragen; anschließend unterhielt man sich mit dem Publikum vergleichend über eigene Fernsehgewohnheiten. Berliner Jugendliche türkischer Herkunftskultur führten jugendliche Besucher aus Japan durch Ausstellungsbereiche, ein intergeneratives Team erläuterte Berlinansichten in Fotos aus eigenem Erleben um, nur einige Beispiele zu nennen.

Das Berliner Publikum reagierte auf die Gesprächsangebote mit den Migrant(inn)en mit großem Interesse. Radiobeiträge führten gezielt ins Deutsche Technikmuseum und zu den Migrant(inn)en. Es kam zu überraschenden Begegnungen und zu Gesprächen über unterschiedliche Sichtweisen und Erfahrungen, die sich mit einzelnen Ausstellungsbereichen oder Vorführungen verbanden.

Die Mehrsprachigkeit und die persönliche Ansprache motivierten und öffneten den Blick für den Umgang mit den Museumsobjekten. Der kostenlose Eintritt erleichterte den Museumsbesuch im Familienverbund und zog gleichermaßen neue Besuchergruppen an. Ein aktives Interesse am Umgang mit den ausgestellten Objekten und eine lange Verweildauer waren kennzeichnend für die neu hinzugewonnenen Gäste.

Gespräche mit den Museumsbesucher(inne)n zeigten am konkreten Beispiel, in welch hohem Maße sich die Berliner Bevölkerung multikulturell zusammensetzt. Das gilt auch für die jüngeren Generationen und in besonderem Maße für die Berlintourist(inne)n. Sie alle bestätigten das Interesse, sich mit bi-kulturellen Erfahrungen im transkulturellen Dialog auseinanderzusetzen.

Ein herzliches Klima entstand in der Zusammenarbeit der »Museumsteams«. Ein Schlüsselwörterkurs in Deutsch und Türkisch, den die AWO in der Vorbereitungsphase durchführte, verstärkte die produktive Stimmung, die persönlichen Kontakte und den Spaß an der Arbeit am Interkulturellen Tag.

Das Interesse der Projektbeteiligten an technischer Bildung und an Museumsinhalten zur Technikgeschichte – so zeigten Auswertungsgespräche – war gestiegen und wurde mit weiterführenden persönlichen Zielen (z. B. hinsichtlich beruflicher Weiterbildung) verbunden. Persönliche Kontakte entstanden zwischen Migrant(inn)en und den Museumsmitarbeiter(inne)n, die bis in die Gegenwart andauern.

Das Museum als Integrationsort

Das »Forum Museum« schuf den Beteiligten die Möglichkeit, sich mit ihren eigenen Erfahrungen in einem veränderten Kontext von Herkunfts- und gegenwärtiger Kultur auseinanderzusetzen. Der Museumsbesuch bot die Begegnung mit verschiedenen Kulturen, Generationen, Milieus und Lebensstilen. Die Mitwirkung von Migrant(inn)en an der Geschichte Berlins wurde sichtbar und verstärkte damit auch das eigene Gefühl, sich als Bürger dieser Stadt zu verstehen und gesehen zu werden.

Im Dialog fanden die Beteiligten neue Perspektiven und lernten für sie relevante Einrichtungen kennen. Vereine und deren Akteure machten sich in den Veranstaltungen mit ihren Anliegen und ihrer Arbeit untereinander bekannt. Als »Brückenbauer« zwischen den Kulturen fanden sie in den Museen neue Ansprechpartner für ihre Anliegen.

Die gesellschaftliche Bedeutung der Museen für die eigene kulturelle Selbstvergewisserung und für den interkulturellen Dialog wurde stets von allen Projektbeteiligten betont. Umso wichtiger erscheint eine kontinuierliche Zusammenarbeit und ständige Repräsentanz aller Bevölkerungsgruppen in den Museen. Bildungsangebote sollten sich dabei verbinden mit lebendigen Begegnungen zwischen den Kulturen, aber auch Zugänge schaffen für Menschen in prekären Lebenssituationen, um an einem sicheren Ort Voraussetzungen zum Kulturkontakt zu erhalten.

Die Integrationspotenziale eines kulturgeschichtlichen Museums als Ort der Toleranz und der Bildung und als Forum für interkulturelle Verständigung für alle müssen dabei immer wieder, auch unter Berücksichtigung der Veränderung gesellschaftlicher Verhältnisse, neu ausgelotet werden (Hampe, 2004: 102 ff.).

EU-Ausstellungsprojekt »Unternehmenskulturen in europäischen Städten«, in Berlin verbunden mit einer Werkstatt-Ausstellung und einem interdisziplinären »Outreach-Projekt« im Berliner Stadtteil Kreuzberg[1]

»Döner, Dienste und Design – Berliner Unternehmer(innen).« hieß eine Werkstattaustellung zur Migrantenökonomie im Museum Europäischer Kulturen. Sie wurde in Kooperation mit dem Nachbarschaftsmuseum e. V. organisiert.

Die Ausstellung, die 2009/10 im Museum Europäischer Kulturen zu sehen war, war Teil des EU-Projekts »Entrepreneurial Cultures in European Cities«. Museen und Kultureinrichtungen aus acht Ländern – Amsterdam, Barcelona, Berlin, Liverpool, Luxemburg, Volos/GR, Tallinn/LT, Zagreb/HR – waren an diesem Projekt beteiligt.

Im Mittelpunkt stand das kleine und mittelständische Gewerbe in europäischen Städten, dem eine integrative Funktion in unserer Gesellschaft zukommt. Unternehmensgründungen von Migrant(inn)en spielen für die Wirtschaft, das soziale und kulturelle Geschehen in der Gesellschaft eine zunehmende Rolle

1 | Vorläufer dieses Ausstellungsprojekts war das Projekt »Kulturelle Vielfalt mitten in Berlin« im Jahre 2002

(»Entrepreneurial Cultures in Europe. Stories and museum projects from seven cities«, Berlin, 2010 ff.).

Im Rahmen von Ausstellungen und begleitenden Aktivitäten wurden ausgewählte Unternehmer(innen) und deren »Communitys« als aktive Kooperationspartner für die beteiligten Museen und Kultureinrichtungen gewonnen und gegenwartsbezogene Sammlungs- und Vermittlungsstrategien mit ihnen entwickelt. Neue »Outreach«-Methoden wurden in einem aktivierenden Sinne »vor Ort« ausprobiert, um Zielgruppen und deren Netzwerke zu erreichen, die üblicherweise nicht ins Museum finden. »Weg vom Objekt-fokussierten, hin zum besucher-orientierten Museum« lautete die Devise (s. auch oben im Artikel).

Kunst und Kultur im Kreuzberger Quartier in einem »Outreach«-Projekt mit Jugendlichen und Unternehmer(innen)

»Was machst Du später, Yasmin? Unternehmen: Zukunft« entstand unter der Federführung des Nachbarschaftsmuseum e.V. in Kooperation mit der Carl-von-Ossietzky-Oberschule, dem JugendKunst- und Kulturzentrum »Schlesische 27« und dem Museum Europäischer Kulturen in Berlin. Es wurde vom Berliner Projektfonds Kulturelle Bildung gefördert.

Das Schulprojekt, das Schüler(innen) der 9. Klasse einer Berliner Oberschule im Rahmen einer Projektwoche 2008 in Berlin-Kreuzberg durchführten, wurde ein Jahr später Teil der Berliner Ausstellung »Döner, Dienste und Design ... «.

»Was machst du später, Yasmin? – Unternehmen: Zukunft« – unter diesem Motto nahmen im November 2008 Schüler(innen) der 9. und 10. Klasse der Carl-von-Ossietzky-Oberschule (CvO) im Rahmen von jeweils einer Projektwoche den Kontakt mit Kreuzberger Unternehmer(inne)n mit Migrationshintergrund auf. Unter Anleitung von Künstler(inne)n der »Schlesischen 27« erstellten sie mit den Medien Foto, Film und Text künstlerische Porträts der Unternehmer(innen) und richteten dabei gleichzeitig den Fokus auch auf sich selbst. Um eine konkrete Vorstellung von der Komplexität des Berufslebens, des Arbeitsmarktes und der unterschiedlichen Lebensentwürfe zu erhalten, befragten sie die Unternehmer(innen) zu ihrer Biografie und zur Geschichte ihres Unternehmens. Durch das reale und künstlerische Heranführen an das Erfahrungswissen der Unternehmer(innen) mithilfe der Medien wurden die Jugendlichen mit Fragen an die eigene Identität, an ihre sozialen und kreativen Kompetenzen konfrontiert.

Ihre künstlerischen Stärken, ihre lebensweltliche Orientierung und die produktive Auseinandersetzung mit verschiedenen Kulturen im Hinblick auf ihre eigene Zukunftsplanung wurden in diesem Projekt aufeinander bezogen. Insofern waren bei der abschließenden Präsentation der Ergebnisse der Projektwoche in der »Schlesischen 27« sowohl die Unternehmer(innen) als auch die Schüler(innen) die Porträtierten. Der intergenerative und interkulturelle Erfahrungsaustausch eröffnete ihnen neue Erfahrungshorizonte und Schlüsselkompetenzen und vermittelte ihnen im sozialen Umfeld neue Ansprechpartner für ihre Zukunftsgestaltung. Die kompetente Ansprache der Jugendlichen, ihr Interesse an der Begegnung und die künstlerischen Porträts empfanden die Unternehmer(innen) als Bereicherung. Die Interviews verbanden sie ihrerseits mit persönlichen Botschaften: Praktisches Lernen und Wissensaneignung miteinander zu verbinden, stets ein Ziel im Auge zu haben und dafür möglichst selbstbestimmt zu arbeiten. »Nutzt eure Privilegien und Chancen, lernt einen Beruf oder studiert!«

Mit den besonderen Ansätzen des Nachbarschaftsmuseums (biografisches Arbeiten, Alltagsbezug, Lebensumfeld, Geschichte, Gegenwart, regionale Bezüge, Multikulturalität) wurde versucht, im Rahmen des Projektes Jugendlichen mit migrantischen Wurzeln einen eigenen Zugang zur Lebens- und Berufswelt von Menschen mit Migrationsgeschichte anzubieten. Dabei geht es darum, den Umgang mit kultureller Vielfalt als besondere Lebensqualität zu erfahren und kulturelles Lernen als einen lebenslangen Prozess anzuerkennen. Beides zusammen macht die Qualität kultureller Bildung aus.

Eine solche kulturelle Bildung hat immer zugleich auch künstlerische Perspektiven. Kunst ist ein Medium der Aneignung wie der unmittelbaren Auseinandersetzung. Sie begünstigt neue Formen des Herangehens, erhöht Wahrnehmung und wertschätzende zwischenmenschliche Kommunikation; sie erhält die Komplexität gesellschaftlicher Zusammenhänge.

Die Ergebnisse des Projekts »Was machst Du später, Yasmin? – Unternehmen Zukunft« wurden 2009/10 im Museum Europäischer Kulturen im Rahmen der Ausstellung »Döner, Dienste und Design. Berliner UnternehmerInnen« gezeigt. Am Projekt beteiligte Schüler(innen) berichteten dort anlässlich der »Berliner Tage des interkulturellen Dialogs« retrospektiv, was das Projekt bei ihnen bewirkt hat. Sie betonten, gezielter ihre bi-kulturelle Herkunft als Chance für den Berufseinstieg auf dem Arbeitsmarkt zu sehen. Da es keine geradlinigen Karriereverläufe gibt, erscheint es ihnen umso wichtiger, die eigenen Interessen und Fähigkeiten zu kennen, sie verfolgen und persönliche Vorbilder im sozialen Umfeld finden zu können. Wesentlich war für sie der geschützte kreative Rahmen außerhalb des Schulunterrichts und jenseits des Alltags. Die künstlerische Arbeit im Team, verbunden mit persönlich vermittelten Lebenserfahrungen, erweiterte den Horizont, insbesondere für Ziele und Wünsche im Leben und die spätere Berufswahl.

Die Ausstellung wanderte im Jahre 2010 weiter zur deGUT-Messe für Existenzgründer(innen) sowie in das Berliner Rathaus Schöneberg, zusammen mit einer Ausstellung des Jugendmuseums Schöneberg. Die »CrossKultur«-Wochen des Berliner Bezirks Tempelhof-Schöneberg bildeten den Rahmen. Kulturarbeit kann und soll einen Beitrag zu gesellschaftlichen Selbstverständigungen liefern.

»Erforderlich sind neue Verständigungsmuster und Arenen der öffentlichen Erörterung, über die auf kommunale Entscheidungsfelder (indirekt) eingewirkt werden kann. Dazu müssen - auch im lokalen Umfeld existierende - Teilöffentlichkeiten mobilisiert und durch Grenzüberschreitungen und Vernetzung in ihren eingeschränkten Kommunikationshorizonten überwunden werden ... Sie treten damit ein in einen ›Prozess der öffentlichen Selbstverständigung‹; sie übernehmen Dolmetscherrollen, sorgen für Kommunikationstransfers zwischen unterschiedlichen Milieus, Institutionen, Kulturen und Interessen und bilden somit Knotenpunkte im Geflecht kommunikativer Vernetzung.« (Hagedorn, 1994: 138)

Hier liegen Chancen und Herausforderung gleichermaßen im Kontext von Keywork und in der Praxis des Nachbarschaftsmuseums.

Literatur

Amelung, U./Schemm, J. (1996): Standbein Spielbein, Hamburg

Amsterdam Historisch Museum (Hg) (2006): City Museums as places of civic dialogue?, Amsterdam

Gesché-Koning, Nicole (1996): ICOM-Study

Glaser, H./Röbke, T. (1992): Dem Alter einen Sinn geben, Heidelberg

Gösswald, U./Klages, R. (1996): Ein Haus in Europa. Stadtkultur im Museum, Leverkusen

Klages, R./Neuland-Kitzerow, D./Tietmeyer, E. (2009/10): Döner, Dienste und Design – Berliner UnternehmerInnen. Dokumentation einer Werkstattausstellung, Berlin; In Schriften der Freunde des Museums Europäischer Kulturen, Heft 10, 2010

Kistemaker, R./Tietmeyer, E. (2010): Entrepreneurial Cultures in Europe, Stories and museum projects from seven cities, Berlin

Vieregg, H. (1994): Museumspädagogik in neuer Sicht – Erwachsenenbildung im Museum, Verlag Schneider Hohengehren, Baltmannsweiler

Autorin

Klages, Rita, Dipl.-Päd., freiberufl. Kulturvermittlerin und Museums-Beraterin sowie Mitbegründerin und Motor des Nachbarschaftsmuseum e. V., Berlin. Aufbau und Durchführung von (Ausstellungs)-Projekten national und international. Lehraufträge/Referentin z. B. Hochschule Luzern/CH/Fachber. Sozialanimation, Humboldt-Universität/Europ. Ethnologie, Berlin, Hochschule der Künste Berlin/Künstlerweiterbildung, Hochschule Magdeburg/Fachber. Sozialarbeit, ASFH Berlin, Greenwich-University London/Fachber. Management, sowie Bundesakademie für kulturelle Bildung.
1986–1999 Aufbau/Leitung Projekt »Erfahrungswissen im Heimatmuseum Neukölln« in Berlin

2.2 Kreativ altern

Kulturgeragogik als Schlüssel zu mehr Lebensqualität

Kim de Groote

Herr G., 68 Jahre, hatte sich für seinen Ruhestand vorgenommen, Bildungsangebote wahrzunehmen, einfach um seinen Kopf zu trainieren und fit zu bleiben. Als seine Frau per Zufall eine Anzeige von einem neuen Tanztheater-Projekt für Menschen ab 60 fand, war er nicht gleich überzeugt, ob das das Richtige für ihn wäre. Seiner Frau zuliebe besuchte er mit ihr einen Schnuppertag. Seitdem ist er Feuer und Flamme für das Tanztheater und tritt regelmäßig mit der Gruppe auf. Warum er seine damalige Entscheidung nie bereut hat, sagt er ganz klar: »Es gibt kein fertiges Konzept. Die Kursleiterin entwickelt die Projekte mit uns und mit unseren Anregungen. Sie ist nicht die typische Lehrerin, wir hängen nicht an ihren Fäden. Aber sie begleitet und lenkt uns, damit das Stück bühnenpräsent wird.« Das Beispiel zeigt: Kulturelle Bildung erfordert und lebt von Partizipation der älteren Teilnehmenden und sie ermöglicht ihnen gesellschaftliche Teilhabe. Im Gegenzug bietet die Beschäftigung mit Kunst und Kultur Unterstützung im »Projekt des guten Lebens« (Fuchs 2008: 118). Gerade kreative Ausdrucksformen sind für viele ältere Menschen sinngebend und eine Bereicherung ihrer Lebensqualität.

Kulturelle Bildung als Schlüssel zu Partizipation und Lebensqualität

Wenn die Kinder aus dem Haus sind und berufliche Aufgaben wegfallen, fordert die Lebensphase Alter, die viele Menschen heute gesund und aktiv erleben dürfen, dazu heraus, sich neuen Lebensentwürfen zu stellen. Viele verspüren dann den Wunsch, die bevorstehende Lebensphase aktiv zu gestalten, sich neu zu orientieren, Neues zu erlernen und sich noch einmal zu verwirklichen. Herr G. ist dafür ein prototypisches Beispiel.

Angebote kultureller Bildung werden von älteren Menschen dazu gern genutzt, denn sie eignen sich gut, um Bedürfnisse oder Wünsche zu befriedigen, die sie im Laufe ihres Lebens oder im Alter entwickelt haben und die sie sich aufgrund dazugewonnener Zeit nun erfüllen können. Beispielsweise haben einige im Alter den Wunsch, das eigene Leben aufzuarbeiten. Kulturtechniken wie das Schreiben oder Methoden aus dem biografischen Theater bieten sich dazu an, sich mit der eigenen Lebensgeschichte auseinanderzusetzen und sie an folgende Generationen weiterzugeben oder auch Geschichten von anderen mit ähnlichen Lebenserfahrungen zu hören. Ältere beschränken sich aber nicht ausschließlich auf den Blick in die Vergangenheit. Viele wollen gefordert werden und sich mit neuen Themen auseinandersetzen – nach dem Motto »Ich wollte immer mal Klavierspielen lernen, jetzt habe ich Zeit dazu«. Ein weiteres Motiv besteht darin, neue Rollen zu finden. Wenn mit zunehmendem Alter gesellschaftliche Rollen entfallen, entsteht schnell das Gefühl der Unterforderung, des Nicht-mehr-gebraucht-Werdens. Viele begeben sich auf die Suche nach etwas, womit sie die frei gewordene Zeit im Ruhestand verbringen können. Die Teilnahme an Angeboten kultureller Bildung bietet für ältere Menschen die Möglichkeit, die Zeit sinnvoll und aktiv zu verbringen. Hinzu kommt, dass in Angeboten kultureller Bildung künstlerische Produkte entstehen. Die Präsentation dieser Produkte ist für einige ältere Menschen eine große Herausforderung, aber auch ein Anreiz, ihre neu gewonnenen Kompetenzen in der Öffentlichkeit zu zeigen. Die positiven Rückmeldungen aus dem Publikum oder von Besuchern bestätigen sie in ihrem Tun, steigern ihr Selbstwertgefühl und motivieren sie, ihre Aktivität fortzuführen. Nicht zu unterschätzen ist auch der Wunsch nach sozialen Kontakten und Unterhaltung. Die Teilnahme an kulturellen Bildungsangeboten macht Spaß, bringt Gleichgesinnte mit ähnlichen Interessen in Kontakt und baut so wichtige neue Netzwerke auf (vgl. de Groote 2013).

Erfreulicherweise erfährt das Thema kulturelle Bildung in den letzten Jahren in Deutschland große Aufmerksamkeit. Im Mittelpunkt steht traditionell die kulturelle Bildung von Kindern und Jugendlichen, doch inzwischen hat sich das Verständnis erweitert und kulturelle Bildung wird als »lebenslanges und lebensbegleitendes Lernen mit den Künsten« beschrieben (BKJ 2011: 9). So hat auch der aktuelle Bildungsbericht das Schwerpunktthema »Kulturelle Bildung im Lebenslauf« (Autorengruppe Bildungsberichterstattung 2012). Der Bericht geht von dem politisch unumstrittenen Konzept aus, dass kulturelle Bildung einen unverzichtbaren Bereich der Allgemeinbildung darstellt, in dem Kinder, Jugendliche und Erwachsene ihre Persönlichkeit entfalten und diese in gesellschaftliche Zusammenhänge einbringen.

Die Bundesregierung bekräftigt im fünften Altenbericht, dass kulturelle Bildung für Ältere die aktive Teilhabe an der Gesellschaft fördern kann. »Bildungsmaßnahmen – gerade im kulturellen Bereich – sind oft eine Mischung zwischen Weiterbildung und aktiver Lebensführung und Freizeitgestaltung. Für ein aktives Altern ist diese Form der Lebensführung eine zentrale

Voraussetzung« (Deutscher Bundestag 2006: 101). Die Beschäftigung mit Kunst und Kultur kann durch den Erwerb von Schlüsselkompetenzen wie Kreativität, Kommunikations- und Reflexionsfähigkeit auch in vielen anderen Arbeits- und Lebenszusammenhängen Wirkung entfalten. Im Medium der Künste finden Lern- und Auseinandersetzungsprozesse des Menschen mit sich, seiner Umwelt und der Gesellschaft statt (education through the arts, vgl. Bamford 2006). Ältere Menschen werden mit Veränderungen, Zuschreibungen und biografischen Wendepunkten konfrontiert und zu Anpassungsprozessen herausgefordert. Kunst und Kultur können dazu beitragen, diese Veränderungsprozesse, die damit zusammenhängenden Fragestellungen und Emotionen mit künstlerischen Mitteln zu thematisieren, zu reflektieren, zu kommunizieren und zu verarbeiten (Sieben 2005: 5). In Analogie zu den sensiblen Phasen, die von Maria Montessori für das Kinder- und Jugendalter formuliert wurden, bezeichnet Nell das Alter als eine »sensible Phase für Sinnfragen und Lebensauswertung«, die durch die Beschäftigung mit Kunst und Kultur, schöpferisches Tun und soziales Engagement entscheidend gefördert werden kann (Nell 2007: 101). Kurz: Kulturelle Bildung stellt einen Weg dar, den Herausforderungen des Alterns zu begegnen.

Zudem werden Menschen durch Kulturelle Bildung an Kunst und Kultur herangeführt und zu einer intensiveren Beschäftigung mit einem künstlerisch-kulturellen Thema angeregt. Sie werden so zu aktiven Kulturschaffenden und zu kompetenten Rezipienten. In kulturpädagogischen Angeboten können Wissen und Fertigkeiten zum Verständnis und zur Ausübung künstlerisch-kreativer Arbeit erworben werden (education in the arts, vgl. Bamford 2006). So werden viele Ältere zum Beispiel durch den Besuch von kunsthistorischen Seminaren zu Kennern bestimmter Epochen, andere werden in Theatergruppen, Chören oder literarischen Schreibwerkstätten selbst kreativ. Da während der Berufsphase persönliche Interessen häufig zurückgestellt bzw. Kompetenzen unfreiwillig vereinseitigt wurden, besteht ein Nachholbedarf, in der nachberuflichen Phase eigene kreative Potenziale zu entfalten und sich neue Erlebnismöglichkeiten und kulturelle Bedeutungszusammenhänge zu erschließen (Kade 2007: 77).

Allerdings besteht gerade in der kulturellen Bildung bei Angeboten für Erwachsene und Ältere ein großer Nachholbedarf, der im Zuge der Alterung der Gesellschaft gravierender wird, wie die Enquete-Kommission „Kultur in Deutschland“ konstatiert (Deutscher Bundestag 2008: 329).

Notwendigkeit einer Kulturgeragogik

In der Kulturpraxis entstehen in den letzten Jahren immer häufiger Angebote speziell für ältere Menschen. Doch die besonderen Bedürfnisse und Interessen der Altersgruppe werden selten von Beginn an mitgedacht. Die Ausgestaltung der Angebote ist noch stark durch die Kulturpädagogik geprägt, die allerdings schon vom Wortstamm her einen Schwerpunkt auf Kinder und Jugendliche legt (griechisch »Pädagogik«: das Kind anleiten, »pais« = das Kind, »ágein« = anleiten). Besonderheiten einer älteren Zielgruppe werden kaum thematisiert. Die Schaffung einer neuen Disziplin – der Kulturgeragogik (griechisch »Geragogik«: den älteren Menschen anleiten, »gerós« = der ältere Mensch, »ágein« = anleiten) – erscheint aus diesem Grund sinnvoll.

Die Fachhochschule Münster und das Institut für Bildung und Kultur haben daher im Jahr 2010 eine entsprechende berufsbegleitende, einjährige, zertifizierte Weiterbildung für Kunst- und Kulturschaffende, Tätige in der Sozialen Arbeit, Altenhilfe und Pflege ins Leben gerufen. Beide Institutionen haben bereits viele Jahre Erfahrung mit dem Thema Kulturarbeit mit Älteren. Die Fachhochschule Münster bietet seit 2004 die – stets ausgebuchte – Weiterbildung Musikgeragogik an. Das Institut für Bildung und Kultur in Remscheid ist seit 2008 vom Kulturministerium des Landes NRW damit beauftragt, ein Kompetenzzentrum für Kultur und Bildung im Alter (kubia) aufzubauen, das mit Information, Beratung, Vernetzung, Forschung und Qualifizierung den Kulturinstitutionen und Kulturschaffenden im Land zur Verfügung steht.

Die Kulturgeragogik kombiniert Erkenntnisse aus Kulturpädagogik, Gerontologie und Geragogik. Fachkräften der Sozialen Arbeit, Altenhilfe und Pflege sowie Kulturpädagog(inn)en und Künstler(inne)n soll damit ermöglicht werden, kulturelle Bildungsangebote zu schaffen, die sich an der Biografie und Lebenswelt Älterer orientieren und ihr Lernverhalten methodisch und didaktisch berücksichtigen.

Das Ziel der Kulturgeragogik ist es, ein flächendeckendes, barrierefreies und passendes sowie qualitativ hochwertiges Angebot für die verschiedenen kulturellen Bedürfnisse und Ansprüche älterer Menschen in ihren jeweiligen Lebenslagen zu schaffen. Die Fachkräfte in der Weiterbildung beschäftigen sich ein Jahr lang mit verschiedenen Arbeitsansätzen und Methoden der Kulturarbeit mit Älteren – von Musik und kreativem Schreiben über Theater, Tanz und Bildende Kunst bis hin zur Medienarbeit. Dabei nehmen sie verschiedene Zielgruppen in den Blick: »junge Alte« und »alte Alte«, generationsübergreifende oder interkulturelle Gruppen. Die Teilnehmenden eignen sich ein kulturgeragogisches Hintergrundwissen über biologische, kognitive und psychische Alternsprozesse, über die Sozialisation Älterer sowie über Besonderheiten des Lernens im Alter an.

In einem begleitenden Praxisprojekt erproben die Teilnehmenden Gelerntes. Dabei werden ganz unterschiedliche kulturelle Bedürfnisse und Ansprüche der Älteren berücksichtigt. Aufgrund der Heterogenität der Zielgruppe sind die Angebote mindestens genauso vielfältig wie die der kulturellen Kinder- und Jugendbildung, die sich an Kinder im Vorschulalter bis an junge Erwachsene richten. Schließlich umfasst das Alter je nach Definition 30 bis 40 oder sogar mehr Lebensjahre. Dies sind mehrere Generationen, von den sogenannten »jungen« Alten zwischen 50 und 60 bis hin zu den Hochaltrigen. Diese Generationen sind geprägt von ganz unterschiedlichen Lebensstilen, kulturellen Sozialisationen, Bedürfnissen und Vorlieben. Daher sind auch Kulturinteressen Älterer je nach Bildungsgrad, sozialer Herkunft und Gesundheitszustand zunehmend heterogen. Die Kulturgewohnheiten und -bedürfnisse eines soeben verrenteten »Babyboomers« sind vollkommen andere als die eines 80-jährigen Bewohners eines Pflegeheims. So ist auch die Vielfalt der entwickelten kulturgeragogischen Angebote groß: Die Bandbreite reicht von musikalischen Angeboten für »Altrocker« über Museums- und Konzertprogramme für Menschen mit Demenz, Theaterinitiativen mit Hochaltrigen, Erzählprojekten mit Alt und Jung bis hin zu ganzen Kulturwochen für Ältere. Neben der Professionalisierung soll mit der Kulturgeragogik als neue Disziplin die Forschung zur kulturellen Bildung im Alter vorangetrieben und mit der Praxis verzahnt werden.

Erfordernisse kulturgeragogischer Angebote

Was unterscheidet nun die kulturgeragogische Arbeit von der kulturpädagogischen? Ältere Menschen haben eine lange Lebens- und Bildungsgeschichte, die sie in Bildungsprozesse einbringen möchten. Der schon beschriebene Wunsch nach Partizipation und Mitbestimmung sollte berücksichtigt und Inhalte an den Interessen der heutigen Älteren ausgerichtet werden. Mit den Älteren sollte dialogisch auf Augenhöhe ausgehandelt werden, was gelernt werden soll, und geklärt werden, welche Kompetenzen und Ressourcen sie mitbringen. Sie verfügen über jede Menge kulturelle Erfahrungen, sei es aus der Schulzeit, aus ihrer Freizeit oder aus dem Berufsleben. Sie hatten viele Gelegenheiten, ihre Vorlieben zu festigen und Abneigungen zu entwickeln. Das Prinzip der Orientierung an den Teilnehmenden und die Berücksichtigung ihrer kulturellen Biografie und Sozialisation sind bei der Arbeit mit Älteren von großer Bedeutung. Insgesamt verfügen Ältere heute über höhere Schulabschlüsse als frühere Kohorten, und sie nehmen im Vergleich zu älteren Kohorten häufiger an Bildungsmaßnahmen teil. Sie stellen dementsprechende Qualitätsansprüche an die kulturelle Bildung. Gefragt sind nicht mehr nur Kaffee und Kuchen, sondern Angebote, die ihren unterschiedlichen Interessen, Bedürfnissen und kulturellen Erfahrungen Rechnung tragen. Nichtsdestoweniger haben viele Ältere auch ein Bedürfnis nach Edutainment: Sie möchten sich nicht nur weiterentwickeln und Neues lernen, sondern auch unterhalten werden und soziale Kontakte knüpfen. Dies sollten kulturgeragogische Angebote berücksichtigen.

Das oberste Gebot lautet also, von den Bedürfnissen der älteren Teilnehmenden auszugehen (vgl. hierzu ausführlich de Groote 2013, de Groote/Fricke 2010). Ältere Menschen nehmen freiwillig an diesen Bildungsangeboten teil. Wenn ihre Bedürfnisse nicht berücksichtigt werden, gibt es für sie keinen Grund, weiterhin teilzunehmen.

Kulturgeragogen benötigen darüber hinaus ein breites Hintergrundwissen über biologische, kognitive und psychische Alterungsprozesse. Körperliche oder kognitive Einschränkungen (z. B. bei einer Demenz, vgl. hierzu Nebauer/de Groote 2012) müssen berücksichtigt werden können. Zudem sind die Besonderheiten des Lernens im Alter zu beachten. Die biologischen Voraussetzungen für das Lernen sind auch im hohen Erwachsenenalter gegeben, sofern keine Erkrankungen des Gehirns vorliegen. Sprachliche Fähigkeiten, Kenntnisse der kulturellen Umgebung nehmen im Alter sogar zu, das logische Denken bleibt unbeeinträchtigt (Herschkowitz/Herschkowitz 2006: 120). Sowohl neue Zellen als auch neue Synapsenverbindungen können in vielen Gehirnregionen gebildet werden. Voraussetzung ist allerdings, dass das Gehirn durch lebenslanges Lernen trainiert wird (Bubolz-Lutz u. a. 2010: 101). Es ist bewiesen, dass sich die Anatomie des Gehirns auch im Alter noch verändern kann. Wird das Gehirn trainiert, so können der Hippocampus – die Region, die für das Lernen von Bedeutung ist – sowie der Nucleus accumbens – eine Hirnregion des Belohnungssystems – im Alter vergrößert werden. Daher ist es von Bedeutung, dass ältere Menschen sich mit Neuem beschäftigen und lernen (vgl. Boyke/May 2009). Mit zunehmendem Alter verlangsamt sich zugleich die Informationsaufnahme, die Aktivität der Nervenzellen nimmt ab, das Arbeitsgedächtnis arbeitet langsamer. Wenn die Übung fehlt, fällt es schwer, sich mit neuem Wissen auseinanderzusetzen (Herschkowitz/Herschkowitz 2006: 118, 104). Wenn das Gehirn und der Körper nicht genutzt werden, lassen Leistungen nach (ebd. 2006: 99 f.). Kunst und Kultur bieten viele Möglichkeiten, die über Gehirnjogging hinausgehen und die sowohl geistige als auch körperliche Leistungen trainieren.

Die älteren Teilnehmenden können vorhandene Lernstrategien und Denkmuster, die sie über viele Jahre hinweg erworben haben, nicht einfach ablegen und möchten diese berücksichtigt wissen. Ältere lernen zwar etwas langsamer als Jüngere, dem steht aber die Genauigkeit des Lernens gegenüber. Im Laufe ihres Lebens haben sie sich einen großen Wissensbestand angeeignet. Neues Wissen können sie mit vorhandenem Wissen in Verbindung bringen. Bestehendes Wissen hilft, neues Wissen einzuordnen, zu integrieren, zu strukturieren und zu verankern (Spitzer 2003: 40).

Ältere haben also einerseits hohe Ansprüche, was unter Umständen auch damit zusammenhängt, dass sie aufgrund ihres Alters viele Vorerfahrungen einbringen können und ggf. sogar länger als der Dozent in einer Kunstsparte aktiv sind. Andererseits verändert sich gleichzeitig das Lernen aufgrund des Alters. Ein Dozent der kulturellen Bildung steht dann vor der Aufgabe, die Teilnehmenden zu fordern, aber nicht zu überfordern.

Eine weitere Herausforderung ist die Arbeit mit intergenerationellen Gruppen. Neben einem methodisch-didaktischen Gespür für die Bedürfnisse beider Altersgruppen sind vor allem Moderationsqualitäten gefragt, um wirklich einen Dialog auf Augenhöhe zu stiften (vgl. Fricke 2012).

Kunst trifft Altenarbeit – interdisziplinärer Ansatz der Kulturgeragogik

Kulturarbeit mit Älteren liegt auf der Schnittstelle von Kultur- und Sozial-/ Altenarbeit. So ist es der Ansatz und das Anliegen der Kulturgeragogik, Fachkräfte aus unterschiedlichen Disziplinen zusammenzubringen. Sie lernen von-, mit- und übereinander und kooperieren teils auch noch nach der Weiterbildung. Die Teilnehmenden schätzen die bereichernde Mischung unterschiedlicher Erfahrungshintergründe. Einige verfügen über eine Expertise aus dem Alten- und Pflegebereich, andere aus dem Bereich Kunst und Kultur. Einrichtungen der Altenarbeit und -pflege erhalten kreative Anregungen von Kunstschaffenden für ihre Arbeit, Kulturanbieter lernen die Besonderheiten des Alters besser kennen und erschließen neue Zielgruppen.

So hat beispielsweise die Kulturgeragogin Ulrike Kruse, die beim Demenz-Servicezentrum Region Münster und das westliche Münsterland tätig ist, im Rahmen der Weiterbildung Kontakt zu sämtlichen Münsteraner Museen aufgenommen und professionell sowie ehrenamtlich in der Altenhilfe tätige Personen geschult, um Menschen mit Demenz ins Museum zu begleiten und entsprechende Führungskonzepte zu entwickeln. Andere Teilnehmende bauen im Rahmen der Weiterbildung Strukturen auf, die bürgerschaftliches Engagement unterstützen, z. B. initiierte Gisela Riedel mobikult, den kulturellen Besuchsdienst der Gemeindediakonie Hiltrup, bei dem Ehrenamtliche ältere Menschen im häuslichen Umfeld mit Themenkoffern aufsuchen. Ein anderes Beispiel für die Zusammenarbeit von Kultur- und Sozialarbeit ist die KulturBegleitung der Stadt Rheine. Das Ziel des Projekts, das Petra Möller, Mitarbeiterin im Kulturservice der Stadt, ins Leben gerufen hat, besteht darin, einen Dienst zur Begleitung älterer Menschen zu Kultureinrichtungen anzubieten, die in ihrer Mobilität eingeschränkt sind oder ungern allein aus dem Haus gehen. Die ehrenamtlichen Begleitpersonen werden über ein ebenfalls ehrenamtliches Nachbarschaftshilfe-Projekt für Senioren vermittelt; Kultureinrichtungen in Rheine unterstützen dieses Projekt, indem sie den Engagierten freien Eintritt gewähren.

Eine Chance für Kultureinrichtungen

Nicht nur kulturinteressierte Ältere und Fachkräfte, die sich mit dem Thema auseinandersetzen, sondern auch Kultureinrichtungen profitieren von einem kulturgeragogischen Diskurs. Angesichts der bevölkerungsstrukturellen Veränderungen im demografischen Wandel liegt es nahe, dass sich Kulturinstitutionen verstärkt Älteren zuwenden und passgenaue Angebote für sie konzipieren, um neue Zielgruppen zu gewinnen und dadurch auch einem insgesamt abnehmenden Kulturpublikum entgegenzuwirken.

In vielen Kultureinrichtungen sind die Bilder vom Alter(n) jedoch veraltet, was dazu führt, dass keine zeitgemäßen Angebote für die heutige Generation Älterer entwickelt werden. Die Generali Altersstudie 2013 belegt, dass sich die Altersschwellen, ab denen die Vitalität nachlässt, sich das Aktivitätsniveau verringert und das Interessenspektrum verengt, in den vergangenen zwei Jahrzehnten erheblich verschoben haben. Während die Gesellschaft strukturell altert, hat sich die ältere Generation gleichsam verjüngt und kompensiert damit zum Teil die Auswirkungen des demografischen Wandels (Generali Zukunftsfonds 2012: 47 ff.). Ältere Menschen sind nicht nur kompetente und interessierte Rezipienten von Kultur, sondern sie agieren als Unterstützer, erfahrene Vermittler und kreative Produzenten. Häufig engagieren sich mobile Ältere als Kulturvermittler und -botschafter für in ihrer Bewegung eingeschränkte Menschen ihrer Altersgruppe oder für andere Generationen. So haben die älteren Keyworker im LehmbruckMuseum in Duisburg in Blind-Date-Führungen in der »Hey Alter…!«-Ausstellung Gespräche zwischen Jugendlichen und Älteren über künstlerische Positionen zum Thema »Jugend und Alter«, über Altersbilder und Stereotypen angeregt.

Eine Vielzahl von selbst organisierten kulturellen Bildungsformen zeigt, dass ältere Menschen (oft mit gutem Bildungshintergrund) ihre Bildungsinteressen auf der Basis eigener Ressourcen umsetzen. Individuell, im Freundeskreis oder angegliedert an (Kultur-)Institutionen werden Kulturinteressen gepflegt und ausgeweitet. Viele arbeiten ehrenamtlich in kulturellen Zusammenhängen und genießen hier die Chance zu intergenerationellen Erfahrungsmöglichkeiten. Kulturanbieter reagieren auf diesen Trend, greifen Ideen auf und nehmen sie in ihre Angebotspalette mit auf. Ein gutes Beispiel dafür sind die Keyworker am Düsseldorfer Stadtmuseum, die Projekte zu den Themen Foto über künstlerisches Gestalten bis hin zu Schattenspieltheater initiieren. Die Wissensressourcen, das Erfahrungswissen der Älteren und ihre Fähigkeit zur Selbstorganisation bergen ein großes Potenzial, das durch gezielte fachliche Unterstützung erschlossen und in kommunale und regionale Zusammenhänge integriert werden kann. Viele Einrichtungen sind in Zeiten knapper Kassen auf die ehrenamtliche Mitarbeit angewiesen und könnten ohne deren Einsatz nicht aufrechterhalten werden. Zusätzlich kann hierdurch

Publikumsbindung gefördert werden, denn die eigene Betätigung stärkt die Identifikation mit der Institution.

Hinzu kommen wirtschaftliche Aspekte: Wenn Kultureinrichtungen mit Mitteln des Audience Development strategische Maßnahmen ergreifen, um neue Zielgruppen zu erschließen, eröffnet die Auseinandersetzung mit Älteren zusätzliche Möglichkeiten der Publikums- und Besucherentwicklung, sofern man ihnen adäquate Angebote macht. Anbieter kultureller Bildung können beispielsweise freie Kapazitäten besser auslasten. Die Kulturgeragogin Beatrix Wirbelauer initiierte an der Music Academy Düsseldorf »Rockbands 60plus«. Die Proben legte sie in den Vormittag – eine Tageszeit, zu der Raum- und Lehrkapazitäten bislang meist ungenutzt blieben. In kürzester Zeit konnten allein durch die Etablierung dieser Bands die Schülerzahlen um 10 Prozent gesteigert werden.

Abgesehen von solchen Effekten liegt in dieser Auseinandersetzung aber auch eine Art Verpflichtung öffentlicher Kultureinrichtungen. Ältere Kulturnutzer sind zwar mehrheitlich mobil und engagiert – für diejenigen, die es nicht sind, müssen gleichwohl eigene Angebotsstrukturen entwickelt werden. Anja Renczikowski, Absolventin der Weiterbildung Kulturgeragogik, hat das Projekt Herzmusik ins Leben gerufen – einen Konzertbesuch mit Menschen mit Demenz bei den Duisburgern Philharmonikern. Der Intendant Dr. Alfred Wendel begründet sein Engagement für das Thema damit, dem Postulat »Kultur für alle« gerecht zu werden. Menschen, die jahre- oder vielleicht jahrzehntelang Konzerte besucht haben, möchte er etwas zurückgeben. Wenn sie besondere Unterstützung oder ein spezielles Angebot benötigen, sollten hierfür entsprechende Voraussetzungen geschaffen werden, damit sie weiterhin bedenkenlos am kulturellen Leben teilnehmen können. »Ich finde sogar, dass wir eine moralische Verpflichtung haben, dies zu tun«, so Wendel.

Angesichts der demografischen Prognosen wird es Kulturgeragogen künftig nicht an Arbeit mangeln. Aber es liegt auch im öffentlichen und kulturpolitischen Interesse, die kulturelle Bildung für Ältere weiter zu stärken. Der Kulturgeragoge Daniel Neugebauer bringt es auf den Punkt. »Geragogik ist eben nicht die Lehre von ein wenig Zerstreuung vor dem Unvermeidlichen. Es geht um Lebensqualität, Identitätsfindung und das Stimulieren eines enormen gesellschaftlichen Potenzials, das häufig noch brachliegt.« (Neugebauer 2011: 25).

Literatur

Autorengruppe Bildungsberichterstattung (Hrsg.) (2012): Bildung in Deutschland 2012. Ein indikatorengestützter Bericht mit einer Analyse zur kulturellen Bildung im Lebenslauf. Bielefeld, www.bildungsbericht.de/daten2012/bb_2012.pdf

Bamford, Anne (2006): The Wow Factor. Global research compendium on the impact of the arts in education. Münster u. a.: Waxmann

BKJ (Bundesvereinigung Kulturelle Kinder- und Jugendbildung) (Hrsg.) (2011): Kulturelle Bildung – Stark im Leben mit Kunst und Kultur. Remscheid: BKJ

Boyke, Janina/May, Arne (2009): Die Fähigkeit zur Plastizität des Gehirns im Alter: Konsequenzen für den Alltag, www.becker-stiftung.de/upload/Tagung_2009/Abstract_BoykeMay.pdf

Bubolz-Lutz, Elisabeth/Gösken, Eva/Kricheldorff, Cornelia/Schramek, Renate (2010): Geragogik. Bildung und Lernen im Prozess des Alterns. Das Lehrbuch. Stuttgart: Kohlhammer

Deutscher Bundestag (2006): Fünfter Bericht zur Lage der älteren Generation in der Bundesrepublik Deutschland. Potenziale des Alters in Wirtschaft und Gesellschaft – Der Beitrag älterer Menschen zum Zusammenhalt der Generationen und Stellungnahme der Bundesregierung. Bundesdrucksache 16/2190

Deutscher Bundestag (2008): Kultur in Deutschland. Schlussbericht der Enquete-Kommission »Kultur in Deutschland«. Regensburg: ConBrio

Fricke, Almuth (2012): Kulturelle Bildung im Dialog zwischen Jung und Alt, in: Bockhorst, Hildegard/Reinwand, Vanessa-Isabelle/Zacharias, Wolfgang: Handbuch Kulturelle Bildung. München: kopaed, S. 825–827

Fricke, Almuth/Marley, Maureen/Morton, Alice/Thomé, Julia (2013): The mix@ges Experience. How to promote Intergenerational Bonding through Creative Digital Media. Remscheid: IBK

Fuchs, Max (2008): Kultur macht Sinn. Einführung in die Kulturtheorie. Wiesbaden: VS Verlag für Sozialwissenschaften

Generali Zukunftsfonds (Hrsg.)/Institut für Demoskopie Allensbach (2012): Generali Altersstudie 2013: Wie ältere Menschen leben, denken und sich engagieren. Bonn: bpb-Schriftenreihe

Groote, Kim de (2013): »Entfalten statt liften!« Eine qualitative Untersuchung zu den Bedürfnissen von Senioren in kulturellen Bildungsangeboten. München: kopaed

Groote, Kim de/Fricke, Almuth (Hrsg.) (2010): Kulturkompetenz 50+. Praxiswissen für die Kulturarbeit mit Älteren. München: kopaed

Groote, Kim de/Nebauer, Flavia (2008): Kulturelle Bildung im Alter. Eine Bestandsaufnahme kultureller Bildungsangebote für Ältere in Deutschland. München: kopaed

Herschkowitz, Norbert/Herschkowitz, Elinore Chapman (2006): Lebensklug und kreativ. Was unser Gehirn leistet, wenn wir älter werden. Freiburg: Herder

Keuchel, Susanne/Weil, Benjamin (2010): Lernorte oder Kulturtempel. Infrastrukturerhebung: Bildungsangebote in klassischen Kultureinrichtungen. Köln: ARCult Media

Keuchel, Susanne/Wiesand, Andreas J. (2008): Das KulturBarometer 50+. Zwischen Bach und Blues ... Bonn: ARCult Media

Nebauer, Flavia/Groote, Kim de (2012): Auf Flügeln der Kunst. Ein Handbuch zur künstlerisch-kulturellen Praxis mit Menschen mit Demenz. München: kopaed

Nell, Karin (2007): Keywork lernen – Fortbildungskonzepte für die Gewinnung und Qualifizierung von Keyworkern. In: Knopp, Reinhold/Nell, Karin (Hrsg.) (2007): Keywork. Neue Wege in der Kultur- und Bildungsarbeit mit Älteren. Bielefeld: transcript Verlag, S. 77–116

Neugebauer, Daniel (2011). Wenn ich groß bin, werde ich Museumsgeragoge. In: Kulturräume+. Das kubia-Magazin, Heft 01, S. 24–25

Sieben, Gerda (2005): Das Leben jenseits der 50 beflügelt die Fantasie. In: politik und kultur. Zeitung des Deutschen Kulturrates, Heft 11/12, S. 5–6

Spitzer, Manfred (2003): Langsam, aber sicher. Gehirnforschung und das Lernen Erwachsener. In: DIE Zeitschrift für Erwachsenenbildung, Heft 3, S. 38–40

Autorin

Dr. de Groote, Kim, Dipl.-Pädagogin, wissenschaftliche Mitarbeiterin im Kompetenzzentrum für Kultur und Bildung im Alter (kubia) am Institut für Bildung und Kultur (IBK) in Remscheid, fachliche Leiterin der Weiterbildung Kulturgeragogik (in Zusammenarbeit mit der FH Münster).
Weitere Informationen: www.ibk-kubia.de // www.kulturgeragogik.de

2.3 Keywork findet Stadt

Keywork im inklusiven Wohnquartier

Christiane Grabe

Aktuelle Herausforderungen und Leitbilder der Stadt- und Quartiersentwicklung

»Suchet der Stadt Bestes« (Jeremia 29,7) – ein Bibelvers, der zu einer zukunftsgerichteten Stadt- und Quartiersentwicklung geradezu herausfordert. Angesichts der globalen Herausforderungen wie Klimawandel, Peak Oil, Metropolenwachstum, Armut, Landflucht, Migrationsbewegungen, Finanzkrise sind zumindest in der westlichen Hemisphäre die sich real vollziehenden Veränderungen und Entwicklungen eher dürftig. Unsere gebaute Umwelt ist im Wesentlichen bestandsgeprägt und weit davon entfernt, »vollständig CO2-neutral, hochgradig energieeffizient, mobilitätsoptimiert, klimaangepasst und für alle Bewohner lebenswert« zu sein, wie es städtebauliche Zukunftsszenarien postulieren. Etwas bescheidener gibt sich die »Charta von Leipzig«, unsere aktuelle stadtentwicklungspolitische Leitlinie, die, orientiert am Vorbild der »europäischen Stadt«, nachhaltige, gemischte, anpassungsfähige und soziale Strukturen und die Beteiligung der Bürgergesellschaft fordert.

Faktisch kommt die zunehmende Ungleichheit in der Bevölkerungsentwicklung, der Einkommens- und der Vermögensverteilung fast ungebremst in den Städten und Quartieren an. Wir erleben ein Nebeneinander von wachsenden und schrumpfenden Regionen und Kommunen, und innerhalb der Städte eine kleinräumige Nachbarschaft von aufsteigenden und absinkenden Standorten. So entstehen neue Hochglanz-Quartiere neben Stadtbereichen mit Trading-down-Perspektiven, verfestigen sich Strukturen baulicher Vernachlässigung und sozialer Benachteiligung in Sichtweite zu neuen luxuriösen Einkaufsoasen oder Stadtvillensiedlungen. Wieder stärker in den Blickpunkt gerät das in den 1970er-Jahren erstmals breit thematisierte Phänomen der Verdrängung der Stammbewohnerschaft durch Umnutzung, Sanierung und Aufwertung attraktiver Innenstadtlagen, die sogenannte »Gentrifizierung«. Parallel zu den beschriebenen Entwicklungen ist die Zahl sozial gebundener Wohnungen im Bestand und beim Neubau deutlich zurückgegangen. Damit wird es für zahlungsschwache Bewohner immer schwerer, Angebote für integrierte, selbstbestimmte, nachbarschaftliche oder gemeinschaftsorientierte Wohnformen zu finden. Verdrängung, Segregation und Abbau, Zentralisierung und Vernachlässigung der öffentlichen Infrastruktur konterkarieren die Bemühungen zur altersgerechten bzw. inklusiven Quartiersentwicklung und fördern die Verfestigung bildungs- und gesundheitsferner, stigmatisierter Milieus. Dass diese Prozesse kein »natürliches« Ende finden müssen, zeigt ein Blick in benachbarte Staaten. So weisen aktuelle Untersuchungen auf ein enormes Anwachsen sogenannter »Gated communities«, also geschlossener Wohnkomplexe mit Zugangsbeschränkungen, besonders in den ehemaligen Ostblockstaaten hin.

Gestaltung von Inklusion als herausragende gesellschafts- und stadtentwicklungspolitische Aufgabe

Dies ist aus stadtplanerischer und stadtsoziologischer Sicht die Kulisse, vor der Inklusion, basierend auf der 2009 von Deutschland unterzeichneten UN-Behindertenrechtskonvention, als verbindliches gesellschaftspolitisches Leitbild umgesetzt werden soll. Wirkliche gesellschaftspolitische Relevanz erreicht die Beschäftigung mit Inklusion vor allem dann, wenn sie die Engführung auf die Berücksichtigung von Menschen mit Behinderung überwindet, selbstverständlich auch Aspekte wie ethnische Herkunft, Sprache und Religion, geschlechtliche Identität oder materielle Gleichheit bzw. Ungleichheit einbezieht – und sich damit als Impulsgeber(innen) für einen Wandel hin zu einer vielfaltsorientierten, solidarischeren, gerechteren Gemeinschaft insgesamt versteht. Dabei beschreibt Inklusion weniger einen Status quo, den es zu errichten gilt – der Grad an Inklusion ist immer relativ –, sondern stellt vielmehr einen Prozess dar, der mit einer Überprüfung der eigenen Haltungen und Werte beginnt, grundlegende gesellschaftspolitische, institutionelle und individuelle Perspektiv- und Paradigmenwechsel erfordert, die vielfältigen Widersprüche und auch Zumutungen offensiv thematisiert und nur im Miteinander der betroffenen Menschen, der Politik, der Institutionen und der Bürgerschaft gestaltet werden kann.

Denn die Auseinandersetzung mit Inklusion in diesem umfassenden Sinne als Gegenmodell zur Ausgrenzung legt den Finger in die Wunden einer auf vielen Ebenen »durchökonomisierten« Gesellschaft. Sie weist auf den Preis hin, den wir individuell, gesamtgesellschaftlich und global für unser als alternativlos bezeichnetes Wachstums- und Wohlstandsmodell zu zahlen haben. In einer konsequent individualisierten, konkurrenzbasierten Gesellschaft, in der von der Kindertagesstätte bis zur Erwerbsbiografie Leistungsorientierung, Geschwindigkeit, Erfolg die entscheidenden Anerkennungskriterien sind, bestimmt Ausgrenzung die alltägliche Realität für Lernschwächere, Bewegungseingeschränkte, (Langzeit-)Arbeitslose, Niedriglohnempfänger, Migranten, Flüchtlinge, Menschen mit Kleinstrenten, behinderte Menschen im Erwerbsalter – mit noch zunehmender Schärfe durch das politisch legitimierte Ausbluten der öffentlichen Haushalte zugunsten wachsenden Reichtums der Bezieher der obersten Einkommen. Vor diesem Hintergrund kann sich Inklusion nicht auf die Diskussion von mehr Toleranz, Verständnis und Interesse beschränken, sondern bedeutet die Durchsetzung von Rechten, die mit entsprechenden Ressourcen hinterlegt sein müssen strukturell – finanziell und konkret – und stellt damit die herrschende Wohlstandsverteilung ebenso fundamental infrage wie unsere in alle Lebensbereiche einfließenden Leitbilder Leistungsorientierung, Beschleunigung, Flexibilisierung, Individualisierung.

Statt gesellschaftlich wünschenswerter und politisch geforderter Inklusion, Teilnahme und Teilhabe findet, wie zuvor beschrieben, tatsächlich eine zunehmende Exklusion benachteiligter Bewohner in den Quartieren statt. Gleichzeitig werden die Handlungsspielräume für eine gemeinwohlorientierte und zukunftsweisende Steuerung der Stadtentwicklung durch eine chronische Unterfinanzierung der Kommunen immer weiter eingeschränkt. Vordringlich ist vor diesem Hintergrund das energische Einfordern der gesamtgesellschaftlich zur Verfügung zu stellenden notwendigen finanziellen Mittel zur Gewährleistung der kommunalen Daseinsfürsorge und stadtentwicklungspolitischen Steuerungsverantwortung. Hinzukommen muss aber auch die Mobilisierung und Stärkung der »Bürgerstadt« durch ein Mehrfaches an Partizipation als üblich; eine Forderung, die besonders eindringlich der Städtebauer Gerhard Curdes in einem Vortrag formuliert hat: »Wir können uns noch so anstrengen und uns bemühen, die besten städtebaulichen Voraussetzungen für das Zusammenleben zu schaffen. Wenn uns die Fähigkeit des friedlichen und nachbarschaftlichen konstruktiven Zusammenlebens […] verloren geht, dann nützt auch die physische Qualität der Stadt letztlich nichts. Das bedeutet nicht mehr und nicht weniger, als die lokale Gesellschaft in die Problemstellungen und in die Erörterung von Handlungsoptionen soweit wie immer möglich mitzunehmen und zu beteiligen. […] Städte brauchen, besonders in schwierigen Zeiten […] eine im Zusammenwirken und Zusammenstehen geübte Stadtgesellschaft.«

Think global – act local – die Wiederentdeckung von Quartier und Zivilgesellschaft

Die Diskussion und Erprobung neuer Organisations- und Verantwortungsmodelle, die in den 70er-Jahren auf der Grundlage der Erkenntnisse über die Grenzen des Wachstums begonnen hat, ohne die immense Wachstumsspirale im Zuge der neoliberal organisierten Globalisierung erahnen zu können, hat mit den Herausforderungen des demografischen Wandels und der immer deutlicher spürbaren Brüchigkeit unseres Wirtschafts- und Finanzsystems an Breite gewonnen. Modelle hierzu finden sich inzwischen in vielfältigen Initiativen quer durch das ganze Land – angefangen bei den weltweit vernetzten Ecovillages, gemeinschaftsorientierten, generationenübergreifenden Wohnprojekten, selbst organisierten Versorgungsnetzwerken von Formen solidarischer Landwirtschaft über Dorfladenkonzepte und Urban-Gardening-Projekte bis hin zu Senioren- und Quartiersgenossenschaften. Die meisten dieser Projekte und Konzepte, die inzwischen aus einem Nischenstatus hinauswachsen und zunehmendes gesellschaftliches Interesse erfahren, basieren auf überschaubaren Raum- und Gruppengrößen. Nicht von ungefähr ist eine »Renaissance« von Gemeinwesenarbeit, sozialraumorientierten Konzepten, von Nachbarschaft und Quartier zu konstatieren – in einem breiten Spannungsfeld von Nostalgie und Mode, Sehnsucht, Hoffnung, Überfrachtung und auch Missbrauch. So darf die Lösung der aktuellen gesellschaftlichen Probleme und Schieflagen weder auf die neu entdeckte »Bürgergesellschaft« abgewälzt noch primär auf die Quartiersebene verlagert werden. Dennoch kann aus den Quartieren, aus sich selbst stärkenden Nachbarschaften heraus, eine Kraft »von unten« erwachsen, die wichtige Impulse für einen gesellschaftlichen Umbau geben kann – vielleicht nehmen wir gerade Teil am Entstehen einer neuen Bewegung, der »Nachbarschaftsbewegung«.

Denn die Strategie »Think global, act local« ist heute aktueller denn je. Zunächst als Antwort auf die ökologische Krise entwickelt – und auch heute wieder bspw. in der weltweit agierenden »Transition Town« als Strategie zum Ausstieg aus global angelegten Wachstumskonzepten propagiert – geht es jetzt vielen Akteuren in den Stadtteilen und Quartieren vor allem um eine »Rückgewinnung des Sozialen«. So werden die zuvor beschriebenen gesellschaftlichen Auswirkungen der konsequenten Individualisierung und Ökonomisierung auch bezogen auf die individuelle Bedürfnisebene schmerzhaft spürbar und thematisiert:

- Die Betonung von Individualität, Wettbewerb und Konkurrenz als Leitmotiven gesellschaftlichen Handelns bedingt einen Verlust von Verbundenheit, Vertrauen und Verbindlichkeit,
- in einer Gesellschaft, die mehr und mehr in Gewinner und Verlierer auseinanderdriftet, werden die Bedürfnisse nach Gemeinschaft, Solidarität und Gerechtigkeit permanent übergangen,
- wachsende Komplexität, Unübersichtlichkeit, Spezialisierung, ungleiche Machtverteilung sowie das dauerhafte Herausfallen aus gesellschaftlich anerkannten Betätigungsfeldern schränken die für ein gesundes und glückliches Leben wesentliche Erfahrbarkeit von Sinnhaftigkeit und Selbstwirksamkeit erheblich ein,

- die Mobilisierung des Lebens lässt den Einzelnen in der Welt zu Hause, aber häufig nicht mehr im ursprünglichen Sinne beheimatet sein,
- ständig »auf der Suche nach der verlorenen Zeit« zu sein, ist angesichts der Beschleunigung aller Lebensabläufe, deren Taktung der sich immer wieder selbst überholende ökonomische Wettbewerb vorgibt, zum dominierenden Lebensgefühl vieler Menschen geworden.

Hier kann, anknüpfend an das Zitat von Gerhard Curdes, die Einbeziehung von Keywork in der Quartiersentwicklung ein Schlüssel sein zur Gewinnung und Öffnung interessierter Bürger(innen) für neue Denkweisen und zur gemeinsamen Entwicklung alternativer Strategien, Konzepte und Projekte mit dem Ziel einer »Rückgewinnung des Sozialen« – individuell und gesamtgesellschaftlich.

Keywork als Impulsgeber für soziale Innovation im Evangelischen Zentrum für Quartiersentwicklung

Im Zusammenspiel von Bürgerschaft, Kommune, Kirche und Diakonie gemeinwohlorientierte, bürgerschaftliche, inklusive Gestaltungs- und Entwicklungsprozesse im Sozialraum zu initiieren und die Umsetzung zu begleiten, ist Ziel des Beratungs- und Qualifizierungsangebots im »Evangelischen Zentrum für Quartiersentwicklung«, einem Kooperationsprojekt des Evangelischen Erwachsenenbildungswerkes und der Diakonie RWL. Hier geht es um die Begleitung von Modellvorhaben, die Vermittlung von Methoden und Techniken zur »Inklusiven Quartiersentwicklung« und um die Gestaltung von Lernplattformen und Innovationsnetzwerken. Eingebunden in ein interdisziplinäres Referent(inn)en-Netzwerk, werden Beratungskonzepte, Lernformen und Methoden an den Schnittstellen Altenarbeit – Behindertenarbeit – Jugendarbeit und Soziales – Bauen – Bildung aus den Bereichen Coaching, Gewaltfreie Kommunikation, Psychodrama u. a. eingesetzt, die das Heraustreten aus Mustern, Rollen und Haltungen fördern und größere Handlungsfreiräume ermöglichen. Einstiegs- und Umsetzungsmöglichkeiten für Kirchengemeinden und soziale Einrichtungen werden sowohl in konkreten Beratungsprozessen vor Ort als auch im Rahmen von Langzeitqualifizierungen (»Quartier – wie geht das?«), Intensivseminaren (»Keywork im Quartier«), Coachings und Netzwerktreffen aufgezeigt. Hier lassen wir uns ganz im Sinne von Keywork von kreativen Querdenkern und Schatzsuchern wie Josef Beuys, Pina Bausch oder auch von Otto Scharmer inspirieren, dessen Innovationskonzept unsere Arbeit immer wieder durchdringt und befruchtet. So richten wir Beratungen und Fortbildungen an den sozialen Techniken seiner »Theorie U« aus, die viele Anregungen zur Gestaltung von Veränderungsprozessen, zur Überwindung von Denkbarrieren, zur Erweiterung des organisationsbezogenen und systemischen Wissens und des Methodenrepertoires enthält:

- Achtsam sein – Hinspüren, Hinhören, Hinschauen im Sinne einer dialogischen und empathischen Wahrnehmung – bspw. Flaneur im eigenen Quartier oder der eigenen Institution sein;
- die bestehenden Urteilsgewohnheiten reflektieren;
- Hinspüren – eintauchen und die Situation aus dem Ganzen heraus betrachten und wirken lassen;
- Öffnung des Denkens, des Fühlens und der Motivation für das Neue;
- Anwesend werden und an Orte gehen, von denen aus die im Entstehen begriffene Zukunft wahrgenommen werden kann;
- Innehalten, an Orten der Ruhe und Muße das Neue in sich wachsen lassen;
- Verdichten der Vision und Intention und Schaffung einer kleinen Kerngruppe, die sich mit der Intention des Projekts verbindet;
- Zusammenführung von Kopf, Herz und Hand und Erproben des Neuen als Prototyp;
- das Neue praktisch anwenden und institutionell verkörpern – das Neue als Teil eines Ganzen sehen und beispielsweise durch Infrastrukturen oder Alltagspraktiken in Form bringen.

Konkret bedeutet dies, in Rollenspielen andere Perspektiven anzubieten, Beratung und Qualifizierung partizipativ und interdisziplinär zu gestalten, Natur und Kunst als Inspirationsquellen zu nutzen, Wahrnehmungs- und Vernetzungstechniken zu studieren, die eigenen Organisationsräume neu zu sondieren. Frei nach Paul Tillich (»Der eigentliche Ort der Entwicklung ist das Experiment an der Grenze«) kreieren wir gemeinsam mit Künstlern Erfahrungs- und Erprobungsräume und setzen dabei auf die Lust am und die Kraft des Gestalten(s). Immer wieder besuchen wir Orte, an denen Zukunft zumindest in Segmenten schon ausprobiert und vorgelebt wird – ein anderes Miteinander in Wohnprojekten, in integrativen Arbeits- und Bildungsstätten, in bürgerschaftlich organisierten Zukunftsinitiativen. In diesen »Laboren der Zivilgesellschaft« (Harald Welzer) werden Impulse für einen Wandel von unten gesetzt. Denn zuerst hat Veränderung immer auch mit dem eigenen Bedürfnis nach individuellem und gesellschaftlichem Wandel zu tun.

Autorin

Grabe, Christiane, Dipl.-Ing. Raumplanung, Koordinatorin des Modellprojekts WohnQuartier4, Referentin für Psychiatrie und inklusive Quartiersentwicklung der Diakonie Rheinland-Westfalen-Lippe und Mitentwicklerin des Evangelischen Zentrums für Quartiersentwicklung, eines Kooperationsprojekts der Diakonie RWL und des Evangelischen Erwachsenenbildungswerks Nordrhein; Arbeitsschwerpunkte Stadtentwicklung, Sozialpsychiatrie, Moderation, innovative Beteiligungsverfahren.

3. Keywork in der Museumsarbeit

3.1 Keywork im Museum

Eine Chance zur Neuausrichtung von Museen

Bettina Scheeder

Laut den Ethischen Richtlinien des Internationalen Museumsrats (ICOM)[1] ist ein Museum »eine gemeinnützige, auf Dauer angelegte, der Öffentlichkeit zugängliche Einrichtung im Dienste der Gesellschaft und ihrer Entwicklung, die zum Zwecke des Studiums, der Bildung und des Erlebens materielle und immaterielle Zeugnisse von Menschen und ihrer Umwelt beschafft, bewahrt, erforscht, bekannt macht und ausstellt.« Im Folgenden soll jetzt nicht der allseits beschworene Aufgabenkanon Sammeln, Bewahren, Forschen, Ausstellen und Vermitteln im Fokus der Betrachtung stehen, sondern die Aufgabe des Museums im Dienste der Gesellschaft und ihrer Entwicklung.

Gesellschaft im Wandel – Museen im Wandel

Museen wie die Gesellschaft befinden sich in einem stetigen Wandel und müssen aufgrund ganz unterschiedlicher Faktoren immer wieder ihre eigene Funktion überdenken und sich gegebenenfalls neu ausrichten. Das betrifft nicht nur ihre spezifische Rolle innerhalb der Museums-Community, die vom ortsgeschichtlichen Erinnerungsort bis hin zu internationalen Profil reichen kann. Gemeint ist auch die Funktion, die das jeweilige Haus innerhalb einer global vernetzten Informations- bzw. Wissensgesellschaft oder aber auch – und darum soll es jetzt gehen – die Rolle, die das Museum als öffentliche Einrichtung für die Menschen vor Ort einnehmen möchte. Gebetsmühlenartig werden seit einigen Jahren Slogans wie »Wir werden älter, bunter und weniger« wiederholt. Doch was folgte daraus? Die weniger

1 | Ethische Richtlinien für Museen von ICOM, S. 29, Herausgeber: ICOM – Internationaler Museumsrat: ICOM Schweiz, ICOM Deutschland, ICOM Österreich © ICOM 2006; überarbeitete 2. Auflage der deutschen Version; ICOM Schweiz 2010

werdenden jungen Menschen vom Kindergarten- bis zum Jugendlichenalter – ob mit oder ohne Migrationshintergrund – versuchten und versuchen Museen über zahlreiche Programme anzusprechen. Auch spezielle Angebote, die den zahlenmäßigen zunehmenden Alleinerziehenden – oder Patchworkfamilien – gerecht werden, wurden verstärkt entwickelt. Weitaus geringer setzten sich Museen jedoch mit der stetig anwachsenden Zahl älter werdender Menschen auseinander.

Es sind aber nicht allein die demografischen Gesichtspunkte, die Museen zu einem Überdenken der eigenen Funktion inspirieren könnten. Noch nie zuvor gab es in Deutschland eine so gut ausbildete Generation, die nun schon seit einigen Jahren in die nachberufliche Lebensphase eintritt. Auf der anderen Seite bemängeln Bildungsforscher bei zukünftigen Generationen eine immer weniger voraussetzbare Allgemeinbildung, was häufig auch mit einer geringen Akzeptanz der Einrichtung der sogenannten Hochkultur wie Theatern, Konzert- und Opernhäusern und Museen einher gehe. Weiter gedacht könnte dies zu einer geringeren Affinität zu etablierten Kultureinrichtungen führen. Gleichzeitig wird auf vielen Ebenen des gemeinschaftlichen Lebens der verständliche Wunsch nach stärkerer Beteiligung immer lauter.

Bildungsauftrag allein genügt nicht

Die Anzahl der Museen in Deutschland ist trotz Finanzkrise und der angespannten Finanzlage von Ländern und Kommunen bislang noch leicht ansteigend. Die Besuchszahlen der Museen stagnieren bis auf wenige durch besonders populäre Ausstellungen verursachte Ausreißer dagegen seit einigen Jahren. Das bedeutet, der Verteilungskampf um die Gunst der bisherigen sowie um die der potenziellen Besucher(innen) wird für Museen untereinander, darüber hinaus aber auch für die meisten Kulturanbieter aufgrund ständig neu entwickelter Freizeitangebote eher an Härte zunehmen.

Der Begriff Museum ist jedoch rechtlich nicht geschützt. In der kommunalen Verwaltung zählt das Museum – anders als das Archiv – nicht zur Pflichtaufgabe, sondern zu den freiwilligen Leistungen. Das ist auch der Grund dafür, dass Museen bereits in den vergangenen zwei Jahrzehnten umfangreiche Einsparleistungen abverlangt wurden. Im Rahmen der Haushaltskonsolidierung werden Museen auch zukünftig darum kämpfen müssen, ihre Grundaufgaben aufrechtzuerhalten oder ihren Erhalt langfristig zu sichern.

Absehbar ist ebenfalls, dass in immer mehr Kommunen das Instrument des Bürgerhaushalts Eingang findet, wo sich Mitbürger(innen) in einem öffentlichen Prozess über einen Teil der frei verfügbaren Haushaltsmittel verständigen und der Verwaltung ihre (Einspar-)Vorschläge unterbreiten können. Haben Sie schon einmal darüber nachgedacht, welche Argumente neben dem wichtigen außerschulischen Lernort, dem unverzichtbaren (Schlechtwetter-) Angebot für in- und ausländische Gäste oder hoch qualifizierte Leistungsträger der regionalen Wirtschaft die Öffentlichkeit vor Ort überzeugen könnten, sich auch weiterhin für den Erhalt einer größtenteils öffentlich finanzierten Einrichtung auszusprechen?

Vorhandene Einrichtungen – gemeinsames Ziel?

Eine Antwort könnten die gute Vernetzung bisher vorhandener Einrichtungen bzw. neuartige Kooperationen als Begleitung gesellschaftlicher Prozesse sein. Exemplarisch wird dies am Beispiel des Pilotprojekts »Reif fürs Museum – Bereichert durch Kultur«, das von der Diakonie und dem Museumsverband Rheinland-Pfalz 2013 abgeschlossen wurde, von der Genese bis zum Ende des Projekts vorgestellt werden.

Im Herbst 2010 lud der Museumsverband zu der Informationsveranstaltung »Ältere Erwachsene – eine wichtige Zielgruppe für Museen« nicht nur Museumsmitarbeiter(innen), sondern auch Vertreter(innen) von Sozialverbänden, Seniorenbeiräten, aber auch Senioreneinrichtungen sowie Mehrgenerationenhäusern ins Gutenberg-Museum in Mainz ein. Die Veranstaltung gab bei der Diakonie Rheinland-Pfalz den Impuls zur Kontaktaufnahme mit dem Museumsverband. Hatte man doch aufseiten der Diakonie bei kirchlich engagierten Menschen – und das war eine für Museen wichtige Grundaussage – ein überdurchschnittlich hohes Interesse an Kultur ausgemacht. Zudem vertrete man die Auffassung, dass Kultur insbesondere im nachberuflichen Leben viel zur allgemeinen Zufriedenheit des Einzelnen beitragen könne. Ansprechpartnerin bei der Diakonie war Dagmar Jung, die u. a. Referentin für die Beratungs- und Koordinierungsstellen ist.

Der Museumsverband Rheinland-Pfalz, der im Auftrag der Landesregierung die rund 430 nichtstaatlichen Museen im Land berät, beobachtet dagegen seit rund zwanzig Jahren, dass ältere Menschen einen hohen Anteil der Museumsbesucher stellen, jedoch immer weniger Menschen in ihrem nachberuflichen Leben bereit sind, sich dauerhaft in einem Museumsverein oder in einer Kulturinitiative zu engagieren.

Letzteres belegen auch die Ergebnisse des Freiwilligensurveys des Bundesministeriums für Familie, Senioren, Frauen und Jugend, einer repräsentativen Trenderhebung zu Ehrenamt, Freiwilligenarbeit und bürgerschaftlichem Engagement aus dem Jahr 2010. Danach erscheint ein Engagement in eigenen Interessensgebieten – allerdings zeitlich begrenzt – weitaus attraktiver. Auch der immer noch häufig verwendete Begriff des Ehrenamtes wird von Vielen – insbesondere in den Jahrgängen der sogenannten Alt-68er – nicht mehr als zeitgemäß empfunden.

Schnell verständigte man sich darauf, gemeinsam neue Formen des Miteinanders von Hauptamtlichen und Freiwilligen zu entwickeln und dabei die Kooperation von Museen und sozialen Einrichtungen voranzutreiben. Bis Mitte des Jahres 2011 analysierten die Projektpartner beispielhafte Initiativen. Fündig wurden sie bei einem Projektansatz, der sich in NRW in der Sozial- und Kulturarbeit bereits bestens bewährt hatte: dem Keywork.

Ein vielversprechender Ansatz – aber wie beginnen?

Der Begriff Keywork beschreibt einen Kommunikationsansatz für kulturelle Einrichtungen und deren neue Zielgruppen. Im Projektmanagement und in der Kommunikation geschulte Keyworker fungieren als Schlüsselpersonen, die kulturelle Einrichtungen durch neue Formen der Kulturvermittlung und Partizipation unterstützen. Sie helfen bei der Entwicklung innovativer Projekte, indem sie entsprechend ihren eigenen Kompetenzen als Brückenbauer und Botschafter in ihrer sozialen Umgebung z. B. neue Wirkungsorte für Museen suchen und in Zusammenarbeit mit ihnen auf vielfältige Weise erschliessen. Für den Keywork-Ansatz sprach auch, dass gewährleistet sein sollte, dass mit dieser Methode auf den Weg gebrachte Projekte keinesfalls Aufgaben von hauptamtlichen Museumsmitarbeiter(inne)n ersetzen bzw. deren Stellen gefährden sollten.

Die Projektpartner entwickelten gemeinsam mit Karin Nell, einer Referentin des Evangelischen Erwachsenenbildungswerks Nordrhein und Entwicklerin des Keywork[4]-Konzeptes, ein fünftägiges Programm für das Pilotprojekt, das sich als Lernplattform und Entwicklungsraum (Labor) versteht. Sie setzten dabei auf das Museum als attraktiven Lernort wie auch als inspirierenden Entwicklungs- und Gestaltungsraum. Die Teilnehmer(innen) sollten die Möglichkeit erhalten, Inhalte und Methoden von Keywork selbst zu erfahren, sich in Zusammenarbeit mit Kulturexpert(inn)en kreative Lernumgebungen und -methoden zu erschließen, eigene Ideen und Konzepte für Beiträge zur zukunftsweisenden, altersgerechten Museumsgestaltung zu entwickeln und persönliche (Unterstützungs-)Netzwerke aufzubauen.

Im September 2011 wurde der Keywork-Ansatz in der halbtägigen Informationsveranstaltung »Reif fürs Museum – neue Konzepte der Freiwilligenarbeit mit und für Museen« im Landesmuseum Mainz Museumsmitarbeiter(innen) vorgestellt mit den Ziel, Museen für diese Form der neuen Freiwilligenarbeit zu interessieren. Angedacht war ein Keywork-Qualifizierungsprogramm, das zuerst in einer Pilotregion angeboten werden sollte. Nach erfolgter Pilotphase könne das Programm – gegebenenfalls mit modifiziertem Konzept – in allen Landesteilen umgesetzt werden. Da die meisten Rückmeldungen von insgesamt fünf Museen aus der Pfalz stammten, wurde diese die Pilotregion für das Projekt.

Positionsbestimmung des Museums

Im März 2012 lud der Museumsverband Rheinland-Pfalz Vertreter(innen) der fünf an dem Pilotprojekt interessierten Museen aus der Pfalz zu einem gemeinsamen Informationstag mit Workshopeinheiten ein. Dazu zählten je zwei Museen aus Ludwigshafen und Kaiserslautern und ein Museum aus Zweibrücken. Was sie sich von dem Pilotprojekt versprachen, lässt sich wie folgt zusammenfassen: die Öffnung der Museen voranbringen, neue Formen des bürgerschaftlichen Engagements einüben, den direkten Kontakt mit der Bevölkerung ermöglichen, neue Zielgruppen erreichen und langfristig die Zukunft der Einrichtungen sichern.

Am Ende des Infotags waren jedoch einige entscheidende Fragen nicht vollständig beantwortet: Was bedeutet ein neu zu entwickelndes Rollenverständnis für den Museumsalltag? Wie wirken sich die neuen Rollen auf die gesamte Belegschaft aus? Wie kann partizipatives Arbeiten mit möglichst wenigen Reibungsverlusten für Museumsmitarbeiter(innen) umgesetzt werden? Welche zusätzlichen Personal- und Zeitressourcen sind für die Leiter(innen) sowie für die Mitarbeiter(innen) der Museen einzuplanen?

Um dem Informations- und Schulungsbedürfnis der Museumsmitar(innen) entgegenzukommen, entschieden sich die Projektpartner für einen zusätzlichen Informationstag. Eingeladen wurden dazu als Referent(inn)en: Prof. Dr. Reinhold Knopp, Fachbereich Sozial- und Kulturwissenschaften an der Fachhochschule Düsseldorf, und Sigrid Kleinbongartz M.A., die stellvertretende Direktorin des Stadtmuseums Düsseldorf. Ersterer referierte über »Keywork und Stadtentwicklung« und skizzierte u. a., welche Bedeutung Kultureinrichtungen innerhalb des Quartiermanagements einnehmen könn(t)en, wenn sie bewusst als öffentliche Denk-, Lern- und Erfahrungsräume wahrgenommen werden würden, oder welche bisher nur gering vertretenen Zielgruppen für diese Einrichtungen möglicherweise dauerhaft gewonnen werden könn(t)en?. Im Anschluss daran schilderte eine Museumskollegin ihre Erfahrungen mit Keyworkern im eigenen Haus in Veranstaltungs-, Ausstellungs- sowie Inventarisierungsprojekten.

Pro und Contra überdenken

Passgenau ließen sich diese Erfahrungen jedoch nicht übertragen, da in Düsseldorf explizit nur Kulturinteressierte angesprochen wurden, während die Ansprache bei dem geplanten Pilotprojekt in der Pfalz vorrangig über soziale Einrichtungen erfolgen sollte. Zum Abschluss des zweiten Infotags formulierten die Projektverantwortlichen der Häuser schließlich eine »Stellenausschreibung«, die sie sowohl bei der Direktansprache von sozialen Einrichtungen als auch bei Presseaufrufen nutzen wollten.

Auf Basis dieser Stellenbeschreibung erfolgte die Rücksprache mit den Museumsleitungen bzw. den Trägern der Museen mit der Folge, dass drei der Museen aus unterschiedlichen Gründen ihre Zusage nicht aufrechterhielten. An einem Museum hatte sich zwischenzeitlich die Personalsituation verschlechtert, in einem anderen Haus konnte wegen anstehender Ausstellungsprojekte die Betreuung eines Keywork-Projekts nicht sichergestellt werden. In einem weiteren Museum – einem Eine-Frau-Betrieb – wurden vonseiten des Trägers wegen befürchteter zusätzlicher Arbeitsbelastung der Leiterin Bedenken angemeldet. Es verblieben also nur zwei Museen in Ludwigshafen als Projektteilnehmer: das Wilhelm-Hack-Museum (WHM) und das Stadtmuseum.

Ansprache und Resonanz

»Unter dem Titel ›Reif fürs Museum - Bereichert durch Kultur‹ können kulturinteressierte Personen ab 50 plus, die auf der Suche nach neuen Aufgaben sind, eigene Ideen ausprobieren und mit Gleichgesinnten realisieren. Aktuell suchen die beiden Museen lebenserfahrene Frauen und Männer, die ihr Erfahrungswissen weitergeben und eigene Ideen für neue Projekte in und für Museen einbringen möchten. Ihre Aufgabe wird es sein, als Schlüsselpersonen zu agieren und zwischen kulturellen und sozialen Einrichtungen in der Stadt Brücken zu bauen.«

So lautete ein Ausschnitt des Presseaufrufs der beiden verbliebenen Museen, der in der Ludwigshafener Ausgabe der Rheinpfalz und des Wochenblatts veröffentlicht wurde. Auf diesen hin oder über die direkte Ansprache durch soziale Einrichtungen meldeten sich insgesamt 28 interessierte Personen im Alter von 45 bis 83 Jahren aus der gesamten Metropolregion Rhein-Neckar. Viele von ihnen engagierten sich bereits in sozialen Einrichtungen vor Ort wie der Nachbarschaftshilfe, der Stadtmission oder Pflegestützpunkten. Mitglieder des Förderkreises des WHM und des neu gegründeten Förderkreises des Stadtmuseums oder der Bürgerstiftung Ludwigshafen fühlten sich ebenso angesprochen wie Lehrkräfte oder Privatpersonen.

Gut vorbereitet für neue Aufgaben

Zur Auftaktveranstaltung gingen zwölf Anmeldungen (10 Frauen, 2 Männer) ein. Kurzfristig entschieden die Projektpartner, eine zweite Auftaktveranstaltung anzubieten. Die positive Resonanz bestätigte diese Entscheidung. Zum zweiten Termin meldeten sich 16 Personen (13 Frauen, 3 Männer) an.

Als Einstieg formulierten alle Teilnehmer(innen) ihre Erwartungen und Wünsche. Die Bandbreite der Antworten war sehr groß. Sie reichte von persönlichen Bedürfnissen wie dem Wunsch nach Kontakten und Impulsen, über die eigene Begeisterung – bzw. den Wunsch, persönliche Interessen zu teilen, etwas zu bewegen – bis hin zu Arbeit im Team und auf Augenhöhe mit Institutionen. Es gab aber auch konkrete Formulierungen. Mehrfach wurde geäußert, dass man das Managen von Projekten erlernen wolle, um z. B. Museen als selbstverständliche Aufenthalts- und Gesprächsorte zu erschließen. Genannt wurden als Zielgruppen haupt- und ehrenamtliche Mitarbeiter(innen) wie betreuungs- oder pflegebedürftige Mitbürger(innen) oder allgemein Menschen, die bislang wenig oder keine Berührung mit Museen hatten. Über und in Museen könnten Anlässe für eine Kommunikation jenseits von Krankheitsgeschichten geschaffen werden. Die vorhandenen Einrichtungen könnten genutzt werden, um selbstständig oder gemeinsam Angebote für Menschen mit Demenz oder für generationensübergreifendes Lernen zu entwickeln. Die liebevollste Antwort war: Das Museum wach küssen!

Nachdem den Teilnehmer(innen) dann noch auf spielerische Weise entlockt wurde, welche Kompetenzen sie selbst mitbringen, folgte eine ausführliche Erläuterung des Keywork-Ansatzes. Auf großes Verständnis stieß bei den freiwilligen Teilnehmer(innen), die mehrheitlich auf ein längeres Arbeitsleben zurückblicken konnten, der Grundsatz, dass – anders als bei anderen ehrenamtlichen Projekten – durch Keywork-Projekte keinesfalls vorhandene Stellen von hauptamtlichen Museumsmitarbeiter(inne)n gefährdet werden dürften!

Ideen reifen lassen

In den folgenden zwei Workshops wurden Modelle des Museums der Zukunft entworfen, Projektideen gesammelt, Stellenausschreibungen für mögliche Unterstützer(innen) entworfen und Projektskizzen ausformuliert. Wichtig bei allen Schulungseinheiten waren ausreichende Pausen oder das gemeinsame Mittagessen für das gegenseitige Kennenlernen und eine abwechslungsreiche Mischung von Methoden, durch die eine möglichst hohe Aufmerksamkeit sichergestellt werden konnte. Neben dem Brainstorming in der Großgruppe kamen in Kleingruppen auch Papier, Schere und Kleber zum Einsatz oder Übungen zu gruppendynamischen Prozessen in unterschiedlicher Zusammensetzung. So wurden z. B. Rollenspiele eingesetzt, um sich die unterschiedlichen Haltungen oder Positionen, die Menschen innerhalb von Projekten einnehmen, bewusst zu machen und eigenständig zu erfahren, dass tatsächlich alle Positionen – auch die der Bedenkenträger(innen) oder Gegner(innen) – wichtig bei der Entwicklung und bei der Durchführung von Projekten sind. Insgesamt

16 Personen nutzten alle Fortbildungseinheiten und erhielten im April 2013 zum Abschluss ein Zertifikat.

Hoffnungsvolle Ansätze

Schon nach kurzer Zeit zeigten sich erste Früchte. So hat eine Keyworkerin mit vorangetrieben, dass ein Ableger des Hack-Gartens des Wilhelm-Hack-Museums – eine Projektbeschreibung findet sich in Kapitel 3.2 dieser Veröffentlichung – in dem Ludwigshafener Stadtteil Pfingstweide angegangen wurde. Das Projekt »Vom Bürgerpark zum Bürgergarten« entstand in einem der letzten Workshops als Projektskizze.

Im Hack-Garten des Wilhelm-Hack-Museums selbst haben durch die Nachbarschaftshilfe und den Pflegestützpunkt Ludwigshafen betreute Personen mit ehrenamtlichen Betreuer(innen) drei Beete angelegt, die jetzt gemeinsam gehegt und gepflegt werden. Jetzt gibt es also mitten in der Stadt einen Ort für ungezwungene Begegnungen. Davon profitieren nicht nur die häufig einzeln betreuten Personen, sondern auch die Betreuenden. Im Garten bieten sich neue Anknüpfungspunkte für Gespräche, das Museum wurde zum »normalen Aufenthaltsraum« und Schwellenängste wurden abgebaut.

Im Spätsommer startete das Stadtmuseum zusammen mit der Nachbarschaftshilfe und dem Pflegestützpunkt unter dem Stichwort »Biografiearbeit« ein Projekt zur Stadtgeschichte. Dort entwickelte Themen werden auch in die Konzeption der zukünftigen Museumsarbeit mit einfließen.

Zwei der Damen, die den Wunsch äußerten, Senioreneinrichtungen und/oder ambulante wie stationäre Pflegeeinrichtungen und Museen zusammenzubringen, knüpften bereits Kontakte und bildeten sich auf zwei Veranstaltungen weiter, in denen Museumsprojekte für Menschen mit Demenz, deren Angehörige sowie deren Pflegekräfte vorgestellt wurden.

Keywork als Chance

Auch in Zukunft wird die materielle wie personelle Ausstattung der Einrichtungen angesichts der angespannten Finanzsituation der staatlichen wie kommunalen Träger von Museen unkalkulierbar bleiben. Museen werden weiterhin gefordert sein, sich kreativ auf den Weg zu machen und eine neue Art von Mitstreiter(innen) zu gewinnen: Qualifizierte, freiwillig engagierte Menschen, die eigenständig mit und für Museen unkonventionell Projekte initiieren und Brücken zu der sich öffnenden Institution Museum bauen.

Anders als angedacht, empfiehlt es sich, kleinräumiger zu denken. Partner aus dem sozialen und dem Kulturbereich sollten in einer Stadt, einer Verbandsgemeinde oder einem Landkreis angesiedelt sein, denn nachhaltig ist eine solche Qualifizierung vor allem dann, wenn die Teilnehmer(innen) als Gruppe auch räumlich problemlos zusammenfinden können. Nur so kann eine gegenseitige Unterstützung stattfinden, um auch schwierige Phasen der Entwicklung und Umsetzung neuer Projekte zu meistern. Sinnvoll ist es zudem, gemeinsam auch nach Ablauf eines Projekts den Kontakt der Teilnehmer(innen) nicht abreißen zu lassen. Es sollte klar festgelegt werden, wer die Organisation dieser »Nachtreffen« übernimmt.

Es bleibt zu hoffen, dass weitere Museen Keywork als Chance bei der Neupositionierung des eigenen Hauses begreifen. Die beiden Ludwigshafener Museen jedenfalls bewerteten und bewerten das Qualifizierungsprogramm als bereichernd und durchweg positiv.

Der Museumsverband wird in diesem und im kommenden Jahr mit weiteren Informationsveranstaltungen für Kooperationen mit sozialen Einrichtungen – mit etablierten, hauptamtlich besetzten Institutionen wie mit Selbsthilfeorganisationen – werben und beabsichtigt, spätestens 2016 das Projekt »Reif fürs Museum – Bereichert durch Kultur« in einer anderen Region in Rheinland-Pfalz fortzuführen.

Autorin

Scheeder, Bettina, Geschäftsführerin des Museumsverbands Rheinland-Pfalz e. V., arbeitet seit 2000 für den Museumsverband, anfangs als Leiterin der neu eingerichteten Geschäftstelle, seit 2003 als deren Geschäftsführerin. 2007 wurde sie in den Vorstand des Deutschen Museumsbunds (DMB) gewählt. Sie hat u. a. an den DMB-Publikationen »Standards für Museen« sowie an den Leitfäden für die Dokumentation von Museumsobjekten und zur Erstellung eines Museumskonzepts mitgearbeitet und zuletzt den Leitfaden »Das inklusive Museum« betreut. Im Museumsverband ist sie u. a. verantwortlich für das Weiterbildungsprogramm sowie für Sonderprojekte wie das zuletzt mitinitiierte Pilotprojekt »Reif fürs Museum – Bereichert durch Kultur«.

3.2 Ein Garten für alle!

Keywork im Wilhelm-Hack-Museum

Theresia Kiefer

Der hack-museumsgARTen: Neues Terrain eröffnet ungeahnte Potenziale

Zu Beginn des Jahres 2012 hat das Wilhelm-Hack-Museum der Stadt Ludwigshafen am Rhein mit dem Urban-Gardening-Projekt »hack-museumsgARTen – Ein Garten für alle« einen für ein Kunstmuseum eher ungewöhnlichen Weg beschritten.

Innerhalb kürzester Zeit ist in Zusammenarbeit mit den Bewohnern der Stadt auf dem tristen, betonversiegelten Hans-Klüber-Platz hinter dem Museum eine blühende und grünende Oase entstanden. Sie besteht aus vielen mobilen Beetkisten, Tonnen, Säcken oder anderen Pflanzgefäßen auf Paletten. Hier wachsen nicht nur Blumen, sondern auch Obst, Gemüse und Kräuter; Bäume spenden Schatten und zur Erfrischung gibt es einen kleinen Brunnen und einen Goldfischteich.

Das Kunstmuseum hat sich mit dem Gartenprojekt den Menschen und der Stadt auf besondere Weise geöffnet und einen neuen Begegnungsraum geschaffen. Über diese Außenplattform haben sich inzwischen zahlreiche neue Kooperationen entwickelt, die viel Dynamik und Impulse in die Museumsarbeit gebracht haben.

Wie kommt ein Museum auf die Idee, einen Gemeinschaftsgarten anzulegen?

Eine monumentale Keramikfassade von Joan Miró an der Südostseite des Museumsgebäudes und große Skulpturen von Bernar Venet, Max Bill, Marcello Morandini und Rolf Nolden im Außenbereich verweisen auf eine hochkarätige Kunstsammlung im Inneren. Für Kunstkenner lösen diese Eyecatcher sicherlich Begeisterung aus, die Neugierde und Interesse auf mehr Kunstgenuss wecken. Jedoch ist die Anzahl der Menschen, die eine Affinität zur Kunst mitbringen, in einer Industriestadt wie Ludwigshafen eher gering, was die Besucherstatistik der letzten Jahre bestätigte.

Im Sommer 2011 kam es zu einem ersten Kunstprojekt des Künstlers Peter Lang auf dem an die Rückseite des Museums angrenzenden Hans-Klüber-Platz. Vier Wochen lebte und arbeitete der Künstler in einem Wohn-Atelier, das durch clevere Umbauten inklusive Bad und Küche in einem Übersee-Container untergebracht war. Seine Anwesenheit hat erste Möglichkeiten aufgezeigt, wie mehr Kontakt zu den Menschen in unmittelbarer Nachbarschaft aufgenommen werden kann. Die Passanten des Platzes interessierten sich für die Arbeit des Künstlers, und durch Gespräche wurde deutlich, dass den meisten Bewohner(innen) das Museum nicht bekannt war, geschweige denn, dass sie wussten, was sich darin befindet oder dort geschieht.

Idee und Konzept

Als künstlerisches Folgeprojekt wurde der hack-museumsgARTen eingerichtet, inspiriert von den 2009 in Berlin-Kreuzberg gegründeten Prinzessinnengärten. Das Projekt auf dem Hans-Klüber-Platz in Ludwigshafen war von Anfang an dazu konzipiert, die Anwohner als entscheidende Akteure einzubeziehen. Die größte Herausforderung bestand darin, möglichst viele Bewohner der Stadt Ludwigshafen für dieses Experiment zu sensibilisieren, das eine Veränderung des Lebensumfeldes durch eigenes, kreatives Gestalten zum Ziel hatte. Diesem partizipativen Konzept liegt ein Kunstverständnis zugrunde, das auf der Idee der »sozialen Plastik« von Joseph Beuys beruht. Mit dieser Idee hat Beuys den herkömmlichen Kunstbegriff dahin gehend erweitert, dass nicht mehr nur der Künstler der Aktive, der Gestaltende ist. Er fordert eine radikale gesamtgesellschaftliche Umorientierung, die alle Bereiche der menschlichen Lebens- und Arbeitsbedingungen betrifft und die Entwicklung unterschiedlicher Formen von Kreativität zum Ziel hat. Seine Theorie wird getragen von der Vision eines ganzheitlichen Handelns, das die gesellschaftlichen Gegensätze zwischen Wirtschaft und Natur versöhnt, um ein ökologisches Gesamtkunstwerk zu schaffen.

Wie konnten die Menschen für das Projekt gewonnen werden?

Nachdem die Stadt im Oktober 2011 eine Fläche von 1000 m² auf dem Hans-Klüber-Platz für die Durchführung des ursprünglich für ein Jahr geplanten Projektes genehmigt hatte, wurden bestehende Kontakte des Museums zu

Schulen, Kindergärten sowie zahlreichen anderen kirchlichen, sozialen und kulturellen Einrichtungen aktiviert. Durch regelmäßige Informationsveranstaltungen und Vorträge über die Urban-Gardening-Bewegung – durchgeführt unter anderem von der Stiftung Interkultur – bildete sich eine Gruppe von 30 bis 40 Interessierten, die schließlich die Planung und Gestaltung des Gartens voranbrachten. Angeregt durch Presseberichte zum geplanten Vorhaben meldeten sich weitere Personen aus Ludwigshafen und Umgebung, um an diesem Projekt mitzuwirken.

Wer darf mitmachen und wie funktioniert die Organisation?

Der Garten basiert auf einem offenen Beteiligungs- und Gestaltungskonzept: Jede(r) darf mitgärtnern. Erde, Kisten und Paletten, die als Sachspenden in den Garten kamen, sowie das Wasser stellt das Museum zur Verfügung. Pflanzen und Saatgut werden von den Teilnehmer(inne)n mitgebracht. Artenvielfalt und eigene Ideen der Beetgestaltung waren von Anbeginn an erwünscht. Über ein Formular im Museum kann sich jeder Interessierte anmelden und Kontakt mit den Verantwortlichen des Projektes aufnehmen.

Bewusst wurden nur wenige künstlerische Positionen einbezogen – wie der überdimensionierte Blumentopf von Rainer Eckert, das Wildbienenprojekt »zeitarbeit« von Fritz Eicher und die interaktive Videoproduktion »Libellenflug« von Eberhard Grillparzer. Die künstlerischen Arbeiten sollen nur als Anreiz dienen und den Fokus der Beteiligten schließlich über die Wahrnehmung ästhetischer Reize hinaus auch auf ökologische, ökonomische und soziale Aspekte im Zusammenspiel von Natur, Kunst und Stadt lenken.

Wer sind die Akteure?

Inzwischen engagieren sich ca. 200 Personen. Viele kommen aus der direkten Wohnumgebung, den Häuserblocks, Büros, benachbarten Grundschulen, Kindergärten, sozialen, kirchlichen und städtischen Einrichtungen. Es beteiligen sich Vereine, Firmen, aber vor allem Privatpersonen und Familien sowohl aus der unmittelbaren Umgebung als auch aus anderen Stadtteilen. Einige bringen gärtnerische Erfahrung mit, andere sind Anfänger auf diesem Gebiet. Die neu entstandene »Gärtnerschaft« bildet ein buntes Band quer durch alle Bevölkerungsschichten, Altersgruppen und Nationalitäten. Viele hätten sich wahrscheinlich ohne den Garten nie kennengelernt.

Was findet im Garten statt und wo ist die Schnittstelle zum Museum?

Über das gemeinsame Gärtnern, viele Aktionen und Veranstaltungen ist ein lebendiger Ort der Begegnung entstanden. Die Veranstaltungen werden sowohl vom Museum als auch von den Gärtner(inne)n initiiert, organisiert und durchgeführt. So finden Workshops zu Themen wie Artenvielfalt und Pflanzenfarben statt oder Kochkurse, die Gelegenheit bieten, die eigene Ernte zu verarbeiten. Auf dem Programm stehen botanische Führungen, kombiniert mit Kunstführungen im Museum, Konzerte und ein regelmäßig stattfindender lateinamerikanischer Tanzkurs. Projektnachmittage für Kinder wurden in den letzten beiden Jahren von den Stadtteilforschern des Kinderbüros organisiert, Theaterstücke für Schulklassen von dem freien Ensemble Kitz-Theaterkumpanei aufgeführt. Darüber hinaus gibt es regelmäßig ein Kuchenbuffet am Sonntagnachmittag, gemeinsames Grillen, Geburtstagsfeiern und vieles mehr. Thematische Angebote der Kunstvermittlung stellen inhaltliche Verbindungen zur Sammlung und den Wechselausstellungen her. Neben Führungen, Lehrer(innen)- und Erzieher(innen)-Fortbildungen, Single Nights, Workshops wie Art & Garden after Work integrieren langfristig angelegte Kooperationsformate mit Schulen wie die SprachKunst-Werkstatt oder der hackerklub (Jugend-Medienclub) den Garten in ihr inhaltliches Programm. So haben beispielsweise Schüler(innen) der SprachKunst-Werkstatt im Rahmen einer Audioguideproduktion, die unter anderem die symbolische Bedeutung der Pflanzendarstellungen auf den Mittelaltergemälden erklärt, ein Beet mit Marienpflanzen wie Akelei, Narzissen und Lilien angelegt, das wiederum mit Informationstafeln versehen auf die Mittelalterabteilung verweist. Der hackerklub hat im letzten Jahr ein eigenes Video über den Garten produziert.[1]

Im Rahmen eines wöchentlichen Gartentreffs findet ein regelmäßiger Informationsaustausch statt; es werden aktuelle Anliegen, Fragen sowie organisatorische Punkte mit der »Gärtnerschaft« besprochen. Die Treffen moderieren die Projektverantwortlichen des Museums.

Der Garten wird aber auch zum Schlendern, Pflanzenerkunden, Ausruhen und Essen während der Mittagspause genutzt oder als Lese- oder Sonnenplatz mitten in der Stadt genossen. Soziale Einrichtungen, Schulen und Kindergärten haben den Garten und das Museum als Lern- und Lebensraum entdeckt. Hier findet Erfahrungs- und Wissensaustausch statt. Die Grenze zwischen Museum und öffentlichem Raum scheint sich zunehmend aufzulösen.

1 | www.wilhelmhack.museum/ausstellungen/hack-museumsgarten.html

Neue Kooperationen: Soziale Einrichtungen als Keyworking-Partner

Das Wilhelm-Hack-Museum war 2012 zusammen mit weiteren Partnern (Stadtmuseum, Diakonie) Teilnehmer des Pilotprojektes »Reif fürs Museum – Bereichert durch Kultur«, das von der Stiftung »Rheinland-Pfalz für Kultur« unterstützt wurde. In diesem Zusammenhang sind auch die Projektteilnehmer(innen) des hack-museumsgARTens Keyworker des Museums, also dessen kulturelle und soziale Brückenbauer. Sie pflegen nicht nur die Pflanzen, sondern stellen durch ihr Engagement auf vielfältige Weise den Kontakt zu den Menschen in der Stadt her und bringen sie mit dem Museum in Berührung.

Das Museum hat viele der Projektbeteiligten erst über den Garten kennengelernt. Dazu zählt eine Arbeitsgruppe des Caritas-Förderzentrums St. Johannes (CFZ St. Johannes), die das Garten-Projekt seit Februar 2012 aktiv unterstützt. Zwanzig Personen, zumeist psychisch erkrankte Menschen, haben unter Anleitung ihrer Arbeitserzieher mehrere mobile Beete mit Heilpflanzen (z. B. Johanniskraut, Baldrian) angelegt, die als Ausgangsstoffe für Arzneimittel Verwendung finden. Das Aussehen, ihr Duft, die Berührung der Pflanzen und wenn möglich sogar ihre Weiterverarbeitung beispielsweise zu Tee machen die Pflanzen sinnlich erfahrbar. Erklärungen zur Herkunft und Verwendung der altbewährten Hausmittel finden sich auf beigefügten Informationstafeln. Weitere Bezüge lassen sich zu den historischen Heilpflanzenstudien der bedeutenden Benediktinerin Hildegard von Bingen (12. Jh.) und dementsprechend zur Mittelalterabteilung des Museums herstellen. Nicht nur die regelmäßige Pflege der eigenen Beete, sondern auch die Übernahme allgemeiner Dienste für die Gemeinschaft (z. B. Gießdienste für zeitlich verhinderte Mitgärtner(innen) machen jede Einzelperson zu einem wichtigen Mitglied der Gruppe. In der Ergotherapie aktive Menschen dieser Einrichtung konnten mit der Herstellung von Aussaatbehältern oder kunstvoll bemalten »Gießschildern« eingebunden werden. Zunehmend wird von einigen Klienten des CFZ St. Johannes der Garten zur Erholung und Freizeitgestaltung entdeckt und es werden Ausstellungen und Eröffnungsveranstaltungen im Museum besucht. Laut Aussage der Arbeitserzieher hat der Garten für die meisten der psychisch kranken Menschen neben dem regelmäßigen Kontakt zur benachbarten Kulturinstitution vor allem die Begegnung mit Menschen außerhalb der eigenen Einrichtung ermöglicht. Eine weitere sehr aktive Gruppe ist der AST-Stammtisch e. V., der sich um die gesellschaftliche und berufliche Eingliederung autistischer Jugendlicher kümmert. Mehrere Beete sind genauso Teil des Lernprogramms wie regelmäßige Ausstellungsbesuche und kreative Workshops im Museumsatelier. Ein mehrwöchiges Praktikum im Rahmen des Garten-Projektes war für einen der Jugendlichen ein regelrechtes Sprungbrett in ein Ausbildungsverhältnis. Im »Bibelgärtchen« der benachbarten protestantischen Kirchengemeinde »City Kirche – Turm 33« finden regelmäßig die Treffen »Unterbrechung des Alltags» sowie Veranstaltungen zu religiösen Festen wie Ostern, Erntedank usw. statt. Zusammen mit dem gemeindepädagogischen Dienst ist das Format »Kunst und Leben» entstanden, das die Räume des Museums mit seinen Kunstwerken als Impulsgeber in der Auseinandersetzung mit spezifischen Fragestellungen zu Themen aus unterschiedlichen Lebensbereichen nutzt. Für das Museum hat sich dank des Engagements des Internationalen Frauentreffs eine inspirierende Zusammenarbeit mit vielseitigen Impulsen entwickelt. Der von der Integrationsbeauftragten der Stadt Ludwigshafen ins Leben gerufene Internationale Frauentreff hat es sich zur Aufgabe gemacht, die Potenziale der in der Stadt lebenden Migrantinnen zu fördern. Der Garten bietet diesen Frauen eine wunderbare Plattform, um sich mit ihrem Wissen und ihren Fähigkeiten in die multikulturelle Gartengemeinschaft einzubringen. Sie kümmern sich nicht nur um ein großes Kräuterbeet, sondern initiieren und leiten Kräuter-, Koch-, Tanz-, Kreativ- und Sprachworkshops, die in der kalten Jahreszeit auch im Museum stattfinden. Mit ihrem »internationalen Buffet« wurden die Frauen bereits als Cateringveranstalter für diverse Tagungen engagiert. Im letzten Jahr haben sie ein großes indisches Fest mit Programm (u. a. Tempeltanz, Konzert, indische Malerei) im Garten in Eigen-organisation durchgeführt, an dem knapp 150 Personen teilgenommen haben. Durch diese Veranstaltung wurde zum ersten Mal deutlich, wie groß die indische Gemeinde in Ludwigshafen ist, die einen Großteil der Angestellten in der IT-Branche stellt. Die meisten von ihnen sind über diese Veranstaltung zum ersten Mal mit dem Museum in Berührung gekommen. Von der muslimischen Religionsgemeinschaft Harmonie der Herzen e. V. über die Onkogruppe (Frauen mit oder nach einer Krebserkrankung) bis zur Familie in Bewegung, e. V. gäbe es noch einige interessante Kooperationspartner vorzustellen, die über ihr Engagement im Garten eine enge Verbindung zum Museum und eine Zusammenarbeit mit ihm aufgebaut haben. Im Kontext des Keywork-Projekts »Reif fürs Museum – Bereichert durch Kultur« ist im letzten Jahr die Nachbarschaftshilfe Ludwigshafen als äußerst aktive Gruppe hinzugekommen, die mehrere Hochbeete betreut, regelmäßige Treffen im Garten veranstaltet und an speziell für die Gruppen konzipierten Führungen und Kreativworkshops im Museum teilnimmt.

Für all diese genannten Gruppen sind Einzelpersonen zuständig, die unsere Kommunikationspartner bzw. Keyworker sind, mit denen wir gemeinsam zielgruppenspezifische Angebote/Formate entwickeln, die im Museum, im Garten, in der Einrichtung der Kooperationspartner oder auch an einem anderen geeigneten Ort ihre Umsetzung finden können. Dies erfordert ein gegenseitiges Kennenlernen, Anerkennung des anderen, ein Abwägen der Interessen und Möglichkeiten, ein wechselseitiges Akzeptieren der Kompetenzen, die in einer Zusammenführung neue Erkenntnisse, Lernfelder und Ansätze der Zusammenarbeit eröffnen. Es hat sich gezeigt, dass mit dem Gemeinschaftsgarten ein Handlungsfeld entstanden ist, das einen interessanten Zugang zu den Menschen und zur Kunst ermöglicht und von dem jeder der Beteiligten (Museum wie Kooperationspartner) profitieren kann.

Aktuelle Entwicklung/Ausblick

Seit dem Sommer 2013 zeichnen sich verstärkt Eigenaktivitäten der Gärtner (innen) ab. Es haben sich Teams gebildet, die Veranstaltungen (offene Bühne, Workshops) und bestimmte Gartentätigkeiten (Gießdienst, Kompost, Begrünung des Zauns) in Selbstorganisation planen und durchführen. Ferner sind zwei eigenständige Internetaktivitäten[2] entstanden, die über die Aktivitäten im Garten berichten und Vernetzung/Austausch mit anderen Gartenprojekten initiieren.

Die anfängliche Befürchtung, der Garten könnte Ziel von Vandalismus werden, hat sich nicht bestätigt. Das Projekt geht in diesem Jahr in die dritte Saison und wurde bis 2015 verlängert. Das Museum bekam von der Stadt eine Volontariatsstelle, die an das Gartenprojekt geknüpft ist. Es bleibt abzuwarten, ob die Stadt Ludwigshafen die Hackmuseumsgärtner und das Museum weiterhin unterstützen wird und ob die breit angelegte Vernetzung der Gartengruppe auch mit den städtischen Bereichen (Umwelt, Grünflächenamt, Stadtplanung, Jugendförderung, Integration, VHS usw.) tragfähig ist. Eine positive Reaktionen der Stadt ist zum einen die Freigabe weiterer Flächen in Museumsnähe zur Gartennutzung durch das Grünflächenamt. Zum anderen gibt es Bestrebungen, die Idee des hack-museumsgARTens mittels »Satellitengärten« in andere Stadtteile zu tragen. Ein erster »Gartenableger« wurde in Zusammenarbeit mit einer Jugendfreizeitstätte im Mai 2013 im Bürgerpark Pfingstweide angelegt. So ist der hack-museumsgARTen nicht nur ein Projekt, das Kunst und Menschen verbindet, sondern auch ein Weg für die Bürger(innen), sich im Bereich Stadtentwicklung einzubringen. Auch andere Museen haben begonnen, vergleichbare Projekte zu entwickeln, wie beispielsweise die Kunsthalle Baden-Baden (ebenfalls in Kooperation mit den Prinzessinnengärten Berlin) oder das Museum für angewandte Kunst in Frankfurt am Main. Der hack-museumsgARTen hat sich als soziokulturelles Projekt in den letzten beiden Jahren zu einer wichtigen Plattform des Museums entwickelt und vielen Menschen über die kontinuierliche Beteiligung an diesem Urban-Gardening-Projekt den Erstkontakt zur Arbeit eines Kunstmuseums vermittelt. Mit dem Außenraumprojekt Hack and

2 | www.facebook.com/Hackgarten und http://museumsgarten.donnerhuf.de

the City dringt das Museum seit März 2014 mit zahlreichen partizipatorischen Aktionen weiter in die Stadt vor. Die Gastkuratorin Öykü Özsoy aus Istanbul hat künstlerische Projekte im Stadtraum geplant, wie beispielsweise einen Küchenbus und Skulpturen im öffentlichen Raum, die von den Bürger(inne)n mitgestaltet werden dürfen. Ermöglicht wird dieses Programm durch das Stipendium Fellowship Internationales Museum der Kulturstiftung des Bundes.[3] Im Jahr 2015 sollen beide Projekte im Rahmen der Ausstellung Stadt(t)raum (Citydreams) im Museum im Bereich der historischen und aktuellen Kunst- und Raumutopien kontextualisiert werden.

Autorin

Kiefer, Theresia, Kunsthistorikerin, Kuratorin am Wilhelm-Hack-Museum in Ludwigshafen am Rhein, verantwortlich für die Abteilung Kunstvermittlung und Bildung sowie für das soziokulturelle Urban-Gardening-Projekt »hackmuseumsgARTen – EIN GARTEN FÜR ALLE!«
Weitere Informationen: www.wilhelmhack.museum

3 | www.wilhelmhack.museum/ausstellungen/hack-and-the-city.html

3.3 Keywork im Leder- und Gerbermuseum

Werkstattgespräch über das Projekt »Die Reise meines Lebens«

Ragnhild Geck, Melanie Rimpel

Von der Idee zum Projekt

Die Kiste des Kasseler Schuhmachers Karl Wills fiel nicht besonders durch künstlerische Gestaltung auf.

»Schau ich mir auch diese an, mit dieser Einstellung stand ich vor ihr, und plötzlich wollte ich in sie hineinkriechen, mich hinsetzen auf die kleine Bühne und dem Schuster beim Besohlen zuschauen. Ja der Erzähler dieser Kiste hatte kleine Lederstücke in seine Schusterwerkstatt gelegt und der Geruch des Leders löste in mir die berühmte Proustsche ›memoire involontaire‹ aus. Meine Kindheit und mein Vater, der Lederhändler, der auch meine Schuhe besohlte, kam mir aus dieser Kiste entgegen. Ich war beglückt und verwandelte mich vor dieser Bühne in das Kind, das ich einst war. Mein Körper hatte eine Erinnerung bewahrt, die mein Gedächtnis dem Vergessen überlassen hatte. Vielleicht ist es anderen Betrachtern bei anderen Kisten ähnlich gegangen, die Geschichten, Gegenstände, Gerüche, Geräusche lösen eigene Erinnerungen bei den Betrachtern aus, rufen uns zu, uns die eigene Geschichte zu erzählen, uns auf die Reise in die Vergangenheit zu begeben, damit wir ankommen können am Bahnhof der Zukunft.«[1]

Ragnhild Geck: Eine von 60 Erinnerungskisten von Menschen aus sieben europäischen Ländern, die 2005, 50 Jahre nach Kriegsende, im Rahmen der Ausstellung »Making Memories Matter« in Kassel der Öffentlichkeit präsentiert wurde. Die Erinnerungskisten, ehemalige Munitionskisten, behaftet mit Erinnerungen an kriegerische Auseinandersetzungen, wurden zur Bühne für ganz persönliche Lebensgeschichten.

Herbst 2012. Frau T., eine Teilnehmerin des Projekts, fängt an, ihren Dachboden aufzuräumen. Viele Gegenstände aus ihrer Kindheit fallen ihr dabei in

1 | Pam Schweizer, Angelika Trilling, 2005, Making Memories Matter, Erinnerungen Raum geben, Kassel, Euregioverlag

die Hände. In der Presse liest sie die Einladung zum zweitägigen Workshop »Die Reise meines Lebens«, der im Leder- und Gerbermuseum stattfinden soll. Sie meldet sich an, um mit ihren besonderen Kindheitserinnerungen und Gegenständen einen Koffer zu packen. Sie engagiert sich schon lange in einer Pflegeeinrichtung. Mit ihren vielen eigenen Erinnerungen aus ihrem Koffer geht sie inzwischen mit Menschen auf eine Reise in ihre eigene Kindheit.

Im Rahmen der Fortbildung Wohnquartier[4] lerne ich in Bremen den Kulturladen Huchting kennen, eine Stadtteilkultureinrichtung im Süden der Stadt. Dort hat man eine Vielzahl von stadtteilbezogenen Kulturprojekten mit Migranten(innen) umgesetzt, u. a. ein Kofferprojekt zum Thema Heimat.

Das Leder- und Gerbermuseum

Die Idee für ein Kooperationsprojekt mit einem Museum führt mich, Sozialpädagogin in der Netzwerkkoordination der Ev. Kirchengemeinde Broich-Saarn, mit der Leiterin des Leder- und Gerbermuseums in Mülheim, Melanie Rimpel, zusammen. Zu diesem Zeitpunkt kenne ich das Museum nur vom Hörensagen. Beim Eintreten rieche ich Leder. Hier hängen Häute. In Vitrinen stehen Lederprodukte. An diesem Ort soll das Projekt seine Umsetzung finden. Alle Veranstaltungen, der zweitägige Einstiegsworkshop, alle weiteren Treffen mit den Keyworkern und die Ausstellung finden im Museum statt. Das Leder- und Gerbermuseum ist ein besonderer Sammlungs- und Erinnerungsort, aber gleichzeitig auch Kreativ- und Experimentierort. Viele Gegenstände aus der Mülheimer Lederindustrie werden hier ausgestellt, viele Lebenserinnerungen aus den Zeiten der Lederproduktion aufbewahrt.

Melanie Rimpel: Kaum jemand verbindet die Stadt Mülheim an der Ruhr mit der Herstellung des Werkstoffes Leder. Aber hier, mitten im Ruhrgebiet, lag um 1924 die Lederstadt Nummer eins in ganz Deutschland – mit über 50 Lederfabriken war Mülheim führend. Diese Erfolgsgeschichte dokumentiert das Leder- und Gerbermuseum in der ehemaligen Lederfabrik Abel an der Düsseldorfer Straße. Dieses kleine private Museum, das aus der Initiative eines Fördervereins mit Unterstützung des Landschaftsverbandes Rheinland und der Stiftung NRW sowie zahlreicher privater Sponsoren hervorgegangen ist, wurde 2003 zum Tag des offenen Denkmals eröffnet. Nach dem Motto »Klein, aber fein« lassen die multimediale Ausstellung und natürlich der Werkstoff selbst die Welt des Leders hautnah und »mit allen Sinnen« – so das Motto des Museums – erleben. Das museumspädagogische Angebot wurde Jahr für Jahr ausgebaut und umfasst neben Führungen für Groß & Klein sowie für Menschen mit Behinderung auch ein umfangreiches Workshopprogramm. Mit außergewöhnlichen Projekten machte das Museum immer wieder auf sich aufmerksam; mit Förderung des LVR (Landschaftsverband Rheinland) wurde eine Sehbehindertenbeschriftung eingerichtet oder auch eine Wechselausstellungsreihe zum Thema »Altes Handwerk – neu entdeckt« mit passenden Workshops konzipiert, in der vom Buchbinder und Schuhmacher bis hin zum Fischleder – fast – vergessenes Handwerk gezeigt wurde.

Zwei Workshops zum Thema »Die Reise meines Lebens«

Ragnhild Geck: In dem Projekt »Die Reise meines Lebens« sollen im Rahmen einer Workshop-Reihe Lebenserinnerungen und Lebenserfahrungen zum Thema Reisen wiederbelebt, miteinander geteilt und gestaltet werden. Der Projekttitel »Die Reise meines Lebens« ist dabei von uns so offen gewählt worden, dass vieles denkbar ist: die erste Reise mit den Eltern in der Kindheit, ein besonderes Reiseerlebnis oder Reiseland, die Reise zu den eigenen Wurzeln oder das Leben als eine besondere Reise. Das Thema gibt Raum für die Beschäftigung mit der eigenen Lebensbiografie; es schafft Andockpunkte für die Auseinandersetzung mit prägenden Lebensereignissen und bedeutsamen Lebensphasen. Wir wollen mit dem biografischen Ansatz nicht nur den Austausch der Teilnehmer(innen) fördern, sondern auch dazu ermutigen, aktiv zu werden. Der erste Erinnerungsgegenstand, mit dem wir uns beschäftigen, ist der Koffer.

Brigitte B., eine Keyworkerin des Projektes, stellt sich vor:

»Guten Tag, ich bin in Berlin geboren und 86 Jahre alt. Mein Koffer aus Holz ist ein Stück meines Leben. Wo das Herz zu Hause ist, in der Heimat. Und Heimat kann man auf der Landkarte nicht finden. Heimat findet man im Herzen. Mein Koffer ist ziemlich klein. Er ist auch schon 72 Jahre alt. Als ich 15 war, hat ein Freund ihn für mich gezimmert. Aus Holz. Das war im Krieg - 1942. Wir sind zusammen ins Kino gegangen und waren Eis essen. Als wir 1944 zur Flak mussten, also zum Militär, ist er leider mit 17 Jahren gefallen. Und ich habe den Koffer aufgehoben. Das ist schon allein eine Erinnerung an die Jugend.«

Auf einen Artikel in den örtlichen Zeitungen melden sich acht Interessierte, sieben Frauen und ein Mann, im Alter von Mitte 20 bis zu 86 Jahren. Die Ausstellungsvitrine mit verschiedenen Reiseutensilien ist der erste Einstieg ins Thema. Die Teilnehmer(innen) wählen sich einen Gegenstand aus einem Reisekoffer aus und stellen sich damit vor. Die Suche nach den eigenen Reiseerinnerungen wird mit verschiedenen kreativen Methoden fortgesetzt: dem Schreiben eines kleinen Gedichts (eines sogenannten Elfchens) und der Herstellung eines eigenen Reisetagebuches mit Ledereinband. Die Teilnehmenden werden dazu aufgefordert, zu Hause – auf dem Dachboden, im Keller, in Schränken, Koffern und Kisten – nach Gegenständen und potenziellen Ausstellungsstücken für ihren Reisekoffer zu suchen. Am zweiten Workshoptag werden die Fundstücke vorgestellt und erste Reiseerlebnisse und -erinnerungen ausgetauscht. Mithilfe von Tonbandaufnahmen wird das Erzählte festgehalten. Die Stücke werden zu einer ersten kleinen Ausstellung in alten Koffern zusammengestellt. Der Entwicklungsprozess wird von zwei kulturpädagogischen Mitarbeitern aus dem Kulturladen Huchting in Bremen begleitet. Es sind die Kolleginnen, die ein ähnliches Koffer-Projekt mit Migranten(innen) im Stadtteil Huchting durchgeführt haben (Themenschwerpunkt Heimat). Im weiteren Verlauf des Projektes werden die Erinnerungskoffer fertiggestellt und ihre Präsentation im Rahmen einer Ausstellung geplant. Fünf Frauen sind an einer Ausstellung ihrer Koffer interessiert. Sie schreiben Texte und entwickeln Ideen für die Präsentation ihrer Arbeiten. Gemeinsam stellen sie Überlegungen an, wen sie zu ihrer Ausstellung im Museum einladen und wen sie mit ihren Koffern besuchen möchten. Es gibt Einrichtungen in Mülheim – zum Beispiel einen fortschrittlichen Pflegedienst, Alteneinrichtungen und Netzwerke – mit denen sie zukünftig zusammenarbeiten wollen.

Kunst- und Kulturvermittlung im Leder- und Gerbermuseum

Melanie Rimpel: Meine Aufgabe als Museumsleiterin ist es, die Kultur »an den Menschen zu bringen« – an jeden Menschen – und die Inhalte so zu vermitteln, dass jeder Gast die Zeit im Museum mit positiven Erinnerungen und Erlebnissen des eigenen Lebens verbindet. Der Werkstoff Leder ist ideal; mit seinem Geruch und seiner Haptik regt er alle Sinne an und häufig löst er in Sekundenbruchteilen bei jedem Gast Erinnerungen aus, ob Jung, ob Alt – die erste Ledertasche, das Sofa, der Geruch von Leder in einer Sattelkammer oder gar die ersten Ledersitze im Auto ... Und nicht zu vergessen der Koffer – der als Lederkoffer in der Geschichte der Menschheit – heute zwar nur noch selten –oft selbst unzählige Erlebnisse dokumentiert. Mir ist die Vermittlung über alle Sinne wichtig; Erinnerungsstücke dürfen ausdrücklich angefasst werden. Die kleine Spieluhr weckt die Erinnerung an Kinderlieder, in den Koffer wandert noch ein altes Kinderliederbuch. Sogar eine Kokosnuss wurde in einen der Koffer gepackt. Wie fühlt sich eine Kokosnuss an? Hören Sie die Milch in der Nuss, wenn Sie sie schütteln? Wie schmeckt Kokos? – ja, hier darf dann auch genascht werden. Erinnerungen daran, wie etwas geschmeckt hat, wie sich etwas anfühlte, wie etwas aufwühlte oder begeisterte ... Geschichte und Geschichten ... Dies zu sammeln ist ja auch Aufgabe der Museen.

Auch die Museen müssen sich wandeln – die demografische Entwicklung fordert die Museen auf, ihre didaktischen Ansätze zu überarbeiten, neue Wege zu gehen und sich und die museumspädagogische Arbeit neu zu erfinden. Wir haben, im Gegensatz zu den großen Museen, einen entscheidenden Vorteil: wir sind *klein* ... Bei der konsequenten Weiterentwicklung der museumspädagogischen Konzepte für Gäste, die bisher keinen oder nur selten Zugang zu unserem Angebot haben, sind wir weitaus flexibler als die großen Einrichtungen. Die Problemstellungen, die mit der Anpassung der Angebote an den Wandel in Demografie und Didaktik verbunden sind, sind allgegenwärtig: Wer trägt die Kosten? Wie sieht die Personaldecke aus? Das Ledermuseum konnte und kann innovative Ansätze vor allem deswegen entwickeln und umsetzen, weil es so klein ist. Die wirklich außerordentliche Förderung des Landschaftsverbandes Rheinland und die Unterstützung durch die Stiftung NRW und weiterer Förderer haben uns die Möglichkeit gegeben, immer wieder Pilotprojekte in einem überschaubaren räumlichen und finanziellen Rahmen zu entwickeln und zu erproben. Unser kleines Haus bietet Gästen mit besonderen Ansprüchen gute Voraussetzungen für (erste) Museumsbesuche: Es ist überschaubar, gibt Orientierung und vermittelt ein Gefühl von Sicherheit.

Ragnhild Geck: Das Projekt »Reise meines Lebens« wurde u. a. aus Kollektenmitteln finanziert, die ich als Mitarbeiterin einer kirchlichen Einrichtung über unseren Dachverband beantragen konnte. Vieles war möglich, weil sich hauptamtliche und freiwillige Mitarbeiter(innen) aus den Mülheimer Netzwerken und dem Ledermuseum aktiv beteiligt und ihre Ressourcen zur Verfügung gestellt haben. Hier muss auch die Leistung einer sehr engagierten Studentin, Sandra Koczoman, erwähnt werden. Sie hat das Projekt im Rahmen ihrer Bachelorarbeit an der Fachhochschule Düsseldorf begleitet und dokumentiert.

Die Ausstellung im Leder- und Gerbermuseum

Melanie Rimpel: Die besondere Herausforderung des Projektes war die Präsentation der einzelnen Koffer, die eine Einheit bilden, gleichzeitig aber den Anforderungen eines mobilen Angebots, auch in seinen Einzelelementen, gerecht werden sollten. Es galt, ein Ausstellungskonzept zu entwickeln, das alle »Koffer« für eine Gesamtausstellung verband, zugleich aber auch den individuellen Geschichten gerecht wurde. Es wurden Texte für Roll-ups verfasst – Informationen zum Gesamtprojekt und zu den einzelnen Koffern – und von einem Werbegrafiker professionell umgesetzt. Die Roll-ups können in einer Tasche mit Tragegurt transportiert und problemlos zu Veranstaltungen außerhalb des Museums mitgenommen werden. Auch die Gesamtausstellung kann ohne großen Aufwand an einem anderen Ort präsentiert werden. Inzwischen ist beispielweise eine Pflegeeinrichtung interessiert, die Ausstellung auszuleihen und im Rahmen einer Veranstaltungsreihe zum Thema Reisen zu zeigen. In der Ausstellung im Museum hat jede der beteiligten Frauen ihren Koffer individuell inszeniert und mit weiteren Exponaten die Geschichte des Koffers ergänzt. So entstand Vielfalt in einer Einheit. Jeder Koffer schuf sich seinen eigenen Wirkungsraum. Eine Teilnehmerin präsentierte ihre unvergessliche Reise nach Mallorca, zu der sie 1960 als damals 17-jähriger Teenager aufgebrochen war. Die Reise ihres Lebens dokumentierte sie in ihrem Koffer mit einer großen Europakarte, alten Fotos und anderen Erinnerungsstücken. Mit einfachen Gegenständen – einem bunten Liegestuhl, einem alten Badetuch und einem kleinen Sonnenschirm – schuf sie im Museum eine Strandatmosphäre. Zwei andere Koffer zu Kindheitserinnerungen wurden in Vitrinen ausgestellt. Die Roll-ups lieferten zwar wichtige und notwendige Hintergrundinformationen zu den Koffern, lebendig werden die Präsentationen aber vor allem durch die persönlichen Geschichten und den Austausch mit den Museumsbesucher(innen). Hierbei ist zu berücksichtigen, dass die Koffer persönliche Stücke enthalten, die zum Teil unersetzbar sind. Eine Ausstellung der Koffer ohne Aufsicht war daher nur bedingt möglich. Dass sich diese Ausstellung im Museum dennoch realisieren ließ, lag daran, dass die beteiligten Ausstellerinnen bereit waren, ihre Exponate während der Öffnungszeiten täglich selbst zu beaufsichtigen. Hieraus ergaben sich vertiefende Gespräche mit Museumsbesucher(inne)n, von denen beide Seiten profitierten: die Gäste und die Ausstellungsmacher(innen).

Ragnhild Geck: Die Ausstellungseröffnung war ein besonderer Höhepunkt des Projektes, von allen Beteiligten gemeinsam geplant und realisiert. Für alle war es das erste Mal, dass sie ihre eigenen Erinnerungsstücke zur Schau stellten – und dies vor einem sehr großen und interessierten Publikum. Die intensive Vorbereitung und fachliche Begleitung hatte zu einer starken Identifikation der Ausstellungsmacherinnen beigetragen. Sie waren allesamt stolz auf ihr Gemeinschaftswerk und zufrieden mit seiner Präsentation. »Das ist unsere Ausstellung!« Die Exponate mit hohem Erinnerungswert brachten bereits bei der Ausstellungseröffnung viele Menschen miteinander ins Gespräch. Dies war auch bei den Folgeveranstaltungen der Fall, zu denen sich nicht selten Besucher(innen) der Eröffnungsveranstaltung einfanden. Im Gästebuch zur Ausstellung wurden weitere Kofferideen gesammelt.

Bedeutung von Keywork für das Museum

Melanie Rimpel: Die Menschen, die das Projekt ins Haus gebracht hat, sind ein großer Gewinn für unser Museum. Ich spreche nicht von Gästezahlen, sondern von den vielen Menschen, die über das Projekt mit dem Museum zusammengewachsen sind. Die engagierten Keyworker haben sich über das

Kofferprojekt untereinander vernetzt. Sie haben eine Beziehung zum Museum aufgebaut. Das Museum bleibt über die Ausstellung hinaus ihr Ankerpunkt.

Ich verstehe das Leder- und Gerbermuseum – und das zeigen alle Projekte der letzten Jahre – als Entwicklungsplattform für Projekte im Stadtteil und im gesamten Stadtgebiet, aber auch als Versuchsstation für Pilotprojekte, als Erfahrungsraum, von dem auch andere Museen profitieren können. Das Museum als kreativer Raum bietet den Rahmen nicht nur für museumspädagogische Ansätze, sondern weit darüber hinaus. So war das Museum Anfang des Jahres Bühne und Spielraum für die Tanz-Theater-Performance »Haut & Häutung«. Kooperationspartner zu sein, bedeutet auch die Möglichkeit, Projektideen zu entwickeln und zu realisieren, die man als einzelne Kultureinrichtung alleine gar nicht umsetzen kann. Kulturelle Themen dauerhaft interessant und aktuell zu vermitteln, kostet viel Energie und braucht viel Engagement. Museen stets weiterzuentwickeln und die Angebote so zu gestalten, dass das Museum überleben kann, ist ein Kraftakt. Freiwilliges Engagement bedeutet in jeder Hinsicht eine nicht zu unterschätzende Unterstützung in diesem Kraftakt, sowohl im Museumsalltag als auch im Rahmen von Projekten. Zugleich entwickelt sich über Projekte mit freiwilligem Engagement ein Netzwerk, das in vielen Fällen für die Museen wertvoller sein kann als jede herkömmliche Werbung. Gelingt es im Rahmen von Projekten, dem Engagement der Bürger(innen) Raum zu verschaffen und diese an das Museum zu binden, werden die Keyworker für das Museum zu wichtigen Multiplikatoren. Ein nicht zu unterschätzender Wert, denn welches Museum kann heute auf »Mund-zu-Mund-Werbung« verzichten? Dem gegenüber steht die Herausforderung, das Engagement so einzubinden, dass die Wertschätzung deutlich wird, den Keyworkern aber auch transparent gemacht wird, dass ein Museumsbetrieb gewissen Regelungen und Zwängen unterliegt und es Grenzen im Miteinander gibt.

Kultur im Koffer

Ragnhild Geck: Das Projekt stand von Anfang an im Kontext zugehender Kulturarbeit. Die Grundidee von »Kultur im Koffer« ist es, die Lebenssituation alter, in ihrer Mobilität eingeschränkter, oft vereinsamter Menschen durch einen Kultur-Koffer-Besuch zu verbessern. Mobile Kulturangebote wollen Menschen erreichen, die nicht (mehr) in der Lage sind, Kultureinrichtungen aufzusuchen, aber weiterhin ein großes Interesse an Kultur und Kontakten haben. Kultur wird hierbei als wichtiges »Lebensmittel« aufgefasst, das wie »Essen auf Rädern« zu den alten Menschen gebracht wird. Die Erfahrungen zeigen, dass die Beschäftigung mit Kunst und Kultur erheblich zur Verbesserung oder Aufrechterhaltung von Lebensqualität im Alter beitragen kann.

Nach der intensiven Arbeit an den eigenen Reiseerinnerungen, der Gestaltung der Koffer und den Planungen für die gemeinsame Ausstellung kommt eine neue Aufgabe ins Spiel. Wen möchte ich mit meinem Erinnerungskoffer besuchen? Wie kann ein erster Kontakt hergestellt werden? Wie könnte ein guter Einstieg aussehen? Im Rahmen der Ausstellung wurden erste Erfahrungen in der Präsentation der Koffer gesammelt. Parallel zu der Ausstellungsplanung nehmen wir Kontakt auf zu verschiedenen Pflegeeinrichtungen und ambulanten Pflegediensten vor Ort, stellen das mobile Kulturangebot vor und knüpfen erste Besuchskontakte. Ich begleite eine Keyworkerin bei ihrem Besuch einer pflegebedürftigen Frau in einer Mülheimer Pflegeeinrichtung.

Da steht er, der Koffer, gefüllt mit Erinnerungsstücken einer Reise, die das Leben der Kofferpatin, Frau F., und aller, die ihre Geschichte hören, nachhaltig bewegt. Fotos, ein Reisetagebuch, daneben eine Kakaofrucht und eine Kokosnuss, viele große und kleine Muscheln. Aber warum heißt der Koffer dann »Daniel«? Frau F. erzählt von ihren Reisen in die Dominikanische Republik – Reisen auf eine kleine Insel, fernab des großen Tourismus und weit vor der Zeit, als die großen Resorts gebaut wurden. Schnell ist sie in ihren Gedanken wieder vor Ort, die Erinnerungsstücke lassen sie und die Zuhörer in das Erlebte eintauchen. Sie kommt ins Erzählen – beschreibt die Naturschönheiten dieses Landes, das vergleichsweise einfache Leben mit der besonderen Herzlichkeit und Freundlichkeit der Menschen, die wunderbaren Strände, den klaren Sternenhimmel ... all dies wird lebendig. Man bekommt eine Gänsehaut, wenn sie bewegt von dem kleinen Jungen erzählt, dessen Namen der Koffer trägt, Daniel. Dieser kleine 12-jährige Junge, der als ältester Sohn nach dem Tod des Vaters für den Lebensunterhalt der achtköpfigen Familie sorgt. Der tagtäglich mit einem kleinen Boot auf die Insel kommt, um als »kleiner Geschäftsmann« von der Mutter selbst gemachte Kokossüßigkeiten zu verkaufen oder für kleines Geld für die Touristen auf Palmen klettert, um für sie Kokosnüsse zu ernten. Beeindruckend, wie er diese Aufgabe meistert – doch, und das ist an ihrer Stimme zu spüren, besonders lebendig ist die Erinnerung, wie Daniel nach getaner Arbeit endlich Kind sein darf und bis zum Ablegen des letzten Bootes am Strand spielt und im Meer badet ... mit der Freude eines kleinen Jungen, der das Leben genießt. Mit der Geschichte von Daniel, so beteuert Frau F., verbinde sie eine tiefe Lebensweisheit, und die gelte es anderen zu vermitteln. »Auch kleine Dinge können das große Glück bedeuten.« Eine Bewohnerin der Theodor-Fliedner-Stiftung, eines großen Altenzentrums in Mülheim, lauscht fasziniert der Erzählung der Besucherin. Sie war selbst Weltenbummlerin, ist früher als Reiseleiterin durch die Welt gereist. Erinnerungen werden wach – es entsteht schnell eine besondere Nähe zwischen den beiden Frauen. Zum Schluss hält die Besuchte eine der großen Muscheln an ihr Ohr, um das Rauschen des Meeres zu hören, und fragt »Werden Sie noch einmal in die Dominikanische Republik reisen?« Frau F. kommen fast die Tränen.

Ihre Geschichte geht zu Herzen. Das Projekt ist ihre Herzenssache geworden. Sie selbst fühlt sich bei ihrem Besuch reich beschenkt. Wir begleiten auf Wunsch die ersten Gehversuche bzw. Besuche in Privathaushalten bzw. die Präsentation in Senioreneinrichtungen und anderen Zielgruppen. Die ersten Erfahrungen werden regelmäßig miteinander ausgewertet. Dieses neue Angebot ist geeignet, die klassischen Besuchsdienste zu ergänzen; mit dem Projekt der zugehenden Kulturarbeit kann eine neue, interessante Zielgruppe für ein Engagement angesprochen werden: Menschen im nachberuflichen Leben, die Lust auf neue Verantwortungsrollen haben und die sich von der Zusammenarbeit mit sozialen und kulturellen Einrichtungen auch einen persönlichen Gewinn erhoffen.

Melanie Rimpel: Zeitgleich mit dem Projektbeginn wurde ich von einer Essener Kirchengemeinde angefragt, ob ich das Museum nicht im Rahmen einer Veranstaltung für Senioren vorstellen könne. Ich habe verschiedene Vorträge rund um die Lederindustrie schon an unterschiedlichen Orten mit unterschiedlichen Medien, Powerpoint-Präsentationen, Filmsequenzen usw. gehalten. Bei dieser speziellen Anfrage überlegte ich, wie diese Museumsvorstellung zu einer ganz sinnlichen Erfahrung werden könnte. Ich stellte eine Sammlung von Exponaten zusammen, die ich auch im Rahmen meiner Führungen einsetze und packte sie in mehrere Kisten. Mit dem Leder – dem Sehen, Fühlen und Riechen dieses besonderen Materials – verbanden die Menschen schnell Bilder und Geschichten. Es gab sofort einen lebhaften Austausch. Das Leder-Museum im Koffer war geboren, die Idee für ein neues, zusätzliches Angebot im Rahmen der Kulturvermittlung: kein kostenfreies Angebot, aber eins zu den gleichen Konditionen eines Museumsbesuches – den Führungs- und Eintrittskosten.

Perspektiven für die Weiterentwicklung

Ragnhild Geck: Das Projekt geht weiter. Gerade arbeiten wir an einem Internetauftritt, um das Projekt einer breiteren Öffentlichkeit vorzustellen, auch um die Anfragen zu koordinieren und die Weiterentwicklung zu dokumentieren. Auf der Grundlage der Erfahrungen und Wünsche der Teilnehmenden wurde ein Fortbildungskonzept zur Gewinnung und Weiterqualifizierung weiterer Interessierter entwickelt. Nach der Ausstellung gab es direkt Anfragen, die Ausstellung auch an anderen Orten zu präsentieren. Demnächst sind wir mit der ganzen Projektgruppe in einer Mülheimer Senioreneinrichtung. Dort gibt es dann auch ein Rahmenprogramm. Ich habe die Kooperation mit dem Museum als sehr bereichernd empfunden. In der Projektbegleitung haben wir uns mit unserem jeweils professionellen und persönlichen Hintergrund gut ergänzt. Das große Engagement aller Projektbeteiligten, das partnerschaftliche Arbeiten und Ringen um die Umsetzung machte diesen besonderen Lernprozess aus. Das Ledermuseum ist ein guter Lern- und Experimentierraum, ein Labor für die Verbindung von Kultur und freiwilligem Engagement. Da ist in Zukunft noch ganz viel möglich.

Autorinnen

Geck, Ragnhild, Dipl.-Sozialarbeiterin und Diakonin, Leiterin des Netzwerks Broich-Saarn in Mülheim. Arbeitsschwerpunkte: Kulturführerschein, Museum im Koffer, Herzenssprechstunde, Wohnen im Alter. Freie Mitarbeiterin im Ev. Zentrum für Quartiersentwicklung, hier mitverantwortlich für Multiplikatorenprogramme rund um die Themen Netzwerkarbeit, Keywork und Kulturarbeit mit Älteren.

Rimpel, Melanie, Dipl.-Ing., Leiterin des Leder- und Gerbermuseums in Mülheim an der Ruhr, neben dem Ausbau des museumspädagogischen Angebotes für alle Gästegruppen nach dem Motto »Mit allen Sinnen« vor allem auch Projekte/Angebote für Menschen mit Handicap (Sehbehindertenbeschriftung im Leder- und Gerbermuseum, Workshops mit Künstler[inne]n etc.), Museum im Koffer mit Ragnhild Geck, parallel »Ledermuseum im Koffer«.

3.4 »Ach, du liebe Neune!«

Keywork in zwei Museen in Klosterneuburg bei Wien

Lucie Binder-Sabha, Katja Brandes, Adelheid Sonderegger

Die Museen ...

Das Stift Klosterneuburg ist Sitz der Augustiner Chorherren und ein über neun Jahrhunderte gewachsenes Zentrum des religiösen Lebens, der Kultur und der Wissenschaften. Das Essl Museum ist ein 1999 gegründetes Privatmuseum für moderne und zeitgenössische Kunst.

An diesen beiden sehr unterschiedlichen Kultureinrichtungen Klosterneuburgs findet seit März 2006 monatlich das »Kunstfrühstücken« statt, das als Kunstvermittlungsprogramm für ältere Menschen gemeinsam von Museumsfachleuten und in der Seniorenarbeit Tätigen entwickelt wurde. Es ermöglicht aktive Auseinandersetzung mit alter und neuer Kunst, genussvolle Gemeinschaft an der thematisch inszenierten Tafel und kreatives Tun. Auf Initiative der Teilnehmer(innen) stoßen immer wieder neue Personen zum Kreis.

Die Anfänge ...

Eine Ideenwerkstatt für zukünftige Keyworker im November 2005 bildete den Abschluss der ersten Seminarreihe von »Kultur auf Rädern«, einem Projekt von KulturKontakt Austria, das auf den Düsseldorfer Erfahrungen von Karin Nell aufbaute. Hier nahm die Planung zum »Kunstfrühstücken« ihren Anfang.

Im Laufe der Qualifizierungs-Workshops hatten wir Kunstvermittlerinnen Lucie Binder-Sabha und Adelheid Sonderegger (Essl Museum) und Katja Brandes (Stift Klosterneuburg) den Teilnehmer(innen) Einblicke in die Museumsarbeit am Beispiel unserer Häuser gegeben. Daraufhin wünschten sich zwei Teilnehmerinnen, Erika Brandt und Eva Schranz, eine Zusammenarbeit zwischen ihrem Kunst&Kirche-Seniorenclub der evangelischen Pfarrgemeinde, dem Essl Museum und dem Stift Klosterneuburg: Ihnen schwebten Veranstaltungen vor, die ihnen wertvolle Anregungen bieten könnten für ihre Arbeit in der Pfarre. Im Februar 2006 stieß die Keyworkerin Elfriede Janczyk dazu, die damals in einem Pensionistenwohnhaus ehrenamtlich tätig war.

Die Umsetzung ...

Im März 2006 kam es zur Umsetzung dieser Idee, zum monatlich stattfindenden »Kunstfrühstücken«. Eine Veranstaltung, die in der Tat mit einem gemeinsamen Frühstück beginnt und die drei Stunden dauert.

Jeder Termin steht unter einem bestimmten Motto, das sich auf die jeweils aktuelle Ausstellung im Essl Museum oder einen Sammlungsbereich im Stift bezieht. Entsprechend wird die Tischdekoration gestaltet und die Kulinarik ausgewählt. Optische und geschmackliche Reize, musikalische oder literarische Kostproben, insbesondere Elemente der Alltagskultur können, so unsere Überzeugung, »Türen öffnen« zur Kunst.

Nicht im professionell geführten Museumscafé, sondern im Atelier, einem lebendigen Ort, wird die Frühstückstafel aufgebaut. Die Teilnehmer(innen) sind nicht einfach Besucher, sondern sie werden zur kreativen Mitarbeit angeregt. Sie erfahren Impulse durch den Ausstellungsbesuch, die sie unmittelbar danach im Atelier umsetzen können.

In allen Phasen des »Kunstfrühstückens« sind die Teilnehmer(innen) eingeladen, sich mit dem jeweiligen Thema aktiv zu befassen: Sei es in einer kurzen Sequenz vor/während des Frühstücks (z. B. beim Thema »Grenzen«: mit Stiften eine ganz persönliche Grenzziehung auf dem Papiertischtuch vorzunehmen), bei Gesprächen mit biografischem Hintergrund (z. B. beim Thema »Frühlingserwachen«: sich sinnlich in die Gärten der Kindheit zurückzuversetzen) oder bei der subjektiven Auswahl von Kunstwerken (z. B. mit Schmirgelpapier auf die Suche nach einem Kunstwerk zu gehen, das »Reibung« beinhaltet).

In der Praxisphase wird mit verschiedensten künstlerischen Techniken und Ausdrucksformen experimentiert. Dies umfasst Malerei genauso wie etwa den gemeinsamen Bau eines Throns für den Vorsitz der Tafel oder die Improvisation einer Lichtinszenierung mit einigen wenigen Requisiten.

All diese Angebote zur aktiven Beteiligung werden inzwischen – nach gelegentlichem anfänglichen Zögern – angenommen und auch mit Freude und Spaß an der Sache umgesetzt. Das unbekümmerte Tun der langjährigen Teilnehmer(innen) hilft hier Neueinsteiger(innen), sich auf teils gänzlich Ungewohntes einzulassen.

Immer wieder unternahmen wir Versuche, die Teilnehmer(innen) längerfristig in die Gestaltung des Programms einzubinden. Konsequent auf dieses Angebot eingegangen ist Alois List, einer der Stammgäste, der irgendwann quasi den Blickwinkel wechselte und seither sein ganz persönliches Erleben von »Kunstfrühstücken« fotografisch festhält. Diese Fotos stellt er für die Jahresdokumentation zur Verfügung, aber auch für die Gestaltung des Jahresfolders greifen die Museen auf sein Bildarchiv gerne zurück. Ein anderer Besucher hat einmal Engelsdarstellungen in der Kunst aus dem Blickwinkel seines anthroposophischen Fachwissens interpretiert. Hier gilt es, noch verstärkt Teilnehmer(innen) mit ihren spezifischen Kompetenzen einzubinden.

Neues Publikum – neue Ansprüche ...

»Kunstfrühstücken« richtet sich nicht nur an das klassische Bildungspublikum, sondern auch an weniger kunsterfahrene Menschen. Sie haben bisher vielleicht noch keinen Zugang zu zeitgenössischer Kunst gefunden, sind aber, wenn sie sich ernst genommen fühlen, offen für Neues.

Beweggründe für eine Teilnahme ist der Wunsch:

- nach einem qualitätvollen Kulturangebot, das Genuss für alle Sinne bietet.
- nach Kommunikation mit Gleichgesinnten.
- nach regelmäßigen Treffen im vertrauten Kreis.
- nach einer liebevoll vorbereiteten Umgebung, die zum Wohlfühlen einlädt.
- nach Gedankenaustausch, der in die Tiefe geht.
- nach herzhaftem gemeinsamen Lachen.
- nach einem geschützten Raum zur Entdeckung von kreativem Potenzial.
- nach Impulsen zum Weiterdenken und Weitertun.
- nach normalerweise nicht möglichen Blicken hinter die Kulissen der Museen.

Viele Gäste sind zu Stammgästen geworden. Ein schöner Erfolg. Offenbar ist das Bedürfnis nach kontinuierlicher Teilnahme sehr groß. Nicht immer scheint das Interesse an Kunst und Kultur in erster Linie dafür ausschlaggebend zu sein. Das Besondere ist vielmehr die Art und Weise, wie die Auseinandersetzung stattfindet.

Ein Ziel war von Anbeginn, den Teilnehmer(innen) eine unmittelbare Teilhabe zu ermöglichen und an deren Erfahrungswelt und individuelle Kompetenzen anzuknüpfen. Nicht passives Konsumieren steht im Vordergrund. Vielmehr wollen wir Impulse setzen, als Anregung zur Auseinandersetzung mit Kunst und Kultur, zur persönlichen Weiterentwicklung.

Aufgrund der anhaltenden Nachfrage werden seit 2007 zwei Termine pro Thema und Monat angeboten. Seit 2013 gibt es viermal jährlich auch Wochenendtermine, die verstärkt von Berufstätigen wahrgenommen werden.

Weitere Initiativen ...

Anlässlich des »Kunstfrühstückens« zum Thema »Kofferpacken« im Essl Museum im September 2006 kam die Idee wieder auf, das Kunsterlebnis nach außen zu tragen – zu Menschen, die nicht mehr in der Lage sind, ins Museum zu kommen. Das Konzept war, die Kunst in Koffer zu packen und so mit speziellen Besuchsdiensten eine neue Öffentlichkeit zu erreichen.

Diese Idee fand Anklang und wurde umgesetzt. Es fand sich ein kleiner Arbeitskreis um Erika Brandt, Elfriede Janczyk, Brigitte Krüger und Alois List, der die Aufgabe übernahm. Gemeinsam mit uns Kunstvermittlerinnen sammelten und erstellten sie Materialien für Themenkoffer. Ihr beim »Kunstfrühstücken« neu gewonnenes Wissen wollten sie in die Lebenswelt jener älteren Menschen tragen, denen ein Kulturausflug nach Klosterneuburg nicht mehr möglich war.

Drei Koffer wurden entwickelt:

- Koffer 1: »Rund um den Verduner Altar«
- Koffer 2: »Architekturzeitreise. Vom Stift zum Essl Museum«
- Koffer 3: »Funke der Leidenschaft: Die Sammlung Essl. Mit Zeitdokumenten«

Seit Jänner 2007 sind die Koffer gepackt und im Einsatz. »Drei Koffer voller Museen und Ideen« ist ein mobiles Kulturvermittlungsprogramm. Drei verschiedene Koffer zu Themen aus dem Stift Klosterneuburg und dem Essl Museum können gebucht werden. Begleitet und betreut werden die Koffer von den Keyworker, die alte und moderne Kunst im Gespräch lebendig werden lassen. Inhalt der Koffer sind Materialien, die nicht nur das Sehen und Hören, sondern auch das Fühlen, Riechen und Schmecken ansprechen. Die Koffer können auch zur Vorbereitung eines Museumsbesuches genutzt werden.

Im Herbst 2008 organisierten wir eine breit angelegte Informationsveranstaltung mit einem Impulsreferat des Wiener Experten für Seniorenbildung Manfred Kolland: Das Projekt »Drei Koffer voller Museen und Ideen« wurde einem größeren Interessentenkreis aus dem Bereich der Seniorenarbeit vorgestellt. Die Resonanz war durchwegs positiv.

Die Keyworker wirken als Vertrauenspersonen, die die Sprache der Museen in die Sprache der oft Hochaltrigen transformieren und »Kultur« als etwas Besonderes begreifbar machen.

Themen wie das Stift Klosterneuburg oder der Aufbruch der 1950er-Jahre in der Kunst der Moderne sind für die meisten älteren Menschen mit persönlichen Erinnerungen verbunden und daher ideale Anknüpfungspunkte für ein Gespräch. Ziel ist es, geistig und emotional aufzuwecken und einen Bezug zur Gegenwart herzustellen.

Zielgruppe von »Drei Koffer voller Museen und Ideen« sind mobilitätseingeschränkte, zum Teil hochaltrige Senior(inn)en in Seniorenwohnhäusern oder Privathaushalten, aber auch regional organisierte Seniorenkreise. Hier handelt es sich oft um isolierte Menschen mit Wunsch nach Teilhabe an kulturellem Leben. Inspiriert werden sollen aber auch pflegende Angehörige.

Die momentane Situation ...

»Kunstfrühstücken« findet kontinuierlich seit neun Jahren statt, daher lautet auch unser diesjähriges Motto »Ach, du liebe Neune!«. Ohne die Initialzündung durch das Modellprojekt »Kultur auf Rädern« und die finanzielle Starthilfe durch KulturKontakt Austria wäre unser Projekt wahrscheinlich nicht zustande gekommen, und vielleicht genauso wenig die Kooperation der beiden Klosterneuburger Kultureinrichtungen. Weitere gemeinsame Projekte folgten, wie beispielsweise die erfolgreichen Sommerakademien für Kinder und Erwachsene.

Den häuserübergreifenden Ideenaustausch betrachten wir Kunstvermittlerinnen als sehr wertvoll, und nicht zuletzt eröffnen sich dadurch den beiden Museen marketingtechnische Synergien.

In der Zwischenzeit finden auch immer öfter berufstätige Menschen den Weg in unsere Häuser, um an der Frühstückstafel Platz zu nehmen. Mehrere wurden zu Stammgästen und nehmen sich sogar Urlaub für die Termine. Inzwischen bieten wir zusätzlich vier Termine an Samstagen an. Verstärkt gibt es auch Nachfrage von privaten Gruppen nach diesem Kunstvermittlungsangebot. »Kunstfrühstücken« zieht immer weitere Kreise.

Weiterwachsen ...

Der ursprüngliche Keywork-Ansatz – das Wissen und die Wünsche der Teilnehmer(innen) mit einzubinden und das Kunsterlebnis nach außen zu weniger mobilen Menschen zu tragen – hat sich nur zum Teil erfüllt. Das Angebot, ein »Kunstfrühstücken« mitzuplanen wurde nur vereinzelt angenommen. Offenbar existiert ein starkes Bedürfnis, sich einen genussvollen und anregenden Vormittag zu gönnen, weniger jedoch, sich im Vorfeld damit zu beschäftigen.

Weil es an Input von außen mangelt, sind wir dazu übergegangen, ihn selbst in die Wege zu leiten. Wir laden jeweils einen »special guest« ein, meistens einen Museumsmitarbeiter/eine Museumsmitarbeiterin oder einen Künstler/eine Künstlerin, der/die einen speziellen Bezug zum Thema des Tages hat. Zwar wird dadurch ein (begeistert aufgenommener) Blick hinter die Kulissen ermöglicht, unser ursprünglicher Ansatz bleibt damit aber etwas auf der Strecke.

Jedenfalls im Großen. Im Kleinen und eher unscheinbar zeigen sich durchaus Erfolge, in dem Sinn, dass das Kunsterlebnis sich unmittelbar auf das Leben der Stammgäste des »Kunstfrühstücken« auswirkt. Sie kommen mit Freunden zu Terminen oder Ausstellungseröffnungen. Sie kochen Rezepte nach. Sie lassen sich von der Dekoration inspirieren und setzen ihre eigenen Ideen bei gegebenen Anlässen zu Hause um.

Fremdes in Kunst und Kulinarik stieß anfänglich auf Ablehnung. Doch die konsequente Auseinandersetzung damit vermochte offenbar, eingefahrene Sichtweisen und Haltungen zu verändern.

Der Mut, sich Neuem zu stellen und sich auch außerhalb der Museen damit zu beschäftigen, ist enorm gewachsen, dies bestätigen uns die Gäste immer wieder.

Was uns nachdenklich macht ...

Unsere Leidenschaft für das Projekt »Kunstfrühstücken« ist ungebrochen, jeder neue Termin ist wieder eine spannende Herausforderung. Doch sind wir vielleicht zu sehr involviert? Fällt es uns schwer, die Fäden aus der Hand zu geben? Ist es uns vielleicht auch gar nicht in allen Belangen recht, wenn andere das Programm mitbestimmen wollen, z. B. »Herzstücke« wie die ästhetische Gestaltung? Wollen wir die Hoheit darüber unbedingt behalten? Diese Fragen machen uns nachdenklich. Hätte ein konsequenteres Loslassen zu einer stärkeren Beteiligung der Teilnehmer(innen) geführt? Oder braucht so ein Projekt einfach eine unverkennbare Handschrift und klare Führung?

Resümierend betrachtet, ist es mit »Kunstfrühstücken« gelungen, ein Kunstvermittlungsprojekt zu verankern, das Menschen ungewöhnliche Zugänge zu Kunst und Kultur ermöglicht. Zugänge, die viel Subjektivität zulassen, vielfältige Möglichkeiten der aktiven Beteiligung und einen großen Raum der sinnlichen Erfahrung bieten. Die Mehrheit der Teilnehmer(innen) sind Senior(inn)en – eine Zielgruppe, die oft immer noch ausschließlich als passive Konsument(inn)en von Kultur, nebst Kaffee und Kuchen, wahrgenommen wird.

Wünsche für die Zukunft ...

Wir Kunstvermittlerinnen sehen es als wichtig und zukunftsträchtig an, an der Schnittstelle von kulturellen und sozialen Fragestellungen zu arbeiten. Dazu bedarf es des Rückhalts und eines ausgesprochenen Auftrags seitens der

Leitung der Kulturinstitutionen. Nur mit finanziellen und personellen Ressourcen lässt sich der Keywork-Ansatz etablieren.

Wir erachten es als notwendig, dass die mit den Museumskoffern nach außen gehenden Keyworker professionell begleitet werden und Supervision erhalten, auch in Hinblick auf Qualitätssicherung. Allein dem individuellen Engagement der Keyworker ist es zu verdanken, dass die Museumskoffer nach wie vor im Einsatz sind.

Wünschenswert wäre, in den Museen die Stelle eines/einer Keywork-Beauftragten einzurichten. Für uns Kunstvermittlerinnen, deren Auftrag es ist, Angebote für alle Besuchergruppen zu entwickeln und durchzuführen, war es nur temporär möglich, diese Arbeit zusätzlich zu leisten. So wurden auch keine weiteren Initiativen gesetzt, um das Team der Keyworker zu erweitern. Bei der oben erwähnten Informationsveranstaltung »Drei Koffer voller Museen und Ideen« 2008 wurden zwar Kontakte zu vielen Institutionen geknüpft, wir konnten sie aber nicht aktiv weiter ausbauen.

Immer wieder wurde uns jedoch von Expert(inn)en versichert, dass diese Form der Kulturvermittlung im Seniorenbereich großes Zukunftspotenzial habe.

Der Blick von aussen ...

Parallel zum steigenden Besucherinteresse in den vergangenen Jahren wurde »Kunstfrühstücken« auch von Expertenseite zunehmend wahrgenommen.

2009 führte das Institut für Soziologie im Auftrag des Bundesministeriums für Soziales und Konsumentenschutz eine österreichweite Studie zu Good Practice in der Senioren-/Altenbildung durch. »Kunstfrühstücken« wurde als ein innovativ-kreatives Bildungsprojekt ausgezeichnet, und die Ergebnisse der Evaluierung sind auf der Homepage des Ministeriums abrufbar.

Das Land Niederösterreich vergab im Herbst 2013 den Anerkennungspreis für Erwachsenenbildung an unser Projekt. Gemeinsam mit den Keyworker haben wir beschlossen, das Preisgeld in eine Neuorientierung und Weiterentwicklung von »Kunstfrühstücken« zu investieren. Der Vorschlag, Karin Nell nach Klosterneuburg einzuladen und mit ihr neue Ideen zu entwickeln, kam von einer Keyworkerin. Gemeinsam wollten wir Überlegungen anstellen, wie der Keywork-Gedanke wieder forciert werden könnte und welche ersten Schritte dazu nötig wären.

Kurz vor Jahresende fand die Zukunftswerkstatt mit Karin Nell im Essl Museum statt. Teilnehmer(innen) waren neben Stammgästen von »Kunstfrühstücken« und Museumsmitarbeiter(inne)n auch Besucher(innen), denen der Keywork-Gedanke noch neu war und die – wie es scheint – Feuer gefangen haben.

Ausblick in die Zukunft ...

Kurzfristig haben wir uns vorgenommen, das Profil des »Kunstfrühstückens« weiter zu schärfen, zu definieren, welche Elemente der Grundstruktur: Frühstückstafel/Kunstbetrachtung/Kreativarbeit wir Kunstvermittlerinnen klar vorgeben möchten. Wir wollen aber auch darüber nachdenken, wo wir uns zurücknehmen können, um vermehrt Räume für Beiträge der Teilnehmer(innen) zu öffnen. Wenn wir hier und dort bereit sind loszulassen, kann das idealerweise für uns auch Arbeitsentlastung – bei weiterhin hohem Qualitätsniveau – bedeuten.

Längerfristig könnten am Modell »Kunstfrühstücken« Qualifizierungs-Lehrgänge für zukünftige Keyworker andocken. Das »Kunstfrühstücken« dient dann als Impulsgeber zur Entwicklung weiterer innovativer Projekte an der Schnittstelle zwischen Kultur- und Sozialarbeit. Die neuen Keyworker suchen sich Verbündete, um ihre Ideen in ihrem persönlichen Umfeld umzusetzen. Jede auch noch so kleine Initiative zählt!

Das Museum 2020:

- ist zu einem Anziehungspunkt für alle Generationen geworden.
- ist eine Herzkammer, in die Energien hinein- und herausfließen.
- ist ein Leuchtturm-Projekt für moderne Museumsarbeit und Kulturvermittlung.

In diesem Museum kommen neue Rollen zum Tragen, und Keyworker setzen starke Akzente.

Anmerkungen

Keyworker 2014: Elfriede Janczyk, Brigitte Krüger, Alois List
Kunstvermittlerinnen Essl Museum: Lucie Binder-Sabha, Adelheid Sonderegger
www.essl.museum/kunstvermittlung
Kunstvermittlerinnen Stift Klosterneuburg: Katja Brandes, Doris Weidacher
www.stift-klosterneuburg.at/atelier

Autorinnen

Binder-Sabha, Lucie, Studium der Kunstgeschichte, Dipl.-Sozialarbeiterin, seit 1999 Kunstvermittlerin im Essl Museum in Klosterneuburg bei Wien, Mitinitiatorin der Keywork-Projekte »Kunstfrühstücken« und »Drei Koffer voller Museen und Ideen« in Kooperation mit dem Stift Klosterneuburg.

Brandes, Katja, Kunsthistorikerin und Kunstvermittlerin; verantwortlich für den Bereich Kunstvermittlung/Stiftsatelier im Stift Klosterneuburg bei Wien, Mitinitiatorin der Keywork-Programme »Kunstfrühstücken« und »Drei Koffer voller Museen und Ideen« in Kooperation mit dem Essl Museum, Klosterneuburg.

Sonderegger, Adelheid, studierte Malerei, ist Kunstvermittlerin im Essl Museum bei Wien, rührt mit Leidenschaft abwechselnd in Farbe und Kochtöpfen und initiierte gemeinsam mit ihrer Teamkollegin Lucie Binder-Sabha sowie mit Katja Brandes vom Stift Klosterneuburg die häuserübergreifenden Keywork-Programme »Kunstfrühstücken« und »Drei Koffer voller Museen und Ideen«.

3.5 Analyseparameter für die Arbeit mit Keyworkern

Hinweise aus einer Studie zu Keywork in zwei Museen

Isabel Müller

Einleitung

»Mit dem, was in einem Museum zu finden ist, kann man die Welt verändern.« Dieser Satz, frei zitiert nach Karin Nell, Mitarbeiterin des Evangelischen Bildungswerks Nordrhein, steht stellvertretend für die Idee von Keywork.

Keyworker waren im Rahmen des EU-geförderten Projekts »Museum, Keyworker und Lebensbegleitendes Lernen«[1] als Vermittler zwischen den Institutionen und einem potenziellem Publikum außerhalb der Institution tätig. Durch diese Zusammenarbeit entstand eine Idee, die eine neue Chance für die Museumsarbeit birgt und die Welt der Keyworker und ihres Umfeldes nachhaltig veränderte. Dadurch wurden die Keyworker zu Schlüsselfiguren, die ihren Mitmenschen den Zugang zur Institution Museum eröffneten. Auf ehrenamtlicher Basis sind Keyworker für Institutionen wie beispielsweise Museen tätig. Keywork ist eine besondere Art des Ehrenamtsmanagements, charakterisiert durch »Engagement auf Augenhöhe«.

Die Idee von Keywork bietet den Häusern Zugang zu museumsfernen Zielgruppen und lässt das Museum der Zukunft, das in der Mitte der Gesellschaft verankert ist, wirklich werden. Aus den europäischen Keywork-Projekten entwickelten sich lokale Projekte. Zwei dieser lokalen Projekte dienten im Rahmen einer Masterarbeit als Grundlage für die Erarbeitung eines Analysekonzepts, um ein so komplexes Projekt wie Keywork messbar zu machen. Zentraler Gegenstand der Untersuchung war die Frage nach der Umsetzung der Grundsätze von Keywork in den Museumsprojekten sowie nach der Verankerung der Keywork-Idee auf Leitungsebene der Museen. Das verwendete Analysekonzept wird auf den folgenden Seiten vorgestellt.

---

1 | Durchgeführt zwischen 1998 und 2001. Museen in Wien, Dublin, Sobralinho, Stockholm, London und Guildford nahmen teil. Nachzulesen in der Publikation Stannet, Annette/Stöger, Gabriele (Hg.) (2001): Museen, Keyworker und Lebensbegleitendes Lernen: Erfahrungen in 5 Ländern. Büro für Kulturvermittlung Wien.

Vorstellung der Rahmenbedingungen

Projektorganisator des Vorläufers der heutigen Keywork-Projekte war das damalige Büro für Kulturvermittlung, heute Verein KulturKontakt Austria in Wien. Parallel zum europäischen Projekt arbeitete das Büro für Kulturvermittlung an lokalen Projekten in Wien und knüpfte »nachhaltige Arbeitsbeziehungen zwischen Kultur- und Kunstinstitutionen, Kulturschaffenden und KulturvermittlerInnen sowie Multiplikator/-innen aus dem Bereich der Senior/-innen-Arbeit«. Aus den Ergebnissen dieser Zusammenarbeit entstand der Beitrag im Buch »Keywork« von Roman Schanner, die Basis der Analyse für die Ausarbeitung der Grundsätze von Keywork.

Nach dem Vorbild der europaweiten Projekte wurden und werden auch in Deutschland Keywork-Projekte an Museen durchgeführt. Zwei dieser Projekte dienten im Rahmen der Masterarbeit als Untersuchungsgegenstand.

Als Grundlage für Teil zwei der Analyse, die Verankerung von Keywork auf Leitungsebene, diente das Konzept Keywork4, eine Fortführung der bisherigen Keywork-Idee. »Keywork4 steht für Partizipation, neue Verantwortungsrollen und Projektarbeit, neue Gestaltungs- und Entwicklungsräume und für neue Lernformen. Keywork4 steht auch für die gemeinsame Entwicklung und Erprobung neuer Formen des Miteinanders von hauptamtlichen und freiwilligen Kräften«.

Grundsätze von Keywork nach Schanner. Die Schlüsselfigur des Keyworkers

Das ausgewiesene Ziel von Keywork ist es, »Museen auch für diejenigen Personengruppen zu öffnen, die Angebote der Museen noch nicht nützen«. Als Keyworker sollen Personen gefunden werden, die nicht im Museum tätig sind, sondern als Mittler zwischen dem Museum und einem »breiten, repräsentativen, potenziellen Zielpublikum (Erwachsene und Jugendliche) agieren«. Keyworker werden als »Schüsselfiguren« eingesetzt, um neue Zielgruppen für einen Besuch im Museum zu gewinnen. Die Zusammenarbeit mit den Keyworkern gestaltet sich wie folgt: Zunächst werden Keyworker, die selbst zu den Museumsfernen zählen, vom Museum identifiziert und als freiwillige Mitarbeiter angeworben.

Sind die Keyworker gefunden, werden sie »mit dem Museum, seinen Inhalten, aber auch mit den bestehenden Aktivitäten und Methoden in der Kommunikationsarbeit vertraut gemacht«. Dies erfordert ein gezielt auf die jeweiligen Personen abgestimmtes Angebot, das vom Museum selbst oder einer anderen vermittelnden Instanz durchgeführt wird. Ziel dieser Einarbeitung ist es, das Museum zu einem »eigenen, auch den persönlichen Interessen dienenden Ort« werden zu lassen und bei den Keyworkern gleichzeitig den Wunsch zu wecken »das selbst Erlebte auch an andere in ihrem sozialen Umfeld weiterzugeben«.

Entsprechend lautet der erste Grundsatz nach Schanner:
Keyworker sind Schlüsselfiguren zu museumsfernen Zielgruppen.

Partizipation und Zusammenarbeit auf Augenhöhe

Ein Aspekt moderner Museumsarbeit ist die Orientierung am Besucher und die aktive Öffnung des Museums gegenüber der Gesellschaft. Diese Art der Öffnung ist nicht nur passiv zu verstehen, sondern als aktive Teilhabe im Rahmen der Partizipation.

Schanner bezeichnet diese Art der Zusammenarbeit als »partnerschaftlichen Weg« in der Besucher(innen)-Kommunikation der einlädt, »an diesen Ausprägungen des kulturellen Zusammenlebens aktiv teilhaben« zu können. Keywork ist, so Schanner weiter, einen »Dialog auf gleicher Augenhöhe« herzustellen, ganz im Sinne der Aspekte der Partizipation, um dabei »gezielt eingesetzte Impulse zu kultureller Eigenaktivität« bei den Keyworkern zu entwickeln und ihnen damit »den Weg zur Wahrnehmung von Teilhabemöglichkeiten« zu bereiten. Diese partnerschaftliche Zusammenarbeit gilt es dabei in den Projekten von Beginn der gemeinsamen Ideenfindung an bis hin zu gemeinschaftlichen Umsetzung zu beschreiten.

Teil des Partizipationsgedankens ist es, die Beteiligten so anzuleiten, dass sie selbst einen persönlichen Zugang finden. Um diesen Prozess ganzheitlich begleiten zu können, ist die Bereitschaft des Museums erforderlich, sich auf diesen Weg zu begeben und die Partizipation zuzulassen, um eine gemeinsame Weiterentwicklung mit den Keyworkern zu erzielen. Das erfordert vom Museum die Begleitung und Anleitung der Keyworker sowie darüber hinaus die Bereitschaft der Institution, sich auf Neues einzulassen, um sich aktiv gegenüber diesem Prozess zu öffnen.

Somit lautet der zweite Grundsatz nach Schanner:
Keywork ist Zusammenarbeit auf Augenhöhe. Die Zusammenarbeit basiert auf den Grundsätzen der Partizipation.

Nachhaltige Innovation und gemeinsame Weiterentwicklung

Keywork hegt den Anspruch, einen gemeinsamen Lernprozess zwischen den Keyworkern und der zusammenarbeitenden Institution anzustoßen. Gemeinsames Lernen verbindet beide Projektpartner, die sich gegenseitig in ihrer Entwicklung unterstützen. Dadurch wird das Ziel von Keywork realisiert, Innovationen zu ermöglichen. »Die Bereitschaft, sich auf Neues einzulassen, führt zu Veränderungen und Entwicklungen und erzeugt den Wunsch, mehr zu lernen.« Hierfür steht ein breites Methodenspektrum aus der Erwachsenenbildung zur Verfügung, angepasst an die »Bedürfnisse und Erwartungen von lernenden Erwachsenen«. Dadurch werden Museen »Gemeindetreffpunkte, Studienzentren, Orte für Kunstveranstaltungen und Ausbildungen ebenso wie Akteure sozialer Veränderungen. [...] Seine Nahrung findet das Museum außerhalb der Mauern, nämlich bei den Menschen in den Gemeinden.« Deren impliziertes Wissen, also Erfahrungswissen, muss über Methoden und kommunikative Kompetenzen übersetzt und so für die Gruppe und auch für das Museum zugänglich gemacht werden. Nachhaltige Projekte entstehen dann, wenn ehrenamtliche wie hauptberufliche Kräfte dazu bereit sind und ihre Zeit und Energie dafür aufwenden, sich gemeinsam weiterzuentwickeln.

Daraus ergibt sich der dritte Grundsatz nach Schanner:
Durch Keywork beginnt ein Lernprozess, dessen Ziel nachhaltige Innovation und gemeinsame Weiterentwicklung ist.

Die Verankerung von Keywork auf Leitungsebene

Um die vorab genannten Grundsätze nach Schanner im Keywork umzusetzen, ist die Begleitung der Projekte durch ein Keywork-Management nötig, das klare Rahmenbedingungen schafft und die Implementierung von Keywork auf Leitungsebene voraussetzt. Das Keywork-Management des Konzepts Keywork[4] stellt folgende Eckpfeiler für die Analyse des zweiten Teils, der Verankerung von Keywork auf Leitungsebene:

- **Rahmenbedingungen schaffen**
  »Wichtiger Eckpunkt bei der Implementierung von Keywork ist die Akzeptanz auf Leitungsebene.«
  Dies ist zu verstehen im Sinne einer langfristigen Planung und der Aufnahme von Keywork in strategische Entscheidungen im Rahmen der Zielgruppenarbeit. Zu den Rahmenbedingungen zählen folgende Aspekte:
- **Qualifizierungsprogramm »Keywork-Management« entwickeln**
  Engagierte Keyworker brauchen verlässliche Ansprechpartner(innen) in den Kultureinrichtungen (...). Die hauptamtlichen Kräfte haben vor allem auch die Aufgabe, mit ihrem Fachwissen die Qualität der Arbeit zu sichern (...) .
- **Organisations-, Mitwirkungs- und Vernetzungsstrukturen aufbauen**
  Feste Strukturen unterstützen die Keyworker in ihrer Arbeit und sorgen für die Nachhaltigkeit der Projekte.

Methodik und Indikatoren

Im Rahmen der Masterarbeit wurden die genannten Bewertungskriterien als Maßstab für die qualitative Analyse der Keywork-Projekte eingesetzt. Im Rahmen der qualitativen Forschung dreht es sich vorrangig darum, »auf Interpretationen beruhendem menschlichen Handeln« innerhalb einer Analyse nahezukommen. »Qualitative Forschung hat ihren Ausgangspunkt im Versuch eines vorrangig deutenden und sinnverstehenden Zugangs zu der interaktiv ›hergestellt‹ und in sprachlichen wie nicht-sprachlichen Symbolen repräsentiert gedachten sozialen Wirklichkeit. Sie bemüht sich dabei, ein möglichst detailliertes und vollständiges Bild der zu erschließenden Wirklichkeitsausschnitte zu liefern.« Mögliche Instrumente sind neben der Methode der Beobachtung die Inhalts- oder Textanalyse sowie die Befragung.

Im Falle der vorliegenden Auswertung eignete sich eine Befragung mit anschließender qualitativer Auswertung, da die Analyse keine adäquate Fallzahl für eine quantitative Analyse bot; zugleich erforderte die zentrale Fragestellung eine sehr detaillierte Herangehensweise und ließ kaum Standardisierungen zu.

Die Befragung wurde im Rahmen von Experteninterviews mit den Projektverantwortlichen in den Museen durchgeführt. Die gewählte Methodik ergab verwertbare Ergebnisse. Bei einer erneuten Analyse ist es jedoch dringend empfehlenswert, die Befragung deutlich auszudehnen, um die Validität der Ergebnisse zu verbessern: Es wird empfohlen, die Betreuer(innen) des Keywork-Projekts, sowie die Akteure/Akteurinnen selbst in den Analyseprozess einzubeziehen. Um die im Rahmen einer Befragung ermittelten Erkenntnisse auf ihre Objektivität hin zu überprüfen und ein objektives Bild der Realität zu gewinnen, bietet sich die Live-Beobachtung der Keyworker und ihrer Begleiter(innen) während der Projekttätigkeit an.

Auswertung der Interviews

Als Auswertungsmethodik für die Interviews wurde die qualitative Inhaltsanalyse nach Mayring gewählt. Diese offene, eher deskriptiv und eher interpretative Methodik eignet sich zur Analyse von Einzelfällen, wie sie hier vorliegen. Gemäß einer der Grundformen des Interpretierens, der Zusammenfassung, wird das Material aus den Interviews paraphrasiert und in mehreren Schritten reduziert, um nicht relevante Bestandteile zu minimieren. Ziel der Zusammenfassung ist es, »das Material so zu reduzieren, dass die wesentlichen Inhalte erhalten bleiben, durch Abstraktion einen überschaubaren Corpus zu schaffen, der immer noch Abbild des Grundmaterials ist«. Die so ermittelte Quintessenz des Materials dient zur Vorlage einer »induktiven Kategoriebildung«. Ein daraus entwickeltes Kategoriesystem ermöglicht im Anschluss die Auswertung des Materials.

Ausgangspunkt für die Analyse können »theoretische Vorannahmen« sein, die anhand des induktiven Kategoriesystems überprüft werden. Im Falle der vorliegenden Auswertung wurden anhand der aufgestellten Grundsätze nach Schanner Hypothesen gebildet, die als Arbeitshypothesen die qualitative Inhaltsanalyse strukturierten:

- **Grundsatz 1 nach Schanner:**
  Keyworker sind Schlüsselfiguren zu museumsfernen Zielgruppen.
  Arbeitshypothese 1:
  Wenn Keyworker museumsferne Menschen sind, werden durch ihren Einsatz museumsferne Menschen als Besucher für das Museum gewonnen.
- **Grundsatz 2 nach Schanner:**
  Keywork ist Zusammenarbeit auf Augenhöhe. Die Zusammenarbeit basiert auf den Grundsätzen der Partizipation.
  Arbeitshypothese 2:
  Wenn die Keyworker sich im Sinne der Partizipation »aktiv beteiligen« dürfen, entsteht Zusammenarbeit auf Augenhöhe.
- **Grundsatz 3 nach Schanner:**
  Durch Keywork beginnt ein Lernprozess, dessen Ziel nachhaltige Innovation und gemeinsame Weiterentwicklung ist.
  Arbeitshypothese 3:
  Wenn die Keyworker unterstützt werden, gelingt der Lernprozess. Wenn das Museum die Ideen der Keyworker durch Strukturen unterstützt, sind die Innovationen nachhaltig, Museum und Keyworker entwickeln sich gemeinsam weiter.

Anschließend werden, gemäß der Orientierung an einem Ablaufmodell nach Mayring, in einem ersten Analyseschritt anhand der Arbeitshypothesen passende Textstellen zur Konstruktion einer Kategorie hinzugezogen. »Wenn das erste Mal eine zur Kategoriedefinition passende Textstelle gefunden wird, wird dafür eine Kategorie konstruiert.« Weitere passende Textstellen werden ebendieser Kategorie zugeordnet (Subsumption). Der gesamte Text wird generalisiert und reduziert.

»In einem zweiten Reduzierungsschritt werden nun mehrere, sich aufeinander beziehende und oft über das Material verstreute Paraphrasen zusammengefasst und durch eine neue Aussage wiedergegeben.« Anschließend erfolgen die Kategoriebildung aus diesem Material und der Rückbezug der gebildeten Kategorien zum Ausgangsmaterial. Die ermittelten Kategorien werden den Grundsätzen nach Schanner zugeordnet, um auf diese Art den Rückbezug zum Ausgangsmaterial herzustellen.

Tabelle 1: Ermitteltes Kategorie-System und Zuordnung zu den Grundsätzen nach Schanner:

Grundsätze nach Schanner	Ermitteltes Kategoriesystem
Grundsatz 1 nach Schanner: Keyworker sind Schlüsselfiguren zu museumsfernen Zielgruppen. **Arbeitshypothese 1:** Wenn Keyworker museumsferne Menschen sind, werden durch ihren Einsatz Museumsferne als Besucher für das Museum gewonnen.	K. 1 Es wurden Menschen mit Interesse an Kultur, Museen und Sozialem gesucht. K. 2 Keywork gewinnt neue Zielgruppen.
Grundsatz 2 nach Schanner: Keywork ist Zusammenarbeit auf Augenhöhe. Die Zusammenarbeit basiert auf den Grundsätzen der Partizipation. **Arbeitshypothese 2:** Wenn die Keyworker sich im Sinne der Partizipation „aktiv beteiligen" dürfen, entsteht Zusammenarbeit auf Augenhöhe.	K. 3 Die Projekte werden gemeinsam mit den Keyworkern entwickelt. K. 4 Keywork benötigt flexible Strukturen. K. 5 Keywork ist offenes Engagement. K. 6 Keyworker partizipieren an den Museumsinhalten.
Grundsatz 3 nach Schanner: Durch Keywork beginnt ein Lernprozess, dessen Ziel nachhaltige Innovation und gemeinsame Weiterentwicklung ist. **Arbeitshypothese 3:** Wenn die Keyworker unterstützt werden, gelingt der Lernprozess. Wenn das Museum die Ideen der Keyworker durch Strukturen unterstützt, sind die Innovationen nachhaltig, Museum und Keyworker entwickeln sich gemeinsam weiter.	K. 7 Keywork erfordert die Begleitung und das Engagement des Museums. K. 8 Keywork ist Nutzen auf beiden Seiten, für die Keyworker und für das Museum.

Teil zwei des Analyse-Schemas wurde aus dem Keywork-Management des Konzepts Keywork4 entwickelt:

Tabelle 2: Analyseparameter für die Verankerung auf Leitungsebene:

Analyseparameter 1: Rahmenbedingungen schaffen durch die strategische Verankerung von Keywork auf Leitungsebene.
Analyseparameter 1.a: Qualifizierungsprogramm »Keywork-Management« entwickeln
Analyseparameter 1.b: Organisations-, Mitwirkungs- und Vernetzungsstrukturen aufbauen

Beobachtungen und Auswertung

Gemäß den geschilderten Analyseparametern folgen nun die Auswertung der Grundsätze nach Schanner sowie die Untersuchung der Verankerung der Keywork-Idee auf Leitungsebene.

Grundsätze von Keywork nach Schanner. Grundsatz 1: Keyworker als Schlüsselfiguren

Wie im SOKRATES-Projekt gezeigt, gewinnt Keywork Museumsferne als Besucher(innen). Aus den im Rahmen der Analyse durchgeführten Interviews geht hervor, dass nicht explizit nach museumsfernen Menschen gesucht wurde, sondern nach Menschen mit Interesse an Kultur und Sozialem sowie mit einem grundsätzlichen Interesse an Museen.

Keyworker »besitzen sozusagen den ›Schlüssel‹, um ihrem eigenen sozialen Umfeld in adäquater ›Sprache‹ und Form museale Inhalte zugänglich zu machen.« Im Sinne des Audience Development wurden in den SOKRATES-Projekten Keyworker eingesetzt, um Zielgruppen zu erreichen, die vorher nicht in Museum vertreten waren.

Da in den untersuchten Museen Keyworker eingesetzt werden, die bereits einen Zugang zu Kultur mitbringen, kann hier nicht von explizit Museumsfernen gesprochen werden. Dennoch bestätigen beide Museen positive Auswirkungen auf neue Kontakte und Zielgruppen.

Entsprechend erschließt sich daher die Erkenntnis, dass Keywork in der Praxis funktioniert, wie theoretisch erdacht: Keyworker fungieren als Schlüsselfiguren und bringen ihr Umfeld zur Teilnahme an Veranstaltungen im

Museum. Inwieweit neue Zielgruppen museumsaffin sind oder zu Nicht-Besuchern zählen, hängt von den akquirierten Keyworkern ab.

Grundsatz 2: Partizipation und Zusammenarbeit auf Augenhöhe

Die Interviews bestätigen, dass Zusammenarbeit auf Augenhöhe dann entsteht, wenn die Keyworker sich im Sinne der Partizipation einbringen können. Erhalten die Keyworker die Möglichkeit, sich aktiv zu beteiligen, findet Zusammenarbeit auf Augenhöhe statt. Klares Ergebnis ist auch die Voraussetzung von monetären wie personellen Ressourcen des Museums für das Projekt Keywork sowie die entgegengebrachte Bereitschaft des Museums zur Partizipation und Öffnung gegenüber den Keyworkern.

Zusammenarbeit auf Augenhöhe als Maßstab im Rahmen von Keywork erfordert von Institutionen Aufgeschlossenheit gegenüber Keywork und ebenso den nötigen Freiraum, den die Keyworker im Rahmen der Projektarbeit nutzen können. Keywork benötigt flexible Strukturen in der Museumshierarchie, denn Keywork ist offenes ehrenamtliches Engagement. Dies bestätigen die Projektverantwortlichen der Museen, denn vor dem Projekt ist dessen Ausgang unbekannt. Der Weg wird gemeinsam mit den Keyworkern beschritten. Museen müssen dementsprechend auch dazu bereit sein, ihre Türen zu öffnen und Projekte gemeinsam mit den Keyworker zu gestalten. Nur dann entsteht Zusammenarbeit auf Augenhöhe.

Grundsatz 3: Innovationen und gemeinsame Weiterentwicklung

Beide Museen bestätigen, dass Keywork neue Chancen für die Museumsarbeit bietet und innovative Projekte entstehen lässt. Durch die gemeinsame Arbeit entwickeln sich beide Projektpartner weiter. Wie im klassischen Ehrenamtsmanagement ist auch bei einem Projekt wie Keywork die Begleitung der ehrenamtlichen Keyworker durch einen festen Ansprechpartner/eine feste Ansprechpartnerin nötig. Vor ihrem Engagement befinden sich Keyworker typischerweise in einer Lebenssituation, die kaum mit Museumsarbeit zu tun hat. Sie müssen mit den Inhalten des Museums vertraut gemacht werden, die Inhalte als Teil ihrer eigenen Geschichte begreifen, um ihr Wissen, Können und ihre Ideen im Sinne der Museumsarbeit einzubringen. Dies erfordert die Anwendung von Maßnahmen der Erwachsenenbildung und setzt voraus, dass die Hauptverantwortlichen des Projekts mit diesen Instrumenten vertraut sind.

Aufgabe des Museums ist es, die Projektverantwortlichen mit dem nötigen Wissen auszustatten, um sie darauf vorzubereiten, mit den Keyworkern zu arbeiten und Projekte zu entwickeln. Die entstehenden Projekte werden von den Museen als Nutzen wahrgenommen. Hier ist die Aufgeschlossenheit des

Museums gefragt. Dann dient Keywork dem beiderseitigen Nutzen im Sinne einer gemeinsamen Weiterentwicklung.

Verankerung auf Leitungsebene

Anhand des ermittelten Kategoriensystems erfolgt die Analyse der Implementierung von Keywork auf Leitungsebene. Der Analyseparameter, der die Klammer um alle weiteren Parameter bildet, ist die Schaffung von Rahmenbedingungen durch die Leitungsebene.

Im direkten Vergleich der Museen zeigt sich eine differente Herangehensweise. So werden nur in einem untersuchten Museum die nötigen Rahmenbedingungen geschaffen, um die Keyworker in ihrer Entwicklung zu unterstützen, zu fördern und ihre Arbeitsergebnisse für das Museum nutzbar zu machen.

Währenddessen zeigt die Analyse des anderen Museums die Absenz von Rahmenbedingungen. Es fehlt an Unterstützung für die Keyworker, an festen Ansprechpartner(innen), oder an Betreuung oder an einer Zielvereinbarung. Geschuldet seien die Entwicklungsbarrieren dem gestiegenen wirtschaftlichen Anspruch des Hauses, der Planungsunsicherheit gemäß der strategischen Ausrichtung sowie den Bedenken vor der Abgabe von Verantwortung an die Keyworker als Botschafter(innen) für das Haus. Fehlende finanzielle wie zeitliche und personelle Ressourcen prägen das Projekt. Gemäß den Analyseparametern lässt sich feststellen, dass Keywork in diesem Fall nicht auf Leitungsebene verankert ist.

Anders stellt sich die Situation im erstgenannten Museum dar. Die Grundsätze von Keywork sind in der strategischen Ausrichtung der Institution verankert, man strebe nach »Zusammenarbeit auf Augenhöhe«. Im Rahmen einer neu geschaffenen Keywork-Akademie findet monatlich ein enger Austausch zwischen Keyworkern und Museumsleitung statt. Räumlichkeiten, Materialkosten sowie die Betreuung durch eine Kunsttherapeutin stellt das Museum. Die Ideen der Keyworker speisen die Entwicklung der Museumsarbeit und dienen als Vorlage für neue Projekte und Ausstellungen. Im Sinne der Partizipation arbeiten Museum und Keyworker miteinander. Die Anwendung des Analyseschemas beweist in diesem Fall die Verankerung des Projekts auf Leitungsebene.

Schlussreflexion

Zwei untersuchte Museen, zwei unterschiedliche Herangehensweisen. Wie die Analyse zeigte, ist Keywork von unterschiedlichen Faktoren abhängig. Es muss die Verschiedenheit der Institutionen berücksichtigt werden, die ein Keywork-Projekt durchführen. Häuser mit unterschiedlichen Inhalten, anderer Ausrichtung und nicht vergleichbaren finanziellen Mitteln stehen vor anderen Herausforderungen bei der Implementierung eines Keywork-Projekts. Ein Vergleich kann nur dann angestellt werden, wenn die Häuser an sich miteinander vergleichbar sind.

Eines ist jedoch bei beiden analysierten Museen gleich, und das ist besonders für all diejenigen eine gute Nachricht, die Keywork in ihrer Institution anwenden möchten: Das Prinzip der Erschließung neuer Zielgruppen durch den Einsatz der Keyworker funktioniert. So unterschiedlich die vorliegenden Beispiele auch sein mögen, beiden Museen gelang es, durch den Einsatz von Keyworkern neue Zielgruppen ins Haus zu holen.

Aus der Untersuchung ergab sich weiterhin, dass die Implementierung von Keywork aufseiten des Museums ein großes Maß an Vorbereitung und Begleitung erfordert. Keywork kann nicht ohne Unterstützung des Museums gelingen, denn die Keyworker benötigen einen festen Ansprechpartner, der sie berät, ihre Ideen mit ihnen weiterentwickelt und diskutiert und gleichzeitig die Verbindung mit dem Museum herstellt. Neben der Vorbereitung und Begleitung durch das Museum erfordert Keywork auch die Offenheit des Museums. Wenn die Institution diese Offenheit bietet und bereit ist, die Keyworker teilhaben zu lassen, entsteht Zusammenarbeit auf Augenhöhe. Keywork ist dann eine Chance für die Museumsarbeit, wenn das Museum die Chance ergreift, sich mit den Keyworkern weiterzuentwickeln.

Daraus folgt die Schlüsselerkenntnis aus der Analyse: Wenn der Grundsatz von Keywork nicht auf der Leitungsebene des Instituts verankert ist, bleibt von Keywork nicht mehr übrig als klassisches Ehrenamt.

Literatur

Flick, Uwe/von Kardorff, Ernst/Keupp, Heiner/von Rosenstiel, Lutz/Wolff, Stephan (1995): Handbuch qualitative Sozialforschung, Grundlagen, Konzepte, Methoden und Anwendungen, 2. Auflage, 1995, Weinheim

Gläser, Jochen/Laudel, Grit (2009): Experteninterviews und qualitative Inhaltsanalyse als Instrumente rekonstruierender Untersuchungen, 4. Auflage, Wiesbaden

Knopp, Reinhold/Nell, Karin (2010): Keywork4 – ein neuer Ansatz für ein bürgerschaftliches Engagement mit Eigensinn. in: Dreyer, Matthias/Wiese Rolf (Hg.): Das offene Museum. Rollen und Chancen von Museen in der Bürgergesellschaft, Ehestorf, Seite 67-86

Mayer, Horst-Otto (2003): Interview und schriftliche Befragung, München

Mayring, Philipp (2010): Qualitative Inhaltsanalyse. Grundlagen und Techniken, 11. Auflage, Weinheim und Basel

Nell, Karin (2007): Keywork Lernen. in Knopp Reinhold/Nell Karin (Hg.): Keywork, Neue Wege in der Kultur- und Bildungsarbeit mit Älteren, Bielefeld, Seite 77–116

Schanner, Roman (2007): Was ist Keywork? – Eine Einführung. In: Knopp, Reinhold/Nell Karin (Hg.): Keywork, Neue Wege in der Kultur- und Bildungsarbeit mit Älteren, Bielefeld, Seite 21–34

Scholl, Armin (2009): Die Befragung, 2. Auflage, Konstanz

Autorin

Müller, Isabel, Sales Manager Online, iq digital media marketing gmbh Düsseldorf, Verlagsgruppe Handelsblatt, vorherige Positionen: Junior Sales Manager, iq media marketing gmbh Düsseldorf, Verlagsgruppe Handelsblatt, Programm Coordinator internationaler TV- und Filmvertrieb, Bavaria Media München, Bavaria Film GmbH, Sales Manager Licensing & Merchandising, Bavaria Sonor München, Bavaria Film GmbH, Junior Consultant, 21Twentyone GmbH Frankfurt am Main, Aegis Media.

4. Keywork-Projekte in der Kultur-, Sozial- und Stadtteilarbeit

4.1 Beweglich, bewegt, bewegend

Vom Kulturmobil zu Kultur mobil

Ute Frank, Maria Peters, Gabriele Schmidt-Schulte

Wie alles angefangen hat ...

»Wir brauchen einen mehrstöckigen Bus, um mit attraktiven Aktionen und interessanten Angeboten die älteren Menschen in den Quartieren zu erreichen, die sich scheuen, Senioreneinrichtungen im Stadtteil aufzusuchen oder aufgrund fehlender Mobilität nicht mehr in der Lage dazu sind.«

So lautete das Ergebnis einer Arbeitsgruppe, das im Rahmen der Fantasiephase einer Zukunftswerkstatt[1], in der neue Ideen für die Seniorenarbeit im Düsseldorfer Süden entwickelt werden sollten, erarbeitet worden war.

Die Initiative für die Zukunftswerkstatt entwickelte sich aus der Arbeit der drei »zentren plus« im Düsseldorfer Stadtbezirk 09 (Benrath, Diakonie Düsseldorf; Hassels, Caritasverband Düsseldorf; Holthausen, Arbeiter-Samariter-Bund Region Düsseldorf). Die »zentren plus« verstehen sich als Treffpunkte für Menschen im nachberuflichen Leben und halten eine breite Palette von Begegnungs-, Bildungs- und Beratungsangeboten vor. Sie fördern bürgerschaftliches Engagement sowie die generations- und kulturübergreifende Arbeit. Sie haben den Auftrag, vernetzend im Stadtbezirk zu agieren und die Akteure der Seniorenarbeit im Rahmen von Stadtbezirkskonferenzen zusammenzubringen.

Die Grundidee, die Seniorenarbeit auch im öffentlichen Raum zu verorten, wurde zwei Jahre nach der Zukunftswerkstatt von den »zentrum plus«-Leitungen mit dem Projekt »Kultur*mobil*« wieder aufgegriffen.

Der ursprüngliche Gedanke war, ein Fahrzeug für Kulturaktionen auszustatten und dieses gemeinsam mit aktiven Senior(inn)en quasi vor die Haustüren älterer Mitbürger(inn)en zu bringen. Wichtig war dabei von Anfang an, interessierte Menschen im Sinne des Keywork-Ansatzes an der Planung zu

1 | Jungk, Robert/Müller, Norbert R. (1994): Zukunftswerkstätten: Mit Phantasie gegen Routine und Resignation. München: Heyne.

beteiligen und eine Zusammenarbeit mit professionellen Kulturschaffenden auf den Weg zu bringen.

Was ausprobiert wurde ...

Die Landeshauptstadt Düsseldorf stellte für die Konzeptentwicklung des trägerübergreifenden Projektes Sonderfinanzmittel zur Verfügung. Für die Moderation des gesamten Prozesses konnte die Diplom-Pädagogin Karin Nell gewonnen werden. Bereits im Frühjahr 2012 fand eine erste Ideenwerkstatt nach der Methode des World Cafés[2] statt. Erste »Kultur*mobil*«-Modelle entstanden.

Schon zu diesem Zeitpunkt zeigte sich, dass sich aufgrund des partizipativen Ansatzes das Projekt anders entwickeln würde, als von den hauptamtlich Mitarbeitenden vorgeschlagen. Es kristallisierten sich im Laufe weiterer Workshops mehrere Ideen und Einzelprojekte heraus, die im Rahmen einer Aktionswoche im Herbst realisiert werden sollten:

- ein Spontanmuseum
- eine Sammelstelle für Stadtteilerinnerungen
- ein »Am-Vieh-Theater«
- eine Tunnelaktion
- ein Abschlussfest.

Auffällig war, dass sich die Beteiligten ausdrücklich eher belastete Orte (»Un-Orte«) im Stadtbezirk für die Umsetzung ihrer Ideen aussuchten.

Innerhalb der Einzelprojekte veränderten sich die ursprünglichen Planungen im Laufe des Entwicklungsprozesses, was unter anderem darin begründet scheint, dass sich die Gruppen mehrmals personell veränderten.

So war zum Beispiel die erste Idee des »Spontanmuseums«, dass Nachbar(inne)n persönliche Erinnerungsgegenstände mitbringen, diese spontan ausstellen und die Geschichte dazu erzählen. Später kamen noch weitere Aktionen (Malen zu Live-Musik, Lieblingsrezepte-Sammlung und Märchenerzählung) hinzu. Die Veranstaltung fand am Platz an der Fürstenberger Straße statt, einer verdichteten, multinationalen Wohnsiedlung.

Der Grundidee des »Spontanmuseums« ähnlich war die »Sammelstelle für Stadtteilerinnerungen«: Auf dem Kamper Acker in Holthausen, einem ungeliebten und viel diskutierten Platz, sollten Tische, Stühle und eine Litfaß-

2 | www.theworldcafe.com/translations/Germancafetogo.pdf

säule aufgebaut werden, um Erinnerungen, Geschichten und Fotos aus dem Stadtteil zu sammeln, aufzuzeichnen und zu zeigen.

Im »Am-Vieh-Theater« (ein assoziatives Wortspiel aus »Amphitheater« und der Idee des »Fahrenden Theaters«) entstand unter Beteiligung und mit Unterstützung theaterschaffender Künstler(innen) eine Performance mit umgestalteten Tiermasken für einen öffentlichen Platz (ebenfalls Kamper Acker) im Stadtbezirk.

Diesen drei Teilprojekten war gemeinsam, dass sie gezielt auf eine Einzelaktion im Rahmen der Aktionswoche hinarbeiteten.

Ganz anders entwickelte sich jedoch das »Tunnel-Projekt«. Diese Teilgruppe suchte sich den Fußgängertunnel, die sogenannte »Angströhre«, eine schlecht beleuchtete, verwinkelte Unterführung unter der Gleisanlage der Bahn, die nach Benrath-Paulsmühle führt, als Ort aus, an dem mobile Kultur erprobt werden sollte.

Für die Begleitung dieser Gruppe wurde die Künstlerin Anne Mommertz gewonnen. Sie erarbeitete mit den Senior(inn)en sowie Passant(inn)en aus dem Tunnel eine Vielzahl von Ideen für Aktionen, die während des ganzen Sommers umgesetzt werden konnten: Stricken, Konzerte, Tanz, Lesungen, Gestaltung von Fantasiebänken, Ausstellungen, Trödelmarkt, Selbstverteidigung und vieles mehr. Aus einer Aktion entstand dabei oft die Idee für die nächste.

Die Veranstaltungen wurden – soweit es das Wetter zuließ – auch nach der Aktionswoche weitergeführt. Hinzu kamen regelmäßige Planungstreffen der inzwischen sogenannten »Tunnelgruppe«.

Auf Wunsch der Beteiligten wurde ein Abschlussfest – eine barocke Kaffeetafel mit klassischer Musik – auf dem Gelände von Schloss Benrath geplant und durchgeführt. Dieser nicht alltägliche Ort wurde bewusst gewählt, um das geleistete Engagement angemessen zu würdigen. Beim gemeinsamen Feiern hatte jede Gruppe noch einmal die Gelegenheit, ihr Projekt zu präsentieren und von den Erfahrungen zu berichten.

Wie zurück und nach vorn geschaut wurde ...

Auch wenn das Projekt insgesamt positiv bewertet wurde, waren die ersten Schritte zum »Kulturmobil« mit mancherlei Schwierigkeiten verbunden.

In der Kürze der Laufzeit gelang es nur schwer, tragfähige Kommunikationsstrukturen aufzubauen, da z. B. nicht alle Senior(inn)en per E-Mail erreichbar waren. Für die Bündelung der kreativen Ideen und die Zusammenführung vieler Individualisten wäre mehr Zeit für die Entscheidungs- und Moderationsprozesse wünschenswert gewesen.

Die Durchführung der Aktionswoche erforderte ein hohes Maß an Organisationstalent, Durchhaltevermögen und Flexibilität aller Beteiligten.

Das gesamte Projekt machte bei den hauptamtlich Tätigen einen hohen Einsatz persönlicher und zeitlicher Ressourcen notwenig, zeitweise bis an die Grenzen der Belastbarkeit. Der logistische Aufwand (Koordination und Terminabsprachen, Materialbeschaffung, Öffentlichkeitsarbeit, diverse Antragstellungen, Suche nach Örtlichkeiten, Kommunikations- und Kontaktmanagement, Auf- und Abbau etc.) wurde anfänglich unterschätzt. Auch stellte sich heraus, dass die Transportfrage (z. B. Anmietung eines Fahrzeugs, Organisation eines Fahrers und eines Stellplatzes, Be- und Entladen) mit wesentlich höherem Aufwand verbunden war, als gedacht.

Letztlich überwogen jedoch die positiven Effekte, sodass von den Teilnehmenden der Wunsch an die Stadtbezirkskonferenz herangetragen wurde, das Projekt – in modifizierter Form – auch 2013 durchzuführen. Insbesondere sollte die gute Zusammenarbeit mit den Kulturprofis fortgesetzt und die Moderation in deren Hände gelegt werden, wobei gleichzeitig eine Entlastung der hauptamtlich Mitarbeitenden angestrebt wurde. Erfreulich war, dass sich nun auch die »zentrum plus-Dependance« Reisholz/Hassels-Nord des Deutschen Roten Kreuzes am Projekt beteiligen wollte.

Aus dem Fahrzeug »Kulturmobil«, das Kultur in den Stadtteil transportiert, sollte dabei das Projekt »Kultur mobil« werden, bei dem aktive Senior(inn)en mit professioneller Unterstützung mobile Kulturaktionen über einen längeren Zeitraum verteilt im öffentlichen Raum organisieren.

Wie es 2013 weiterging ...

Die »Tunnelgruppe« engagierte sich weiterhin – teilweise mit Unterstützung der Künstlerin – und entwickelte sich zu einem eigenständigen Projekt. Gleichzeitig entstand bei allen Beteiligten der Wunsch, für das Projekt »Kultur mobil« verstärkt mit den Mitteln des Theaters und des Films zu arbeiten.

Unter dem Titel »Wir finden den Dreh raus ...« wurde bei einem Workshop im Frühjahr 2013 mit dem Regisseur Bernd Plöger und der Dramaturgin und Kulturpädagogin Gila Maria Becker die Idee, einen Film in und über den Stadtbezirk zu drehen, vorgestellt und von den Senior(inn)en positiv aufgenommen. In weiteren Workshops (»Kultur-mobil-Traumfabrik«) wurden Arbeitsgruppen gebildet, die für vier Stadtteile Filmideen entwickelten und diese auch umsetzten. Die Dreharbeiten waren für den Sommer im öffentlichen Raum geplant, der fertiggestellte Film sollte in den Wintermonaten in den Einrichtungen des Stadtbezirks vorgeführt werden.

In Holthausen wurde unter dem Motto »Tischerinnerungen« an einer langen Tafel auf dem Kamper Acker zu einem gemeinsamen Mittagessen und zu Gesprächen eingeladen und ein Film darüber gedreht.

In Hassels und Reisholz wurde anhand von Film-Interviews mit Alltags-Experten in verschiedenen Sozialeinrichtungen auf einer mit einer Künstlerin gemeinsam gestalteten »einsamen Insel« darüber philosophiert, wie man die Welt retten kann und was man zum Glücklichsein benötigt. Die Insel sollte dabei als Modell einer Parallelwelt im Alltag zur Erprobung von Handlungsalternativen fungieren.

In Hassels-Nord filmten Senior(inn)en unter der Überschrift »Generationen-Wechsel« zusammen mit Jugendlichen der dortigen Jugendfreizeiteinrichtung ein gemeinsames Thai-Box-Training.

In Benrath wurde erneut der »Paulsmühlentunnel« zum Thema gemacht. Schon nach kurzer Zeit legte einer der aktiven Senioren einen Drehbuchentwurf für den Film »Der Tunnel ist weg« vor.

Die Dreharbeiten fanden in der Zeit von Juli bis September 2013 statt. In einem professionellen Fernsehstudio, das dem Projekt kostenlos zur Verfügung gestellte wurde, nahm das »Kulturmobil«-Team die Moderation in Form eines Fernseh-Magazins (»Kultur-mobil-TV«) zum Zusammenfügen der vier Beiträge auf.

Beim anschließenden Schnitt wurde aus vielen Stunden Rohmaterial ein Film von 45 Minuten Länge erstellt. Der zeitliche Aufwand für diese Arbeit wurde dabei erheblich unterschätzt.

Zur Premiere im Oktober 2013 im Benrather Rathaus wurden alle Aktiven mit Freunden und Familie eingeladen. Eine Woche später wurde der Film im »Forum Freies Theater« (FFT) einem größeren Publikum vorgeführt. Das Echo war überaus positiv.

Wie die Kultur-mobil-Aktionen gewirkt haben ...

Zum Beginn des Projektes waren die Senior(inn)en zum Teil etwas skeptisch, als ihnen der Vorschlag unterbreitet wurde, Kulturaktionen im öffentlichen Raum zu organisieren. Bei anderen sprudelten sofort die Vorschläge dafür, was so alles auf Straßen und Plätzen veranstaltet werden könnte.

Von einem Gruppentreffen zum nächsten wich die Skepsis zusehends, und die Ideen wurden mithilfe der Moderatorinnen und der Kulturprofis gebündelt und konkretisiert.

Manche dieser Vorschläge waren anfänglich vielleicht nicht ganz ernst gemeint und zur Realisierung war ein Stück Mut und Überwindung der Senior(inn)en erforderlich, aber gerade das »Über-seinen-Schatten-Springen« wurde als sehr bereichernd und motivierend empfunden. Das Gefühl, dabei von der Gruppe getragen zu werden, hat die Akteure immer sicherer gemacht. Es stellte sich eine spielerische Leichtigkeit ein, die mit sozialem Lernen einherging.

Weitere Erfahrungen kamen hinzu: Die Vernetzung innerhalb der Gruppe, die Zusammenarbeit über den engeren Sozialraum und die Stadtteilgrenzen hinaus – unabhängig von Alter oder Herkunft –, die »Rück-Eroberung« des öffentlichen Raums, das Kennenlernen neuer Medien, die Zusammenarbeit mit Künstler(inne)n und Theater-Profis.

Die Senior(inn)en erfuhren Wertschätzung und übernahmen gleichzeitig die Verantwortung für das eigene Quartier. Sie zeigten großes Interesse an den Themen vor Ort und lernten, diese mit kreativen und spielerischen Mitteln darzustellen oder zu bearbeiten. Mancher ungeliebte Ort wurde so auf völlig neue Art wahrgenommen, ein Perspektivwechsel wurde möglich.

Die positiven Effekte lassen sich nicht nur für die einzelnen Akteure beobachten. Auch der Stadtbezirk und die »zentren plus« profitierten von den Kulturaktionen. Besonders hervorzuheben sind dabei die trägerübergreifende Zusammenarbeit und die gute Kooperation mit den Einrichtungen, Ämtern und Geschäften.

Und nicht zuletzt: Mit den Kultur-mobil-Aktionen vor Ort konnten Menschen erreicht werden, die sonst die Schwelle zu einem »zentrum plus« oder anderen Einrichtungen nicht überschreiten.

Wie es gelingen konnte ...

Damit »Kultur mobil« zum Erfolgsmodell werden konnte, mussten einige Rahmenbedingungen erfüllt werden.

Begonnen hat alles mit einer partizipativen Grundhaltung. Von Anfang an war es wichtig, die Adressaten des Projektes an jedem einzelnen Schritt zu beteiligen, ihren Ideen, Wünschen und Anregungen Raum zu geben und mit ihnen gemeinsam daran zu arbeiten, sie in die Tat umzusetzen. Jeder Teilnehmende konnte so Verantwortung für den Gesamtprozess übernehmen und war gleichberechtigtes Mitglied bei jeder Entscheidungsfindung und jedem einzelnen Prozessschritt. Dies galt auch für die Zusammenarbeit der hauptamtlichen »zentrum plus«-Leitungen. Die drei Mitarbeiterinnen (später wurden es durch die Beteiligung des Deutschen Roten Kreuzes vier) waren gleichberechtigte Partnerinnen in allen Prozessen und wurden dabei durch ihre Träger in der Kooperation unterstützt. Die Finanzierung des Projektes wurde durch die Landeshauptstadt Düsseldorf und die einzelnen Träger gesichert.

Aber auch weitere Partner und Förderer waren notwendig. So wurde »Kultur mobil nicht nur durch die Akteure der Stadtbezirkskonferenz, sondern auch durch die Bezirksvertretung 9, den regionalen Einzelhandel sowie

Nachbar(inne)n wohlwollend unterstützt. Auch die Verwaltung der Stadt Düsseldorf leistete tatkräftige Unterstützung. Alle Beteiligten brachten nach Bedarf ihre materiellen, ideellen und personellen Ressourcen und Kompetenzen ein.

Aufseiten aller Mitwirkenden waren aufgrund der Prozesshaftigkeit und Dynamik ein hohes Maß an Flexibilität und Organisationstalent nötig. Es bedurfte der Bereitschaft, sich auf eine zunächst sehr ungewisse Entwicklung einzulassen. Nach der Impulsgabe durch die hauptamtlichen Begleitungen, die dem Projekt eine grobe Form und Struktur vorgaben (Zeitleiste, Zielgruppe, Zielsetzung), begann die erste Projektphase in Form von Werkstätten und Kleingruppenarbeit.

Zur Begleitung des Prozesses und zur Bündelung der Ressourcen und Kompetenzen waren hohe Professionalität und Kreativität notwendig. Die Kunstschaffenden stellten dabei die Übersetzer und Möglichmacher dar, welche die Ideen Wirklichkeit werden ließen. Sie sorgten dafür, dass alle Beteiligten gehört wurden und sich mit ihren Themen, ihren Stärken und ihrer Persönlichkeit einbringen konnten. So profitierten alle voneinander und Synergieeffekte konnten genutzt werden. Dies wurde von den Mitwirkenden als sehr bereichernd erlebt.

Das Ziel des Projektes, »Nachbarn zueinander« sowie »Menschen und Kultur auf die Plätze« zu bringen und die Begegnung mit (noch) unbekannten Menschen zu fördern, wurde erreicht. Hierbei stellte auch die Nutzung des öffentlichen Raumes zugleich eine Bedingung und einen Effekt dar. Die organisierte Begegnung in gewohntem Raum im eigenen Quartier, »vor der Haustür,« ist die niedrigschwelligste Form der Erprobung von Neuem. Sie ermöglicht es, sich gleichzeitig im vertrauten Umfeld zu bewegen und dennoch etwas Neues zu erfahren, sich auszuprobieren, die persönliche »Komfortzone« zu verlassen, schöpferisch tätig zu sein und sich bürgerschaftlich zu engagieren.

Mit dem Mittel der Kultur wird etwas Ungewohntes in etwas Gewohntes gebracht, ein gemeinsames Erlebnis mit einem verbindenden Thema geschaffen und die Möglichkeit zur persönlichen Weiterentwicklung eröffnet. Soziales Lernen erfolgt im Prozess nebenbei – sowohl im Gruppenprozess der Akteure/Aktuerinnen als auch bei der Aktion vor Ort mit den Zuschauenden und den Passant(inn)en.

Wie die Aussichten sind ...

Ob der mehrstöckige Bus je durch den Stadtbezirk touren wird, steht noch in den Sternen, aber mögliche Haltestellen und Mitfahrende sind bereits ausgemacht. Alle Beteiligten warten schon darauf, sich wieder in Bewegung zu setzen und mit neuen Themen Fahrt aufzunehmen.

Aus den Reihen der Akteure/Akteurinnen wurde der Wunsch nach regelmäßigen Treffen, z. B. in Form eines »Stammtisches«, geäußert. Sie sollen dazu dienen, weitere Ideen zu entwickeln, den Kontakt zu den Kulturschaffenden und untereinander nicht abreißen zu lassen und die Begeisterung über einen längeren Zeitraum aufrechtzuerhalten.

Die Voraussetzung für die Weiterführung des Projektes ist jedoch eine gesicherte Finanzierung, insbesondere für die Zusammenarbeit mit den Kulturprofis aus Kunst, Musik und Theater.

Die Verwirklichung des Traumes, dass jedes »zentrum plus« ein regelfinanziertes „Kulturmobil" mit eigener künstlerischer Leitung für die zugehende soziale Arbeit erhält, ist sicher noch kilometerweit – wenn nicht Lichtjahre – entfernt. Dies hält die Aktiven jedoch nicht davon ab, den Weg weiterzugehen. Sie wollen das »Sommermärchen-Gefühl« wieder aufleben lassen und das Quartier »kultur*mobil*isieren«.

Literatur

Jungk, Robert/Müllert, Norbert R. (1994): Zukunftswerkstätten: Mit Phantasie gegen Routine und Resignation. München: Heyne

www.theworldcafe.com/translations/Germancafetogo.pdf

Autorinnen

Frank, Ute, Dipl.-Sozialpädagogin, Leiterin des zentrum plus Holthausen des Arbeiter-Samariter-Bundes in Düsseldorf. Mitentwicklerin der Kulturführerschein-Programme, Arbeitsschwerpunkte: Kulturarbeit von und mit Menschen im nachberuflichen Leben, Netzwerkarbeit, Stadtteilkulturarbeit, Freie Mitarbeiterin im Ev. Zentrum für Quartiersentwicklung, hier mitverantwortlich für Multiplikatorenprogramme zum Kulturführerschein.

Peters, Maria, Dipl.-Sozialpädagogin, Dipl.-Sozialarbeiterin, Studierende im Studiengang Kooperationsmanagement an der Katholischen Hochschule in Aachen, Leiterin des zentrum plus Hassels des Caritasverbandes Düsseldorf e. V.; Arbeitsschwerpunkte: Förderung der Eigeninitiative und der selbstbestimmten Lebensführung älter werdender Menschen im Quartier, Aufbau und Erhaltung sozialer Netzwerke durch Beratungs-, Kultur- und Bildungsarbeit mit Senior(inn)en.

Schmidt-Schulte, Gabriele, Dipl.-Sozialpädagogin, Leiterin des zentrum plus Benrath der Diakonie in Düsseldorf, Mitinitiatorin des bürgerschaftlichen Projektes »Kultur mobil«; Arbeitsschwerpunkte: Kultur- und Bildungsarbeit von und mit Menschen in der nachberuflichen Lebensphase, Quartiersarbeit; Freie Mitarbeiterin im Ev. Zentrum für Quartiersentwicklung, ansprechbar für die Themen Ehrenamt, Resilienz, Gesundheit und Quartier.

4.2 Kultur von unten

Kunstprojekte im Stadtteil

Anne Mommertz

Mehr Kultur!

Über einen Mangel an Kulturangeboten können wir uns hier in den Ballungsgebieten NRWs eigentlich nicht beklagen. Auch wenn momentan einige Einrichtungen geschlossen werden, so gibt es doch ein großes Angebot an Ausstellungen, Lesungen, Führungen, Konzerten, Vorträgen usw. Nicht selten hat man die Qual der Wahl, wenn mehrere Termine sich überschneiden. Warum dann noch mehr Kultur für die Stadt?

Der Begriff von Kultur, mit dem ich mich als Künstlerin seit vielen Jahren beschäftige, ist nicht auf die fest definierten Kultur-Institutionen beschränkt. Zur Kultur einer Gesellschaft gehören viel grundsätzlicher alle Formen dessen, was das Zusammenleben ausmacht und möglich macht. Formen für Begegnung, Gastlichkeit, für den Austausch von Gütern und Worten, für Privatheit und Öffentlichkeit, für den Umgang mit den Geborenen und den Gestorbenen, den Kranken, den Gebrechlichen, Formen der Zusammenarbeit, des gemeinsamen Essens, Trinkens, Feierns, Spielens, Formen für Verliebtsein, Partnerschaft, Familie, Formen der Verantwortung, der Hierarchie, Formen der Existenz, Formen des Zusammenwohnens, des Eigentums, Formen der Justiz, Formen von Religionsausübung, von Zugehörigkeit zu Gruppen usw. Selbst für das bewusste »Aussteigen« aus der Gesellschaft gibt es kulturspezifische Formen.

Diese »Kultur« ist die, in der alle Individuen der betreffenden Gesellschaft leben und in der jeder Kulturexperte und Kulturschaffender ist. Dieser Kulturbegriff überschneidet sich mit dem Begriff des Sozialen. Beide Begriffe werden allerdings häufig auf die sehr eingeschränkten institutionell abgedeckten Bereiche reduziert.

Die Ethnologie beschäftigt sich, ausgehend von der Erforschung fremder Kulturen, mit der Formensprache des Zusammenlebens. Bei der Erkundung sehr weit entfernter Gesellschaften wurde deutlich, dass fast alles, was wir im

Umgang miteinander für selbstverständlich halten, in anderen Kulturen anders oder nicht vorhanden sein kann, also eigentlich Kulturabhängig ist. Das geht so weit, dass Ethnologen die Frage stellen, ob man fremde Kulturen überhaupt wissenschaftlich beschreiben und erforschen kann, weil man immer nur von der eigenen Kultur aus betrachten kann, mit der eigenen kulturell geprägten Sprache beschreiben kann. Wenn man z.B. die Formensprache der »Familie« einer ethnischen Gruppe erforscht, geht man mit der eigenen, kulturell geprägten Selbstverständlichkeit davon aus, dass »Familie« als Idee in der betreffenden Kultur existiert, was nicht zutreffen muss.

Kultur ist in diesem Sinne ein enorm komplexes Thema. In ungezählten Generationen gewachsen, regelt und prägt Kultur mit Tausenden Zeichen und Formen bewusst und unbewusst das Zusammenleben einer Gesellschaft. Sie regelt ohne große Erklärungen unzählige innergesellschaftliche Prozesse, sie gibt einer Gesellschaft und jedem Einzelnen Halt und Sicherheit. Eine winzige Handbewegung, ein Zucken der Augenbraue, »Unkraut« im Blumenkasten oder eine bestimmte Marke oder Ausstattung eines Autos – all das können wir selbstverständlich deuten. Wir halten uns teils bewusst, teils unbewusst an unzählige kulturelle Regeln: Niemals würden wir uns im Museum die Schuhe ausziehen! Es wäre nicht tragisch, aber unpassend. In anderen Kulturkreisen ist es selbstverständlich. Kulturelle Formen sind nur als allgemein verständliche Sprache sinnvoll.

Diese Sprache ist ständig in Bewegung. Eine Form löst sich auf und sogleich bildet sich eine neue Form, die diese ersetzt: Der Mini-Rock war bei uns einmal ein Tabubruch, wurde dann sehr schnell chic, und schließlich wurden kurze Röcke selbst in Uniformen vorgeschrieben, wo sie sich teilweise hielten, als sie ansonsten schon gar nicht mehr getragen wurden. Zurzeit sind sie wieder in Mode. Sie werden aber weiterhin ausschließlich von Frauen getragen! Warum das so ist, kann nur unsere Kultur erklären.

Situation heute

Viele kulturelle Formen, die vor hundert Jahren gültig waren, sind längst nicht mehr üblich, teilweise schon nicht mehr verständlich. Die Arbeiterklasse und -masse ist mit all ihren Problemen, Entwicklungen und kulturellen Errungenschaften heute schon wieder vom Aussterben bedroht. Aufklärung, Industrialisierung und Digitalisierung und die damit verbundenen Strukturumwälzungen haben bewirkt, dass sich die Umstände des Alltags und des Zusammenlebens immer wieder umfassend verändern.

Eine sehr hohe Anpassungsfähigkeit und viel Kraft sind nötig, um mit der Geschwindigkeit der Veränderungen unserer Kultur mitzuhalten, um nicht an den Rand gespült zu werden, nicht den Halt zu verlieren.

Die Frage, ob und wie wir glücklich werden in unserer Gesellschaft, wird für viele unwichtig; es wächst die Sorge, in unserer Leistungsgesellschaft nicht mithalten zu können, nicht zu genügen. Ein starker Konkurrenzdruck ist allgegenwärtig; viele Menschen werden zu Einzelkämpfern. Freundschaft, Liebe, Familie, Gemeinschaft verlieren in der beschleunigten und leistungsorientierten Welt an Wert. Mithalten zu können und »besser zu sein« sind vorrangige Ziele.

Nicht nur im Berufsleben, auch im Privatleben sind wir häufig überfordert mit den vielen Möglichkeiten, die sich dank der Errungenschaften von Technik, Medizin etc. auftun. Kaum hat sich etwas etabliert, ist also in unserer Kultur angekommen, wird es schon wieder von etwas Neuem überholt. Wir sind frei, aber auch alleine gelassen mit vielen Entscheidungen. Die Kultur wächst zu langsam hinter den Neuerungen her.

Meine Beobachtung ist, dass sich ohne ernsthaftes kulturelles Engagement nur kommerziell propagierte neue »Kultur-Formen« etablieren, da diese mit enormem Aufwand unterstützt werden. Kultur darf aber da nicht aufhören, wo der kommerzielle Nutzen fehlt! Kultur ist das, was über den Nutzen hinausgeht. Kultur ist eine kreative Sprache, eine lebendige Kommunikationsform, die gepflegt wird, weil sie für die betreffende Gemeinschaft wertvoll und identitätsstiftend ist.

Formen finden

In diesem Sinne ist Kulturentwicklung in unseren Städten notwendig. Überlebensnotwendig?! Es müssen Formen entwickelt werden für die veränderten Voraussetzungen und Bedürfnisse unserer Gesellschaft, immer wieder neu! Die Ernsthaftigkeit und der Einsatz, mit denen wir heute unser Zusammenleben aktiv gestalten, beeinflussen unsere kulturelle Entwicklung, bestimmen mit, was morgen kulturell wertvoll, wichtig, selbstverständlich oder auch unakzeptabel sein wird.

Als Künstlerin werfe ich einen Blick von außen auf das »Gewohnte«; schon von Berufs wegen stelle ich Selbstverständlichkeiten infrage, bin neugierig und probiere aus, was passt und was nicht passt. Mein Kultur-Interesse gilt vorrangig der Suche und dem Experiment, weniger der Theorie. Mit dieser Haltung erfinde ich – gemeinsam mit Menschen unterschiedlicher Altersgruppen und Milieus – Formen für die veränderlichen Umstände und Bedürfnisse des Zusammenlebens in der Stadt. Ich nenne sie Kulturexperimente.

Da sich Kultur zwischen den Menschen einer Gesellschaft entwickelt, ist der öffentliche Stadtraum ein wichtiger Ort. Auch dieser hat weitreichende strukturelle Veränderungen hinter sich. Seit den 60er-Jahren bestimmen fahrende und parkende Autos das Bild. Riesige Stadträume wurden dem Verkehr zugesprochen. Für Kinder mussten kleine Resträume zu Spielplätzen umgebaut werden. (Der Alltag verlagerte sich für Kinder immer mehr in Einrichtungen, sodass auch die Spielplätze nur noch am Wochenende besucht sind.) Große Teile der Stadt haben auch für Erwachsene aufgrund des Lärms und Drecks keine Aufenthaltsqualität mehr. Gleichzeitig entstanden stärker voneinander getrennte Geschäfts-, Industrie- und Wohnviertel, da der Arbeitsplatz mit dem Auto erreichbar wurde. Immer mehr Mobilität ist gefragt. Heute darf man nicht mehr davon ausgehen, dass man sich an einem Ort verwurzeln kann. Die Bewohner eines Stadtteils sind zum großen Teil irgendwann zugezogen und vielleicht auch nicht mehr lange dort. Das alles sind schwierige Voraussetzungen für Kultur im öffentlichen Stadtraum. Und doch ist es ein Raum, der jederzeit und von allen genutzt werden darf.

Kulturexperimente

Hier möchte ich einige Beispiele anführen, die ich gerade in Kooperation mit sozialen und kulturellen Einrichtungen durchführe:

- Auf einem begrünten dreieckigen Platz in einem Wohnviertel findet seit dem Sommer ein regelmäßiger »Bücheraustausch« statt.
- In einer Fußgängerunterführung, der »Angströhre«, werden seit zwei Jahren regelmäßig von Bürger(inne)n Kulturaktionen organisiert (Lesungen, Konzerte, Feste, kleine Ausstellungen, auch gemeinsame Strickaktionen).
- Kinder besuchen Gewerbebetriebe und andere interessante Orte im eigenen Viertel.
- Alte und junge Anwohner eines Stadtteils erarbeiten Schilder, auf denen die Geschichte des ganz konkreten Ortes anschaulich gemacht wird.

Die Kulturexperimente entstehen aus Aussagen, Wünschen und Fragen von Anwohner(inne)n. Ich höre Menschen zu, komme mit ihnen ins Gespräch und setze mich intensiv mit ihren Vorstellungen und Ideen auseinander. Gemeinsam entwickeln wir künstlerische Aktionen und Interventionen. Hierfür ist etwas Erfahrung erforderlich. Wenn irgendwo eine Bank fehlt, ist es nicht so leicht, die Stadt zu bewegen, dort eine aufzustellen. Wenn eine dunkle Unterführung Angst einflößt, lässt sich dort nicht auf die Schnelle eine nachhaltige Veränderung herbeiführen. Trotzdem ist man nicht machtlos: Man kann Stühle organisieren und mit Kreativität und etwas Überwindung aus einem Un-Ort einen Ort der Kultur machen.

Die Erfahrungen zeigen: Dort, wo die Bürger(innen) Initiative ergreifen und etwas bewegen und mit ihren selbst organisierten Kultur-Aktivitäten auf Resonanz stoßen, bewegt sich nicht selten auch die öffentliche Hand. Da wird – wie im Falle des Büchertauschs auf dem grünen Dreieck – z. B. der Wunsch nach einer öffentlichen Bank erfüllt. Noch fehlt ein Büchertausch-Schrank, wie es ihn an mehreren Stellen in Düsseldorf bereits gibt. Bis ein solcher aufgestellt wird, erfreuen sich die Aktiven an der Übergangslösung, die sie ohnehin für eine gute Alternative halten.

Nicht alle Experimente gelingen. Falscher Ort? Falsche Zeit? Falsche Idee? Manche Projekte mickern lange vor sich hin, bevor sie endlich (an-)wachsen und Früchte tragen; andere brauchen sehr viel Energie und Nährstoffe, um voranzukommen, fallen aber trotzdem ohne erkennbaren Grund schnell in sich zusammen: Probleme, wie man sie auch von jungen Pflanzen kennt. Jede Aktion ist anders, weil jeder Ort anders ist. Man darf nicht von vorneherein Besucherzahlen und Effektivität errechnen. Man braucht Zeit und Lust, um sich auf neue und wechselnde Umstände einzulassen. Man muss die Ideen immer wieder den Umständen anpassen. Auch nachdem sie gut angewachsen sind, brauchen die kleinen Kulturprojekte immer mal wieder professionelle Unterstützung, einen neuen Input, den Blick von außen. Es ist eine Überforderung, die jungen Pflänzchen in der Großstadt ganz sich selbst zu überlassen.

Spontanaktionen und Experimente, die wenig Aufwand benötigen, sind mir mit der Zeit die liebsten geworden. Eine Sache, die man sich spontan ausdenkt und gleich am nächsten Tag ausprobiert und dann vielleicht noch ein paarmal verändert, ist lebendiger, spannender und wirkungsvoller als ein großes Vorhaben mit halbjähriger Planungsphase, das dann wegen schlechter Witterungsverhältnisse oder anderer ungeplanter Vorkommnisse nicht im vollen Umfang realisiert werden kann.

Mir gefällt vor allem die Offenheit der Menschen für die eher ungewöhnlichen Aktionen, ihre Begeisterung am Aushecken neuer Ideen, ihre Neugier und ihre Lust am Experimentieren. Gemeinsam freuen wir uns, wenn kleine Kulturpflänzchen hier und da aufblühen, und wir freuen uns ganz besonders, wenn sie Früchte tragen. Und während man sich zusammen freut, entstehen schon die nächsten Ideen.

Literatur

Augé, Marc (1994): Nicht-Orte, Frankfurt a.M.: Fischer-Verlag

Rosa, Hartmut (2012): Weltbeziehungen im Zeitalter der Beschleunigung, Stuttgart: Suhrkamp-Verlag

Autorin

Mommertz, Anne, freischaffende Künstlerin, Ausbildung an der Kunstakademie Düsseldorf, Meisterschülerin von Prof. Dibbets, Initiatorin vielfältiger Projekte im öffentlichen Stadtraum. Themenschwerpunkt: »Zuhause?«; ortsspezifische Projekte in Zusammenarbeit mit Anwohner(inne)n und Passant(inn)en; Erfinderin des mobilen Keywork-Ateliers des Kulturzentrums der Generationen am Düsseldorfer Kinder- und Jugendtheater, »Kultur vor der Tür in Bilk« etc., künstlerische Begleitung des Projektes »Kultur mobil« in Düsseldorf-Benrath, Lehraufträge an Berufs- und Hochschule.
Kontakt: amommertz@gmx.de

4.3 Keywork in den Strassen der Stadt

Spiel - Plan - Quartier

Gila Maria Becker, Bernd Plöger

»Das Außergewöhnliche am Schauspiel ist die Tatsache, dass das Leben selbst wirklich benutzt wird, um künstlerische Ergebnisse zu erzielen.«
LEE STRASBERG, ACTORS STUDIO

Der Alltag

... ist Schlaf, Körperpflege, Einkauf, Essen, Arbeit, Freizeitgestaltung, Teilnahme an sozialen sowie kulturellen Ereignissen, Arztbesuche u. v. m.. Er bedeutet aber auch ungeplante, scheinbar beiläufige Gespräche im Nachbars- und Freundeskreis. Der Alltag gibt uns Sicherheit und rüstet uns für viele Unwägbarkeiten, denn er bedeutet, das Leben in unserer Umgebung wahrzunehmen und unseren Teil zu dessen Gestaltung beizutragen. Alltag leben heißt: Wir sind wichtig.

Der Alltag

... spielt sich heute oft »drinnen« ab. Wir leben in einer Zeit, in der wir uns beliefern lassen: Wir bestellen Kleidung online, laden Bücher per Mausklick auf unseren Reader und sehen, wie in Kochshows gekocht wird, während wir allein am Tisch essen. Über das Fernsehen und das Internet holen wir uns die Welt in die Wohnstube, sind nicht aktiv und lassen das Gestalten des »Draußen« anderen. Das »Draußen« gehört denen, die noch beruflich aktiv sein dürfen oder können. In der nachberuflichen Zeit beschränkt sich der Alltag immer mehr auf Schlaf, Essen, Körperpflege und Arztbesuche. Unser Alltag verändert sich und wir hören auf, ihn zu gestalten.

Den Alltag gestalten

... heißt, »vor die Tür zu gehen« und uns wieder wichtig und lebendig zu fühlen. »Vor die Tür zu gehen« heißt Menschen zu treffen, Orte zu erkunden und die vergessenen Plätze, auch die der Kindheit und Jugend, wieder neu zu beleben. Dort, wo wir früher mit unserem »Seilchen« um die Wette gesprungen sind, uns Bälle zugeworfen haben und Verstecken gespielt haben, gilt es sich zu erinnern und die Plätze wiederzuerobern und ihnen eine neue Bedeutung zu geben.

Auf die Plätze, fertig, los!

Wir haben es uns zur Aufgabe gemacht, Menschen auf öffentlichen Plätzen zusammenzuführen, den Raum neu zu erforschen und ihn durch alte und neue Themen zu besetzen. Unserer Arbeit liegt dabei eine partizipative Haltung zugrunde, und die Teilnahme wird, u. a. auch durch zunächst niederschwellige Angebote, vielen ermöglicht. Dies heißt für alle Beteiligten, sich zunächst in einem vertrauten Umfeld zu bewegen und auf der Grundlage dieser erworbenen Sicherheit räumlich, intellektuell und emotional Neues zu entdecken. Durch die eigenen Erinnerungen und die Befragung von Zeitzeugen werden Geschichten lebendig gemacht, Wissen wird bewahrt und weitergegeben. Das Erinnern des Einzelnen ist wichtig und macht, indem es zum kollektiven Erinnern wird, individuelle und gemeinsame Utopien möglich: für jeden Einzelnen sowie für eine breite Öffentlichkeit.

Unsere Aufgabe sehen wir u. a. darin, dies mit bestehenden Strukturen und Institutionen zu verbinden. Diese Vernetzung ist von entscheidender Bedeutung, da wir uns in dieser Arbeit als Moderatoren verstehen, die Impulse setzen und Anregungen geben. Damit die entstandenen Aktionen weitergetragen und entwickelt werden und Erreichtes bewahrt wird, braucht es einen Rahmen und Personen, die als Mittler weiterhin in Erscheinung treten.

Die dabei nötigen Prozesse stehen auch hier in einem partizipativen und interdisziplinären Kontext. Nur so finden sich die Beteiligten in der Arbeit und dem Ergebnis wieder und übernehmen Verantwortung; nur so werden ihre Erinnerungen und Visionen zu einem unveräußerlichen Gemeingut – eine Herausforderung für alle Beteiligten.

Im Nachfolgenden stellen wir fünf Projekte vor: unterschiedlich in der Herangehensweise und der Präsentation. Diese sind übertragbar und veränderbar. Um dabei vielen Menschen diese öffentlichen Plätze zu erschließen, muss man manchmal das Draußen nach innen holen. So verknüpfen wir das Innen mit außen und das Außen mit innen.

GezeitenHof, StadtteilGeschichten rund um Flingern

Im September 2009 traf sich eine Gruppe älterer Menschen in den Räumen von Kabawil e. V., einem Verein, der Jugendlichen über die Einbindung in Kulturarbeit und kulturelle Produktionen eine neue Perspektive für ihr Leben bietet. Für diese Gruppe ein idealer Ort, um dem Aufruf zu folgen, gemeinsam ein lebendiges Erinnerungs- und Zukunftslabor für ein Generationen und Kulturen übergreifendes Stadtteilprojekt aus der Taufe zu heben. Die Räumlichkeiten des Vereins waren fortan fester Stand- und Ausgangsort und dienten ebenso dazu, die Theater- und Tanzschwerpunkte des Projekts zu erarbeiten und zu proben. Der Zeitraum für dieses Projekt war auf sechs Monate terminiert. Neben den verschiedenen Terminen für Aktivitäten und Recherchearbeiten gab es einen festen Wochentag, an dem die Beteiligten zusammenkamen.

Auf allgemeinen Wunsch hin erhielt das Projekt den Namen »GezeitenHof«, für das die Künstlerin Anne Mommertz ein eigenes Logo entwickelte. Unter diesem Name forschte und beschäftigte sich die Gruppe fortan künstlerisch und dokumentarisch zum bzw. mit dem Thema »Stadtteil Flingern« und plante darüber hinaus Aktivitäten und gemeinsame Besuche von Kultureinrichtungen. Begleitet wurden die Beteiligten des GezeitenHofs dabei von Künstler(inne)n aus den Bereichen Tanz, Theater und Bildende Kunst.

Die Grundidee für das Projekt bot der Stadtteil Flingern selbst. Flingern ist ein traditionelles Arbeiterwohnquartier. Die Bevölkerung zeigt die typischen Charakteristika altindustrieller, gründerzeitlicher Quartiere: hoher Anteil an Kindern, Jugendlichen und Senioren sowie Migranten und Arbeitslosen. Flingern besteht aus den beiden Teilen Flingern-Nord und Flingern-Süd, die eine unterschiedliche Entwicklung genommen haben. Flingern-Nord ist mit seinem alten Baubestand ein vorwiegend von jüngerem städtischem Publikum geprägter Stadtteil, der einem zunehmenden Gentrifikationsprozess unterliegt. Flingern-Süd dagegen hat auch heute noch seine industrielle Prägung bewahrt und ist weiterhin ein Arbeiterviertel mit hohem Migrantenanteil.

Mit seinen vielen verschiedenen Gesichtern, Nationalitäten und besonders der durchwachsenen Altersstruktur boten sich hier, besonders für diese übergreifenden Projekte, vielfältige Möglichkeiten der Forschung.

Im Vordergrund standen die Fragen:

- Wie erleben ältere und jüngere Bewohner ihren Stadtteil?
- Welche Möglichkeiten haben sie ihr Umfeld mitzugestalten?
- Wie hat sich der Stadtteil im Laufe der Jahre verändert?
- Welche Geschichten und Anekdoten haben die älteren Bewohner Flingerns zu erzählen?
- Was gilt es für uns an Wort- und Bildmaterial zu bewahren?

Gemeinsam legten wir in der Gruppe Schwerpunkte, Interessen und Vorgehensweisen fest. Für alle standen jedoch der Austausch über und die Auseinandersetzung mit stadtteilrelevanten Themen sowie die gemeinsame Entwicklung, Umsetzung und Präsentation der Ergebnisse im Vordergrund. Angeregt durch unsere Recherche stießen im Verlauf der Projektarbeit weitere Kinder und Jugendliche aus dem Stadtteil zur Gruppe.

Die Gruppe sammelte Geschichten von Passanten auf der Straße und in Seniorenwohnheimen, erforschte die Veränderung der Infrastruktur und den Erhalt von Geschäften im Stadtbezirk, entwarf Zukunftsvisionen für das Leben im Quartier, schrieb eine Liebeserklärung an den Stadtteil und setzte diese mit Unterstützung des Musikers Abiodun Odukoja in Form des »GezeitenHof-Raps« um. Die gesammelten Stadtteil-Geschichten wurden gemeinsam »in Szene umgesetzt«. Im März 2010 fand das Projekt seinen Abschluss.

So entstand eine theatrale Stadtführung, die Orte wieder aufscheinen ließ, die es so längst nicht mehr im Stadtteil gibt. Eine kleine Choreografie unter der Leitung des Choreografen Othello Johns zeigte Begegnungen zwischen Menschen unterschiedlicher Generationen und Kulturen; eine Ausstellung von alten und neu entstandenen Bildern illustrierte den Wandel im Quartier.

In der Gaststätte »Flurklinik«, untergebracht in einer ehemaligen, erinnerungsträchtigen Geburtsklinik, entstand eine Ausstellung mit Fotos der in der Frauenklinik geborenen Kinder. Ein »Ordnungsbeamter« las auf einem von Hunden oft besuchten Platz die Hundeverordnung der Stadt- und Gesamtgemeinde Düsseldorf vom 8. September 1835 vor; an verschiedenen Orten wurden Geschichten aus dem Stadtteil erzählt oder man konnte Höraufnahmen lauschen und vieles mehr.

Eine filmische Dokumentation der theatralen Stadtführung, Fotos und eine Sammlung der Texte in einem kleinen Heft bewahrten das Erarbeitete. Das Projekt erreichte eine breite Öffentlichkeit und wurde als Indoor-Projekt auch den nicht mehr mobilen Bewohnern eines Seniorenheims vorgestellt.

Damals und heute – Facetten eines Stadtteils. Ein Rundgang durch die Meistersiedlung in Gerresheim

An einem Wochenende Ende August fand sich eine Gruppe Gerresheimer Bürger(innen) im zentrum plus Kulturnetzwerk Gerresheim, unter der Leitung Petra Wienß zusammen. Sie hatte sich die Aufgabe gestellt, im Meisterviertel der ehemaligen Glashütte[1] anhand von Originaldokumenten, Fundstücken,

1 | http://de.wikipedea.org/wiki/Gerresheimer
Die Gerresheimer Glashütte im Düsseldorfer Stadtteil Gerresheim war ehemals eine der größten Glashütten der Welt und das Stammwerk der heute noch bestehenden GerresheimAG. Das Werk in Düsseldorf-Gerresheim wurde 2005 geschlossen

Anekdoten und Assoziationen eine einmalige Theateraktion auf die Beine zu stellen. Die Puppenspielerin Kirsten Schulte-Frohlinde erweiterte das Moderator(inn)en-Team.

Da die Präsentation bereits wenige Wochen später stattfinden sollte, arbeiteten wir von Anfang an ergebnisorientiert; jede Information wurde sofort auf Verwertbarkeit untersucht. Nach theaterspezifischer Grundlagenarbeit ging es recht schnell in die Recherche. Der Samstag, ein Markttag in Gerresheim, eignete sich gut, um Passanten auf der Straße anzusprechen und mit ihnen ins Gespräch zu kommen. Fragen waren z. B.:

- Was fällt Ihnen zum Thema Glashütte ein?
- Kennen Sie jemanden, der dort gearbeitet hat?
- Erinnern Sie sich an Erlebnisse im Zusammenhang mit der Glashütte?

Die Bürger(innen) des Stadtteils reagierten mit Interesse auf die Fragen und ließen sich bereitwillig auf Gespräche über ihren Stadtteil ein. Die Ausbeute an »(Theater-)Material« war mehr als zufriedenstellend. Die Ergebnisse wurden sortiert und gewichtet. Kleine Arbeitsgruppen erarbeiteten Präsentationsformen, stellten diese der großen Runde vor und verständigten sich dann auf ein gemeinsames Konzept. Im Anschluss wurden die für das Projekt nötigen Aufgaben verteilt.

Bausteine

Ferdinand Heye (geb. 13.7.1838, gest. 26.7.1889)

hält eine Rede an die Belegschaft, u. a. über die Anschaffung neuartiger Öfen für die Glasproduktion und die damit verbundene Einführung der Drei-Schicht-Tage. Dazu recherchierten drei Beteiligte im Stadtarchiv Düsseldorf. Die passende Kleidung und Requisiten stellte das Düsseldorfer Schauspielhaus zur Verfügung

HEYES Lehrküche – Moderne Einkochhilfe 1920

Im Garten einer Familie, die im Meisterviertel wohnt, kamen bei einer gemeinsamen Kochaktion Original-Einkochgläser und Einkochtöpfe der Heye-Glaswerke zum Einsatz. Bei der anschließenden Verkostung erfreuten sich die Gäste am Eingemachten.

Das Logo der Gerresheimer Glashütte, ein großes, mit Krone versehenes »G«, zierte europaweit Glasflaschen, Konservengläser usw. von namhaften Abfüllern wie beispielsweise Coca-Cola. In den Glanzzeiten der Hütte wurden in Gerresheim über 8 000 Arbeitnehmer(innen) beschäftigt.

Die Kunst der Glasbläser

Die Beteiligten gaben mit Unterstützung eines ehemaligen Werksangehörigen eine kleine Einführung in das Handwerk und die Kunst der Glasbläserei.

Arbeitsschutzbeauftragte

Nach eingehender Recherche wurde über Arbeitsschutzbestimmungen der Glashütte referiert. Die entsprechende Kleidung kam aus einem privaten Fundus.

Märchenbaum

Unter einem Baum wurden Märchen vorgelesen, in denen Glas – in welcher Form auch immer – eine besondere Rolle spielt. Die Märchen wurden aufgeschrieben und in Flaschen an den Baum gehängt. Sie konnten von den Zuschauern »gepflückt« werden.

Archiv

Alte Dokumente und Fotos, Zeitzeugnisse der Geschichte der Glashütte, wurden aus den Flaschen eines historischen Wasserkastens hervorgeholt und dem Publikum gezeigt oder vorgelesen. Entstanden ist ein ungewöhnliches Material- und Geschichten-Archiv, an dessen Einrichtung die Zuschauer(innen) aktiv beteiligt wurden.

Tondokumente

Die Zuschauer hörten über Kopfhörer aus Kassettenrekordern Tondokumente, die von den Beteiligten des Projekts eingelesen worden waren.

Fußballspiel

Das Stadtbild rund um die ehemalige Glashütte ist von süditalienischen Zuwanderern geprägt, die in den 1950-er und 1960er-Jahren von der Glashütte als Arbeitnehmer angeworben wurden. Ein Kickerturnier erinnerte an die Spiele Deutschland – Italien. Die Länderspielstatistik spricht deutlich für die Italiener. 29 Spiele/14 Siege für Italien/8 Unentschieden/7 Siege für Deutschland.

Waschfrauen

Eine Gruppe zog als aufgebrachte Gerresheimer Hausfrauen durch das Meisterviertel. Sie war auf der Suche nach Ferdinand Heye, dem Besitzer der Glashütte. Von ihm wurde gefordert, endlich den Ausstoß dreckiger Abgase zu unterbinden, damit die weiße Wäsche ohne Grauschleier auf den Leinen trocknen konnte.

LebensGeschichten

In drei aufeinanderfolgenden Projekten recherchierten und präsentierten homo-, bi- und transsexuelle Akteure/Akteurinnen unter der Leitung des Produktionsteams plöger|winkler|becker ihre Arbeit in den Räumen des FFT in Düsseldorf. Die Dritte im Bunde war die Choreografin Erika Winkler.

Nach ausgiebiger Recherchearbeit zu gesellschaftlich relevanten Themen bringen wir in der Form des dokumentarischen Theaters die künstlerischen Ausdrucksformen Schauspiel, Tanz, Video, Musik, Bildende Kunst und Performance in einem ausgewogenen Verhältnis zueinander auf die Bühne.

Auch wenn das Erarbeitete den Weg auf eine Bühne findet, spielt in unserer Arbeitsweise das Draußen eine entscheidende Rolle. Wir bedienen uns filmischer oder akustischer Aufnahmen von Aktionen auf der Straße oder verwenden Originaldokumente der Vergangenheit, führen Interviews, die als Video- oder Tonaufzeichnung oder schriftlich dokumentiert werden. Diese Interviews werden in alltäglichen Umgebungen geführt: zu Hause, im Lieblingslokal, im Arbeitsbereich, an ereignisreichen Plätzen oder einfach an einem Lieblingsort in der Stadt. Die Geschichten sind so individuell wie die Menschen, die sie erzählen. Wichtig ist hierbei immer die Perspektive der Erzählung. Die Zeitzeugen berichten von heute aus von etwas Vergangenem, Gegenwärtigem und/oder entwerfen Utopien. Zwangsläufig verändern und beeinflussen sie Charakter und Inhalt des Erzählten. Sie beschönigen und dramatisieren, verharmlosen und kommentieren das Erlebte. Sie werden zu Darsteller(inne)n. Durch das Erzählen der persönlichen Geschichte wird diese zu Geschichte. Das bloße Nachspielen steht hier nicht so sehr im Vordergrund, vielmehr werden die Geschichten in dokumentarischer Form präsentiert – und auf diese Weise auch bewahrt.

Die per Video geführten Interviews werden als Projektionen in die Inszenierung eingebunden, Tonaufnahmen ergänzen die Aufführung. Auch Erinnerungsstücke und Musikstücke werden integriert. Auf diese Weise entsteht der Charakter einer Dokumentation. Eine genaue Unterscheidung im Einsatz von Sachlichkeit auf der einen und Emotionalem auf der anderen Seite ist dabei immer erklärtes Ziel der Produktion.

Die Präsentation verzichtet auf jegliche Betulichkeit sowie Betroffenheit, vielmehr ist das Theaterprojekt ein schützender Rahmen für die Geschichten der Akteure. Anekdoten haben genauso ihren Platz wie rührende, lustvolle, traurige und sinnliche Geschichten. Die Darsteller(innen) kennzeichnen lokale Bezüge ihrer Region und werfen ein neues Licht auf ihre Gemeinschaft. Das »SpaceSharing«, das neue Konzepte in der Integrationspolitik transkultureller Gesellschaften benennt und das Lesben und Schwule seit Langem im Verborgenen betreiben, bekommt auf der Bühne eine geeignete Form der Öffentlichkeit. In den hier beschriebenen drei Produktionen waren einige der Akteure/Akteurinnen übergreifend beteiligt.

HIStory – Schwules Leben in Düsseldorf – eine Spurensuche

In der ersten Theaterproduktion 2009 »HIStory – Schwules Leben in Düsseldorf – eine Spurensuche« erzählten schwule Senioren von einschneidenden Erlebnissen auf ihrem Lebensweg. Dabei ließen sie die Zuschauenden singend, tanzend und erzählend an ihren humorvollen, tragischen und einfachen Geschichten teilhaben. Hier bot das Foyer der FFT Kammerspiele in Düsseldorf einen geeigneten Rahmen für die Präsentation. Das Foyer wurde durch eine versteckte Eingangssituation und durch Einlasskontrolle mit Türklingel in eine Schwulenkneipe der Siebzigerjahre verwandelt. Von Tisch zu Tisch wechselnd erzählten die Darsteller ihre Geschichten.

Aus dem Ankündigungstext des FFT Düsseldorf:

»HIStory ist biografisches Theater. Zwölf Düsseldorfer Schwule erzählen von Momenten ihres Lebens - Momente des Alleinseins, der Verzweiflung, der Ausgrenzung, aber auch Momente des Aufbegehrens, der Gemeinschaft und der Erfüllung über Jahrzehnte hinweg. Die Bühne ist eine Bar, ihre Bar ist ihre Bühne. Hier wird erzählt, gesungen, getanzt. HIStory ist sehr persönlich und politisch zugleich. Die Geschichten der Männer in HIStory werfen ein persönliches Licht auf ihre schwule Gemeinschaft.«

Die Mahn- und Gedenkstätte der Landeshauptstadt Düsseldorf zeigte in den Räumen des FFT die Ausstellung »... wegen Vergehen nach § 175 ... Zur Situation und Geschichte der Düsseldorfer Homosexuellen während des Nationalsozialismus«. Diese Ausstellung konnte nach der Aufführung von »HIStory« besucht werden.

HERstory – Spurensuche lesbischer Frauen

Im Jahr darauf standen 2010 in der Produktion »HERstory« ältere homosexuelle Frauen auf der Bühne. Sozial erfahren diese Frauen oft eine doppelte Form der Diskriminierung. Ihre Lebensform wurde die längste Zeit ihres Lebens nicht akzeptiert und innerhalb ihrer eigenen Szene werden sie größtenteils ausgeschlossen und ziehen sich zurück. Ihren Schritt in die Öffentlichkeit setzten wir gleich mit einem Schritt auf die Bühne der FFT Kammerspiele.

An der Grenze von Privatem und Öffentlichem eröffnete das Theater einen Raum, der die Begegnung mit Lebensentwürfen von Frauen ermöglicht, die selten im Rampenlicht stehen. Erzählung, Tanz, Schauspiel und Film kombinierten sich über den historischen Blick hinaus zu der Frage nach persönlichen Visionen und der politischen Utopie gesellschaftlicher Akzeptanz.

Im dunklen Theatersaal ertönten, wie in ein Selbstgespräch versunken, leise Stimmen. Nach und nach wurden die Stimmen lauter; die älteren lesbischen Frauen betraten zögernd, dann zunehmend selbstbewusster die Bühne, positionierten sich im Scheinwerferlicht, ergriffen das Mikrofon und erzählten ihre Geschichten: von ersten lesbischen Erfahrungen, von ihrem Coming-out, von ihren Ängsten, Nöten und von wunderbaren Erlebnissen. Man erlebte starke, humorvolle Frauen auf der Bühne, Frauen, die sich zu ihrer Liebe bekennen und die es wagen, mit den klassischen Vorstellungen vom Miteinander der Geschlechter zu brechen.

Reichlich Humor bewiesen sie mit einer in der Düsseldorfer Altstadt gefilmten Straßenumfrage: »Möchten Sie für 24 Stunden das Leben einer lesbischen Frau führen?, Nehmen Sie einfach diese Pille – die Nebenwirkungen erklären wir Ihnen später«. Die zum großen Teil amüsanten und in einem Fall extrem homophoben Reaktionen der Passanten(inn)en trugen zum dokumentarischen Theaterspiel bei. Sensible Tanzszenen stützten die Aussagen.

[act:out]

Die Theaterproduktion [act:out] zeigte 2011 – im Rahmen eines generationsübergreifenden Projekts – Momentaufnahmen und Visionen von Schwulen und Lesben internationaler Herkunft. Was verbindet, was trennt sie? Wie möchten sie leben, wie können sie die Gesellschaft verändern? Wie wird der Kampf um Integration und Anerkennung heute geführt?

Die Akteure dieser Theaterproduktion kreierten und besetzten Plattformen im Theater und in der Öffentlichkeit. In eigens geschaffenen oder entdeckten Schonräumen, Mikrowelten und auf Inseln konfrontieren sie sich und andere mit ihren (Lebens-)Themen. Sie agierten, formulierten, definierten. Sie lebten sich aus. In Räumen mit immer derselben Größe: 2 × 2 × 2 Meter.

Es entstand ein Rundgang durch das Theater, der Tanz, Schauspiel und Erzählung eng miteinander verband. Die Gäste wurden in kleinen Gruppen nacheinander zu sechs Schauräumen geleitet, in denen Geschichten, Visionen, Aktionen und Bekenntnisse inszeniert waren. Eine Plattform zeigte die Videodokumentation einer Liveperformance an verschiedenen Orten in Düsseldorf, die in der Vergangenheit zu Schauplätzen homophober privater wie staatlicher Gewalt wurden. Die Akteure führten dort, an Straßenkreuzungen mit homophoben Graffitis – intimen Kontakt-Orten schwuler Männer – und am Tatort eines hassmotivierten Schwulenmordes, an verborgenen und öffentlichen Orten der Vergangenheit und der Gegenwart, eine Choreografie auf, um diese Orte mit einer neuen Konnotation zu belegen. Mit der Workshopreihe »my generation« wird diese Form des Dokumentartheaters in Düsseldorf, Köln und Duisburg 2014 fortgesetzt.

Autorin und Autor

Becker, Gila-Maria, lebt in Düsseldorf und arbeitet als Dramaturgin, Theater- und Kulturpädagogin; u. a. war sie am Forum Freies Theater in Düsseldorf und im Team von Kabawil e. V., Düsseldorf. Sie ist Teil des Produktionsteams plöger|winkler|becker, das Theaterprojekte für und mit Kindern, Jugendlichen und Erwachsenen realisiert. Darüber hinaus leitet und konzipiert sie regelmäßig Kulturprojekte und Seminare für Erwachsene sowie für Multiplikatoren in der Altenarbeit, u. a. beim KulturMobil Düsseldorf Süd und in der Seminarreihe »Keywork im Quartier – Aufbau und Begleitung von Keywork-Ateliers im Stadtteil«. Sie ist Gründungsmitglied im Keywork e. V.

Plöger, Bernd, freier Theaterregisseur mit Inszenierungen unter anderem in Hamburg, Köln, Greifswald, Stendal und in seiner Heimatstadt Düsseldorf. Nach dem Studium der Theaterwissenschaften und der Tätigkeit als Kulturmanager arbeitete er zunächst am Rheinischen Landestheater Neuss als Regieassistent, Theaterpädagoge und Dramaturg. In Keywork-Programmen und anderen Kulturprojekten mit Düsseldorfer(inne)n ist er in verschiedenen Stadtteilen im öffentlichen wie privaten Stadtraum, draußen wie drinnen, als Theaterallrounder beteiligt.

4.4 Keywork und Wohnen

Neue Verantwortungsrollen für die Generation Wohnprojekt

Anne Leyendecker

Widerstand als väterliches Erbe

»Nie wieder Krieg!«, dieser Satz, den ich in Kindheit und Jugend zu Hause so oft gehört habe, hat mich mein ganzes Leben begleitet. Er trägt mich auch heute. Für mich bedeutete er stets Mahnung und Aufforderung, im Leben genau hinzuschauen. Vor allem mein Vater lehrt mich, einen kritischen Blick zu entwickeln, Ereignisse zu hinterfragen, mir einen Standpunkt zu erarbeiten und meine Meinung mutig zu vertreten. Nicht ohne Grund weckt er mein Interesse für Geschichte und Gegenwart. Nachrichten im Radio verfolgt er aufmerksam und bewertet sie im Austausch mit meiner Mutter. Die Radiosendungen – vom Suchdienst bis zu Debattenübertragungen – zeigen mir die Folgen des verheerenden Weltkriegs auf, informieren mich über die Strukturen des Wirtschaftslebens der jungen Bundesrepublik und die Entwicklungen in der Politik. Nebenbei lerne ich die Werte meiner Eltern kennen.

Mein Vater ist ein belesener Mann, neugierig, eloquent, großzügig. Er interessiert sich für Menschen und fühlt sich mit vielen verbunden. Ein gut vernetzter Intellektueller. Halbe Sachen akzeptiert er nicht. Ordentliche Leistungen werden erwartet, romantische Ansichten gehen ihm gegen den Strich. Die Eltern leben in tradierten Rollen. Die Mutter hält dem Vater den Rücken frei. Sie ist selbst auch berufstätig, übernimmt aber wie selbstverständlich noch Haushalts- und Erziehungsaufgaben und ist Gastgeberin. Sie nimmt mich vor den hohen Erwartungen meines Vaters in Schutz. Gerne vermeide ich, mich der Kritik meines Vaters zu stellen. So haben wir es bisweilen schwer miteinander. Aber auf Mai- und Friedensdemos gehen wir gemeinsam. Ebenso arbeiten wir – jeweils in unseren eigenen Kreisen – bei den Gewerkschaften, Friedensinitiativen, Bürgerbewegungen mit. Er paukt mich raus, wenn ich bei Sitzblockaden oder Demos Ärger mit der Staatsmacht habe. Und doch streiten wir über AKWs, ökologische Landwirtschaft, antiautoritäre Kindererziehung oder Pazifismus. Unsere Familie gehört zu den Linken im Land, ich bin mit

Studenten der APO unterwegs. Wir sind nicht konform mit der Mehrheit der Bürger im Wirtschaftswunderland. Viele meiner Lehrer, Nachbarn, Kollegen und Chefs halten mich für eine naive Außenseiterin.

Das Ende des Kalten Krieges, nach Zerfall der Sowjetunion und Auflösung des sozialistischen Lagers, hat weitreichende Folgen. Dem Kapitalismus stehen neue Märkte offen und billige Arbeitskräfte aus aller Welt zur Verfügung. Im gleichen Jahr gliedert die damalige schwarz-gelbe Bundesregierung die Organisationseinheiten der Post neu. Fünf Jahre später »befreit« sie die ehemalige staatliche Behörde von den Fesseln des öffentlichen Dienstrechts. Bis 2006 werden 173 000 Arbeitsplätze abgebaut.

25 Jahre lang arbeite ich als Hochbauingenieurin in der Bauabteilung der Bundespost, als mich die Privatisierung der Behörde zu einer beruflichen Neuorientierung zwingt. Nun heißt mein Arbeitgeber Telekom AG und geht an die Börse. Die folgenden Jahre arbeite ich bei einer der zahlreich gegründeten Telekom-Töchter und übernehme dort die Presse- und Öffentlichkeitsarbeit. 2000 ist Schluss damit. Auch ich verlasse das Unternehmen vor dem Rentenalter mit Überbrückungsgeld und auf Kosten des Staates. Die Telekom-Aktien erreichen ihren Höchststand von 103,40 Euro das Stück.

Meine Berufstätigkeit endet jäh: zehn Jahre zu früh für ein Arbeitsleben. Die beruflichen Netzwerke lösen sich weitgehend auf. Nur ein kleiner Kreis befreundeter Kollegen überdauert diese Phase der Umbrüche und Trennungen.

Sinnstiftende Aufgaben statt Taubenfüttern im Park

Voller Kraft und Ideen finde ich bald neue Aufgaben. Schließlich treffe ich auf einen Kreis älterer Menschen in Düsseldorf, die sich in verschiedenen Kultureinrichtungen bürgerschaftlich oder ehrenamtlich engagieren. Öffentlichkeitswirksam, problembewusst und fantasievoll agieren sie in Museen, Theatern, Ateliers und Netzwerken. Sie setzen sich für unterschiedliche Zielgruppen ein: für Kinder, Jugendliche, alte Menschen, Flüchtlinge und Menschen mit Migrationshintergrund. In ihrem Engagement werden sie von Fachleuten aus der Erwachsenenbildung und Künstler(innen) unterstützt. Sie arbeiten freiwillig, regelmäßig, ohne Bezahlung und mit großer Freude und Begeisterung. Viele Projektideen haben sie bereits realisiert: Sie haben z. B. eine Anlaufstelle für Auszubildende mit Problemen gegründet, ein Erzählcafé eingerichtet, eine naturwissenschaftlich ausgerichtete Experimentierwerkstatt für Kinder aufgebaut, Lesepatenschaften und Herzenssprechstunden organisiert, ein Sockentheater gegründet und ein Keywork-Atelier im Stadtmuseum eingerichtet.

In den Jahren 2002 bis 2006 wird mit dem Bundesmodellprogramm »Erfahrungswissen für Initiativen« (EFI-Programm) vom Bundesministerium für

Familie, Senioren, Frauen und Jugend ein Weiterbildungsangebot aufgelegt, das auf die Bedürfnisse und Erwartungen von Menschen im nachberuflichen Leben zugeschnitten ist. Das Programm zielt darauf ab, ältere Menschen bei der Suche nach neuen Verantwortungsrollen zu unterstützen und ihr breites Erfahrungswissen für die Gesellschaft nutzbar zu machen. Den Referent(inn)en gelingt es, dass die Teilnehmer(innen) über sich hinauswachsen und mutig erste Projekte entwickeln. Die persönliche Weiterentwicklung fühlt sich gut an, ebenso die Selbstbestimmung nach langen Jahren beruflicher Anpassung. Wir spüren Zufriedenheit mit den selbst entworfenen Verantwortungsrollen und den selbst gewählten Aufgaben.

Die Schere zwischen Arm und Reich, zwischen Ohnmacht und Macht klafft mehr denn je auseinander. Kinder und Jugendliche aus sozial belasteten Milieus haben kaum Perspektiven und Zukunftschancen. Ihnen fehlt Bildung und Aufmerksamkeit, Anregung und Selbstvertrauen. Ältere und alte Menschen verarmen, vereinsamen oder geraten durch die Pflege ihrer Angehörigen an den Rand der Erschöpfung. Im Netzwerk der Engagierten geht es vorrangig um soziale und kulturelle Teilhabe. Hier bin ich richtig! Hier kann ich meinen Idealen und Werten treu bleiben, und hier treffe ich Menschen, die so denken wie ich und die so handeln wollen wie ich. Ich werde also EFI-seniorTrainerin und verpflichte mich, mein Wissen und meine Erfahrungen an andere weiterzugeben. In fast allen Projekten, die wir EFI-Teilnehmer(innen) entwickeln, geht es um die Sorge für benachteilige Menschen in unserer Gesellschaft, um Chancengleichheit, die Verbesserung des Miteinanders der Generationen und Kulturen und ökologische Verantwortung. Unser Engagement macht Sinn.

Über die gemeinsame Arbeit vernetzen sich die Engagierten und stärken sich gegenseitig. Ich arbeite zunächst im Kinder- und Jugendtheater, verortet in einem sozial belasteten Stadtteil. Mein persönliches Netzwerk vergrößert sich; ich lerne völlig neue Leute kennen. Nun habe ich es mit Schauspielern und Bühnenhandwerkern, Künstlerinnen und Geschichtenerzählerinnen zu tun. Mit Entscheidungsträgern des Schauspielhauses müssen Kompetenzen, Möglichkeiten und Grenzen verhandelt werden, ebenso mit dem Jugend- und Sozialamt. Das Vertrauen müssen wir uns erwerben. Wir ziehen Lehrer und Sozialarbeiter hinzu und viele, viele Kinder. Alle zusammen schaffen Rahmenbedingungen, damit die Kinder im Düsseldorfer Stadtteil Rath das Theaterfoyer zu ihrem Ort des Lernens und Spielens machen können. Dann öffnet das Theater seine Türen für die Kinder aus der Siedlung. Von engagierten Älteren erhalten sie Leseförderung, werden kreativ gefördert: Sie spielen Theater, nähen Figuren für ihr Sockentheater oder bauen eine Budenstadt auf dem Theatervorplatz. Und wir Alten sorgen dafür, dass sie regelmäßig die großartigen Theateraufführungen anschauen. Ein gutes und ehrliches Projekt. WIN-WIN-WIN-WIN!

Für Professor Klaus Dörner – Sozialmediziner und Psychiater im Unruhestand – ist die Entdeckung der Nachbarschaftlichkeit das Verdienst einer neuen sozialen Bewegung.

»Da sind Leute, die spüren, dass sie sich in einem gewissen Umfang auch für andere Menschen engagieren müssen [...]. Das hängt damit zusammen, dass immer mehr Menschen an zu viel freier Zeit leiden. Man kann freie Zeit nur bis zu einem Optimum genießen, wenn man mehr davon hat, dann fängt man an, darunter zu leiden. Dann braucht man, um sich gewissermaßen sozial zu erden, als ›Therapie‹ dagegen eine bestimmte Tagesdosis an Bedeutung für andere. Und zwar im eigenen Stadtviertel, im eigenen Kiez, im eigenen Stadtteil, im eigenen Dorf. Das ist etwas, was nicht zu toppen ist, das ist einfach das Beste, was uns bisher eingefallen ist.« (Dörner 2007)

Die Zukunft selbst gestalten – möglichst lange selbstbestimmt leben und wohnen

In meinem neuen, nachberuflichen Lebensabschnitt als junge Alte werde ich immer wieder mit aktuellen gesellschaftspolitischen Fragestellungen konfrontiert. Auch mit der Frage, wie wohl das höhere Alter aussehen wird.

- Kann ich mich auf das Alter ebenso vorbereiten wie einst auf den Balanceakt von Mutterschaft und Berufstätigkeit?
- Werde ich mir ein gutes Hilfesystem aufbauen können?
- Haben meine Töchter in 20 Jahren neben ihrer Berufstätigkeit überhaupt die Möglichkeit, sich ausreichend um mich zu kümmern?
- Komme ich mit meiner Rente zurecht?
- Wo und wie werde ich wohnen?
- Von welchen Aufgaben will ich mich verabschieden?
- Wie lange möchte ich noch Neues entdecken?
- Und was könnte das sein?

Diese Fragen fordern immer lauter meine persönliche Antwort. Der Mann ist längst ausgezogen, die Kinder erwachsen, ich lebe allein in einem viel zu großen Haus und die Instandhaltungskosten dezimieren die Rente drastisch. Meine Sehnsucht nach Gemeinschaft mit anderen Menschen wächst. Im April 2005 werde ich 60 Jahre alt. Jetzt ist die Zeit reif, ein lange überfälliges, ambitioniertes Projekt in die Tat umzusetzen. Gibt es eine gute Perspektive für mich und meine gleichaltrigen Freunde/Freudinnen?

Bei der Freiwilligen-Initiative Start[3], einem Projekt von Menschen im nachberuflichen Leben (unter dem Dach der Evangelischen Stadtakademie), starte ich einen Gesprächskreis. Für die Veranstaltung »Wie wollen wir im Alter leben?« spreche ich Menschen aus dem Kreis der sozial und kulturell Engagierten an. Dann sitzen wir in großer Runde zusammen und diskutieren über unsere Wohn- und Lebensträume im Alter. Einige sind einfach nur neugierig, manche skeptisch und viele begeistert. Zehn Menschen haben sich bereits entschieden, sich vertiefend mit dem Thema auseinanderzusetzen. Leben in Italien, wie im Urlaub oder bodenständig in bekannten Gefilden? Auf dem Land oder in der Stadt? Große Anlage oder kleine Hütte? Eigentum oder Mietwohnungen? Mit Kindern im Haus? Wo gibt es Beispiele? Was ist noch zu bedenken? Mehrere Treffen später einigen wir uns darauf, eine offene Gruppe zu bilden und erste Pflöcke einzuschlagen. Wir treffen uns bald schon alle 14 Tage. Die Gruppe wächst, die Fragen werden detaillierter. Wir informieren uns, besuchen Wohnprojekte in der Umgebung, verreisen zusammen. Sensibel nähern wir uns den Altersfragen. Wir sehen uns Filme an, organisieren Wochenendseminare, bilden Arbeitsgruppen, sammeln Wünsche, schreiben erste Ideen auf. Nach zwei Jahren gründen wir einen gemeinnützigen Verein, wie einst vor 40 Jahren, als einige von uns Kinderläden gründeten. Meine Freundin und ich werden als Sprecherinnen gewählt und sind bald stadtbekannt. Mit einem Verein im Rücken fordern wir beide so manchen Politiker heraus, ebenso den Seniorenbeirat. Wir suchen Unterstützung im Wohnungsamt, im Planungsamt, in verschiedenen Ministerien, bei Architekten und Investoren. Wir engagieren uns in der Lokalen Agenda 21, die die Unterstützung alternativer Wohnformen längst als Zukunftsaufgabe der Stadt Düsseldorf sieht. Wohnen in Gemeinschaft, Wohnen im Alter, diese Themen fließen über die Agenda-Engagierten ins Stadtentwicklungskonzept ein. Inzwischen sind wir mit anderen Wohngruppen in Düsseldorf, Köln, Oberhausen, Essen, Mülheim, Dortmund vernetzt. Wir arbeiten eng mit einem Bildungsträger, dem Evangelischen Erwachsenenbildungswerk Nordrhein, zusammen. Eine in der innovativen Freiwilligenarbeit erfahrene Mitarbeiterin begleitet unser Projekt. Die Initiative kommt in Schwung und nimmt Fahrt auf. Wir lernen. Wir üben uns in Perspektivwechsel und setzen uns mit den Ideen von Visionären auseinander. Besonders inspiriert uns Joseph Beuys' Idee der Sozialen Plastik. Sein Ausspruch wird für uns zum Programm: »Die Zukunft, die wir wollen, muss erfunden werden, sonst kriegen wir eine, die wir nicht wollen.«

Bald ist auch unsere Konzeptidee stadtbekannt: Wir wollen nicht nur zusammen leben, sondern auch einen Ort schaffen, der für das benachbarte Wohnquartier eine Stätte des nachbarschaftlichen Lebens, der Kultur und der Weiterbildung sein soll. Wir planen ein Haus, aus dem heraus wir in die zukünftige Nachbarschaft hinein wirken wollen.

VERANTWORTUNG ALS PROGRAMM

»Miteinander – wohnen in Verantwortung« – der Name ist Programm, als schließlich im März 2010 in Düsseldorf-Gerresheim »unser« gemischt finanziertes Mietshaus bezugsfertig ist. Die Realisierung des Baus konkret durchgesetzt und vorangetrieben hat letztendlich eine Stadtplanerin im Ruhestand. Sie hat schon lange ein Grundstück im Blick. Ihr gelingt es, einen Architekten und einen interessierten privaten Investor mit ins Boot zu holen. Sie überzeugt das Liegenschaftsamt und das Planungsamt und führt geschickt alle Beteiligten zusammen: Politik, Verwaltung, Investor, Architekt und Projektgruppe.

26 Menschen, zwischen 55 und 73 Jahre alt, finden in sechs frei finanzierten und 17 öffentlich geförderten Wohnungen ihre neue Heimstatt. Herzstück des Wohnprojektes sind die Gemeinschaftsräume. Im Erdgeschoss mietet der Verein für alle ein »Wohnzimmer« sowie einen großen Versammlungsraum im Souterrain. Hier treffen wir uns zu Besprechungen, Festen und Seminaren, zur Gymnastik und zum Singen. Und hier finden auch die Nachbarschaftsprojekte ihren Raum. Im Vorfeld beteiligt sich der Verein erfolgreich an Wettbewerben, und die Sprecherinnen nehmen zu Geldgebern Kontakt auf, um Spenden für die Ausstattung der Gemeinschaftsräume zu akquirieren. Auch sollen damit die ersten gemeinnützig ausgerichteten Projekte auf finanziell sichere Beine gestellt werden. Die Kosten für die Gemeinschaftsflächen werden anteilig auf alle Mieter(innen) aufgeteilt.

Wir Bewohner haben vor dem Einzug verabredet, wir werden ...

... in diesem Haus zusammen leben und in der Nachbarschaft aktiv tätig sein. Auch sorgen wir für den Aufbau tragfähiger sozialer Netze zur gegenseitigen Hilfe und zur Entlastung nachfolgender Generationen. Für das solide Netz zur Sicherung des Alters versprechen wir, uns gegenseitig im vorpflegerischen Bereich und in Notsituationen zu unterstützen. Ein Pflegeheimaufenthalt soll so lange wie möglich hinausgezögert oder gar verhindert werden. Das Wohnprojekt birgt die Chance, über den Tellerrand des eigenen Lebens hinauszuschauen. Wir übernehmen Mitverantwortung für das gesellschaftliche System, in dem wir uns bewegen.

HAUSGEMEINSCHAFT – SO ZERBRECHLICH WIE DÜNNES PORZELLAN

»Ach, was soll der Mensch verlangen? Ist es besser, ruhig bleiben? Klammernd fest sich anzuhangen? Ist es besser, sich zu treiben? Soll er sich ein Häuschen bauen? Soll er unter Zelten leben? Soll er auf die Felsen trauen? Selbst die festen Felsen beben. Eines schickt sich nicht für alle! Sehe jeder, wie er's treibe, sehe jeder, wo er bleibe, und wer steht, dass er nicht falle!«

J. W. GOETHE

Zunächst ist es ganz leicht. Es sieht so aus, als wären unsere kühnen Träume Wirklichkeit geworden. Aber der Schein trügt. Wir sind aus alten Gewohnheiten gerissen. Erwartungen nach harmonischer Gemeinschaft werden nicht erfüllt. Alles Bekannte, Vertraute hat sich verflüchtigt. Wir stoßen an unsere Grenzen. Sogar langjährige Freundschaften zerbrechen. Das Leben bleibt riskant.

Unsere Idee vom harmonischen Miteinander kollidiert mit unserem starken Bedürfnis nach Autonomie und Individualität. Die Gestaltung einer solidarischen Hausgemeinschaft in einem Wohnprojekt, die Sicherung der Zugehörigkeit, in der Werte definiert und Ansichten geteilt werden, steht neben dem Wunsch nach Erhalt der eigenen Identität. Verständigung fällt schwer. Es gilt, eigene Positionen zu verteidigen, Zugeständnisse zu machen und Kompromisse zu finden.

Unterschiedliche soziale Milieus stoßen aufeinander. Die Auseinandersetzung mit dem Unvertrauten erfordert Geduld und Toleranz; wir brauchen Zeit und Raum für den Diskurs. Wie kann es gelingen, eigene Positionen infrage zu stellen, ohne die eigene Identität aufzugeben? Wie lassen sich die unterschiedlichen Lebensstile unter einen Hut bringen? Wie bringt man die unterschiedlichen Gewohnheiten, Normen, Werte, Rollenbilder, Kommunikationsstile und die zum Teil konträren Einstellungen zur materiellen Sicherheit und zur Übernahme von Verantwortung zusammen? Wie viel Entgegenkommen ist möglich? Wo müssen Positionen verteidigt werden? Auf diese Herausforderungen waren wir nicht gefasst und nicht vorbereitet.

Es gibt erste große Konflikte: Rückzug ist die Folge, das Bedürfnis nach Gemeinschaft rückt in den Hintergrund. Das angestrebte gute Miteinander ist fragil. Viele der bekannten Wohnprojekte stehen irgendwann vor dieser Situation.

Immer wieder erleben wir uns inmitten emotionaler Reibung. Unspektakuläres, unaufgeregtes Handeln ist gefragt. Welch eine Aufgabe! Gibt es Vorbilder? Wer hat Erfahrungen? Wir wissen genau, was wir nicht wollen: keine Vorschriften, keine Zwänge und keinen Druck, keine Hierarchie, keine Chefs, keine endlosen Diskussionen, keine Schwierigkeiten!

Wunsch und Wirklichkeit gehen weit auseinander. So hatten wir uns das nicht vorgestellt: Gesetzliche Vorschriften, da unser Verein gemeinnützige Ziele verfolgt; Zwänge und Druck, denn die beantragten und gewährten Fördermittel fordern die versprochenen Leistungen ein; eine Hierarchie (gewählte Vorstände), die eine Vereinsgründung automatisch nach sich zieht. Wir führen unendlich lange und aufreibende Diskussionen, weil die Mitglieder basisdemokratische Entscheidungen einfordern.

Pionierarbeit

Was ist zu tun? Lassen sich Differenzen aufdecken, thematisieren oder gar reflektieren und lösen? Können wir uns auf gemeinsame Werte einigen? Ist es möglich, unterschiedliche Stile oder Geschmäcker nebeneinander zu tolerieren? Welche Glaubenssätze blockieren die Gemeinschaft? Sollten wir an den Strukturen arbeiten? Brauchen wir mehr Regeln? Oder brauchen wir andere Regeln? Wie orientieren wir uns auf dem unbekannten Terrain?

Wir stellen fest: Unsere Erfahrungen reichen nicht aus, um einfache Antworten zu finden. Wir versuchen immer wieder, miteinander ins Gespräch zu kommen, mal in der Gruppe, mal im Zweiergespräch. Die eine Hausversammlung läuft harmonisch, die nächste treibt den Blutdruck hoch. Zu Jahresbeginn 2014 leben ein Drittel der Bewohner zurückgezogen. Die übrigen haben Kontakt zueinander, übernehmen Verantwortung im Haus oder in den Nachbarschaftsprojekten. Wir sind eine bunte, mal ernste, mal heitere, immer streitbare und eigensinnige Hausgemeinschaft. Wir sind Pioniere auf dem Gebiet des gemeinschaftlichen Lebens in einem Wohnprojekt. Es gibt keine Landkarten und Wegweiser. Wir gehen einen noch unbekannten Weg zum ersten Mal.

Soziales Engagement auf Zeit

Die Anzahl älterer Menschen in der Gesellschaft ist so hoch wie noch nie. Dennoch wachsen immer weniger junge Menschen in einem gemeinsamen Umfeld mit ihren Großeltern oder anderen älteren Menschen auf. Gleichzeitig steigt die Zahl derer, die keine eigenen Kinder und Enkel haben. Das Feld der sozialen und kulturellen Bildung bietet vielfältige Zugänge, um mit gemeinsamen Kulturprojekten einen Dialog der Generationen zu fördern, von- und miteinander zu lernen und gemeinsam Freude zu erleben.

Nach dreieinhalb Jahren Quartiersarbeit wissen wir: Die ursprüngliche Idee trägt, solange die Menschen sich engagieren wollen und sie Kraft, Nerven und Freude an den Kontakten in der Nachbarschaft haben. Wir wissen auch: Mit unserem Älterwerden werden sich die Inhalte der Projekte verändern und sicher auch die Häufigkeit der Aktionen oder die Gruppengrößen. Alles wird letztlich der vorhandenen Kraft anzupassen sein. Das Alter wird uns und auch das Projekt verändern. Jüngere Mitbewohner(innen) werden eines Tages nachziehen. Dann werden sie neue Ziele formulieren und sich den gegebenen gesellschaftlichen Herausforderungen anpassen.

Unsere Kräfte werden nachlassen. Die Unsicherheiten wachsen mit den Krankheiten, von denen kaum jemand verschont bleibt. Was ist zu tun gegen Einsamkeit und geistigen Abbau? Wie verhindert man, dass man sich zu einem grantigen alten Menschen entwickelt? Wie erhält man sich sein Wohlbefinden, seine Lebensfreude und seine Lebens-Lust im Alter, auch wenn man weiß, dass man einmal auf seine heiß geliebte Autonomie verzichten muss?

Welche Bedeutung haben Quartier und Haus für die Keywork-Projekte?

18 engagierte Hausbewohner zwischen Ende 50 und Mitte 75 realisieren selbst organisierte Projekte und somit die Versprechen aus der Zeit der Visionen. Insgesamt haben wir Kontakte zu circa 40 Kindern und Jugendlichen aus dem direkten Wohnumfeld, die unsere (Kultur-)Angebote regelmäßig besuchen. Ebenso sind wir im Gespräch mit ihren Eltern. Weitere 80 bis 100 Menschen aus der Nachbarschaft, jüngere wie ältere, besuchen unsere Ausstellungen, Kulturveranstaltungen, Brauchtumsfeste und Nachbarschaftstreffen. Daraus können sich weitere Anknüpfungspunkte entwickeln. Unsere Nachbarn sind uns lieb und teuer. Die Menschen im Quartier haben unser Wohnprojekt gut aufgenommen. Sie bringen sich ein, fühlen sich zugehörig.

Das bürgerschaftliche Engagement schenkt Erfahrungen und eröffnet neue Entwicklungs- und Gestaltungsräume. Neue Horizonte tun sich auf, jenseits von Familie und beruflichen Umfeld. Selbst organisierte Projekte fördern soziale und kulturelle Teilhabe, nutzen unentdeckte Ressourcen und Kompetenzen und leisten einen wichtigen Beitrag für das Gemeinwesen.

Das Haus mit seinen Gemeinschaftsräumen ist ein kostbarer Schatz. Es ist modern eingerichtet und hell, steht an exponierter Stelle im Quartier der Heinrich-Könn-Siedlung. Die großen Fenster im Gemeinschaftsraum laden ein, freundlich hereinzuschauen und hinauszuwinken. Das Haus ist unser kleines Kulturzentrum. Hier können wir unser eigenes Kulturprogramm entwickeln und anbieten; hier müssen wir niemanden um Erlaubnis bitten, wenn wir ein Kulturprojekt verwirklichen wollen. Mehrmals im Jahr laden wir die Nachbarschaft zu besonderen Veranstaltungen ein. Im Sommer stellen wir Tische und Stühle vor das Haus, klönen bei Kaffee und Kuchen. So wachsen wir Neunachbarn mit den Altnachbarn zusammen und überwinden allmählich die Fremdheit.

Kulturelle Selbstversorgung

Wir organisieren Ausstellungen in unserem Treppenhaus. Mal wird eine Ausstellung mit einer Vernissage eröffnet, mal wird sie mit einer Finissage beendet. Immer erfreut sie sich großer Beliebtheit. Gäste, Freunde/Freundinnen und Nachbar(inne)n sind herzlich willkommen. Alle acht Wochen werden Ölbilder, Aquarelle, Glasfenster, Fotos oder Objekte von künstlerisch arbeitenden Menschen aus dem Haus oder von Künstler(inne)n aus der näheren Umgebung präsentiert.

Das erste Keywork-Projekt startet im Sommer des Einzugsjahres 2010. Wir greifen das Ausstellungsthema »Die Stadt ist weiblich« auf. Unser Haus wird zum »Satelliten« des Düsseldorfer Stadtmuseums. In Kooperation mit dem Kurator des Stadtmuseums und einigen Hausbewohnerinnen wird das Thema erarbeitet. Welche Frauen aus der Nachbarschaft wird unser Museumssatellit vorstellen? Wie wird das Thema recherchiert, wie bildlich umgesetzt? Lässt sich das Thema auch für das Wohnquartier bearbeiten? Trauen sich die Laien das zu? Der Kurator ermutigt uns, gibt Hilfestellung, und schon bald nehmen wir sechs starke Frauen aus dem Stadtteil in den Blick. Die Spurensuche beginnt. Eine kleine Projektgruppe führt Interviews, dokumentiert und stellt Exponate – Fotografien und Texte – zusammen. Sie präsentiert später in bewegenden Bildern sechs kreative, lebenskluge, hart arbeitende, mutige Frauen; alte, junge, starke Weibsbilder, die mit dem Düsseldorfer Stadtteil Gerresheim eng verbunden waren oder noch sind; Frauenporträts vor dem Hintergrund der jeweiligen Zeitgeschichte.

Dazu gehören: Joseppa Lisi und Erna Bergfeld

Joseppa Lisi, genannt Mama Lisi, kommt 1960 als Arbeiterin aus Apulien, eröffnet in der Nachtigallstraße einen Espresso-Pasta-Stützpunkt für ihre italienischen Landsleute. Ihr Lokal wird angesagter Treffpunkt im Stadtteil Gerresheim. Zuerst kommen die Gastarbeiter und die Künstler der Düsseldorfer Kunstakademie, später trauen sich die Nachbar(inne)n in ihre Trattoria.

Erna Bergfeld ist 103 Jahre alt. Die Erinnerungen ihres Lebens sind stark verblasst. Ihr Enkel summt ein Lied, sie singt den Text fehlerfrei mit. »Die Gedanken sind frei… « und dann … ein Lächeln, die Seifenfabrik, ihr Arbeitsplatz, ihre Leselust am Feierabend, die Erinnerung kommt kurz zurück. Der Enkel zeigt auf den Bücherschrank: Anatol France, Upton Sinclair, Maxim Gorki, Fjodor M. Dostojewski, Jack London … Als Hitler 1933 die Macht ergreift, mauert Ernas Mann ihre Bücherschätze hinter einer doppelten Wand im Hühnerstall ein.

Unsere Ausstellung ist klar, ohne Schnörkel, weiblich und stadtteilbezogen. Anlässlich des 100-jährigen Jubiläums des Internationalen Frauentags 2011 wird die Satelliten-Ausstellung von der Direktorin des Düsseldorfer Stadtmuseums eröffnet. Das Rahmenprogramm ist bunt. Es wird zum Orgelkonzert eingeladen, zum Filmnachmittag und zum Erzählcafé. Eine bescheidene und doch gelungene Ergänzung zur großen Ausstellung bedeutender Düsseldorfer Frauen im Stadtmuseum. Damit setzen wir Zeichen für Keywork: Im Haus und in der Nachbarschaft. Die neuen Verantwortungsrollen, die wir Rentnerinnen für dieses Projekt übernommen haben, sind für uns ungewohnt und absolut neu: Alle am Projekt Beteiligten partizipieren an den Ereignissen und Entscheidungsprozessen. Wir lernen vom studierten Kurator, wie eine Ausstellung zu gestalten ist, wie Themen gefasst und zusammengebracht werden. Wir sind Interviewerinnen, Schreiberinnen, Gestalterinnen, Handwerkerinnen und dann drei Wochen lang Museumsdirektorinnen. Ein Gemeinschaftserlebnis von großem Wert.

Weitere Projekte der kulturellen Selbstversorgung folgen und werden zum festen Bestandteil unser Quartiers- und Nachbarschaftsarbeit: Wir planen und leiten Kochkurse, Kreativwerkstätten, Exkursionen zu Ausstellungen in Düsseldorf und Umgebung, Lesungen, Konzerte, und wir laden regelmäßig interessante Gäste aus vielen Kulturbereichen zu uns ein. Wir engagieren uns für unsere Herzenssachen – temporär oder langfristig – und freuen uns über jede neue Projektidee aus dem Haus oder aus der Nachbarschaft, die zur Bereicherung unseres kulturellen Stadtteillebens beiträgt.

Kritisch zu sein und sich einzumischen verlernt man nicht!

Ich beschreibe und bewerte die Projekte durch die Brille meiner Lebensgeschichte. Die jetzige Altengeneration, geboren zwischen 1935 und 1955, will keinen traditionellen Ruhestand, sondern sehnt sich nach einem aktiven Leben im Alter. Viele meiner Altersgenossen haben vom Bildungsschub der 60er- und 70er-Jahre profitiert, sind selbstbewusst, kritisch und politikskeptisch. Das Milieu, in dem ich mich zeitlebens bewege, ist am politischen und gesellschaftlichen Geschehen interessiert. Die kritische Hinterfragung aller Ereignisse, die Einmischung, das Engagement für soziale und kulturelle Teilhabe ist unser gemeinsames Wesensmerkmal. Wir beobachten skeptisch die Kampagnen staatlicher Institutionen zur Engagementförderung und die Beschwörung der Bürgergesellschaft. Dem Dritten Sektor – den freiwillig Engagierten und den Nachbarschaften – die alleinige Verantwortung aufzubürden, ist keine Lösung. Der Staat darf sich nicht aus seiner Verantwortung für eine grundlegende, soziale Daseinsfürsorge zurückziehen. Die staatlichen und kommunalen Stellen werden ihre Rolle überdenken müssen. Auch die Wirtschaft ist gefordert. Wir alle müssen Verantwortung übernehmen, keine Seite darf sich zurücklehnen. Klaus Dörner formuliert es so: Der demografische und gesellschaftliche Wandel ist keine Sache, der man gemütlich vom Sofa aus zuschauen kann.

Noch heute bin ich auf den Spuren meines Vaters unterwegs, politisch handelnd, mit vielen Menschen verbunden, immer wieder aktiv in Bürgerinitiativen, Bewegungen und Projekten. Mir wird bewusst: Ich habe sein Erbe angetreten, halbe Sachen akzeptiere ich nicht. Kritisches Konsumverhalten ist noch immer mein Thema. Und das mit den AKWs, gegen die ich in den Achtzigern demonstrierte, hat mein Vater nach der Tschernobyl-Katastrophe anders sehen können. Aber da war er schon alt und still und ich erwachsen. Meine Familie hat mich geprägt, und auch die kritische Jugend- und Studentenbewegung in den spätern 60er- und den 70er-Jahren hat mich frei und mutig werden lassen. Ich hatte immer Zugang zu Bildung, Kultur und Büchern und bin im Leben klugen, geduldigen, aber auch zornigen Menschen begegnet. Das alternative Wohnprojekt – als Gegenentwurf zu elitären Altersresidenzen – würde meinem Vater gefallen. Noch sind nicht alle Spielräume ausgelotet. Vieles ist möglich.

Hier im Wohnprojekt kann ich so älter werden, wie ich bisher gelebt habe. Ich bleibe kritisch. Bis zum letzten Atemzug.

Nachtrag: Im Jahr 2011 werde ich mit der Diagnose Krebs konfrontiert. Inzwischen setzt mir die Krankheit schwer zu. Meine Kräfte schwinden, während die Menschen im Haus – jede(r) für sich – um den Erhalt der eigenen Identität ringen. Das Thema »Alter und Krankheit« ist noch nicht unser gemeinsames Thema. In naher Zukunft werde ich die Hausgemeinschaft verlassen und in die Nähe meiner Töchter und ihrer Familien ziehen, um mich deren Obhut anzuvertrauen.

Literatur

Dr. Dr. Klaus Dörner im Rahmen der 33. Berliner Seniorenwoche spricht am 27.06.2007 in der Villa Donnersmarck auf einer Veranstaltung mit dem Titel »Sinnvolles Gestalten noch im Alter – Potenziale entdecken und fördern«

Hörbericht unter: www.fdst.de/aktuellesundpresse/aktuell/archiv/archiv2007/sinnvollesgestaltennochimalter/sinnvollesgestaltenhoerbericht/

Autorin

Leyendecker, Anne, seniorTrainerin im bundesweiten Programm »Erfahrungswissen für Initiativen«, Initiatorin mehrerer Projekte des bürgerschaftlichen Engagements, die im Überschneidungsbereich von sozialer und kultureller Arbeit angesiedelt sind (u.a. Kulturzentrum der Generationen am Düsseldorfer Kinder- und Jugendtheater, Kinder-Akademie); Mitgründerin des Projekts »Miteinander wohnen in Verantwortung«, Aufgabenschwerpunkt: Beratung von Wohngruppen, Keywork im Quartier.

4.5 Jede Strasse braucht ein Wohnzimmer*[1]

Das Alsenwohnzimmer in Bochum

Nina Selig

Die Alsenstraße liegt direkt hinter dem Bochumer Hauptbahnhof. In der Mitte ist sie durch eine Kreuzung geteilt, die so angelegt ist, dass sie Durchgangsverkehr verhindert. Eher untypisch für das Ruhrgebiet ist die Mischung der Häuser: Hier stehen Altbauten aus der Zeit des Jugendstils neben schnell hochgezogenen Häusern aus den 1950er-Jahren und Backsteingebäuden aus den 1930er-Jahren. Es gibt große Etagenwohnungen, in den Familien und WGs wohnen, aber auch kleine Ein- und Zweizimmerwohnungen. In den Hinterhöfen auf beiden Seiten der Straße gibt es größtenteils gemeinsam genutzte Gärten oder Garagenhöfe, zwischen einigen von ihnen wurden trennende Zäune entfernt. An der Kreuzung stehen ein großer Baum, ein Büdchen und auf der einen Seite der Straße vier Ladenlokale. Am Ende und Anfang wird die Alsenstraße jeweils von einer Hauptverkehrsstraße eingefasst, in der Mitte wird sie durch die ebenfalls verkehrsberuhigte Düppelstraße gekreuzt.

»Home – is where I want to be / But I guess I'm already there« (Talking Heads)*

In einem der vier Ladenlokale brennt abends regelmäßig noch Licht. Durch die zwei Schaufenster sieht man Menschen dort sitzen oder tanzen oder in einer Yogaübung vertieft. Ist es nachmittags, so toben Kinder durch den Laden oder jemand räumt alleine auf. Ist es Sommer, wird vor dem Ladenlokal vielleicht gegrillt oder an einem langen Tisch gegessen. Im Hinterhof steht vielleicht ein Garagentor offen und man sieht jemandem werkeln. Hinter dem rechten

---

1 | Die mit einem * gekennzeichneten Textpassagen wurden im Laufe der letzten zwei Jahre von unterschiedlichen Mitgliedern auf das Schaufenster des Alsenwohnzimmers geschrieben und blieben dort für mehrere Wochen stehen.

Schaufenster des Ladenlokals klebt in bunten Transparentpapierstreifen der Name des Ladens: »das alsenwohnzimmer«.

Die Mieten auf der Alsenstraße sind noch nicht gestiegen, denn sie liegt nicht mitten in einem der angesagten Viertel. Hier treffen Angestellte, Freiberufler(innen), Student(inn)en, Rentner(innen), Hausfrauen und -männer sowie Arbeitslose aufeinander. Eine Nachbarschaft, die in Teilen miteinander kommuniziert und die teilweise durch schon lange bestehende Freundschaften gestaltet wird.

Es gab immer wieder Nachbar(inne)n, die überlegt haben, dass man doch mal ein Straßenfest organisieren müsste, und im Spätsommer 2009 hatte jemand die Initiative ergriffen: Aus dem Wunsch, einen Flohmarkt im Hinterhof zu machen, wurde das Straßenfest geboren und in einem Zeitraum von nur sechs Wochen angemeldet und organisiert. Plötzlich fanden sich für viele Aufgaben viele Nachbar(inne)n, und das erste Fest fand im September 2009 statt. Der erste Ausdruck für eine lebendige Nachbarschaft war bunt und hat viele angesteckt. Musik, Flohmarkt, ein Buffet und Aktionen für Kinder haben nicht nur die Nachbarschaft auf die Straße gelockt, sondern auch viele Besucher(innen) aus den anderen Stadtteilen Bochums. Vom Erfolg überrascht und beflügelt, gab es 2010 das nächste Straßenfest, und die Kontakte unter den Nachbar(inne) wurden alleine schon durch die Vorbereitungen immer enger. 2011 wuchs dann ein unbestimmter Wunsch, einen Ort zu finden, an dem man sich auch außerhalb des Festes treffen könne. Eines der vier Ladenlokale wurde frei, doch der Vermieter konnte mit einer nicht ausformulierten Idee eines Nachbarschaftsortes wenig anfangen. Dann wurde das nächste Ladenlokal frei und dieser Vermieter kam direkt auf einige Mitglieder der Straßenfestgruppe zu, um zu fragen, ob nicht Interesse bestünde den Laden zu mieten.

Zu etwas »Ja!« sagen, was man nicht kennt

Das konkrete Angebot eines Ortes zu einem bezahlbaren Preis hatte Euphorie ausgelöst. Eine Gruppe von ungefähr 20 Engagierten traf sich in immer kürzeren Abständen im »Haus der Begegnung«, einer Selbsthilfe-Einrichtung in einem Hinterhof der Alsenstraße, die schon das Straßenfest immer als kostenloser Treffpunkt für die Vorbereitungen unterstützt hatte. Zu diesen Treffen wurde die Nachbarschaft mit Aushangzetteln an den Haustüren eingeladen. Parallel wurde ein erster Treffpunkt geschaffen: Es wurde eine Bank unter dem großen Baum auf der Kreuzung aufgestellt. Hier blieben auf einmal Menschen stehen, um miteinander zu sprechen, sich auszuruhen, aufeinander zu warten oder – wie man sich erzählt – halbe Nächte anzuschmachten. Der Baum wurde auch der erste Ort für ein Treffen mit der ganzen Nachbarschaft.

Der Aushang vom April 2011:

»Liebe Nachbarinnen, liebe Nachbarn, die Alsenstraße bekommt ein Wohnzimmer! Ende September wird das bisher vom Frauengesundheitszentrum genutzte Ladenlokal in der Alsenstraße 27 frei und kann gemietet werden. Die Miete beträgt warm ca. 400 €.
Bei einem Treffen im Haus der Begegnung haben wir schon erste Ideen gesammelt, was in unserem Alsenwohnzimmer passieren könnte: Vom Spielenachmittag über Filmabende, Bastelworkshops, bis Platten und Schnittchen, Fahrradreparierkurse, gemeinsam Kochen hin zu einem Ort, an dem unsere Nachbarschaft einfach gemeinsam Zeit verbringen kann, war schon vieles dabei. Zur Finanzierung der Miete sowie der Umbau- und Unterhaltungskosten wollen wir außerdem einen Verein gründen, der durch die Mitgliederbeiträge die Kosten für unseren gemeinsamen Ort decken kann.
Wir haben noch Platz für viele Ideen und Unterstützer(innen). Deswegen laden wir dazu ein, mit Würstchen, Salaten, Fanta oder Bier am 15. Mai ab 16.00 Uhr an den Baum an der Ecke Alsenstraße/Düppelstraße zu kommen. Wer an dem Nachmittag keine Zeit hat, kann uns auch gerne eine E-Mail mit seiner/ihrer Vision des Wohnzimmers schreiben.«

Bevor die geplante Gründung des Alsenwohnzimmers öffentlich gemacht wurde, hatten wir in der Organisationsgruppe zunächst versucht zu klären, ob wir selber Bedarf sehen an einem Ort für die Nachbarschaft. Der bisher unbestimmte Wunsch musste mit konkreten Ideen gefüllt werden. Wir fingen damit an, auf unseren Treffen unkoordinierte Ideen zu sammeln, und versuchten dann am Schluß, diese in einer Liste zusammenzufassen. Einige hatten sofort Ideen, andere haben sich inspirieren lassen und kamen beim nächsten Treffen mit konkreten Vorschlägen für die Belebung des Ladenlokals. Auf dem Treffen unter dem Baum haben wir weitergesammelt, sind mit Passant(inn)en ins Gespräch gekommen und haben uns noch besser kennengelernt. Nebenbei versuchten wir, die formalen Schritte zu gehen: Vereinsgründung, Formulierung eines Mitgliedsantrags und Gespräche mit dem Vermieter über Kündigungsfristen und Mülltonnennutzung. Wir hatten uns selber eine Frist gesetzt: Wenn wir bis zum 1. August genügend Mitglieder zusammen haben, um mindestens 500 Euro im Monat zusammenzubekommen, mieten wir das Ladenlokal an. Die Mitgliederakquise begannen wir natürlich in der Nachbarschaft und in unseren Bekanntenkreisen, und schneller als wir dachten kamen wir auf die von uns gewünschte Summe.

Im September 2011, bei dem inzwischen dritten Alsenstraßenfest, hatten wir schon einen Schlüssel für das Ladenlokal und haben dort gekocht. Das Ladenlokal wurde vorher lange als Treffpunkt des Frauengesundheitszentrums genutzt und war länger nicht renoviert worden. In Diskussionen wurden sich alle schnell einig, dass die Möblierung eher flexibel und sparsam gehalten werden sollte, um möglichst viele unterschiedliche Nutzungen des Raumes zu ermöglichen. Die Wände wurden von Tapeten befreit, die Zwischendecke rausgerissen, der hintere Raum als Abstellkammer eingerichtet, und es wurde eine Küche organisiert. Fast keines der Möbelstücke wurde gekauft; Farbe, Holz für eine selbstgebaute Bank und Kabel für die Lampen wurden aus dem Gewinn des Straßenfestes und von den ersten Mitgliedsbeiträgen bezahlt. Das ästhetische Konzept wurde vertrauensvoll in die Hände einer kleineren Gruppe gelegt, um die Entscheidungsfindung zu beschleunigen. Wichtiger Bestandteil der neuen Einrichtung war neben einem großen Tisch, einem Sofa, das inzwischen unser Markenzeichen geworden ist, und der Kinderecke mit einem kleinen Tisch und Spielzeug auch ein Galeriehängsystem mit Schienen. Denn eine Nutzung des Alsenwohnzimmers sollte die eines Ausstellungsortes für lokale Künstler(innen) sein.

Struktur und Konzept finden

Neben der Gestaltung des Raumes gab es auch Ideen zum Aufbau einer Infrastruktur, in der möglichst alle gleichberechtigt an Entscheidungen beteiligt sein können. Neben Treffen, die zunächst fast wöchentlich stattfanden, bauten wir einen E-Mail-Verteiler auf, der bis heute eines der wichtigsten Kommunikationsmittel zwischen uns ist – die stille Post unserer Straße. Hierüber werden organisatorische Dinge geklärt, Kühlschränke gesucht und gefunden, Wohnungen vermittelt und Ideen geboren. Die wöchentlichen Treffen sind irgendwann zu monatlichen Treffen geworden. Heute treffen wir uns an jedem ersten Donnerstag im Monat zu unserem Plenum. Hier werden Entscheidungen gefällt, Anfragen für Raumnutzungen von Anwohner(inne)n oder neuen Interessenten vorgestellt und besprochen, und vor allen Dingen wird hier jeden Monat neu definiert, wer wir sind und was wir mit dem Alsenwohnzimmer wollen. Wir haben ein Grundkonzept für die Nutzung des Ladenlokals: Niemand muss Vereinsmitglied sein, um den Laden einmalig zu nutzen; bei regelmäßiger Nutzung freuen wir uns allerdings über eine Mitgliedschaft. Kommt jemand mit einer Idee, der/die nicht auf der Alsenstraße wohnt, kann er/sie das Alsenwohnzimmer nur nutzen, wenn sich jemand, der/die im Alsenwohnzimmer aktiv ist, für diese Idee begeistert. Die Nutzung muss unkommerziell sein, d.h., niemand darf Geld mit einem Angebot verdienen, und das Alsenwohnzimmer muss in dieser Zeit weiterhin ein Ort sein, der offen ist für alle. Veranstaltungen, die öffentlich, also öffentlicher als der Kalender an unserer Tür und der Kalender auf unserer Homepage, angekündigt werden, müssen vorher im Plenum besprochen werden. Das Alsenwohnzimmer versteht sich nicht als ein reiner Konsumort – d.h., wir stellen nicht eine Infrastruktur zur Verfügung, die gegen ein Entgelt genutzt werden kann. Wir bieten einen Raum, in dem man seine Leidenschaften mit anderen teilen kann, sie aktiv daran teilhaben lassen kann. Natürlich gehören dazu auch gemeinsame Filmabende oder gemütliche Treffen, die viele konsumistische Elemente enthalten, aber sie sind immer von der Nachbarschaft ausgehend gestaltet, und das Alsenwohnzimmer ist an solchen Abenden kein Raum, der einfach nur billig zu mieten ist und zentral liegt.

Das Grundkonzept wurde an dieser Stelle von der Verfasserin das erste Mal so schriftlich festgehalten und würde in dieser Form sicher auf dem nächsten Monatsplenum wieder diskutiert werden. Denn ein anderer wichtiger Bestandteil des Grundkonzeptes ist seine ständige Neudefinierung. Jeden Monat sind die in wechselnder Konstellation Anwesenden auf dem Plenum mit neuen Ideen konfrontiert, denen immer offen begegnet wird. Es gibt keine Regeln für die thematischen Inhalte, die das Alsenwohnzimmer füllen, außer dem Wunsch, dass es einen Rückbezug auf unsere Nachbarschaft gibt. Der aktive Kern der rund 100 Mitglieder besteht aus etwas 20 bis 30 Leuten, die von ganz unterschiedlichen Berufserfahrungen, familiären Konstellationen und Lebenssituationen geprägt sind. Darunter sind viele, die sich auch in anderen Zusammenhängen in Gruppenprozessen bewegen, sei es, weil sie sich sozial oder politisch engagieren, Elternratsvorsitzende der Schule oder im Vorstand eines Sportvereins sind; aber auch Menschen, die sonst wenig in Gruppen diskutieren und kaum Erfahrungen mit dieser Dynamik haben. Diese Mischung führt zu einer eigenen Art zu diskutieren, die jeden Monat anders aussieht, da sich die Konstellation der Anwesenden verändert. Obwohl das Alsenwohnzimmer von einem Verein getragen wird, spielt dieser im Alltag mit seinen formalen Ämtern keine entscheidende Rolle. Beim Monatsplenum hat niemand vom Vorstand ein stärkeres Stimmrecht als alle anderen. Begegnungen und Diskussionen finden auf Augenhöhe statt, und jede Idee wird gehört. So kann es passieren, dass man nach einem Monatsplenum fast überrumpelt nach Hause geht und nicht so recht fassen kann, was im Alsenwohnzimmer als Nächstes wieder verwirklicht wird.

Alltag

Der Alltag im Alsenwohnzimmer sieht Anfang 2014 so aus: Montagnachmittag findet der Babytreff statt. Mütter und Väter aus der Straße können sich im Alsenwohnzimmer treffen, zusammen essen und ihre Kinder zusammen spielen lassen. Montagabend treffen sich Nachbar(inne)n zu »Ein Topf & ein Tisch«. Jede(r) bringt etwas zu Essen mit, es wird gemeinsam gegessen, und eventuelle Reste werden im Anschluss in mitgebrachten Tupperdosen verteilt. Vorbeiflanierende Passanten bleiben hier manchmal stehen und lassen sich spontan einladen. Von »Ein Topf & ein Tisch« hat es schon saisonal geprägte Spezialausgaben, z. B. rund um den Spargel, gegeben. Dienstagabend trifft sich die Libertäre Gruppe und veranstaltet einen Diskussionskreis zu Anarchismus. Diese Nutzung des Alsenwohnzimmers wird immer wieder diskutiert, nicht aus politischen Gründen, sondern weil diese Gruppe die einzige ist, die komplett aus Leuten besteht, die nicht in unserer Straße wohnen. Mittwochabend bietet Martina alle zwei Wochen Kreistanzen an. Donnerstags haben wir ab 19.00 Uhr einfach geöffnet und sitzen zusammen. Am ersten Donnerstag im Monat findet außerdem um 20.00 Uhr unser Monatsplenum statt. Freitagabend gibt Anna einen Yogakurs. Neben diesen relativ regelmäßigen Terminen treffen sich auch noch die Aktivist(inn)en des Gemeinschaftsgartens Bochum im Alsenwohnzimmer, werden hier Repair-Cafés vorbereitet und veranstaltet und die Alsenwerkstatt geplant.

Gemälde für den Wind (Yoko Ono)*

Schneide ein Loch in eine Tasche, die mit/ beliebigen Sorten von Samen gefüllt ist, und/ stelle die Tasche dorthin, wo Wind weht.
1961 Sommer

Das Alsenwohnzimmer verändert sich mit den Menschen, die es gestalten. Die oben beschriebene Verwunderung über neue Ideen wiederholt sich fast nach jedem Monatsplenum. Impulse, Ideen, Menschen, die von außen kommen, bringen Neues ein, und aktive Mitglieder überraschen mit neuen Projekten. Vorschläge für neue Veranstaltungen oder Projekte werden angehört und diskutiert. Dabei wird jeden Monat neu definiert, was das Alsenwohnzimmer ist. Manchmal dauert dies so lange, dass es schon gesondert vereinbarte Termine gab, in denen nur inhaltlich diskutiert wurde, was eigentlich das Alsenwohnzimmer ausmacht, und rein organisatorische Fragen außen vor gelassen wurden. An der Diskussion nehmen sehr unterschiedliche Menschen teil, die jedoch das Interesse an der Gestaltung der Nachbarschaft eint. So ist eine Diskussionskultur gewachsen, die sich immer bemüht, offen zu bleiben für neue Impulse und Impulsgeber(innen).

Zurzeit, also Anfang 2014, sind ein Gemeinschaftsgarten, eine Geschichtswerkstatt, eine Werkstatt, das Thema Nachhaltigkeit und die Einbindung von Foodsharing-Aktivist(inn)en die Impulse, die das Alsenwohnzimmer wachsen lassen. Seit Januar wurde eine Doppelgarage im Hinterhof dazugemietet, in der eine offene Werkstatt für die Nachbarschaft eingerichtet werden soll. Aus dem Alsenwohnzimmer heraus ist zudem seit zwei Jahren ein Garten gewachsen, der in Pflanzgefäßen rund um das Ladenlokal seinen Ausgang fand. Eine kleine Gruppe von Alsenwohnzimmeraktivist(inn)en hat das Ladenlokal als

Ausgangspunkt für einen Gemeinschaftsgarten genommen, der in Bochum auf einem Brachengrundstück realisiert werden soll. Die Gruppe trifft sich regelmäßig im Alsenwohnzimmer und hat zur Erweiterung des Netzwerkes über die Straße hinaus beigetragen. Eine andere Gruppe erforscht seit ein paar Monaten die Geschichte der Straße und ist eingebunden im Stadtarchiv, das direkt um die Ecke seine Räume hat. Neben einer Givebox, die seit Ende des Jahres vor dem Ladenlokal zum Verschenken und Tauschen von Dingen einlädt, wird am ersten Februar als Teil der Alsenwerkstatt eine Verteilerstelle von Foodsharing Bochum eingerichtet. Zu festen Öffnungszeiten können dann kostenlos Lebensmittel, die vom Groß- und Einzelhandel sonst entsorgt werden würden, auf der Alsenstraße abgeholt werden. Eine andere erfolgreiche Kooperation ist aus der Idee des Repair-Cafés hervorgegangen. Zusammen mit Aktivist(inn)en von »Das Labor e. V.«, einem Zusammenschluss von Elektroingenieur(inn)en, Informatiker(inne)n, Elektriker(inne)n und technikinteressierten Studierenden, veranstaltet das Alsenwohnzimmer im zweimonatigen Turnus Repair-Cafés, bei denen unter Anleitung der Fachfrauen und -männer defekte Elektrogeräte repariert werden. Während gut besuchter Veranstaltungen, zu denen Menschen unterschiedlichen Alters aus ganz Bochum kommen, wird zudem im RESTaurant mit Zutaten gekocht, die nicht mehr ganz frisch sind. Im Anschluss an das Repair-Café im Januar fand zudem in den Räumen von »Labor e. V.« eine Lesung mit dem Titel »Technik, die begeistert« statt, die von zwei Nachbarinnen aus der Alsenstraße selbst organisiert wurde.

Das Netzwerk des Alsenwohnzimmers wächst und ist lebendig. Nicht nur innerhalb der direkten Nachbarschaft auf der Straße, sondern auch in die Stadt hinein. Das Ladenlokal ist ein Begegnungsort geworden, der eine lebendige und solidarische Nachbarschaft befördert. Diese findet ihren Ausdruck in ganz pragmatischer Nachbarschaftshilfe – angefangen bei der Reparatur einer Heizung bis hin zu einem gemeinsamen Designentwurf und zur Umsetzung eines maßgefertigten DJ-Pults – und in der Vielfalt der Angebote des Alsenwohnzimmers.

Urban Audio Gardening – Wahrnehmung von Stadt

Das Alsenwohnzimmer wirkt in die Straße hinein, nicht nur sichtbar durch die verschiedenen Pflanzgefäße um das Ladenlokal und an der Kreuzung. Im Frühjahr 2013 hat die Radiojournalistin und Musikwissenschaftlerin Antje Grajetzky, die zur Nachbarschaft der Alsenstraße gehört, mit Nachbar(inne)n der Straße das partizipative Soundscape-Projekt »Urban Audio Gardening« realisiert. Sieben Wochen lang hat sich die Gruppe mit der Klanglandschaft der Straße beschäftigt und Tonaufnahmen gemacht. Die Wahrnehmung der Nachbarschaft durch ihre Geräusche hat bei den Teilnehmenden ein anderes, neues, überraschendes Bild der Nachbarschaft entstehen lassen. Mitte Juni wurde die in Zusammenarbeit mit einem Studenten des SAE-Instituts Bochum geschnittene Klangkomposition mithilfe von zwölf solarbetriebenen Lautsprechern auf der Mitte der Kreuzung der Öffentlichkeit präsentiert. Die sog. »Urban Solar Audio Plants« sind eine Entwicklung des Musikers und Medienkünstlers Peter Eisold und des Technikers und Mediendesigners Michael Dawid, die das Projekt begleitet haben. An zwei Nachmittagen sind die Soundscapes aus den Hinterhöfen der Alsenstraße immer wieder in ihrer Mitte entstanden und haben einen Eindruck von dem vermittelt, was den Passant(inn)en sonst verborgen bleibt. Die Komposition haben ganz unterschiedliche Nachbar(inne)n gestaltet – Aufnahmen von Kindern waren zu hören, Aufnahmen in der Nacht, früh morgens, unter der Woche und am Wochenende. Jeder Blick- bzw. Hörwinkel der vier Häuserzeilen war zu hören und hat von der Lebendigkeit der Straße erzählt.

»Verlass die Stadt, die keine ist« (Gustav)*

Im Gefüge der Kultur- und Sozialpolitik der Stadt Bochum spielt das Alsenwohnzimmer keine institutionelle Rolle. Durch die ausreichenden Mitgliedsbeiträge ist eine gewisse finanzielle Unabhängigkeit entstanden, die Kontinuität in Zeiten von Fördermoden gewährt. So kann sich das Alsenwohnzimmer aus »Kreativquartieren« heraushalten und sieht sich nicht als Teil einer »Kreativwirtschaft«. Die Beteiligung an Ausschreibungen wurde und wird immer wieder diskutiert und auch im Kleinen schon probiert, aber bisher nicht mit so großer Überzeugung, dass sie, z. B. bei einem Online-Voting einer Bank, zu einem Erfolg geführt hätte.

Trotzdem hält sich das Alsenwohnzimmer nicht aus lokaler Politik heraus. Der Trägerverein ist Mitglied im »Netzwerk X«, einem Zusammenschluss der freien Szene im Ruhrgebiet, die sich aktiv mit dem Kulturschaffen im Ruhrgebiet auseinandersetzt und politisch interveniert. Außerdem war das Alsenwohnzimmer ein Veranstaltungsort der vom Soziokulturzentrum »Bahnhof Langendreer« initiierten Veranstaltungsreihe »Interventionen – Stadt für alle«. In Workshops, Stadtrundgängen, Vorträgen und auf einer gemeinsamen Aktions-Konferenz vieler Initiativen wurde diskutiert, was »Recht auf Stadt« im Ruhrgebiet heißt. Teilhabe, würdiges Wohnen und die Nutzung von Freiräumen waren hier die Themen. Im Alsenwohnzimmer gab es dazu eine Lesung eines Aktivisten aus dem von Künstlern besetzten Gängelviertel in Hamburg sowie einen Workshop zur Unterstützung einer Gemeinschaftsgartengründung. Ende 2012 wurde das Alsenwohnzimmer von der Oberbürgermeisterin für eine Auszeichnung für besonderes ehrenamtliches Engagement vorgeschlagen. Dies führte zunächst zu einer langen Diskussion innerhalb der

Nachbarschaft, denn mit dem Begriff »Ehrenamt« konnten die wenigsten etwas anfangen.

»Wenn man gar nicht weiss, wie sich das Alsenwohnzimmer anfühlt, kann man es auch nicht vermissen.«

Mit dem Slogan »Jede Straße braucht ein Wohnzimmer« haben die aktiven Nachbar(inne)n, die sich im Alsenwohnzimmer organisieren, eine Idee formuliert: Anderen Nachbarschaften soll Starthilfe gegeben werden bei dem Aufbau eines eigenen Wohnzimmers. Doch dies ist einfacher gedacht als umgesetzt. Denn der Anspruch, anderen Nachbarschaften zu einem Ort zu verhelfen, gelebte Solidarität und einen Gestaltungsraum zu ermöglichen, scheitert schon an dieser einfachen Feststellung einer Nachbarin: »Wenn man gar nicht weiß, wie sich das Alsenwohnzimmer anfühlt, kann man es auch nicht vermissen.« Um andere auf die Idee zu bringen, ihnen könnte etwas in ihrer Nachbarschaft fehlen, ist vielleicht der erste Schritt, die Angebote und Möglichkeiten des Alsenwohnzimmers durch Öffentlichkeitsarbeit bekannt zu machen. Bisher wurden damit auch vereinzelte Personen und Initiativen erreicht, die sich darauf an uns gewandt haben. Eine Beratung haben wir mit zwei Stadtteilmanagerinnen gemacht, die einen Raum in einer Familienbildungsstätte gerne der Nachbarschaft zur Verfügung stellen wollten. Hier sahen wir jedoch das Problem, dass die Wünsche der Nachbar(inne)n nicht der Ausgangspunkt waren, um den Raum zu füllen, sondern ein Auftrag des Trägers im Vordergrund stand.

Das Alsenwohnzimmer ist ein Projekt, das von keiner Institution getragen wird, es gibt kein Chef/keine Chefin und keinen Auftraggeber/keine Auftraggeberin. Eine sehr günstige Personenkonstellation in der Nachbarschaft hat die Gründung ermöglicht, die so natürlich nicht auf andere Stadtteile übertragbar ist. Trotzdem wäre es falsch zu sagen, dass die Organisation einer Nachbarschaft in der Form, wie es das Alsenwohnzimmer tut, ausschließlich in dieser einen Personenkonstellation möglich ist. Ein Modell, um die Übertragbarkeit zu ermöglichen, ist Keywork. Die Verfasserin dieses Artikels ist aktives Mitglied des Alsenwohnzimmers und ist inzwischen durch ihre Arbeit und eine Fortbildung mit dem Keywork-Konzept vertraut. Zum Zeitpunkt der Gründung des Alsenwohnzimmers war dieser Ansatz, der ja vor allen Dingen ein quartiersbezogener ist, jedoch nicht bekannt. Aber retrospektiv und natürlich in Bezug auf die Frage von Übertragbarkeit auf andere Nachbarschaften und Personenkonstellationen ist er eine große Hilfe dabei, das zu schematisieren, was das Engagement der Nachbar(inne)n in der Alsenstraße befördert. Denn jede Straße braucht ein Wohnzimmer!

Autorin

Selig, Nina, Jg. 1979, hat Film- und Fernsehwissenschaft, Publizistik- und Kommunikationswissenschaften sowie Politikwissenschaft studiert. Sie arbeitet seit vielen Jahren im Themenfeld der Kulturellen Bildung, vorwiegend mit den Schwerpunkten Kulturelle Bildung für Ältere sowie Filmbildung und Öffentlichkeitsarbeit. Sie war u. a. für die Bundesvereinigung Kulturelle Kinder- und Jugendbildung und das Institut für Bildung und Kultur tätig und ist zurzeit Marketingleiterin im Endstation Kino in Bochum.
www.alsenstrasse.com // nina.selig@alsenstrasse.com

4.6 Kulturprogramm Herzenssprechstunde

»Man sieht nur mit dem Herzen gut!«

Ursula Brinkschulte, Günter Friedeler

Manchmal sind es die kleinen, unaufgeregten Projekte, die ohne großen finanziellen Aufwand realisiert werden können, und die – ohne dass man die Wirkung sofort ausmachen kann – starke Entwicklungsimpulse setzen.

Zu diesen Projekten gehört die »Herzenssprechstunde«, die ohne Flyer und aufwendige Presseaktionen von sich reden macht. Entwickelt haben wir das Projekt im Rahmen des bundesweiten EFI-Programms (Erfahrungswissen für Initiativen NRW), einem vom Land geförderten Qualifizierungsprogramm für Menschen im nachberuflichen Leben.

Das EFI-Programm bildete nicht nur den Entwicklungsraum für das Projekt; über das bundesweite EFI-Netzwerk konnte sich die Herzenssprechstunde in den letzten Jahren über Mund-zu-Mund-Propaganda auch verbreiten. Die Idee wurde von verschiedenen EFI-Gruppen in Nordrhein-Westfalen aufgegriffen und in Kooperation mit unterschiedlichen Institutionen erprobt und weiterentwickelt.

Herzenssprechstunde als Element im EFI-Qualifizierungsprogramm

Ausgangspunkt für die Entwicklung der Herzenssprechstunde war die Frage nach den Beweggründen und den Motivationsquellen für ein freiwilliges Engagement. Warum soll man sich mit anderen für andere engagieren, wenn doch Couch oder Cabrio attraktive Alternativen für das Leben nach dem Berufsleben bieten? Was hat man davon, wenn man ohne Bezahlung Aufgaben übernimmt?

Wichtige Hinweise gab eine Veröffentlichung des amerikanischen Arztes Bernard Lown. In seinem Buch »Die verlorene Kunst des Heilens. Eine Anleitung zum Umdenken« (2004) hebt er die gesundheitsfördernde Wirkung eines gesellschaftlichen Engagements hervor. Für ihn als Kardiologen sei es wichtig gewesen, zu erfahren, was Patient(inn)en bedrückt, was sie auf dem Herzen haben und was ihnen fehlt. Zwar hätten die modernen Untersuchungs- und Behandlungsmethoden einen bedeutenden Beitrag zum Erfolg der Behandlung geleistet – kein noch so gutes Gespräch könne eine Bypass-Operation ersetzen –, es sei aber auch von großer Bedeutung für den Heilerfolg gewesen, mit den Herzkranken ins Gespräch zu kommen und sich Zeit für deren Sorgen und Nöte zu nehmen. Ihm sei wichtig gewesen, die Patient(inn)en für ihre Herzensangelegenheiten zu sensibilisieren. Und er habe sich sehr dafür eingesetzt, die Menschen zu ermutigen, sich für eben diese Herzensangelegenheiten zu engagieren. Dies habe in fast allen Fällen dazu beigetragen, ihre Lebensqualität erheblich zu verbessern. Bernhard Lown beschreibt ausführlich, wie er diesen Ratschlag auch für sich selbst befolgt hat. Aus Sorge um die Bedrohung durch Atomwaffen und die Gefährdung der gesamten Schöpfung und des Weltfriedens hat er zusammen mit seinem russischen Kollegen Evgeny Ivanovich Chazov die Organisation »Ärzte gegen den Atomkrieg« gegründet. Hierfür wurden beide 1985 mit dem Friedensnobelpreis ausgezeichnet.

Was bewegt mich? Was möchte ich bewegen?

Im Programm Erfahrungswissen für Initiativen geht es explizit um die Entwicklung neuer Verantwortungsrollen und um die Realisierung eigener Projektideen. Inspiriert von Bernhard Lowns Ausführungen, hat sich eine kleine Arbeitsgruppe intensiv mit dem Thema »Herzensangelegenheiten« beschäftigt. Dabei wurde uns schnell klar, dass es nicht nur für die Gesundheit und das Lebensgefühl einzelner Menschen, sondern auch für die Befindlichkeit eines Gemeinwesens von Bedeutung ist, Herzensangelegenheiten eine größere Aufmerksamkeit zu schenken. Uns beschäftigten vor allem zwei Fragen: Erstens: Wie kann es gelingen, die eigene Herzenssache zu finden bzw. wiederzufinden? Und zweitens »Wie können wir uns selbst und wie können wir andere dazu motivieren, für unsere Herzenssachen aktiv zu werden?«

In diesem Arbeitskontext entstand die Idee der Herzenssprechstunde. Ursprünglich war sie dazu gedacht, eine Gesprächssituation zu schaffen, in der sich Menschen über ihre Herzensangelegenheiten austauschen können. Schnell erkannten wir, dass es für die Frage nach den persönlichen Beweggründen eines besonderen Rahmens bedurfte. Hier galt es, einen Raum für die Auseinandersetzung mit der persönlichen Lebensgeschichte, der persönlichen Lebenssituation und den persönlichen Lebensvisionen zu schaffen.

Zunächst wurden erste Elemente einer Herzenssprechstunde im EFI-Programm erprobt; sie sind später als feste Bestandteile in das EFI-Qualifizierungsprogramm aufgenommen worden. Hierzu gehört die Beschäftigung mit den eigenen Vorlieben und Prägungen, mit den ursprünglichen Berufswünschen, mit den persönlichen Vorbildern und mit den – im Laufe des Lebens – verloren gegangenen oder aufgegebenen Lebenszielen.

- Was hat mich als Kind besonders interessiert? Womit habe ich mich leidenschaftlich gern beschäftigt? Was hat mir immer schon Spaß gemacht?
- Womit habe ich mich als Jugendliche(r), als junge(r) Erwachsene(r) interessiert und engagiert? Wofür habe ich gebrannt?
- Was hat mich geprägt? Welche Menschen waren Vorbilder für mich? Wem habe ich nachgeeifert? Was wollte ich unbedingt erreichen?
- Welchen Beruf hätte ich gerne ergriffen? Habe ich meinen Traumberuf gefunden?
- Welches (gesellschaftliche) Thema bewegt mich? Welche Menschen liegen mir besonders am Herzen? Für wen oder was möchte ich mich einsetzen? Was möchte ich mit anderen bewegen oder verändern?

Die Erfahrungen im EFI-Programm bestätigen Lowns Beobachtungen. Nicht selten wird die persönliche Herzenssache zu einer starken Motivationsquelle für ein persönliches Engagement. Menschen, die sich über ihre Herzenssachen austauschen, finden sich schnell und unkompliziert zu aktiven Gruppen zusammen. Wer sich für seine Herzenssache engagiert, ist weniger abhängig von äußerer Bestärkung und Ermutigung, verliert nicht so schnell die Lust an der Aufgabe und ist eher bereit, die in Projekten zwangsläufig auftretenden »Mühen der Ebenen« durchzustehen. Im EFI-Programm sind auf diese Weise nachhaltig wirksame Projekte auf den Weg gebracht worden, z.B. das Heinzelwerk in Mülheim, ein Netzwerk von Männern und Frauen im Ruhestand, das kostenlos handwerkliche Hilfeleistungen für arme und bedürftige (alte und junge) Menschen erbringt, oder das Keywork-Projekt an der Paul-Klee-Grundschule in Düsseldorf, in dem sich Ältere mit einer Vielzahl von (Kultur-) Angeboten für bildungsbenachteiligte Kinder engagieren.

Herzenssprechstunde als niedrigschwelliges Kulturprogramm im Quartier

Diese positiven Erfahrungen hat sich ein kleines Netzwerk von Aktiven aus Düsseldorf, Mülheim, Paderborn und Schwerte zunutze gemacht und die Herzens-Sprechstunden zu einem niedrigschwelligen, kostenlosen Kulturangebot für Menschen in ihrem nachbarschaftlichen Umfeld weiterentwickelt.

Die Herzenssprechstunden werden an immer mehr Orten als Kompaktprogramm angeboten und in Kooperation mit unterschiedlichen Organisationen und Einrichtungen erfolgreich erprobt. Vor allem bei Freiwilligen, die sich als Keyworker engagieren wollen, stoßen sie auf ein wachsendes Interesse.

Zwar geht es bei dem Programm auch um persönliche Herzenssachen, allerdings steht bei seiner Weiterentwicklung nicht nur die Suche nach sinnvollen Aktivitäten für das nachberufliche Leben, sondern auch der Aufbau von kleinen sozialen Netzwerken, besonders für allein lebende (ältere) Menschen, im Vordergrund der Arbeit.

Der Impuls zur Entwicklung des neuen Formates kam ebenfalls aus dem EFI-Programm und geht auch auf die Beschäftigung mit Bernhard Lowns Erfahrungen als Kardiologe zurück. Früher, so wurde kritisch angemerkt, sei es ja durchaus üblich gewesen, beim Arzt mit der Frage »Was fehlt ihnen? Was haben Sie auf dem Herzen?« begrüßt zu werden. Da hätten sich die Ärzte noch Zeit für ausführliche Gespräche mit ihren Patient(inn)en nehmen können. Heute sei das aber in der Regel nicht mehr der Fall, da könne man sich glücklich schätzen, wenn ein paar Minuten Zeit für einen Austausch über persönliche Dinge blieben.

Leitfaden zur Durchführung von Herzenssprechstunden

Bei den Herzenssprechstunden handelt es sich ausdrücklich um ein Kulturprogramm. Es basiert auf Methoden der innovativen Erwachsenenbildungsarbeit und grenzt sich ausdrücklich gegen therapeutische Gesprächsangebote ab. »Als reife Menschen haben wir das Bedürfnis, Lebensthemen zu vertiefen, das ist doch ganz normal. Da müssen wir doch nicht immer einen Therapeuten an unserer Seite haben!«, formulierte eine Mitstreiterin, wohl wissend, dass es Krisensituationen geben kann, in denen Menschen professionelle therapeutische Hilfe benötigen.

Unser Kooperationspartner ist das Ev. Erwachsenenbildungswerk Nordrhein. In enger Zusammenarbeit mit Karin Nell, einer Fachfrau für Erwachsenenbildung, wurde ein erster Leitfaden für die Herzenssprechstunden entwickelt. Dieser Leitfaden gibt Interessierten ein kreatives Konzept zur Leitung von Herzenssprechstunden an die Hand; er strukturiert das kleine Kulturprogramm und bietet Möglichkeiten zur Entwicklung neuer Bausteine. Der Leitfaden enthält außerdem wichtige Informationen für die Moderator(inn)en (Klärung der eigenen Verantwortungsrolle, Tipps für die Gesprächsführung, Umgang mit Konflikten, Hinweis auf Vertraulichkeit der Gespräche, Informationen zum Profi-Netzwerk im Hintergrund usw.).

Das Grundmodell der Herzenssprechstunde umfasst sechs zweistündige Treffen. Eingeladen wird mit einem besonderen Flyer, der in (Senioren-)Einrichtungen, Familienzentren, Kultureinrichtungen oder in Arztpraxen ausgelegt wird.

Die Herzenssprechstunden werden immer von zwei Freiwilligen moderiert, die sich – sofern sie nicht über entsprechende Kenntnisse verfügen – im Rahmen einer Qualifizierung auf ihre Aufgaben als Gesprächsleiter(innen) vorbereitet haben. Damit die Teilnehmenden möglichst häufig zu Wort kommen können, nehmen maximal acht Gäste an einem Durchgang der Herzenssprechstunde teil. Jedes Treffen folgt einem klaren Raster, das den Ablauf strukturiert und allen Beteiligten Sicherheit gibt. Elemente jedes Treffens sind:

- Vorbereitung des Raumes
- Begrüßung
- Einstiegsrunde (verbunden mit einer Frage zum Themenschwerpunkt)
- kleine Aktion (Einzelarbeit oder Kleingruppenarbeit)
- Kaffeepause
- Erfahrungsaustausch
- Ideenspeicher (Sammlung von Ideen für gemeinschaftliche Aktivitäten oder zur Vertiefung des Themas)
- Auswertungsrunde
- Ankündigung des nächsten Themenschwerpunkts
- Verabschiedung

Wichtiges Arbeitsmaterial im Programm Herzenssprechstunde ist der Herzenskoffer. Er enthält – in Anlehnung an die berühmte Montessori-Pädagogik – eine Fülle von Material rund um das Thema Herz. Der Inhalt wird im Hinblick auf die jeweilige Zielgruppe sorgfältig zusammengestellt. Im Koffer befinden sich z. B.: Herzen aus verschiedenen Materialien (Holz, Porzellan, Stoff), Schmuck, Lebkuchenherzen, ein Stethoskop, Schlagertexte, Glanzbilder, Liebesromane, Süßigkeiten, Kinderzeichnungen, Parfüms, Gegenstände, die Männerherzen hoch schlagen lassen (altes Radio, Fotos von Motorrädern, Spezialwerkzeug), aber auch Essays, Gedichte, Aphorismen, Bibelsprüche und vieles mehr.

Themen der Herzenssprechstunden sind:

1. Treffen: Herz-Museum im Koffer (Herzkoffer)
2. Treffen: Worte, die mein Herz berühren
3. Treffen: Klänge, die mein Herz erfreuen
4. Treffen: Düfte, die mein Herz stärken
5. Treffen: Das Herz im Märchen
   (Schwerpunkt: Der Froschkönig, Brüder Grimm)
6. Treffen: Herzensangelegenheiten

Die Herzenssprechstunden sollen den Teilnehmer(inne)n nicht nur die Möglichkeit bieten, Kontakte zu Menschen aus ihrer Nachbarschaft zu knüpfen. Die Auseinandersetzung mit persönlichen Herzenssachen soll auch dazu beitragen, die eigene Lebenssituation zu reflektieren, persönliche Ressourcen und Begabungen zu entdecken und Neues auszuprobieren. Auch wenn die Herzenssprechstunden nicht darauf angelegt sind, Menschen unbedingt zu einem freiwilligen Engagement zu bewegen, so spricht doch nichts dagegen, gemeinsam mit anderen Zukunftspläne zu schmieden und sich – bei persönlichem Interesse – für gemeinsame Herzenssachen – wie zum Beispiel den Erhalt und die Verbesserung der Lebensqualität in Nachbarschaft und Stadtteil – zu engagieren. Dabei wird immer Wert darauf gelegt, dass sich die Teilnehmenden nicht überfordern oder sich vorschnell langfristig verpflichten. Vielmehr werden sie ausdrücklich darauf hingewiesen, mit überschaubaren Aktionen und zeitlich begrenzten Mini-Projekten in ihrem nachbarschaftlichen Umfeld zu starten. Erste Erfahrungen zeigen, dass das Angebot eines zeitlich befristeten Engagements dankbar aufgegriffen wird. Es zeigt sich, dass Menschen mit Unterstützung der neu aufgebauten kleinen Netzwerke in eigener (Herzens-)Sache aktiv werden, mutig neue Wege beschreiten, sich Institutionen oder Interessengruppen suchen, denen sie sich anschließen können, sich in größere (Quartiers-)Projekte einbringen oder eigene Projekte planen und umsetzen.

Der Ablauf einer Herzenssprechstunde soll an einem Beispiel verdeutlicht werden.

Thema »Worte, die mein Herz berühren«

1. Vorbereitete Umgebung
Stuhlkreis, niedriger Tisch in der Mitte, darauf: Poesiealben, Liebesromane, Gedichte, Bibelsprüche, Briefe, Postkarten usw. (es genügen wenige, liebevoll ausgewählte Gegenstände) Kaffeetassen, Kekse

2. Begrüßung
mit kurzem Überblick über den Ablauf der Veranstaltung

3. Einstiegsrunde
Gibt es Worte, die – gesprochen oder geschrieben – Ihr Herz berühren oder berührt haben?

4. Aktion
Vorlesen:
Sich gegenseitig mitgebrachte Sprüche oder Auszüge aus Büchern oder Briefen vorlesen oder Gedichte auswendig aufsagen
Schreiben:
Karte mit Herzmotiv oder einem besonderen Spruch an einen Menschen schreiben, dem man schon lange ein Lebenszeichen von sich geben wollte
Kreativ gestalten:
Sprichwörter-Museum aufbauen (Gegenstände aus Illustrierten ausschneiden, die an ein Sprichwort erinnern)

5. Kaffeepause
mit Lebkuchenherzen, Herzpralinen oder einem kleinen Kuchen in Herzform

6. Austausch
Welche Erfahrungen haben wir mit unserer kleinen Aktion gemacht? An was haben wir uns erinnert? Was ist uns dabei durch den Kopf gegangen? Was hat uns gefehlt? Wozu hätten wir gern noch mehr Zeit gehabt?

7. Ideenspeicher
Wie könnten wir das Thema vertiefen? Was könnten wir gemeinsam unternehmen? Was können wir (gemeinsam) in unserem nachbarschaftlichen Umfeld anfangen? (Beispiele: Lesung organisieren, Lesung besuchen, Kindergartenkindern Märchen vorlesen, das Sprichwörter-Museum ausbauen und in Senioreneinrichtungen vorstellen, ein kleines Buch mit unseren Lieblingssprüchen zusammenstellen usw.)

8. Abschlussrunde
In welcher Stimmung gehe ich jetzt nach Hause? Was hat mir an der Zusammenarbeit gefallen? Was könnte man beim nächsten Mal besser machen? Was muss noch gesagt werden, damit ich heute Nacht gut schlafen kann?

9. Ankündigung des nächsten Themenschwerpunktes
»Beim nächsten Mal beschäftigen wir uns mit dem Thema ›Klänge, die mein Herz erfreuen‹. Sie dürfen gern CDs, Liedertexte, Musikinstrumente usw. mitbringen.«

10. Verabschiedung

Die Herzenssprechstunden wurden inzwischen an verschiedenen Orten erprobt: in einem Stadtmuseum, in einer Kurklinik, in verschiedenen Seniorenbegegnungsstätten, in einem alternativen Wohnprojekt, in einem Künstler-atelier und in mehreren Kirchengemeinden. Sehr gut aufgenommen wurde das Programm in einer Düsseldorfer Hausarztpraxis. Hier erwies es sich als äußerst förderlich, dass die Ärztinnen ihre Patient(inn)en auf das Kulturangebot in ihrem Wartezimmer gezielt aufmerksam machten, sogar »Überweisungen« zur Herzenssprechstunde am Mittwochnachmittag ausstellten. Das Angebot habe ihren Patienten sehr gut getan, vor allen denen, die unter Einsamkeit litten. Die Medizinerinnen ermutigten dazu das Angebot auszuweiten, und empfahlen die Zusammenarbeit mit Krankenkassen und der Deutschen Herzstiftung.

Das Programm, das dem Aufbau von Mikro-Netzwerken und der Förderung des bürgerschaftlichen Engagements dient, könnte nach Ansicht von Experten(inn)en auch im Bereich der Personalentwicklung, der betrieblichen Sozialarbeit und in der Arbeitsvermittlung zur Anwendung kommen.

Die Diakonin Ragnhild Geck und die seniorTrainerin Gudrun Schneider haben das Programm übernommen und in der Evangelischen Kirchengemeinde Mülheim-Saarn ausprobiert. Auch sie haben positive Erfahrungen mit dem Kulturangebot gemacht. Sie haben das Programm allerdings nicht 1:1 übertragen, sondern es – in Absprache mit den Erfinder(inne)n der Herzenssprechstunde – auf die Bedingungen in ihrer Gemeinde zugeschnitten. Die Ursprungsidee ist dabei nicht verloren gegangen: Menschen werden eingeladen und bekommen viel Zeit geschenkt, damit sie miteinander ins Gespräch kommen können. Nicht nur über das, was sie erfreut und glücklich macht, sondern auch über das, was sie auf dem Herzen haben oder was ihnen das Herz schwer macht.

Multiplikatoren-Programm Herzenssprechstunde

Gemeinsam mit dem Ev. Erwachsenenbildungswerk Nordrhein haben wir ein Multiplikatoren-Programm für die Förderung des Modelltransfers der Herzenssprechstunde entwickelt. Dieses Programm wendet sich an hauptamtliche Kräfte und freiwillig Mitarbeitende aus kulturellen und sozialen Einrichtungen und an interessierte Bürger(innen), die die Herzenssprechstunden in ihrer Nachbarschaft anbieten möchten. In der Fortbildung werden nicht nur zukünftige Moderator(inn)en auf ihre Aufgaben vorbereitet. Es geht uns auch darum, Ideen für neue Bausteine der Herzenssprechstunde zu entwickeln, Erfahrungen mit dem Konzept auszutauschen und Netzwerke für eine längerfristige Zusammenarbeit zu knüpfen. Leider ist es uns bisher nur in wenigen Fällen gelungen, Menschen mit Migrationshintergrund sowie behinderte Menschen mit unserem Programm anzusprechen.

Das gilt sowohl für die Herzenssprechstunden als auch für das Multiplikatoren-Programm. Wir gehen aber davon aus, dass wir früher oder später engagierte und fachkundige Kooperationspartner(innen) und Mitstreiter(innen) finden, die das Konzept auf seine Tauglichkeit für eine inklusive Kultur- und Quartiersarbeit überprüfen bzw. entsprechend zuschneiden werden.

Literatur

Lown, Bernard (2004): Die verlorene Kunst des Heilens. Eine Anleitung zum Umdenken, Stuttgart: Suhrkamp-Verlag

Autorin und Autor

Brinkschulte, Ulla, seniorTrainerin im bundesweiten Programm »Erfahrungswissen für Initiativen«; Mitbegründerin des Projekts Blauer Montag (Kooperationsprojekt mit dem Düsseldorfer Schauspielhaus und dem Theatermuseum Düsseldorf), Mitinitiatorin des Kulturzentrums der Generationen am Düsseldorfer Kinder- und Jugendtheater, Mitentwicklerin der Herzenssprechstunden.

Friedeler, Günter, seniorTrainer im Programm »Erfahrungswissen für Initiativen«, Initiator mehrerer Projekte des bürgerschaftlichen Engagements, die im Überschneidungsbereich von sozialer und kultureller Arbeit angesiedelt sind (u. a. Kulturzentrum der Generationen am Düsseldorfer Kinder- und Jugendtheater, Wohnen mit Verantwortung, Keywork an der Paul-Klee-Schule in Düsseldorf, Herzenssprechstunde); Aufgabenschwerpunkte: Projektberatung, Keywork im Quartier, Aufbau von Keywork-Ateliers an Schulen.

4.7 Keywork im Altenheim

Alter macht Kultur

Axel Loobes, Anke Hegemann

In diesem Artikel wird »Keywork im Altenheim« anhand der Altenheimat Vluyn, einem Altenheim in einer Stadt mit ca. 28 000 Einwohnern am linken Niederrhein, vorgestellt.

Hintergrund

Der Gedanke, »Keywork im Altenheim« umzusetzen, ist kein neuer. Bereits in den 80er- und 90er-Jahren des vorigen Jahrhunderts entstand die Idee, Altenheime »zu öffnen«. Konrad Hummel beschrieb diese Gedanken eindrücklich in seinen Büchern »Öffnet die Altenheime« und »Wege aus der Zitadelle«. In der Umsetzung der Idee der »Altenheim-Öffnung« wurden Kunstausstellungen in die Altenhilfeeinrichtungen geholt unter der Überschrift »Kunst kommt zum Bewohner«.

Im Zuge der Quartiersarbeit und Netzwerkarbeit wurden die Ideen weiterentwickelt. Die Altenhilfeeinrichtungen wurden als wichtige Säulen in der Quartiersarbeit erkannt. Dienstleistungen einer Einrichtung können dezentral an Haushalte vermittelt werden. Räume können genutzt werden. Haupt- und ehrenamtliche Mitarbeiter stehen zur Verfügung. Und es gibt ein wertvolles »Erfahrungswissen« bei den Bewohnern der Einrichtung.

Methode

Keywork im Altenheim bedeutet für uns die Fortführung der »Gemeinwesenarbeit« aus dem Methodenspektrum der Sozialen Arbeit. Im Gemeinwesen der Altenhilfeeinrichtung werden Kooperationspartner identifiziert, Kontakte gesucht und geknüpft und gemeinsame Aktionen gestartet. Dabei handelt es sich nicht um klassische »Altenhilfe-Aktionen«, sondern um kleine und große

Projekte, die für das Quartier interessant sind. Ein gemeinsames Interesse ist dabei der Auslöser für die Zusammenarbeit. Die Aktionen, die im Folgenden genauer beschrieben werden, haben fast immer mehrere Generationen angesprochen: Schüler und Altenheimbewohner, junge und ältere Mitarbeiter, auch Kinder aus der Nachbarschaft: die sechsjährige Lisa genauso wie den achtundneunzigjährigen Hans.

In der Altenheimat Vluyn wurden nach und nach Kooperationen aufgebaut; Kooperationspartner waren bzw. sind:

- die Stadt/Kommune und ihre einzelnen Mitwirkenden
  - die Gleichstellungsbeauftragte
  - die Museumsleiterin
  - der Schulkulturbeauftragte
  - der Agendabeauftragte
  - der Werbe-Ring
  - die Stadtbibliothek
  - die Kulturhalle
  - der Bürgermeister als potenzieller Schirmherr für Projekte
- Schulen
- Vereine
- andere Altenhilfeeinrichtungen
- Gemeinden
- Sanitätshäuser und Geschäfte im Quartier

Die Ziele, die wir mit Keywork im Altenheim verfolgen:

- Teilhabe der Altenheimbewohner am gesellschaftlichen und politischen Leben
- das Altenheim zum »Quartiershaus« zu entwickeln
- das Image des Altenheims zu verändern
- Barrieren vor dem Einzug in ein Altenheim zu nehmen.

Es folgen nun einige Beispiele aus den letzten vier Jahren:

Projekt »Glamour der 30er- und 40er-Jahre« – nur was für Frauen

Das Glamour-Projekt bot Frauen die Möglichkeit, sich mit dem wichtigen Thema von Schönsein/Schönheit zu beschäftigen. Altenheimbewohnerinnen und Jugendliche tauchten dabei gemeinsam in die Zeit der 30er- und 40er-Jahre ein. Das Projekt – eine reine Frauenangelegenheit – sollte junge und alte Frauen in

Kontakt und ins Gespräch bringen. Mit Unterstützung von Lichtführung und Requisiten sollten sie Schönheit für sich interpretieren und sich in einer für sie stimmigen Körperhaltung fotografieren lassen. Kooperationspartner in diesem Projekt waren die Schulkulturbeauftragte der Stadt Neukirchen-Vluyn Ulrike Reichelt und die Fotografin Andrea Zmrzlak. Ein Kinobesuch im Duisburger »Filmforum«, in dem Katherine Hepburn in dem Film »Leoparden küsst man nicht« zu sehen war, gab erste Impulse und führte zu ersten gemeinsamen Erkenntnissen. Ein weiteres Treffen mit Jugendlichen, Bewohnerinnen und Mitarbeitern diente dazu, sich konkret für eine »Bildvorlage« zu entscheiden.

Am 1. Juli 2011 wurde die Fotoausstellung »Glanz und Glamour der 30er- und 40er-Jahre« nach einer intensiven Vorbereitungszeit in der Altenheimat Vluyn feierlich eröffnet. Die vielen Besucher und Akteure waren begeistert von den aufwendig inszenierten Bildern und den wunderschönen Frauenporträts. Eröffnet wurde die Ausstellung stilecht mit Sektempfang, Canapés und Musik aus einem alten Grammofon: Schlager aus den 30er- und 40er-Jahren.

Abbildung 1: Bewohnerin Renate Graffunder

Foto: Andrea Zmrzlak

Projekt »Innovation trifft Nostalgie« »Wie war das denn früher so ...?«

Diese Frage wurde beim Treffen von Bewohnern der Altenheimat und Schülern des »Berufskollegs für Technik« aus Moers oft gestellt. Aber auch die Gegenfrage wurde gestellt: »Und wie ist das bei euch heute?« Beim gemeinsamen Waffelbacken kam es zu einem regen Austausch. Der unspektakuläre Anlass bot Jung und Alt die Möglichkeit, Einblicke in die Welt der anderen Generation zu erhalten. Die Einladung an unsere Bewohner, die von der Schule ausgesprochen worden war, traf auf großes Interesse. Die jungen Leute interessierten sich vor allem dafür, wie ein »ganz normaler Tag« bei unseren Bewohnern früher aussah. Wie war das, als das Telefon noch eine Wählscheibe hatte? Konnte man überhaupt ohne Handy existieren? Wie lebte man ohne Computer, ohne Internet, ohne Twitter und Facebook? Hausaufgaben nur mit Füllfederhalter oder – wenn es hoch kam – mit Schreibmaschine? Wie sieht denn ein Führerschein von 1950 aus? Nicht nur die jungen Menschen waren neugierig, auch die Altenheimbewohner hatten viele Fragen: Was ist denn das für ein Gefühl, sich ein Tattoo stechen zu lassen? Wie kleidet ihr euch heute? Wie funktioniert ein Handy? Sollen wir mal Kleider tauschen?

Fragen über Fragen, die in weiteren Treffen vertieft und bearbeitet wurden. Die Antworten und Ergebnisse wurden in Bildern, Artikeln, einem Projektfilm und einer App dokumentiert.

Die Schüler erhielten für das Projekt sogar einen Preis von der Industrie- und Handelskammer. Sowohl beim Treffen mit der Prüfungskommission als auch bei der späteren Preisverleihung im Duisburger Theater waren die Altenheimbewohner selbstverständlich mit dabei.

Abbildung 2: Bewohnerin Gerda Günthe

Foto: Sarah Nowak

Projekt »Wie es früher war« – das lebendige Museum

Das geknüpfte Netzwerk der Kooperationspartner ermöglichte ein weiteres Generationenprojekt. Eine »schlummernde« Idee, die einige Mitarbeiter des Altenheimes schon vor Jahren gesponnen hatten, wurde realisiert. Alte Berufe, wie man sie von früher kannte, sollten 2012 wieder »lebendig gemacht werden«. Bewohner des Altenheimes wurden in alter Berufskleidung und mit alten Gegenständen vor historischer Kulisse fotografiert. Die Fotos wurden auf Leinwand gedruckt, ausgestellt und später auch in einem Kalender veröffentlicht.

Für dieses Projekt brauchten wir:

- ein Museum als Kooperationspartner
- mindestens einen begeisterten und kompetenten Fotografen
- interessierte junge und alte Models
- Geld
- engagierte Mitstreiter

Ein Museum mit Kostümen und Kulissen gibt es vor Ort, ca. 300 Meter vom Altenheim entfernt. Für die Fotografie waren schnell zwei Schüler des Berufskollegs für Technik (mit Lehrerin) gefunden. Bewohner und Mitarbeiter sollten Fotomodels sein. Dann begann die Werkstattarbeit, mit Projektplanung, Zeitschiene und Meilensteinen.

Die Ausstellungsräume des Museums dienten als Kulisse für großformatige Fotos. Vor alten Einrichtungen posierten Altenheimbewohner in Dienst- und Arbeitskleidung von früher. Sie stellten die Arbeit in der alten Drogerie, der alten Zeche, der alten Schule nachgestellt – mit Gegenständen aus dem Museum: Schürzen, Bergmannskleidung, Stulpen, Messbechern, Schaufeln und Hacken, Rohrstock usw.

Es wurde viel gelacht und herumgealbert. Im Museum wurden Pommes oder Döner verzehrt. Das Museum wurde zum gemeinsamen Arbeitsplatz und Inszenierungsort, so wie wir das aus dem Fortbildungsprogramm WohnQuartier4 in Düsseldorf aus eigener Erfahrung kannten. Aber es gab auch andere Erfahrungen: Eine Bewohnerin fiel bei dem Fotoshooting so heftig auf die Nase, dass sie ins Krankenhaus gebracht werden musste. Die Reaktionen in der Öffentlichkeit auf das Projekt waren sehr positiv. Presse und Quartier reagierten mit viel Lob und Anerkennung.

Abbildung 3: Bewohnerin Elfriede Gnewuch

Foto: Sarah Nowak

Projekt »Lebenstreppe« – ein generationsübergreifendes Fotoprojekt im Quartier

Es sind die prägenden Ereignisse und Lebensabschnitte, die unsere Erinnerungen wieder wach werden lassen und uns ins Erzählen bringen: Einschulung, Hochzeit, die erste eigene Wohnung, Geburt der Kinder, unvergessene Urlaube, Silberhochzeit, Tod der Eltern und Begegnungen mit Menschen, die Spuren in unserem Leben hinterlassen haben. Dies alles sind Elemente, die sich mithilfe der sogenannten »Lebenstreppe« darstellen und zuordnen lassen. Schnell wird deutlich: Lebenserfahrungen sind biografisch einmalig, individuell, gleichzeitig wiederholen sie sich – wenn auch in anderer Form – von Generation zu Generation.

Bei dem Projekt »Lebenstreppe« hatte eine professionelle Fotografin zu einem Fotoshooting vor die Kamera ins Altenheim geladen und zunächst sieben Bewohner mit persönlichen Erinnerungsfotos abgelichtet. Bei den – zum Teil vergilbten und stark abgegriffenen Bildern – handelte es sich, wie man sofort spürte, um wertvolle Besitztümer der alten Menschen. Die Fotos waren mit Lebensgeschichten und Gefühlen »aufgeladen«. Schon beim ersten Posieren vor der Kamera kamen die Altenheimbewohner ins Erzählen. Alwine Krüger hatte ihr Hochzeitsfoto ausgewählt. Sie erinnerte sich noch genau, dass es an ihrem »schönsten Tag im Leben« wie aus Kübeln geregnet hatte.

Ursula Kremers berichtete, dass sie auf dem Bild ein von ihrer Oma gehäkeltes Kleid trug. Hans Salewski ist auf einem Familienfoto neben dem Kinderwagen zu sehen. Er war das mittlere von drei Kindern und hatte entsprechende Erfahrungen gemacht. Johanna Krieger zeigte sich als sportliches Mädchen in Schlesien beim Skilaufen und wusste noch genau, wie die Skier gewachst wurden. Karla Wenz erzählte, sie sei auf dem Foto ungefähr ein Jahr alt gewesen. Ihre Mutter (nicht zu sehen) stand hinter dem Stuhl und war sehr besorgt, dass sie nicht hinunterfiel. Frau Kalt berichtete, dass ihre wohlhabende Tante dieses Foto einem Fotografen in Auftrag gegeben hatte, ein teures Vergnügen, ihre Eltern besaßen dafür kein Geld. Stolz erinnerte sich Marianne Kurz noch genau an ihre Einschulung: Jede Schülerin trug damals ein weißes Schürzenkleid. Trudes Erinnerungen an den Hund der Familie wurden geweckt, obwohl das Tier überhaupt nicht auf dem Foto zu sehen ist. Sie konnte sich aber noch ganz genau daran erinnern, wie er in der Nähe gelegen hatte, als man das Foto von ihr machte.

An diesem Mehrgenerationenprojekt beteiligten sich nicht nur Senioren, sondern auch viele Personen unterschiedlichen Alters. So stellten sich auch Schüler der Vluyner Schulen mit »Lieblingsfotos« als dorfbekannte Persönlichkeiten vor die Kamera: zum Beispiel als ehemaliger Bürgermeister oder Dorfpolizist.

Zu sehen war das Lebenstreppen-Projekt 2013 im Rahmen einer Wanderausstellung an mehreren Stellen im Quartier. Mehrere Artikel erschienen in der örtlichen Presse.

Projekt »Vluyner Häuser und ihre Geschichten«

Beim aktuellen Projekt 2014 geht es wieder um Lebenserinnerungen. Geplant ist ein »Fotospaziergang durch das alte Vluyn«. Bewohner des Altenheims werden dabei als kompetente Gesprächspartner und Experten für die (Alltags-)Geschichte der Stadt in den Blick genommen. Wieder soll dafür gesorgt werden, dass ihre (Alltags-)Geschichten nicht verloren gehen und sich auch nachfolgende Generationen ein Bild vom ursprünglichen Leben in den alten Gebäuden (alte Schmiede, früheres Kinderheim ...) machen können. Kooperationspartner in diesem Projekt sind, neben dem Altenheim, das Heimatmuseum der Stadt Neukirchen-Vluyn und die Fotografin Andrea Zmrzlak. Ausgewählte Erinnerungsmomente sollen in Fotos nachgestellt und in einer Ausstellung bzw. einer späteren Wanderausstellung gezeigt werden.

Literatur

Hummel, Konrad (1986): Öffnet die Altenheime, Hannover
Hummel, Konrad (1988): Öffnet die Altenheime, Weinheim

Autorin und Autor

Hegemann, Anke, Dipl.-Pädagogin, Leiterin des Sozialen Dienstes der Alten-heimat in Neukirchen-Vluyn, einer Einrichtung der Grafschafter Diakonie, Initiatorin zahlreicher innovativer Kulturprojekte mit Altenheimbewohner(inne)n.

Lobbes, Axel, Dipl.-Sozialpädagoge, MA Sozialmanager, Einrichtungsleiter der Altenheimat in Neukirchen-Vluyn, einer Einrichtung der Grafschafter Diakonie, Initiator zahlreicher generationsübergreifender Kulturprojekte mit Museen und Senioreneinrichtungen.

4.8 Unser kleines Quartier – das Mehrgenerationenhaus

Mehrgenerationenhaus Alte Schule Ottelau

Ralf Hoffmann, Ulrike Warnecke

Wo früher Kinder und Jugendliche die Schulbank drückten, leben heute Menschen unterschiedlichen Alters: In Herford zog neues Leben in eine alte Schule ein, indem sie vom DRK-Kreisverband Herford-Stadt e. V. vor dem Abriss bewahrt und zu einem Mehrgenerationenhaus umgebaut wurde. Jetzt heißt die »Alte Schule Ottelau« alle Menschen willkommen: Kinder, Frauen, Männer, Familien sowie Jung und Alt. Angehörigen aller Nationalitäten und Glaubensgemeinschaften stehen die Türen ebenso offen wie Berufstätigen, Erwerbslosen und Menschen im Ruhestand. Dabei vereint das Haus verschiedene Bereiche. So ist es zugleich Begegnungsstätte, Familienzentrum, Kindertagesstätte und Sitz eines Spielmobils. In dieser Kombination ist es einmalig in Deutschland. Es weist insgesamt ähnliche Strukturen auf, wie sie in typischen Stadtteilen zu finden sind. Neben mehreren Wohneinheiten gibt es auf einer Fläche von insgesamt 10 000 m^2 ein Informationszentrum, eine Verwaltung, ein Familienzentrum, ein Café (Versorgung), eine Holzwerkstatt, eine Turnhalle, einen Kletterpark, einen Wasserspielplatz, freie Flächen zum Spielen, Erholungsflächen, Parkplätze sowie verschiedene Gärten.

Jüngere und Ältere sowie Menschen mit Behinderung leben Tür an Tür im Mehrgenerationenhaus. Was der Wunsch vieler Menschen ist, ist für diese Nachbarn Normalität: Sie leben nicht anonym nebeneinander, sondern kennen sich und sind füreinander da – sei es bei einem kleinen Plausch oder durch konkrete Hilfe. Durch den demografischen Wandel verändert sich unsere Gesellschaft. Was hier gelebt wird, ist die Lebensform von morgen – Junge und Alte begegnen sich im Stadtteil, helfen einander, tauschen sich aus und bewältigen Konflikte.

Das Fundament der Konzeption des Hauses sind strukturierte Angebote für Menschen aller Altersstufen: Krabbelgruppe, Kita, Spielmobilnachmittage, Schulkindernachmittage, Praktika für Jugendliche, Beratungsangebote für

Eltern, Gesprächsrunden für Angehörige von Demenzkranken, Einkaufsservice für Senioren, Computerkurse, Sprachkurse, Dialogberatung, Kaffeestube, Mittwochsfrühstück und Freitagsmittagstisch.

In diesem Klein-Quartier findet täglich viel Bewegung und Kommunikation statt und innerhalb von Wochen kristallisieren sich stetig neue Ideen heraus. Aus jeder Idee entwickelt sich ein kleines oder großes Projekt, das umgesetzt wird und die Strukturen des Hauses verändert und es so zu einem Ort der lernenden Organisation werden lässt.

Die Projekte im Mehrgenerationenhaus

Angefangen bei Miniprojekten, die nur ein paar Stunden dauern, bis hin zu Großprojekten, die vom Bund über mehrere Jahre gefördert werden, setzen in der »Alten Schule Ottelau« einzelne Akteure die unterschiedlichsten Vorhaben mit viel persönlichem Engagement um. Es werden von Bewohnern des Hauses die Blumenkübel vor dem Haus mit Pflanzenablegern aus der Nachbarschaft bepflanzt. Es werden gemeinsam Pflaumen geerntet und verarbeitet. Schulkinder und Ehrenamtliche bereiten nach dem Spielen kleine Mahlzeiten zu. Stellvertretend für die vielen Projekte beschreiben wir vier von ihnen näher: Offene Ateliers, Stadtteilerforschen mit Kindern, Spielreihe mit Jugendlichen, Großväter-Enkelkind-Projekt.

Offene Ateliers

Das Mehrgenerationenhaus bietet sich als Ausstellungsort an, da es selbst auf eine bewegte Zeit- und Kulturgeschichte zurückblickt. Wo heute mehrere Generationen von den Senioren bis zu Kleinkindern unter drei Jahren wohnen, leben und lernen, war noch vor Jahren eine Schule und später ein Übergangswohnheim untergebracht. Heute steht Begegnung und Kommunikation der Generationen im Mittelpunkt. Als Begegnungsorte stehen diverse Ausstellungsflächen im Stadtteil- und Begegnungszentrum zur Verfügung.

So gibt es z. B. in den verschiedenen Wohntrakten mehr als 100 Meter Galerieschienen und über 60 Rahmen mit Passepartouts.

Bereits mehrfach war die »Alte Schule Ottelau« im Rahmen der »offenen Ateliers« zum Treffpunkt von Kunstfreunden und -kennern geworden. Im Rahmen des Kunst-Erlebens im Quartier wird immer wieder gerne dazu angeregt, sich Zeit zu nehmen, Zeit der Freude zu erleben, sich auf eine Zeitreise zu begeben, zeitlos zu sein und als Entdecker die Zeit mit Kunst und Kultur im Quartier zu genießen. Vielfach zeigen die Künstler zahlreiche unterschiedliche Sichtweisen und Perspektiven, und der Fokus liegt auf den ganz kleinen und scheinbar unsichtbaren Dingen, an denen manch einer achtlos vorübergeht. So laden die Kunstausstellungen in der »Alten Schule Ottelau« ein, innezuhalten und Raum, Zeit und die Kunst auf sich wirken zu lassen und mit ihr und über sie ins Gespräch zu kommen. Kunst verbindet so und baut Brücken über die verschiedenen Generationen hinweg.

An dem einmal im Jahr stattfindenden Offenen-Atelier-Wochenende bieten Herforder Künstler einen Einblick in ihr Wirken und laden alle Interessierten ein, ihre Werke kennenzulernen. Jeder erhält dann Gelegenheit, im »Künstlercafé«, dem umgewandelten Stadtteil- und Begegnungscafé, eine Tasse Kaffee zu trinken, den von Ehrenamtlichen selbst gebackenen Kuchen zu genießen und mit den Künstlern ins Gespräch zu kommen. Weiterhin besteht die Möglichkeit, sich an mehreren Staffeleien oder in der Holzwerkstatt selber einmal künstlerisch zu betätigen. So wird der Eingangsbereich der Wohngebäude schnell zum Atelier und die Turnhalle zum großen Ausstellungsraum, wo die vielen ansprechenden Holzskulpturen von Alexander Ismailow bestens zur Geltung kommen. Adam Griman nutzt den alten Kokskeller und verwandelt diesen in sein Atelier, welches von der ganz besonderen Stimmung lebt. Wer möchte, kann den Künstlern bei der Arbeit zusehen oder sich mit ihnen über ihre Werk austauschen oder inspirieren lassen, aber auch diejenigen kennenlernen, die ihre Werke vielleicht zum ersten Mal dem versierten Publikum vorlegen.

Die »Offenen Ateliers« in der »Aten Schule Ottelau« sind ein Projekt, das durch Vielfalt statt durch Einheit glänzt, das unterschiedliche Wege zum Publikum geht, das sich zeigt und dazu einlädt, über die Kunst aus der Nähe nachzudenken. Aus der Nähe deshalb, weil man nah an sie herankommt, sie von innen, vom Prozess der Herstellung her sehen kann. Und aus der Nähe, weil es die Kunst ist, die nah bei uns in Herford entsteht. Das Mehrgenerationenhaus selbst ist ein Lebensumfeld im Quartier, wo der Gedanke des Miteinanders mit Freude, Herz und Verständnis gelebt wird, wo Alt und Jung, Klein und Groß, mit der Herkunft von hier oder dort an einem Ort wohnen und ihr Leben miteinander teilen. Im Rahmen des »Kunstlust-Schnupperns« im Quartier folgen an einem Wochenende bis zu 600 interessierte Besucher der Einladung, sich in die Welt der Kunst aufzumachen, in sie einzutauchen und den inspirierenden und verbindenden Ort der Kommunikation zu genießen.

Aus dieser bereichernden Erfahrung heraus war es dem Team der »Alten Schule Ottelau« besonders wichtig, Kunst und Kultur über die reine Ausstellungsarbeit ganzjährig an diesem Ort erlebbar werden zu lassen. Da kam es gerade recht, dass ein ausstellender Holzbildhauer eine neue Werkstatt suchte. Die fand er in dem Keller unter der Alten Schule. Der wurde in einer Gemeinschaftsarbeit entrümpelt, renoviert und als Holzwerkstatt eingerichtet, in der sich der Künstler nun frei entfalten kann. Die Gegenleistung für die Bereitstellung der kostenlosen Ateliersräumlichkeiten ist eine aktive Mitarbeit im

Mehrgenerationenhausprojekt. Unser Künstler Alexander ist immer da, wenn Hilfe gebraucht wird, und ist selber glücklich, wenn jemand mit ihm eine Tasse Kaffee trinkt und für ein kleines Gespräch zur Verfügung steht. Interessierten zeigt Alexander gerne sein Atelier und ermutigt sie, sich selber einmal am Holzhandwerk zu versuchen. Ganz besonders freut er sich, wenn Kinder sich für seine Holzskulpturen interessieren. Er bringt dann beiläufig seine Erfahrungen aus der Schulprojektarbeit ein. Somit haben Lebensfreude, Kunst und Kultur einen festen Platz in der »Alten Schule Ottelau« gefunden. Eine ganz besondere Stimmung kommt dabei immer dann auf, wenn Alexander zu seiner Gitarre greift und durch seine russischen Volkslieder Veranstaltungen oder gemeinsame Treffen bereichert.

Ähnlich ging es auch mit Mohammad, einem iranischen Asylbewerber. Mohammad studierte im Iran Kunstgeschichte und Malerei und arbeitete an einer Universität. Er floh nach Deutschland und besuchte in Herford die »Alte Schule Ottelau«. Hierbei berichtete er, dass es für ihn sehr schwierig sei, im Übergangswohnheim zu malen, und er es sehr bedaure, dass er sich nicht mehr der Kunst widmen könne. Aus dieser Situation heraus wurde die Idee geboren, ein noch intaktes Gartenhaus auf dem Gelände der »Alten Schule Ottelau« zum Sommeratelier umzufunktionieren. Schnell wurden Tische und Staffelei besorgt, ein Regal für die Farben aufgestellt – und Mohammad konnte sein künstlerisches Wirken beginnen. Das Gartenhaus steht direkt neben dem Spielplatz der Kita des Familienzentrums auf dem Gelände. So bekam Mohammad bei seinem Schaffen gleichzeitig Besuch von den Kindern der Kita, die neugierig waren und wissen wollten, was er dort macht. Mohammad, der selber nicht so gut Deutsch konnte, zeigte den Kindern, wie man einen Pinsel hält, und inspirierte die Kindergartenkinder und die Erzieherinnen zu eigenem Experimentieren mit Farben im Kindergarten. So war das zweite Atelier auf dem Gelände der »Alten Schule Ottelau« geschaffen.

Eine ganz besondere Ateliersituation bietet der Kohlenkeller der »Alten Schule Ottelau«. Diese nutzt ein dritter Künstler für seine Ausstellungen. Da der Keller im Winter feucht ist, kann er nur während der Sommermonate für Ausstellungen mit besonderem Ambiente genutzt werden. Anfangs dachte niemand daran, diesen alten Keller jemals wieder zu betreten. Durch die Künstler, die sich die vorhandenen Räume aneigneten, sie einer neuen Nutzung zuführten und damit auch einer anderen Identität, erschloss sich das Mehrgenerationenhausprojekt eine neue Zielgruppe. Angeregt durch die Arbeiten der Künstler griffen Ehrenamtliche in dem Projekt das Thema »Aquarellmalen« auf und gründeten eine eigene Malgruppe, die sich in dem Stadtteiltreff regelmäßig trifft. Angestoßen durch die Holzarbeiten von Alexander bekam der Werkstoff Holz eine neue Bedeutung, und das Thema »Werken mit Holz« ist zum festen Bestandteil in unserer Arbeit mit Kindern geworden. Mittlerweile verfügt das MGH über eine eigene kleine Holzwerkstatt, die zusätzlich zu dem Atelier von

Alexander Ehrenamtlichen und Interessierten die Möglichkeit bietet, mit diesem Werkstoff zu arbeiten. Regelmäßig finden Väter-, Großväter- und Kinder- bzw. Enkelkindernachmittage unter dem Motto »Hör mal, wer der hämmert« zum Holzwerken statt.

So fördern Kunst und Kultur die Kommunikation und stärken damit das nachbarschaftliche Miteinander und schließlich die Identifikation der Menschen mit ihrem Quartier. Das gute Freizeit- und Kulturangebot erhöht so die Lebensqualität im Stadtteil. Damit wird die »Alte Schule Ottelau« nicht nur zum Treffpunkt für Kunstinteressierte, sondern fördert durch Keywork auch eine aktive und interessierte Nachbarschaftsarbeit im Quartier und schafft Raum für Begegnung, wirkt inspirierend und lässt so kreativ neue Möglichkeiten des Miteinanders entstehen. Durch die neuen Ideen finden sich schnell auch neue interessierte Ehrenamtliche, die sich punktuell an Aktionen beteiligen. So entsteht ein ständiger Wandel an Kreativität, der in Ergänzung zu dem »Altbewährten«, dem sicheren Fundament, als Motor für Inspiration, Innovation und Entwicklung beiträgt.

Stadtteilerforschen mit Kindern[1]
Das Projekt »Bündnisse für Bildung«

Im Rahmen des Bundesprojektes »Kultur macht stark – Bündnisse für Bildung« ist auf Initiative des Spielmobils Fidibus und Beantragung bei der Bundesarbeitsgemeinschaft der spielkulturellen Bildung e. V., kurz BAG Spielmobile, ein lokales Bündnis für Bildung in Herford geschlossen worden.

Träger des Spielmobils ist der DRK-Kreisverband Herford-Stadt e. V. Es hat seinen Sitz in der »Alten Schule Ottelau«. Unter der Leitung einer hauptamtlichen Projektkoordination und mehreren Honorarkräften werden vielfältige Spielaktionen für unterschiedliche Einrichtungen und Organisationen angeboten (www.spielmobil-fidibus.de). Die Konzeption des Spielmobils basiert auf der Erkenntnis, dass Spielen und Bewegung eine grundlegende Voraussetzung für das gesunde Aufwachsen von Kindern sind. Dabei ist es für die Kinder sehr wichtig, dass sie ernst genommen werden in ihren Wünschen und Vorstellungen und dass man ihnen auf Augenhöhe begegnet. Sie sollen mitentscheiden dürfen, um dann Erfahrungen zu machen mit Personen, Materialien, Räumen, Zeiten und Programmen. Dabei erproben sie Verhalten, lernen Wirkungen auf die Umwelt kennen, begreifen Zusammenhänge, verschaffen sich Orientierung und gewinnen Einstellungen. Spielen ist somit keine Spielerei,

1 | Erstveröffentlichung in: deutsche jugend, Heft 4 (2014), S. 176-182, Beltz Juventus Verlag

deren einziger Sinn im Zeitvertreib besteht, sondern leistet einen wichtigen Beitrag zur Partizipation und Sozialisation. Spielen fordert den Menschen in seiner ganzen Person. Durch Spiel wird flexibles, spontanes, kreatives und verantwortungsvolles Handeln ermöglicht. Spielende erfahren ihre Umwelt vor allem in tätigem Umgang mit Sachen und Personen. Kinder sind neugierig, wollen ausprobieren, entdecken. Sie schlüpfen dabei in Rollen, gestalten eigene Spielwelten, wenn man sie lässt und ihnen dafür Raum, Zeit, Material und Anregungen zur Verfügung stellt. Vor allem braucht es Partner, die sich in ihre Lage versetzen können und auch als Erwachsene noch die Begeisterung fürs Spielen verinnerlicht haben.

Die Zielvorgabe des Projektes der BAG Spielmobile ist, bildungsbenachteiligten Kindern während einer 5-jährigen Projektlaufzeit im außerschulischen Bereich einen Weg zu ebnen, auf dem sie ihre Umgebung spielerisch als vielfältige Bildungs- und Kulturlandschaft erkennen und darstellen können. Dabei sollen lokale Netzwerke von Personen, Instituten und Kulturstätten zu regionalen Erkundungsfeldern zusammenwachsen, die die Kinder unterstützen. Eine entscheidende Qualität dieses spiel-, kultur- und medienpädagogischen Ansatzes ist der direkte Brückenschlag zwischen realen und virtuellen Wirklichkeiten, zwischen formalem und informellem Lernen, zwischen etablierter Bildung und der Faszination mobiler medialer Kommunikation.

Die Konzeption der Angebote des lokalen Bündnisses in Herford richtet sich nach dem Motto »Bildungsforscher unterwegs. Wir wollen's wissen«. Die Idee ist, Aktionen vom Spielplatz aus ins Quartier zu übertragen. Der eigene Stadtteil soll als Lern- und Erfahrungsort wahrgenommen werden, indem die unmittelbare Wohnumgebung erkundet wird. Dadurch können erste Bewertungen vorgenommen werden, was es wo gibt und welche Qualität das für mein Spiel, meine Freizeit, mein Wissen, mein Leben, meine Zukunft hat. SEAB-Bereiche (sichere Spiel-, Erlebnis-. Aufenthalts- und Bildungspotenziale) für Freizeit und Lebensqualitäten für 6- bis 12-Jährige werden gefunden, beschrieben und aufgezeigt und Gleichaltrigen zugänglich gemacht. Insgesamt sollen sie festgehalten und zusammengestellt werden, sodass sie eine Bildungslandschaft beschreiben.

Die beschriebenen Ziele werden durch Erkunden, Erschließen, Erspielen, Festhalten, Sichtbarmachen, Bewerten, Begreifen und die Vermittlung an andere Kinder erreicht. Dabei kommt eine Vielzahl von klassischen Spielmethoden zum Einsatz wie Suchspiele, Fotorallyes, Spiel und Orientierung mit dem Kompass, Stadtteilpläne, Schnitzeljagd, Schatzsuche und Stadtteilerkundung. Sie dienen als vorbereitende Maßnahmen für Transferleistungen zu den weiterführenden Maßnahmen des Programms »Bildungslandschaften spielend erkunden und mitgestalten«, bei denen mit noch mehr medialen Techniken (z. B. GPS-Geräten, Tablets und Smartphones) gearbeitet wird. Denn auf den beschriebenen Aktionen können in den folgenden Jahren weitere Maßnahmen wie Geocaching-Parcours und QR-Code-Spiele umgesetzt werden.

Die Herausforderung der Konzeption lag darin, mit interessierten und erfahrenen Bündnispartnern ein Konzept zu erstellen, das alle Projektpartner gleichermaßen miteinbezieht und das in den nächsten Jahren gemäß den gestellten Zielen erweitert werden kann. Darüber hinaus sollte es dem Anspruch genügen, ohne viel Aufwand auch auf andere Regionen übertragbar zu sein, um so eine Nachhaltigkeit zu gewährleisten. Deshalb ist das Grundgerüst des Herforder lokalen Bündniskonzeptes nicht an örtliche Gegebenheiten gebunden. Das Konzept hat allen Beteiligten einen klaren Rahmen aufgezeigt, in dem sie sich frei bewegen konnten. Festgelegt war eine zentrale Stelle, das Mehrgenerationenhaus »Alte Schule Ottelau«, von der aus die Stadterkundungsaktionen ausgingen. Festgelegt war in der ersten Ferienwoche weiterhin die Einteilung in Gruppen, die sich aus den vier Himmelsrichtungen ergaben. Vorgeschlagen, aber nicht verbindlich, waren vier besondere Orte in verschiedenen Himmelsrichtungen. Einige Betreuer haben sich sehr an den Vorschlägen des Konzeptes orientiert, andere brachten neue Ideen ein und erprobten diese. Der Spagat zwischen der Erfüllung der Projektziele mit der verbindlichen und bürokratischen Verwendungsnachweisführung und der offenen Herangehensweise in der Umsetzung hat für eine spezielle Dynamik gesorgt. Das Projekt und die teilnehmenden Personen haben sehr viel dazugelernt. Damit sind die Grundlagen für eine erfolgreiche Fortführung gelegt worden, und das nächste Projektteam kann sich wieder neu einbringen, neue Erfahrungen sammeln und das Projekt weiter mitgestalten.

Die Projektpartner

Mit der Abteilung Bildung und Vermittlung des Herforder Museums Marta und dem Elisabeth-von-der-Pfalz-Berufskolleg, einer Fachschule für die Ausbildung von Erzieher(inne)n, konnten zwei starke lokale Bündnispartner gewonnen werden. Sie sind bereit, den Weg über die gesamte Projektlaufzeit mitzugehen und mitzugestalten. Beide Partner bereichern das Projekt durch ihre jahrelangen Erfahrungen bezüglich kultureller und medienpädagogischer Bildung. Diese sind sehr gut mit den Zielen der Spielmobilarbeit vereinbar, sodass sich ein neues Erlebnis- und Erfahrungsfeld entwickeln kann. Dies gilt insbesondere für Kinder, die bisher eher selten Zugang zu Kulturprojekten hatten. Darüber hinaus kooperiert das Bündnis mit dem Verein der Herforder Gästeführer, mit der Stadtbibliothek, mit dem britischen Verbindungsbüro, der EventVoiceMedia GmbH (Luftbildaufnahmen), Goldfisch Media (Film- und Medienwerkstatt) und dem Familienzentrum Kita Ottelau.

Das Herforder Museum Marta kann auf einen reichen Erfahrungsschatz bezüglich spezieller Kunstangebote für Kinder zurückgreifen. Regelmäßig finden im Museum Kinderführungen, Workshops für Familien und Kinder, Kindergeburtstage und offene Kreativangebote für Kinder statt. Als wir der Museumspädagogin Angela Kahre unsere Projektidee vorstellten, sagte sie: »In unserer Arbeit hat es sich bewährt, mit Kunstprojekten auch nach außen zu gehen.« Kunstkreativangebote außerhalb des Museums in einem anderen Stadtteil anzubieten und damit mehr Kindern die Chance zu öffnen, sich mit dem Thema Kunst und Kultur auseinanderzusetzen, war genau das, was wir uns für unser Kinder-Kultur-Bildungs-Programm vorstellten. Auch Masterstudent (Pädagogik/Kunst/Sport) Jan Welz begeisterte sich für diese Idee und konzipierte auf die Zielgruppe zugeschnittene kleine Workshopeinheiten, die die kreativen Ausdrucksmöglichkeiten der Kinder spielerisch im Quartier unterstützten. Er stand den Kindern während der gesamten Ferienspielwoche als Ansprechpartner und als Begleiter auf Augenhöhe zur Verfügung. Unter seiner freundschaftlichen Anleitung entstanden so Kunstwerke, die die Kinder selbst gestalteten. Zuvor machten sie Ausflüge ins Museum und sahen sich gemeinsam mit ihm das Museumsgebäude und eine Kunstausstellung genau an. Sie stellten Fragen zur besonderen Architektur, schauten sich sehr interessiert die Kunstwerke an und ließen sie auf sich wirken. Es wurde im Atelier gebastelt und gewerkt und die Kinder verarbeiteten ihre bisherigen Eindrücke aus den Stadtteilerkundungen künstlerisch. Die Ergebnisse können sich sehen lassen. Neben einer Pappmachékuh brachten die kleinen Künstler Modelle der Feuerwehr und des Klärwerks mit.

Später suchten sie sich in ihren Kleingruppen besondere Orte in ihrem Stadtteil, die sie Jan Welz als »geheime Orte« beschrieben. Gemeinsam machten sie Skizzen und Pläne, um ein passendes Objekt für ihren Ort zu erstellen. So entstanden ganz unterschiedliche Kunstwerke mit Bezug zu dem Ort im Stadtteil, an dem sie am letzten Projekttag aufgestellt wurden. Damit waren wieder neue Anreize geschaffen, auch für andere Kinder, diese besonderen von Kindern gestalteten Orte im Stadtteil aufzusuchen und zu erkunden und einen Zugang zu Kunstobjekten zu finden. Kunst von Kindern für Kinder.

Der Schulleiter des Elisabeth-von-der-Pfalz-Berufskollegs, Gert Flörke, war ähnlich begeistert von der Idee, mit uns zu kooperieren, wie Angela Kahre vom Museum. Auch er sah für seine Schule eine große Chance in dem Projekt. Die bildungs- und medienpädagogischen Themen werden in die Unterrichtskonzeption aufgenommen. Praxiserfahrungen haben im Schulkonzept einen hohen Stellenwert.

Kinder im Alter zwischen 6 und 12 Jahren, die aus unterschiedlichen Gründen eher selten die Gelegenheit haben, an außerschulischen Bildungsprojekten teilzunehmen, kamen zu den insgesamt vier Wochen Ferienspielen mit dem

Spielmobil Fidibus. Der überwiegende Teil der Kinder wurde über das Jobcenter des Arbeitsamtes angesprochen. Die Teilnahme war kostenlos.

In jeder Ferienwoche haben 30 bis 40 Kinder die Ferienspiele besucht. Treffpunkt war das Stadtteilzentrum Mehrgenerationenhaus »Alte Schule Ottelau«. Hier fanden Betreuer und Kinder ideale Verhältnisse für ein Ferienspiel-Expeditionscamp vor. Nachdem sie eine Woche lang den Großteil des Tages auf dem Gelände des Mehrgenerationenhauses verbracht hatten, konnten sie erleben und verinnerlichen, warum die verschiedenen Bereiche für das Zusammensein in einer Gemeinschaft wichtig sind. Sie erfuhren, dass die Tätigkeiten, denen sie nachgingen, bedeutsam für sie und die Gruppe waren. Ganz nebenbei nahmen sie die Atmosphäre der sehr ansprechend und hochwertig eingerichteten Räume des Mehrgenerationenhauses in sich auf, in denen auch Kunstwerke Akzente setzen. Diese unbewusste Heranführung an die Ausstrahlung von Kunst wirkte sich auf die Gestaltung ihrer eigenen Kunstwerke aus. Mit der Aufstellung der Kinder-Kunstwerke auf dem Gelände des Mehrgenerationenhauses wurden sie Teil des Ganzen und erfuhren eine angemessene Wertschätzung.

Erforschen des Stadtteils

Zum Einstieg lockerten die Erzieher(innen) die Kindergruppe mit lustigen Kennenlernspielen auf. Daraufhin strömten die Kinder aus und erkundeten neugierig das weitläufige Gelände des Mehrgenerationenhauses. Das Chaosspiel zum Kennenlernen des Geländes machte ihnen besonders viel Spaß. Dabei ging es darum, auf dem Gelände 30 Zettel zu finden, auf denen kleine Aufgaben standen, die sie lösen mussten. Auch genossen sie das tägliche Freispiel im Kletterpark und auf dem Wasserspielplatz oder das Erproben der physikalischen Eigenschaften der unterschiedlichsten Fortbewegungsmittel des Spielmobils auf der asphaltierten Fläche.

Einige Kinder hatten ihre Freude daran, sich in einem Reporter-Workshop zu Reportern ausbilden zu lassen. Sie lernten die Grundlagen der Fotografie und der Benutzung von einfachen Programmen kennen. Ein Junge zeigte am Ende der Ferienspielwoche eine Powerpoint-Präsentation, die er völlig eigenständig erarbeitet hatte.

Nachdem auf dem Gelände alles erforscht war, machten sich die Kinder auf, das Quartier zu erkunden. Zuvor durften sie miterleben, wie von ihrem Gelände sowie von ihnen selbst und dem umliegenden Quartier Luftaufnahmen erstellt wurden. Diese wurden unter fachkundiger Anleitung von einer Flugdrohne aufgenommen. Die Kinder werteten eifrig die Fotos aus, entdeckten bekannte Gebäude und Straßen und erlebten so hautnah, wie ein Stadtplan entstehen kann. Dieses Erlebnis war ein besonderer Höhepunkt in jeder Ferienwoche.

Zum Erkunden des Quartiers wurde jeder der vier Kindergruppen jeweils eine Himmelsrichtung zugeordnet. Die Nordengruppe entwickelte dann beispielsweise eine Rallye für die Südengruppe, oder die Ostengruppe kaufte in einem englischen Supermarkt ein und bereitete für die anderen Gruppen ein englisches Frühstück vor. Die Südengruppe fand einen Skaterplatz und die Westengruppe erkundete einen Spielplatz. Weiterhin auf dem Programm standen Picknick im Grünen, Wasserschlacht am Flussufer oder das Suchen nach Spuren von alten Wehranlagen.

Jede Gruppe entdeckte in ihrem Erkundungsgebiet einen besonderen Ort: der Norden einen Bauernhof, der Süden die Feuerwehrwache, der Westen das Herforder Klärwerk und der Osten ein großes Kasernengelände. Sie beschäftigten sich auf unterschiedliche Weise mit den Themen, die sich aus ihrem Entdeckungsort ergaben. Es wurden Tiermodelle aus Pappmaché gebastelt und Modelle von Kläranlagen gebaut, es wurden Feuerwehrspritzspiele erfunden und englische Muffins gebacken.

Mittags trafen sich alle Gruppen im Mehrgenerationenhaus zum gemeinsamen Essen. Im Anschluss gab es eine Ruhephase, in der sich die Kinder beim Vorlesen entspannen konnten.

Vom Expeditionscamp aus wurde der Stadtteil in vier etwa gleich große Viertel aufgeteilt, die sich trichterförmig vom Zentrum in die vier Himmelsrichtungen erstreckten. Für jede Himmelsrichtung wurde eine Expertengruppe gebildet, die jede für sich ihren Bereich erkundete. Alle Gruppen identifizierten sich mit ihren Zielen und erfüllten ihre Aufgaben sehr verantwortungsbewusst. Die Kleingruppen konnten später in der Großgruppe ihr Wissen sammeln und austauschen. Die Kinder machten die Erfahrung, dass nicht jeder Einzelne alles wissen muss. Sie lernten so, wie man angesammeltes Wissen für andere verständlich darstellt und wiederum Wissen von anderen aufnehmen kann. An dieser Stelle kamen unterschiedlichen Medien (z. B. Foto- und Filmkameras, Mikrofone und Notizblöcke, Computer, Beamer und Stellwände) ins Spiel. Wissenstransfer kann durch handgeschriebene Notizen, durch Fotos oder Filme oder durch Erzählung vermittelt werden. Er kann aber auch in Form von Rätseln und Kunstobjekten verpackt und entschlüsselt werden.

Erfahrungsberichte von den vier Himmelsrichtungsgruppen:

Bericht aus dem Norden

Urlaub auf dem Bauernhof! Diesen besonderen Ort haben die Kinder nach einem ordentlichen Fußmarsch entdeckt. Es war wie ein Tag im Urlaub, wie ihn die Kinder eher selten erlebt haben. Zuerst führte der Weg noch durch bekanntes Wohngebiet, dann folgte eine lange Gerade an Feldern entlang. Dabei strömten viele neue Erfahrungen und unbekannte Empfindungen auf die Kinder ein wie müde Füße, Durst, Insektengeschwader und der Blick auf den vermeintlich unendlich langen Weg. Stadtteilerforschen kostet eben auch Mühen, die aber durch tolle Erlebnisse belohnt werden. Endlich, nach mehreren Trink- und Ruhepausen am Ziel angekommen, durften die nächsten spannenden Erfahrungen gesammelt werden. Frische Heuballen zum Austoben und Tiere, die sonst nur im Bilderbuch zu finden sind, gab es zu entdecken. Kühe, Katzen, Hunde, Bullen, Hühner, ein Esel, Kaninchen, Schweine und kleine Ferkel wurden bestaunt. Dann folgte der lange Marsch zurück. Zum Glück war ein großer Bollerwagen mit dabei und konnte einigen Kindern ein paar Meter des Weges abnehmen.

Bericht aus dem Osten

Wie kann man ein Gelände erforschen, um das ein großer Zaun gezogen ist? Es gibt nur einen Eingang, der beschrankt und bewacht ist. Zutritt nur für Berechtigte. Die Stadtteilforscher haben es geschafft! Sie sammelten Fragen, die sie den Menschen, die auf dem Gelände arbeiten, stellen wollten. Mit diesen Fragen gingen sie zum britischen Verbindungsbüro und baten um Einlass. Empfangen wurden sie daraufhin von sehr netten Funkern, die sichtlich Spaß daran hatten, ihre Gerätschaften in einzelnen Stationen extra für die Kinder aufzubauen und zu präsentieren. Alle Sinne wurden angesprochen (Hören, Schmecken, Fühlen, Sehen, Riechen) und viele Fragen beantwortet. Was isst ein Soldat, wenn er unterwegs ist? Was machen die überhaupt hier? Wie fühlt es sich an, wenn man einen Helm auf dem Kopf hat?

Im Osten lernten die Kinder die englische Kultur kennen. Sie kauften in einem englischen Geschäft ein, bereiteten ein typisches englisches Essen vor und sprachen über England.

2015 wird es die Kasernen so nicht mehr geben, die Engländer ziehen ab und hinterlassen uns ein Gelände, das neu geplant werden kann. Werden die Kinder mit dabei sein?

Bericht aus dem Westen

Wo kommt eigentlich unser sauberes Wasser her? Aus dem Klärwerk? Nein, da wird das Abwasser gesammelt – und was passiert damit? Unsere Stadtteilforscher haben es herausgefunden. Ganz in der Nähe der »Alten Schule Ottelau« befindet sich der tiefste Punkt in Herford. Logischerweise sammelt man dort das Abwasser. In einer hochmodernen Anlage wird es aufbereitet, wobei keine Gerüche nach außen dringen. Bei der Besichtigung des Klärwerks wurde allerdings keiner von besonderen Gerüchen verschont. Trotzdem überwog die

Neugierde, und jemand entdeckte tatsächlich eine tote Ratte im Auffangsieb – welch ein Abenteuer! Mehrere Klärstufen durchläuft das Wasser, bevor es wieder in die Werre geleitet wird. Siebe, Pumpen, Klärbecken und hohe Wassersäulen mit Styroporkügelchen gab es zu bewundern. Ein Ferienkind entdeckte das Fotografieren für sich und präsentierte am Ende der Ferienwoche seine Fotos.

Bericht aus dem Süden

Die Feuerwehr kennt jeder. Aber wie kommt man da hin? Wie toll, dass wir zu Fuß dorthin laufen können. Die Straße entlang, ein paarmal abbiegen, unter der Umgehungsstraße hindurch, den kleinen Pfadweg zwischen Wildkräutern hindurch, und schon erreichen wir die Werrestraße und sehen links das auffällige Feuerwehrgebäude. So einfach ist das. Nein, in dem hohen Turm ist nicht der Raum, in dem die lauten Sirenentöne erzeugt werden. Und ja, Feuerwehrhelme, feuerfeste Jacken und Schuhe sind schwer. Sprungtücher werden nicht mehr benutzt, aber Feuerwehrleitern. Wer traut sich, mit hochzufahren? Belohnt wird man mit einem Blick über den Stadtteil und die Umgebung.

Gleich neben der Feuerwehr ist ein Skaterplatz. »Da will ich morgen wieder hin.« Warum heißt die Werrestraße eigentlich Werrestraße? Ach so, weil sie die Straße neben dem Fluss Werre ist. Wieder ein neues Ziel: Die Werre. »Können wir da mal hin?«, fragten die Stadtteilforscher und liefen bei brütender Hitze 20 Minuten lang, um an den kleinen Sandstrand zu gelangen, den die Werre in Herford zu bieten hat. Eine Wasserschlacht mit nassen Füßen war erlaubt. »Hier will ich auch wieder hin! Toll, was für spannende Spielecken unser Stadtteil zu bieten hat!«

Das Betreuer-Team

Das Betreuer-Team setzte sich neben der Leitung von Dipl.-Biol. Ulrike Warnecke aus ausgebildeten Erzieherinnen, Praktikanten des Elisabeth-von-der-Pfalz-Berufskollegs, dem Stadtführer Mathias Polster und dem Kunstpädagogen Jan Welz zusammen. Unterstützt wurde es von dem Medienpädagogen Ivo Tödtmann und dem Luftbildaufnahmenexperten Thomas Dickenbrock.

Erkenntnisse, Ergebnisse und Ausblicke

Die Auswertung der Maßnahmen des Projektes lässt darauf schließen, dass das pädagogische Ziel von »Kultur macht stark«, nämlich Schlüsselkompetenzen vermittelt zu bekommen, die sie brauchen, um ihr Leben erfolgreich zu bewältigen, für viele der teilnehmenden Kinder erreicht wurde.

Die selbst gestellte Aufgabe der mobilen Spielmobilarbeit, Kinder ohne Diagnose, ohne dass sie in ein Raster eingeordnet werden, ohne dass sie ein bestimmtes Ziel erreichen müssen oder eine bestimmte Fertigkeit erlernen sollen, Kinder so zu nehmen, wie sie sind, und sie in ihren ganz persönlichen Potenzialen zu stärken, wurde somit erfüllt.

Beeindruckend und sehr aussagekräftig war z.B. die Aussage eines Jungen, der am ersten Tag noch sehr ichbezogen war: Am Ende der Ferienwoche antwortete er auf die Frage des betreuenden Kunstpädagogen, ob er mit ihm das von seiner Gruppe gemeinsam gebaute Kunstwerk aufhängen wolle, er könne das nicht alleine entscheiden, da das Kunstwerk ja ein Gemeinschaftswerk der Gruppe sei und er die anderen Kinder deshalb erst fragen müsse.

Das Betreuerteam stellte fest, dass die Einhaltung der geregelten Tagesstruktur mit einem ausgewogenen Verhältnis von Anspannung und Entspannung und der geschützte Raum der Kleingruppe den Kindern die Möglichkeit bot, ihre eigenen Potenziale in sich zu entdecken und sich frei von Vorgaben in ihr Spiel versinken lassen zu können. Die Kleingruppe von sechs bis acht Kindern gab ihnen Sicherheit, Geborgenheit und Identifikationsmöglichkeit. Dadurch, dass die Kinder einer bestimmten Himmelsrichtung zugeordnet waren, haben sie nebenbei etwas über Geografie gelernt, ein Beispiel für informelles Lernen.

Die Erkenntnis, dass alleine das Draußensein ein besonderes Erlebnis für viele Kinder bedeutete, macht deutlich, wie wichtig selbst niederschwellige Aktionen für sie sind. Sie lernen so, sich und ihre Umgebung anders wahrzunehmen.

Bemerkenswert war die Beobachtung, dass gerade die Kinder, denen man es aufgrund ihres Bewegungsdrangs nicht zugetraut hätte, ihr Verhalten in der Umgebung des Museums und in der Beschäftigung, im Versunkensein und im Schaffen plötzlich veränderten und ruhig und konzentriert an ihrem Werk arbeiteten.

Wie oben beschrieben, bewegten sich die Betreuer in einem lockeren, vorgegebenen Rahmen. Sie hatten die Vorgabe, in jeder Ferienspielwoche vier Gruppen zu bilden, mit denen sie die Stadtteile erkunden sollten. Für die zweite Ferienspielwoche setzten sich die Betreuer dafür ein, dass die Kinder nur in zwei Gruppen (eine Nord-Süd-Gruppe und eine West-Ost-Gruppe) aufgeteilt werden sollten. Am Ende der Woche stellten sie fest, dass die Kinder sich in den vier kleineren, deutlicher abgegrenzten Gruppen wohler fühlten. In der größeren Gruppe wurde ihre Expertenfunktion verwischt. Kinder, die in beiden Wochen teilgenommen hatten, gaben die Rückmeldung, das Erkunden in der kleineren Expertengruppen habe mehr Spaß gemacht. Letztendlich konnten sich die Betreuer mit ihrer Idee nicht durchsetzen, aber sie hatten die Möglichkeit erhalten, sich mit einzubringen und ihre Erfahrungen auf die letzten beiden Wochen zu übertragen. Diese Erfahrung war für fast alle der jungen Betreuerinnen und Betreuer im Alter zwischen 17 und 25 Jahren neu.

An dieser Stelle ist erwähnenswert, dass sich insbesondere die 17- bis 20-Jährigen in der ersten Ferienwoche noch sehr zurückhaltend und teilweise unsicher verhielten. Am Ende der letzten Ferienwoche stellten sie fest, dass sie sowohl als Gruppe als auch persönlich eine positive Entwicklung durchlaufen hatten. Wurde zu Beginn noch darüber diskutiert, wer sich mehr und wer weniger bei unbeliebten Diensten wie Aufräumen, Früh- und Küchendienst engagierte, wurden diese Dinge in der letzten Woche nicht mehr thematisiert. Es wurde nur noch festgestellt, dass sich ein Team gebildet hatte, in dem jeder sich mindestens so viel einbrachte, wie es für das Gelingen des Gesamtunternehmens nötig war. Dank erhielt das Team in Form von fröhlichen und ausgeglichenen Kindern, die eine sehr freundschaftliche Beziehung zu ihren Betreuern hatten aufbauen können. Die Situation ist vergleichbar mit der in einer Familie, in der die Eltern ihre Kinder ihre eigenen Erfahrungen machen lassen, getreu dem Motto »Grenzen setzen – Freiheiten gewähren«, und dabei wirklich nicht eingreifen, auch wenn sich schon abzeichnet, dass die gesetzten Zielvorstellungen nicht erreicht werden. Wenn die jüngere Generation im Nachgang dann noch ermutigt wird, hat ein erfolgreicher Lernprozess stattgefunden.

In ihrer schulischen und auch praktischen Ausbildung waren es die ausgebildeten und angehenden Erzieher(innen) gewohnt, sich sehr eng an Vorgaben halten zu müssen. Einige wuchsen durch die Möglichkeiten, sich in der Umsetzung des Projektes selbst mehr einzubringen, über sich hinaus und fühlten sich mit Recht in der Lage, beim nächsten Mal eigenverantwortlich eine Gruppe zu leiten.

Ein Beispiel für gelungene Partizipation ist die Gründung einer »Bande«, wie Betreuer und Stadtführer Mathias Polster seine Kleingruppe bezeichnete. Dabei handelte es sich um eine Gruppe von drei 9- und 10-jährigen Jungen und ihm selbst. Die Jungen fielen bei einigen Gemeinschaftsaktionen auf, weil sie sich nicht einbringen wollten. In der neu gegründeten »Bande« ließen sie sich auf ihre selbst gestellten Aufgaben ein und arbeiteten tagelang ausdauernd und sehr kooperativ an einem Kartonbauwerk.

Der neue Ansatz des Museums Marta, Kunst spielerisch und niederschwellig ins Quartier zu bringen anstatt Kunstangebote für Kinder nur in den Museumsräumen anzubieten, ist ein fruchtbarer Boden für weitere Kunstaktivitäten im Quartier.

Vielleicht entsteht im Mehrgenerationenhaus demnächst ein Kunstatelier für Kinder. Kontakte zu Künstlern, potenziellen Unterstützern oder Betreuern bestehen bereits durch die alljährlichen Offenen Ateliers. Mit dabei ist z. B. ein Holzbildhauer, der regelmäßig in Schulen Projekte mit Schülern durchführt und im Mehrgenerationenhaus seine Werkstatt eingerichtet hat.

Es könnte auch sein, dass die Großväter, die im Anschluss an ein Großväterprojekt des Mehrgenerationenhauses noch gerne mit ihren Enkeln wöchentlich die Räumlichkeiten nutzen, die Idee des »Erinnerungskoffers« weiterverfolgen und so möglicherweise ein kleines Stadtteilmuseum aufbauen. Einige Großväter haben im Rahmen der Biografiearbeit des genannten Projektes einen Koffer gepackt, in dem sie Erinnerungsstücke aus ihrem Leben gesammelt haben.

Des Weiteren gibt es Ideen, bei Neupflanzungen auf dem Gelände die Bedarfe der Grünholzwerkstatt des Spielmobils zu beachten und vorzugsweise regionale Gehölze zu pflanzen, die sich gut zum Schnitzen eignen. Wenn diese mit kleinen Namensschildchen beschriftet werden, ist wieder ein neuer Lernort entstanden.

Zusammenfassend lässt sich festhalten, dass das Projekt die vielfältigen Potenziale des Geländes des Mehrgenerationenhauses aufgedeckt hat. Strukturen und Personen für die Umsetzung sind somit gegeben, sie müssen nur noch zusammengeführt werden. Den teilnehmenden Kindern wurden viele Erlebnisse ermöglicht, die sie sichtlich gestärkt haben. Die Tatsache, dass sie alle gerne an weiteren Ferienspielen teilnehmen möchten, bestätigt die Bündnispartner und motiviert sie, die nächsten Aktionen zu planen. Kultur macht stark!

Zusammenhang zur BAG (Das Projekt)

»Kultur macht stark – Bündnisse für Bildung« heißt ein vom Bundesministerium für Bildung und Forschung initiiertes Projekt. Von 2013 bis 2017 fördert der Bund 35 Maßnahmen kultureller Bildung bundesweit tätiger Verbände, die von lokalen Bündnissen umgesetzt werden. Im Frühjahr 2013 hat sich das Spielmobil Fidibus des Deutschen Roten Kreuzes in Herford für die Teilnahme an dem Förderprojekt »Bildungslandschaften spielend erkunden und mitgestalten« bei der Bundesarbeitsgemeinschaft der mobilen spielkulturellen Projekte e. V. erfolgreich beworben.

Spielreihe mit Schülern – angewandte Spielpädagogik

Zwischen dem Familienzentrum Ottelau, der Integrationsagentur des DRK-Verbandes Herford und Herforder Schulen bestehen seit Jahren Kooperationen. So ist das Familienzentrum Mitglied des Netzwerkes Kita & Co – vom lernenden Spielen zum spielenden Lernen (www.kita-co.de/), und die DRK-Integrationsagentur erarbeitet mit der örtlichen Hauptschule gemeinsame Konzepte zum Thema »Lernen lernen«.

Durch den Kontakt zu der nächstgelegenen Realschule über die Ersthelfer-Ausbildung von Schülern entstand eine neue Idee, wie Schülerinnen und Schüler die Gelegenheit bekommen können, ihr erworbenes Wissen in der

Praxis anzuwenden. Da im Bereich der Spielmobilarbeit immer ehrenamtliche Helfer gebraucht werden, haben wir sie eingeladen und ihnen unser kleines Quartier auf besondere Art vorgestellt: Wir haben mit ihnen eine Spielreihe durchgeführt. Bei den Teilnehmern dieser Aktion handelte es sich um eine Schülergruppe der 9. und 10. Jahrgangsstufe, die im Rahmen ihrer AG (Soziales Lernen) mit ihrer Lehrerin zu mir gekommen waren.

In deren Alter kann man davon ausgehen, dass Spielen nicht mehr so selbstverständlich gelebt wird, wie das bei jüngeren Kindern der Fall ist. Daher stellte ich mich mit Vornamen vor und versuchte so, der Situation den Schulcharakter zu nehmen. Mir war wichtig, den Schülern zuzusichern, bei allen anstehenden Aktionen ausschließlich freiwillig handeln zu dürfen. Nicht mitmachen zu wollen oder eine Auszeit zu nehmen werde jederzeit respektiert.

Wir begannen wie eine kleine Reisegruppe über das Gelände und durch die Gebäudeteile zu ziehen. Dabei wurde als Erstes ein ruhiges Spiel – Kennenlern-Bingo (Material: Kopien der Bingo-Zettel, Stifte) – als eine Art Warming-up gewählt. Dem folgte ein Bewegungsspiel (Material: Ball) im Freien. Das nächste Spiel hatte Pausencharakter, weil die Teilnehmer im Café Platz nehmen konnten und ihnen ein kleiner Drink (Material: selbst hergestellter Smoothie) serviert wurde. Daran schloss sich das Spiel »Das blaue Sofa« (Material: Krimskrams) an, für das eine vertraute, entspannte Atmosphäre vorteilhaft ist. Das folgende Gruppeneinteilungsspiel (Material: Kärtchen mit Familiennamen) im engen Flur der Sporthalle hatte einen großen Spaßfaktor und stimmte auf das letzte Spiel ein. Bei diesem Kooperationsspiel (Bühnenelemente, Holzstäbe) in der Sporthalle ging es zum Höhepunkt der Reise um viel Spaß und wenig Regeln.

Die Spielaktion hat zum gewünschten Erfolg geführt. Nach anfänglicher Zurückhaltung beim Spielen und demonstrativem Desinteresse durch Beschäftigung mit dem Handy waren alle Schülerinnen und Schüler von der letzten Spielaktion so gebannt und fasziniert, dass sie die Zeit vergessen haben – sie befanden sich im sogenannten Flow. Wie zu erwarten, kommen alle Schülerinnen und Schüler gerne wieder, um sich bei den wöchentlichen Aktionen des Spielmobils auf dem Gelände des Mehrgenerationenhauses einzubringen.

Das Grossvater-Enkelkind-Projekt

Das Großväter-Projekt des DRK-Kreisverbandes Herford-Stadt e.V. »GEBi – Großväter-Enkelkind-Beziehungen im interkulturellen Kontext« wurde in der Integrationsagentur des Verbandes konzeptioniert und zwei Jahre lang aus Mitteln des Bundesministeriums für Familie, Senioren, Frauen und Jugend gefördert. Die Veranstaltungen fanden u.a. in Kooperation mit verschiedenen Herforder Einrichtungen in und außerhalb Herfords statt und dementsprechend an unterschiedlichen Standorten mit unterschiedlichen Teilnehmern. Hauptziel des GEBi-Projektes war es, die Großvaterschaft und die Großvater-Enkel-Beziehungen sowie die Lebensqualität und Erziehungskompetenzen von (Paten-)Großvätern mit Kindern und Jugendlichen zu verbessern. Zu Beginn des Projektes galt es in erster Linie herauszufinden, welche Ansprache Großväter benötigen, um sich aktiv in die Erziehungsarbeit einzubringen. Auf Grundlage des Konzeptes, das insbesondere im ersten Projektjahr vorsah, durch niederschwellige Maßnahmen Kontakt zur Zielgruppe aufzunehmen, wurden im ersten Halbjahr Angebote sowohl zur Weiterbildung als auch Angebote zur Freizeitgestaltung gemacht. Im zweiten Halbjahr kam ein regelmäßiges wöchentliches Angebot hinzu, um die Verbindlichkeiten der Teilnehmer offener zu gestalten. Im zweiten Projektjahr etablierte sich dieses Angebot, und es konnten die Schwerpunkte aufgrund der Erfahrungen des ersten Jahres im zweiten Projektjahr spezifischer gestaltet werden, indem sie mehr auf die Bedürfnisse der Großväter zugeschnitten waren. So wurden Werkangebote und Gesprächsrunden eingeführt und im letzten Halbjahr aufgrund des großen Interesses verstärkt Biografiearbeit in unterschiedlicher Form angeboten. Des Weiteren fanden Einzelgespräche statt, es wurden Biografiekoffer gepackt und eine App entwickelt, die die Großvater-Enkel-Beziehung zum Thema hat.

Die Großväter und Enkelkinder konnten aus folgenden Angeboten wählen:

- Workshop Werken »Hör mal, wer da hämmert!«
- Großväternachmittag
- Geschichtenwerkstatt »Märchen für Jung und Alt«
- Gestaltung des Außengeländes
- Erziehungsseminar für Großväter
- PC-Kurse für Großväter
- Sprach-, Erste-Hilfe-, Selbstbehauptungskurse für Großväter
- Gedächtnis- und Motivationstraining für Großväter
- Projekt »Musikreise für Großväter und Enkelkinder«
- Exkursionen mit Großvätern und Enkelkindern
- Spielmobilbetreuung durch Großväter
- Großväter-Biografiearbeit
- Väterarbeit »Gemeinsam werken, basteln etc.«
- Erzählcafé in der türkischen Gemeinde
- Biografiegespräche
- Grünholzwerkstatt
- Großväterschwimmen
- Kochkurse für Großväter und Enkelkinder
- Workshop »Großvater-Enkelkind-App«
- Workshop Modellbau Garteneisenbahn »Vorwärts – rückwärst – tüt«

- Workshop »Ferngesteuerte Fahrzeuge«
- Workshop »Modellhubschrauberfliegen«

Die Auflistung der erfolgten Maßnahmen des GEBi-Projektes stellt die Vielfältigkeit der Angebote dar und zeigt auf, in welch unterschiedlichen Bereichen Erfahrungen gemacht wurden.

Die Weiterbildungsangebote (Erste-Hilfe-Kurs, türkischsprachiges Erziehungsseminar, Computerkurse) wurden gerne angenommen. Die meisten Teilnehmer tauschten sich untereinander aus und einige fanden Gefallen daran, sich zu reflektieren. Dagegen empfanden die Analphabeten und bildungsfernen Teilnehmer die Tagesseminare als belastend, fanden in den gewährten Pausen jedoch auch Erholung.

Die Informationsveranstaltungen wurden in unterschiedlicher Intensität besucht. Sobald sich ein persönliches Gespräch ergab, waren die Teilnehmer von den Aktivitäten sehr beeindruckt, was allerdings nur in Einzelfällen zur Teilnahme an weiteren Veranstaltungen führte.

Während der gemeinsamen Veranstaltungen mit Großvätern und Enkelkindern wurde die enge Beziehung zwischen denselben sehr deutlich. Beide Seiten erlebten die gemeinsame Zeit sehr intensiv und wünschten sich einen häufigeren Kontakt.

Ein Großvater konnte als ständiger Projektbegleiter gewonnen werden. Er unterstützte und begleitete das GEBi-Projekt sowohl durch seine theoretische (ehem. Deutsch- und Sportlehrer) als auch praktische Lebenserfahrung (Großvater von drei Enkelkindern) sowie durch die Übernahme der Betreuung des wöchentlichen offenen Treffs. Auch nach Ablauf des Projektes wird dieser Großvater-Enkelkind-Treff fortgeführt.

Im zweiten Projektjahr konnte auf den Erfahrungen des ersten Projektjahres aufgebaut werden. Zu Beginn des Jahres wurde ein Musikprojekt mit Kindergartenkindern durchgeführt, indem sich eine Theaterpädagogin intensiv über einen längeren Zeitraum hinweg mit den Kindern über Großvatergeschichten austauschte, diese musikalisch aufbereitete und zum Abschluss eine eigene Inszenierung der Gruppe vortragen konnte.

Es wurden Großvätern und Enkelkindern weiterhin Veranstaltungen in kleinen vertrauten Gruppen angeboten, wie beispielsweise die Kochkurse für Großväter und Enkelkinder »Opa kocht ...«.

Sehr gut wurde die Grünholzwerkstatt unter Anleitung eines erfahrenen Holzschnitzers und Erziehers besucht. Es hat sich daraufhin eine Gruppe von Großvätern gefunden, die auf dem Gelände des Mehrgenerationenhauses eine Grünholzwerkstatt für Kinder aufbaute, in der regelmäßige Schnitzaktionen stattfinden. Dafür wurde neben der bereits bestehenden Holzwerkstatt in einem Bauwagen eine Holzhütte mit den entsprechenden Grünholzschnitzwerkzeugen eingerichtet.

Bezüglich der Biografiearbeit wurde eine sehr innovative Idee umgesetzt, indem gemeinsam mit Großvätern, Enkelkindern, einem Theaterpädagogen und einem Informatiker eine Großvater-App entwickelt wurde.

Parallel zu den Angeboten im Mehrgenerationenhaus wurden in der türkischen Gemeinde Treffen mit den Großvätern organisiert, die unterschiedlich ausgestaltet waren. Neben niederschwelligen Treffen beim Frühstücken wurde im Bereich der Biografiearbeit intensiver und individueller mit den Großvätern gearbeitet. Ein Ergebnis dieser Arbeit sind Biografiekoffer, die einzelne Großväter zusammengestellt haben.

Insgesamt kann festgehalten werden, dass die Angebote umso besser angenommen wurden, je passender sie auf die jeweilige Persönlichkeit des Großvaters zugeschnitten waren.

Zwischenzeitlich bestand die Aussicht, dass das Projekt um ein weiteres Jahr hätte verlängert werden können. In diesem Fall hätten die Angebote des Mehrgenerationenhauses mit denen in der türkischen Gemeinde verknüpft werden können. Gegen Ende des zweiten Projektjahres wurden bereits aussichtsreiche Kontakte geknüpft. Die große Teilnehmerzahl an der Abschlusstagung des Projektes zeigte, dass eine Fortführung des Projektes viele Anhänger(innen) hat.

Partizipation

Um eine Partizipation von Großvätern und Enkelkindern zu erreichen, ist es wichtig, allen Beteiligten genügend Zeit und Raum zu geben. Mitmachen ist etwas anderes als Sich-Einbringen, es verlangt eine höhere Kompetenz und die Bereitschaft, sich einzulassen und etwas von sich preiszugeben.

Bei der Planung von Beteiligungskonzepten müssen zunächst die Bedürfnisse der Zielgruppe betrachtet werden. Die Erfahrung zeigt, dass es nicht den typischen Großvater und nicht das typische Enkelkind gibt. Die Gruppe der Großväter gemeinsam zu beschreiben ist nicht nur deshalb praktisch unmöglich. Alleine die Altersspanne, die von Großvätern abgedeckt wird, zieht sich über mehr als die halbe Lebenszeit. Großväter im Alter von 40 bis 50 Jahren nehmen ebenso teil wie Großväter über 80 Jahre.

Die breite Palette der Angebote des Herforder GEBi-Projektes ermöglicht Großvätern aus allen Altersstufen, aus allen sozialen Schichten und allen Familiensituationen, sich zu beteiligen.

Fazit

Während der zweijährigen Projektlaufzeit sind sehr viele Maßnahmen durchgeführt worden, die Großväter und Enkelkinder angesprochen haben. Wie beschrieben, wurden durch das Projekt viele Anregungen gegeben, wie eine erfolgreiche Arbeit mit Großvätern und ihren Enkelkindern erfolgen kann. In Herford ist sie nicht mehr wegzudenken, da sich durch die Kontakte unter den Großvätern eine gewisse Eigendynamik entwickelt hat. Das Mehrgenerationenhaus bietet ihnen ein ideales Umfeld, in dem sie sich weiterhin treffen können und ihre Ideen weiterentwickeln können. Unterstützung bekommen sie vom Kreisverband Herford-Stadt e. V., indem dieser weiterhin besondere Veranstaltungen für die Großväter anbietet. Perspektivisch ist vorstellbar, dass im Mehrgenerationenhaus Visitationen von Interessierten stattfinden könnten. Sie würden von aktiven und engagierten Großvätern begrüßt und könnten miterleben, wie bereichernd das Sich-Einbringen für die nächste Generation sein kann.

Abschließend sollte erwähnt werden, dass des Öfteren das Thema der Beteiligung der Großmütter kontrovers diskutiert wurde. Rückblickend wäre es sinnvoll gewesen, diese Thematik zu Beginn des Projektes mit den Projektteilnehmern näher zu betrachten.

Zusammenfassend lässt sich feststellen, dass das Thema »Gleichstellung der männlichen Bevölkerungsteile« nicht nur für Migranten neu und ungewohnt ist.

Insgesamt entwickelte sich das Projekt stetig fort und brachte zum Schluss viele Ansätze hervor, die auch andernorts umgesetzt werden können. Die Bevölkerung zeigte sich durchweg aufgeschlossen gegenüber der Arbeit mit Großvätern. Die zaghaften Annäherungsversuche der männlichen Familienmitglieder zeigen, dass auf der einen Seite Interesse an der Mitarbeit besteht, auf der anderen Seite aber auch eine gewisse Unsicherheit herrscht, welche Auswirkungen sich durch diese Mitarbeit für sie ganz persönlich, ihre Familien und die Wahrnehmung in der Öffentlichkeit ergeben. Im Laufe des Projektes hat sich gezeigt, dass die regelmäßigen Treffen der Großväter mit ihren Enkelkindern mehr und mehr zur Normalität wurden.

Um eine Nachhaltigkeit der begonnenen Aktivitäten zu gewährleisten, müssen die Angebote über einen längeren Zeitraum hinweg bestehen bleiben. Solange das Mehrgenerationenhaus in Herford bestehen bleibt, werden die Großväter-Enkelkind-Angebote zum Programm gehören.

Zusammenfassung

Mit den ausführlich beschriebenen Projekten haben wir einen Einblick in das Leben und Lernen in unserem Quartier gegeben. An anderer Stelle werden wir über weitere Projekte, Aktionen und Kooperationen (Projekt »Go find your way«, Projekte der Bewegungs-Kita, Mehrgenerationengarten, Projekt Chancenreich) bei uns berichten.

In der neuen »Alten Schule Ottelau« pulsiert das Leben getreu dem Motto »Traditio et Innovatio« – Altes darf bestehen bleiben und Neues kann hinzukommen.

Wie in der Natur wachsen wie von selbst ständig neue Strukturen, die tiefe Wurzeln schlagen und zu festen Bestandteilen des Quartiers werden, oder die wie eine einjährige Pflanze die Gemüter für eine Saison erhellen, um für die folgende Jahreszeit Platz für neue Gewächse zu machen. Zu Beginn des Wachstums müssen die zarten Pflänzchen besonders umsorgt werden. Wir verstehen uns an dieser Stelle als Impulsgeber und Wegbegleiter. Wir spüren die Kraft der fruchtbaren Erde und wissen um die Bedeutung der Weitergabe von Erfahrungswissen. Mit der Zeit zeigt sich, ob die Sprösslinge Bestand haben in der vorhandenen Flora und Fauna und dort wohlwollend aufgenommen werden. Ganz nebenbei besinnt sich so die alte Schule ihrer Wurzeln. Sie blüht in einer neu entstandenen Bildungslandschaft mit einem anderen – heute außerschulisch genannten – Lernen wieder auf. Es ist eine Keimzelle der Zukunft.

Autor und Autorin

Hoffmann, Ralf, Dipl.-Sozialarbeiter, Spielpädagoge, Kreisgeschäftsführer des DRK-Kreisverbandes Herford-Stadt e. V., Mitglied im Kuratorium der Bürgerstiftung des Kreises Herford, Mitglied im Vorstand der Bundesarbeitsgemeinschaft spielkultureller Projekte e.V., Sachkundiger Bürger im Jugendhilfeausschuss, Gründer des Spielmobils Fidibus im Kreis Herford, Gründer und Entwickler des Mehrgenerationenhausprojektes »Alte Schule Ottelau«, Fundraiser.

Warnecke, Ulrike, Dipl.-Biologin, Spielpädagogin, Erziehungsberaterin, Projektkoordinatorin beim DRK-Kreisverband-Herford Stadt e. V. Mehrgenerationenhaus/Spielmobil, Sachkundige Bürgerin im Schulausschuss und Jugendhilfeausschuss der Stadt Herford, Initiatorin und Mitgründerin einer Grundschule in freier Trägerschaft, langjährige Vorsitzende des Stadtschulverbandes Herford, Multiplikatorin des Programms FREUNDE, eines Präventionsprogramms für Kindertageseinrichtungen, Mitentwicklerin von Bildungsprogrammen und Keywork-Projekten für Kinder und Erwachsene.

4.9 Keywork und Schule

Wie es zu diesem Projekt kam

Erika Wecker

Es war im Jahr 2009, als ein kleiner Kreis engagierter Pädagoginnen über den Wert von Kultur für Kinder diskutierte und darüber, was den Kindern vorenthalten bleibt, die nicht am kulturellen Leben teilhaben können. Der Begriff »Kultur als Lebensmittel« war der Funke für unsere Idee, uns für ein kulturelles Projekt an einer Schule im sozialen Brennpunkt einzusetzen. Bei weiteren Gesprächen entstand der Wunsch, dieses Kulturprojekt in einen größeren Projektrahmen zu stellen. Die Initiatorin von Keywork in Düsseldorf, Karin Nell, wurde einbezogen und erklärte sich bereit, die Leitung für die Etablierung eines Keywork-Projekts zu übernehmen.

Eine Schule war mit der »Katholischen Paul-Klee-Grundschule« Gerresheimer Straße in der Düsseldorfer Stadtmitte schnell gefunden. 80 Prozent der Schüler kommen aus Familien mit einem Migrationshintergrund. Die Schule wird geleitet von einer innovationsfreudigen Schulleiterin mit engagiertem Kollegium, die mit Offenheit und Kreativität bereits ein beachtliches Angebot für die Schüler schaffen konnte, das mit dem normalen Schuletat nicht einzurichten gewesen wäre. Die Schule stand der Idee eines Keywork-Projekts offen gegenüber.

Ein Sponsor erklärte sich bereit, zur Etablierung des Projekts ein Keywork-Seminar zu finanzieren, in dem interessierte Menschen im nachberuflichen Leben zusammenkommen mit dem Ziel, im Rahmen der individuellen Interessen und Fähigkeiten eines jeden Teilnehmenden Themen zu suchen, die man immer schon vertiefen oder weitergeben wollte, dafür Mitstreiter mit ähnlichen oder korrespondierenden Interessen zu finden für ein mögliches Gruppenprojekt, und dieses gemeinsam zu entwickeln für ein Angebot an die Schüler der Paul-Klee-Schule.

Über Presse und Mund-zu-Mund-Werbung kamen im Herbst 2010 etwa 20 Teilnehmer(innen) zu einem vierteiligen Keywork-Seminar zusammen, das von Karin Nell geleitet wurde.

Nach nur wenigen Sitzungen hatten sich Kleingruppen mit Projektthemen gefunden, die zunächst einmal unstrukturiert als Möglichkeiten vorgestellt wurden:

- Singen mit Schülern
- Werken mit Holz und die dafür notwendige Errichtung und Einrichtung eines Werkraums
- Alles um Nadel und Faden
- Herstellen von Handpuppen, wie sie Paul-Klee für seine Kinder anfertigte
- Physikalische Versuche
- Kochgruppe mit Kindern und gemeinsames Mittagessen
- Kulturprojekt »Besuche von Kulturveranstaltungen« in Kleingruppen

Die Projektgruppe »Bauen und Basteln mit Holz« hat inzwischen – wir beginnen gerade das Jahr 2014 – Mittel für die Erstellung eines funktionsfähigen Werkraums eingeholt und arbeitet regelmäßig darin; das Einpersonenprojekt »Physikalische Versuche« wird durchgeführt; bei einem zweitägigen Workshop wurden mit Lehrerinnen der Paul-Klee-Schule und anderen Interessierten Handpuppen in Anlehnung an die von Paul Klee hergestellt und später auch mit den Schüler(inne)n angefertigt, das Projekt »Kochen mit Kindern« findet wöchentlich mit anschließendem gemeinsamen Mittagessen mit den Kindern der Gruppe statt, und das Projekt »Kulturveranstaltungen für Kinder« ist ebenfalls regelmäßig aktiv.

Für alle Projektgruppen gilt, dass die Projektleiter für die entstehenden Kosten verantwortlich sind und Mittel dafür suchen, d. h. der Schule keinerlei Kosten entstehen. An den Kosten der Kochgruppe beteiligt sich die Düsseldorfer »Kindertafel«.

Um einen Einblick in den Ablauf eines solchen Projekts zu ermöglichen, berichte ich stellvertretend als Mitglied des Projekts »Kulturveranstaltungen« über unsere mehr als dreijährigen Erfahrungen.

Kulturveranstaltungen für Kinder

Wir drei Ruheständlerinnen (Nicole Vecchietti, Linde Heck, Erika Wecker) sind angetreten mit dem Ziel, uns dafür zu engagieren, Kindern aus benachteiligten Milieus Zugang zur Teilhabe am kulturellen Leben unserer Stadt zu sichern.

Wir glauben an die Kraft der Kunst in all ihren Ausdrucksformen, die Energien freisetzt, über die neue Lebensräume entdeckt und geöffnet werden können. Immer wieder ist in Autobiografien zu lesen, wie ein Kunsterlebnis neue Lebensweichen gestellt hat. Wenn wir auch an unser kleines Kulturprojekt nicht solch hohe Erwartungen knüpfen, sind wir dennoch davon überzeugt, dass »Kunst als Lebensmittel« nachhaltige Wirkung auch schon bei Grundschulkindern hat.

Die »Paul-Klee-Grundschule« mit ihrer Eltern- und Schülerschaft entspricht genau der Zielgruppe, die wir erreichen möchten. Sie befindet sich in der Stadtmitte Düsseldorf, einem Stadtteil im sozialen Brennpunkt. 80 Prozent der Schüler und Schülerinnen haben einen Migrationshintergrund. Der Zugang zum kulturellen Leben bleibt ihnen weitestgehend verschlossen.

Mit unseren Projektzielen ist uns wichtig, auch die Eltern der teilnehmenden Kinder immer wieder zu den Kulturveranstaltungen einzuladen, um so Eltern in den Lebensraum Schule mit einzubeziehen, Eltern und Kindern gemeinsam über ihren Alltag hinaus neue Erfahrungen in neuen Kulturräumen zu ermöglichen.

Bei den Veranstaltungsbesuchen möchten wir in lockerer Atmosphäre mit Eltern und Kindern in ein persönliches Gespräch kommen und mehr von ihrem Alltag und ihren Bedürfnissen erfahren.

Die Gruppengröße ist pro Termin auf sechs Schüler und Schülerinnen (im Folgenden wird der Einfachheit halber »Schüler« als männlich und weiblich benutzt) begrenzt, denn die Kulturbesuche sollten eher einem Besuch mit der Familie als einem Unterrichtsgang gleichen. Jeder Schüler und jede Schülerin soll sich persönlich angesprochen und gesehen fühlen, jeder und jede zu Wort kommen, und vor allem sich im geschützten Raum der kleinen Gruppe ungehemmt äußern können.

Wir wissen, dass diese idealen Bedingungen in der üblichen Größe einer Klasse nicht gegeben sind. Die Auswahl der Schüler(innen) für unsere Kulturbesuche soll nicht nach Leistungskriterien, sondern nach pädagogischen Gesichtspunkten erfolgen. Es ist uns wichtig, auch verhaltensauffällige Schüler(innen) einzubeziehen. Diese sollten uns aber nicht als schwierig angekündigt werden, damit wir allen Kindern gleichermaßen vorurteilsfrei begegnen können.

Wir haben in Absprache mit der Schule entschieden, diese Kulturbesuche überwiegend mit Schüler(inne)n des 3. Jahrgangs durchzuführen, statt – wie anfänglich angedacht – alle Schüler(innen) aller Jahrgänge einzubeziehen. Mit dieser Fokussierung auf einen Jahrgang (mit zwei Parallelklassen) soll sichergestellt werden, dass jeder Schüler und jede Schülerin im Laufe eines Schuljahres mindestens einmal – besser zweimal – an einem Kulturbesuch teilnimmt. Mit dem jahrgangsfixierten Konzept ist der Austausch der Schüler(innen) untereinander besser gewährleistet, weil jeweils aus beiden Klassen drei Kinder unterwegs sind. Das Interesse der in der Schule gebliebenen Mitschüler(innen) an den Erlebnisberichten ist groß, denn bei einem der nächsten Kulturausflüge werden die in der Schule verbliebenen Schüler(innen) dabei sein können. Es sei angemerkt, dass alle Veranstaltungen während der Schulzeit stattfinden.

Auflistung einiger Kulturbesuche:

- Puppentheater Helmholtzstraße für Erstklässler(innen)
- Junges Schauspiel/Schauspielhaus: »Aschenbrödel«, »Undine, die kleine Meerjungfrau«, »Swchwrm«, »Peter Pan«, »Momo«
- FFT: »Haar in der Suppe«, »Der Fuchs, der den Verstand verlor«
- Filmmuseum
- Kino im Rahmen des Kinderkinofestes
- Brauchtumsmuseum »Düsseldorfer Karneval«
- Opernhaus mit den Märchen »Hänsel und Gretel«, »Die Prinzessin auf der Erbse«, »Die chinesische Nachtigall«, »Die Zauberflöte« für Kinder (mehrfach)
- Museum »Kunstsammlung NRW« und »Kunsthalle« mit pädagogischer Führung

Erfahrungsbericht

Die Resonanz der Kinder ist durchweg positiv. Sie nehmen gern an den Kulturveranstaltungen teil und lassen sich mal mehr, mal weniger begeistern. Ein weiteres Ziel unserer Besuche ist das Sprechen über das Erlebte, denn wir stellen fest, dass nicht nur den Migrantenkindern die Sprache dafür fehlt.

Das Projekt ist laut Schulleitung organisatorisch zwar das aufwendigste der Schule, vom Erfahrungsgewinn für die Schüler(innen) sind jedoch alle überzeugt, und alle Beteiligten wünschen sich eine Fortsetzung.

Nur in Ausnahmefällen wird das Drittes-Schuljahr-Konzept durchbrochen, so etwa bei einer besonderen Veranstaltung für jüngere Schüler(innen), die wir ihnen nicht vorenthalten sollten.

Da sich das kulturelle Angebot wiederholt und es wenig Auswahl für unsere Altersgruppe gibt, starten wir mit Skepsis den Versuch, mit den Schüler(inne)n ein Kunstmuseum zu besuchen. Wir entscheiden uns für die »Kunstsammlung NRW« mit Führung einer Kunstpädagogin und mit anschließender praktischer Arbeit.

Die Erfahrung, die wir dabei machen, übertrifft unsere Erwartungen. Wir besuchen das Museum im Laufe des Schuljahres mehrere Male – immer unter Anleitung einer Museumspädagogin – und machen jedes Mal ähnlich positive Erfahrungen.

Ein Besuch in der Kunstsammlung NRW

Alle Schüler(innen) aller Gruppen reagieren beeindruckt auf die Säle mit den riesigen Kunstwerken. Beim Besuch, über den hier berichtet werden soll, haben sich die Schüler(innen) mit der Pädagogin vor der Führung für »bunte Bilder« entschieden. Aber schon auf dem Wege zu den »bunten Bildern« sind sie von einem Jackson Pollock so fasziniert, dass sie davor stehen bleiben und Fragen stellen – obwohl schwarz-weiß-grau! Alle sechs Kinder äußern sich dazu, was sie auf dem Bild sehen – und das ist Beachtliches. Ein chinesischer Junge, der auf dem Weg zum Museum kaum ein Wort gesagt und uns mit unseren Fragen knapp abgefertigt hat, sprudelt seine Eindrücke nur so heraus. Aber wir wollen ja weiter zu den bunten Bildern.

Auf der Weg dorthin, auf der Wendeltreppe, entdeckt eine Schülerin ganz begeistert weiter hinten in der Halle ein »ganz tolles« Bild, das daraufhin alle sehen wollen. Die sehr flexible Pädagogin geht darauf ein – obwohl es ein schwarzes ist, ein Jasper Johns, aus dem die Kinder ganz vieles heraussehen, was sehr lebendig und spannend durch die Pädagogin ergänzt wird.

Und dann können die Schüler(innen) den »tollen« Roy Lichtenstein gegenüber leider nur streifen, da sie ja weiter zu den bunten Bildern müssen. Und weil die Begeisterung für dunkle Bilder offenbar so groß ist, disponiert die Pädagogin um und schlägt vor, mit dunklen Bildern weiterzumachen. Ja, die Kinder sind einverstanden, und so sitzen sie lange vor den grauen Gerhard-Richter-Bildern und sehen so viele Farben und anderes darin. Die Überleitung zu den Farbtafeln Richters bietet sich an.

Auch wenn die Kinder die Ausstellungsräume ungern verlassen, gehen sie hoch motiviert in die anschließende praktische Arbeitsphase. Der Museumsbesuch ist von hoher Aktivität, von Begeisterung und Offenheit für ganz fremde Bilder geprägt, die nicht zuletzt durch »das Händchen« der Kunstpädagogin gefördert worden sind.

Mit einem Besuch im Buchladen, wo sich jedes Kind eine Postkarte mit einem Lieblingsbild aussuchen kann, schließen wir unseren Museumsgang ab.

Für uns Begleitpersonen wie für alle Kinder war das ein großes Erlebnis. Als wir einem besonders interessierten Kind vorschlagen, doch mal am Wochenende mit der Mutter/dem Vater in das Museum zu gehen, antwortet das Kind, die Mutter habe nur »ein bisschen Geld«! Eine Anregung für Museen, solche Eltern/Kind-Führungen anzubieten? Aber dazu bedürfte es dann einer Instanz, die dieses Angebot den Eltern nahebringen könnte.

Nach dieser Erfahrung besuchen wir das Museum viele weitere Male und stoßen jedes Mal auf große Offenheit der Kinder.

Einmal sagt ein Junge, er habe sich ziemlich gelangweilt und die Bilder nicht schön gefunden, wohl aber das anschließende Malen. Wir sind sicher, dass auch dieser Junge den Museumsbesuch nicht vergessen wird.

Es gäbe von vielen Kulturbesuchen viel zu berichten. Hier stellvertretend noch ein Erlebnis des Besuchs der Oper »Die chinesische Nachtigall« von Igor Strawinsky.

Ein Besuch in der Oper

Mit der Gruppe der Kinder für einen Opernbesuch gibt es auf dem Weg zur Oper kleine Schwierigkeiten. Sie sind sehr bewegungsfreudig, turnen herum, hören nicht zu. Ein Junge ist der Annahme, wir gingen ins Museum, und hat sich darauf gefreut. Oper mag er nicht, Gesang auch nicht. Von Orchester, Dirigent, Namen klassischer Instrumente etc. hat keines der Kinder je gehört, was auch nicht Voraussetzung für Freude an einer Oper ist. Hoch interessiert schauen die Schüler(innen), im Inneren des Opernhauses angekommen, in den Orchestergraben und bestaunen all die unbekannten Instrumente, die großen Harfen, die vielen Geigen, hören aufmerksam dieses aufregende Gewirr von Tönen der mit dem Stimmen beschäftigten Musiker und Musikerinnen. Und überhaupt wirkt die voll besetzte Oper mit Hunderten neugieriger Schüler(innen), die in ihren roten Plüschsesseln sitzend erwartungsfroh auf den riesigen rot-samtenen Bühnenvorhang blicken, wie eine ganz andere Welt.

Vorsichtshalber setzt sich ein Erwachsener neben den Jungen, der gar nicht in die Oper wollte und sehr ablenkbar wirkt. Nach wenigen Minuten – das Bühnenbild und die Bewegung auf der Bühne sind faszinierend – beugt sich der Junge flüsternd zu uns und sagt strahlend: »Das gefällt mir!« Musik und Gesang sind den Kindern fremd und gefallen nur begrenzt, aber die Oper als Ganzes, als Bühnenerlebnis, beeindruckt alle und beschäftigt uns au dem Weg zurück in die Schule im Gespräch.

Resümee

Das Kulturprojekt bereichert uns als Initiatorinnen und es bereichert die Schüler(innen). Es ist uns noch nicht gelungen, unseren Wunsch nach Einbindung der Eltern umzusetzen. Es ist uns auch noch nicht gelungen, die Eltern mit einer sehr persönlich gefassten Einladung zu erreichen, mit der wir zu Kaffee und Kuchen eingeladen haben, um uns und unser Projekt mit den vergangenen und zukünftig geplanten Kultur-Angeboten vorzustellen und dabei die Vorstellungen der Eltern zu hören. Wir hatten eingeladen – wohldurchdacht nach Unterrichtsschluss – und eine Betreuung für Kinder und Geschwisterkinder organisiert. Drei oder vier Eltern erscheinen, die sich ohnehin in der Klassen- und Schulpflegschaft engagieren.

Wir werden aber nicht aufgeben und werden versuchen, auf anderen Wegen Zugang zu den Eltern zu finden.

Eine Weiterentwicklung unseres Projekts sehen wir darin, eine größere Nachhaltigkeit des Erlebten zu erreichen. Die Gespräche mit den Kindern auf dem Hin- und Rückweg zu deren Eindrücken finden zwar statt, könnten aber vertieft werden.

Es wäre wünschenswert, eine Art »Selbstverständlichkeit« in die Nachbereitung der Kinder zu bekommen, wie wir das z. B. nach der »Zauberflöte« für Kinder erlebten. Da hing wenige Tage nach unserem Opernbesuch von jedem Kind, das mit dabei war, eine kleine Geschichte zu seiner Lieblingsfigur, geschrieben oder gemalt oder gebastelt, je nach Lust und Laune, innen an der Klassentür, für jede(n) Mitschüler(in) und für alle Nachbarklassen sichtbar. Wir hatten das auf dem Weg angeregt. Sicherlich hat die Lehrerin diese Anregung verstärkt, als die Kinder sich an die Umsetzung machten.

Als wir nach einer Woche weitere sechs Schüler(innen) zu einer weiteren Zauberflöten-Aufführung abholen, sind die nicht nur durch unsere Einführung vorbereitet, sondern auch durch die Erzählungen und die Arbeiten der ersten Gruppe neugierig eingestimmt.

Wir danken der Schulleitung und dem Kollegium, dass sie die organisatorischen Mühen, die diese Kulturbesuche während der Schulzeit verursachen, auf sich nehmen, und freuen uns über die große Wertschätzung bei allen Beteiligten.

Wir freuen uns ebenso über die Anerkennung, die die Schule im Schuljahr 2012/13 mit unserem Projekt bei einem Schulwettbewerb erhalten hat – mit einem 3. Preis von 500 Euro. Dieser Preis wurde im Rahmen einer großen Feier von Mitarbeitenden der »Westdeutschen Zeitung« vor der gesamten Schulgemeinde überreicht und die Preisverleihung im lokalen Fernsehen übertragen.

Autorin

Wecker, Erika, ehemalige Lehrerin an der Hulda-Pankok-Gesamtschule in Düsseldorf, freiwillige Mitarbeiterin an der Paul-Klee-Grundschule in Düsseldorf, Mitinitiatorin der Keywork-Projekte für und mit Kinder(n).

4.10 Kulturführerschein® für Kids

Ein 2-jähriges Keywork-Projekt für Grundschulkinder

Inge Schmerbeck

Ich habe meine Kindheit in einem kleinen Dorf in der Lüneburger Heide verbracht und hatte das Glück, kulturinteressierte Eltern zu haben. Das bedeutete: Ein Mal im Monat ging es mit dem »Kulturbus« nach Hamburg ins Theater, in die Oper, in die Konzerthalle oder in Museen, und ich durfte – wenn es meinem Alter entsprach – mitfahren.

Anfangs interessierte mich mehr die Großstadt Hamburg, aber mit der Zeit freute ich mich immer mehr auf die Veranstaltungen, und diese Liebe zur Kultur ist bis heute ungebrochen und sie schenkt mir Freude, tröstet mich, macht mich ab und zu wütend, regt mich an und verschafft mir neue Sichtweisen.

Dieses Glück haben viele Kinder nicht, und das aus ganz unterschiedlichen Gründen:

- Die Eltern haben kein Geld für Kultur übrig
- Kein Interesse an Kultur
- Keine Zeit für Kultur

Deshalb habe ich nach meiner Berufstätigkeit den zweijährigen »Kulturführerschein® für Kids« für Grundschulkinder ab der 3. Klasse entwickelt und – für mich!

Ich hatte einen Traum:

- dass alle Grundschulkinder von Düsseldorf ihren Stadtteil und die Geschichte von Düsseldorf kennenlernen,
- sie unsere Kulturstätten wie Theater, Oper, Tonhalle, Tanzhaus und Museen mit pädagogischer Vor- und Nachbereitung besuchen,
- Begegnungen mit Künstler(inne)n in der Schule oder in deren Wirkungsstätten hautnah erleben,

- Esskultur pflegen, indem sie über Manieren, Sitten, Gebete und Gebräuche sprechen und miteinander essen,
- und dass alles für jedes Grundschulkind im Schulprogramm integriert ist.

Erste Schritte

Es galt:

- eine Grundschule für das Pilotprojekt zu suchen,
- den Rektor für das Projekt zu gewinnen,
- eine Klassenlehrerin von dem Experiment zu überzeugen,
- die Kinder für den Führerschein zu begeistern,
- von den Eltern das Einverständnis für das Projekt zu erhalten
- sowie einen ehrenamtlichen »Filmer« zu finden, der uns begleitet.

Die Gemeinschaftsgrundschule Südallee 100 in Düsseldorf-Urdenbach, der für »neue Wege« offene Rektor Richard Schmitz und die experimentierfreudige Klassenlehrerin Monika Kremer waren schnell gefunden und glücklicherweise gleich zwei »Filmer«, die Herren Rehfeld und Rohstock. Die Schüler(innen) waren schon allein darüber begeistert, dass sie einen »Führerschein« machen durften.

Die anfangs skeptischen Eltern musste ich davon überzeugen, dass »Kultur« kein zusätzliches Fach sei, sondern in jedem Schulfach enthalten ist und nichts anderes bedeutet als »Schule am anderen Ort«, und dass ihre Kinder dadurch keinen Unterricht versäumen.

Den Ausschlag zur einstimmigen Zustimmung gab letztlich meine Zusicherung, dass

- dieser zweijährige »Kulturführerschein« ab der 3. Klasse für alle Kinder kostenfrei sei und ich mich um die Finanzierung kümmere,
- ich der Klassenlehrerin zweimal im Jahr die Planung vorlege und mit ihr abstimme,
- ich sie ansonsten in keiner Weise mit der Ausführung und Organisation behellige
- und ich die erforderlichen Verhandlungen mit den Verantwortlichen der Kulturstätten alleine führe.

Abbildung 1: »Kulturführerschein® für Kids«, Malatelier Brockers

Foto: Inge Schmerbeck

Finanzierung

Ein von mir leichtfertig gegebenes Versprechen! Mir war jedoch klar, dass ich ohne diese Zusage das Projekt nicht durchbekommen hätte.

Also – was tun? Für die ersten zwei Veranstaltungen (geplant waren etwa acht im Schuljahr) sammelte ich im Freundeskreis. Dann habe ich im Namen der Schule alle Firmen im Umkreis mit dem Tenor »Kulturarbeit ist vorsorgende Sozialarbeit« angeschrieben und dass 17 Prozent der Schüler(innen) unserer Schule Ausländerkinder seien, für die es besonders wichtig sei, dass wir sie mit unserer Kultur vertraut machen, damit sie sich mit unserem Land identifizieren und für Gewalt und Aggression kein Platz ist. Zu unserer großen Freude gingen Spenden ein, und es konnte weitergehen.

Darüber hinaus beteiligte ich mich mit dem Projekt an Ausschreibungen und Wettbewerben, und wir erhielten bereits nach einem Jahr von der »Robert-Jungk-Stiftung« die Auszeichnung »Zukunftsprojekt NRW«. Es folgten im Laufe der Jahre noch weitere Preise. Vom Land Nordrhein-Westfalen bekamen wir den 1. Preis für die Ausschreibung »Kultur prägt«, und uns wurde als erster Grundschule in Düsseldorf der Titel »Schule mit Kulturprofil« verliehen (das Preisgeld haben wir für einen 25-Minuten-Film über das Projekt verwendet, der kostenlos zu beziehen ist).

Die Presse, der WDR-Rundfunk und das Fernsehen wurden aufmerksam und berichteten über das Projekt überaus positiv.

Mich hat die Auszeichnung darin bestärkt, beim Kulturamt der Stadt Düsseldorf mein Konzept einzureichen und Förderung zu beantragen.

Konzept

Die folgende Tabelle zeigt, welche Kulturstätten in Düsseldorf Angebote für welche Lernbereiche machen können (die mit einem Stern * gekennzeichneten Kulturstätten bilden mit ihren Angeboten das verpflichtende Kernprogramm des »Kulturführerscheins für Kids«; alle anderen Angebote sind fakultativ).

Lernbereiche Kulturinstitute/-stätten:

Deutsch
- Theater (Junges) Schauspielhaus *
- Literatur (Stadtteil)-Bibliothek *
- Poesie Heinrich-Heine-Institut
- Schule/Gedichtswettbewerb *

Sachunterricht + Naturkunde + Esskultur
- Altstadtführung mit Rathaus, Rheinturm, Stadtmuseum
- Stadtteilführung, Schifffahrtsmuseum
- Tiere-, Pflanzen-, Menschenkunde, Geschichtsverein
- Tischsitten und Gebräuche, Manieren, Max-Schule
- Naturkundemuseum *
- Aquarium
- Neanderthal-Museum
- Schule, Gaststätte, Kantine *

Mathematik (Geometrie)
- Geometrie im Schloss Benrath *
- 1 und 1 = Kunst, Museum Kunst Palast

Musik
- Führung, Instrumentenvorstellung/Konzertprobe, Tonhalle *
- Oper, Deutsche Oper *
- Singpause, Schule

Kunst
- Führung und praktische Arbeit, Museum Kunstpalast *
- Kunstsammlung NRW *
- Filmmuseum
- Künstlerateliers

Tanz + Sport + Ballett
- Tanzhaus NRW *
- Oper

Religion
- Christentum/Judentum/Islam, Ev. + Kath. Kirche/Synagoge/Moschee

Das Konzept hat das Kulturamt der Stadt Düsseldorf überzeugt; die Förderung wurde genehmigt. Darüber hinaus bekamen wir von der Stadt Düsseldorf kostenlos Busse für die Veranstaltungen gestellt.

Bilanz nach zwei Jahren Pilotprojekt

PISA-Druck, neue Schulrichtlinien, überlastetes Lehrpersonal und jetzt auch noch »Kultur« als Pflichtfach in der Schule? Überfordert das nicht die Kinder? Ganz im Gegenteil! Nach dem zweijährigen Pilotprojekt an unserer Schule mit einer Schulklasse ab dem 3. Schuljahr haben wir die Erfahrung gemacht, dass kontinuierliche kulturelle Bildung bei den Kindern zur Persönlichkeitsbildung beigetragen sowie ihre Kreativität und Fantasie gefördert hat.

Gemeinsam lernen an außerschulischen Orten – das macht Freude, stärkt das Sozialverhalten der Kinder untereinander, regt die Sinne an und ist nachhaltig: Deutsch im Jungen Schauspielhaus; Lesungen in der Bibliothek; Teilnahme an Gedichtswettbewerben; Sachunterricht bei Stadtführungen; Sport im Tanzhaus NRW; Musik in der Tonhalle und in der Oper; Kunst in Museen und Künstlerateliers; Esskultur mit Tischdecken, Dekorieren, Reden über Sitten und Gebräuche und Tischmanieren und vieles mehr.

Auf die Frage eines Journalisten an einen Kulturführerschein-Schüler »Was ist denn Kultur?« antwortete dieser: »Kultur ist, wenn man nicht immer in der Bude hockt!«

Alle Pädagog(inn)en der Kulturinstitute und-stätten waren von dem Projekt angetan und gerne bereit, die Vor- oder Nachbearbeitung in der Schule zu leisten und die Schulkinder in ihren Häusern professionell zu führen und zu begleiten.

Nach diesem positiven Ergebnis entschied die Schulkonferenz einstimmig, dass der »Kulturführerschein®für Kids« für alle Klassen ab dem 3. Schuljahr ins Schulprogramm der Gemeinschaftsgrundschule Südallee übernommen wird und für alle Kinder verbindlich sei.

Das hat sich schnell unter den Eltern herumgesprochen und die Anmeldungen für unsere Schule nahmen daraufhin stetig zu.

Theorie und Praxis

Theorie und Praxis waren für mich die beiden gleichwertigen Säulen des »Kulturführerscheins«. Die Kinder sollten nicht nur Kultur konsumieren, sondern dabei jeder für sich selbst herausfinden, wo seine Stärken liegen, und diese kreativ umsetzen.

Es gibt nach zwei Jahren »Kulturführerschein« stets ein großes Abschlussfest mit ganz unterschiedlichen Themen, an dem die Kinder vor ihren Eltern, Großeltern, Freund(inn)en, Geschwistern, Lehrer(inne)n, Sponsoren und Gästen ihre Talente präsentieren können.

»Höfisches Fest« im Schloss Benrath

Schloss Benrath war Partner unseres Projektes und stellte uns großzügig kostenlos entweder den Innenhof des Schlosses oder – wie in diesem Fall – die Kapelle und den Festsaal zur Verfügung.

Hier wurde das »Höfische Fest« wie zu Zeiten von Kurfürst Carl Theodor zelebriert. Die Kinder trugen historische Kostüme aus dem Fundus des Schlosses und spielten die Hofgesellschaft (die Zuschauer[innen] waren das einfache Volk). Zuerst gab es ein Programm mit Flötenspiel; Gedichte aus der Zeit; eine Spielszene »Begegnung bei der Jagd«; gemeinsam wurde das für den Kurfürsten komponierte Lied »Der Jäger aus Kurpfalz« gesungen und ein Menuett aufgeführt.

Danach wurde im Festsaal gespeist. Das Buffet hatten die Eltern gespendet und zubereitet, und sie bedienten auch die Kinder in Livree. Auch hier gab es wieder die passende Musik mit Trinksprüchen und Gedichten von den Kindern.

Ein Fest, welches sowohl den Kindern als auch den Gästen immer in Erinnerung bleiben wird.

»Peter und der Wolf«

Die Kinder hatten das Stück »Peter und der Wolf« im Opernhaus gesehen und wollten es auf ihrem Abschlussfest selber aufführen. Die Deutsche Oper am Rhein hat uns freundlicherweise einige Kostüme dafür zur Verfügung gestellt; die restlichen wurden mithilfe der Eltern geschneidert. Die Kulissen haben die Schüler(innen) im Werkraum für Kunst unter Anleitung einer Künstlerin erstellt. Für die Choreografie zeichnete unser brasilianischer Tanzlehrer vom Tanzhaus NRW verantwortlich, der das Stück monatelang einmal wöchentlich in der Schule mit den Kindern einstudierte. Aufgeführt wurde es dann mit großem Erfolg vor vielen Gästen im Innenhof von Schloss Benrath.

Abbildung 2: Tanzen mit dem brasilianischen Tanzlehrer Carlinhos Bata

Foto: Inge Schmerbeck

ICE-Kultur von Benrath nach Berlin

»ICE-Kultur von Benrath nach Berlin« war ein Motto am Ende des zweijährigen Führerscheins mit den Wagen: Tanz, Gesang, Musik und Poesie. Die Kulissen und den Zug hatten die Kinder wieder selbst im Werkraum für Kunst unter professioneller Anleitung erstellt. Alle 70 Kinder, die in diesem Jahr ihren Kulturführerschein-Abschluss machten und mit dem ICE-Kultur nach Berlin fahren wollten, um dort von unserer Kanzlerin, Angela Merkel, ihren Führerschein ausgehändigt zu bekommen, trugen etwas zum Programm bei:

Sie tanzten »Nossa Nossa«, oder »Proud Mary«, sangen »Tage wie dieser«, gaben eine Radschläger-Einlage oder tanzten Capoeira und Hip-Hop oder eine klassische Valse musette, sagten Gedichte von Heine, Kunert und Erhardt auf und spielten auf verschiedenen Instrumenten. Alle Sparten – Tanz, Gesang, Musik und Poesie – waren vertreten.

Die Schüler(innen) machten dann zusammen mit dem Bahnhofsvorsteher und in Begleitung von Kurfürst Carl Theodor und seinem Hofstaat unter den Klängen von Udo Lindenbergs »Sonderzug nach ...« eine imaginäre Reise nach Berlin. Dort erwartete sie Angela Merkel auf dem Bahnhof und überreichte ihnen ihre Führerscheine, und sie tanzten alle zusammen mit unserer Kanzlerin und dem Kurfürsten »Gangnam Style« von Rapper Psy.

Es waren wunderbare Abschlussfeste; wir haben uns jedes Jahr zusammen mit den Kindern etwas Neues ausgedacht.

Unabhängig davon gingen die Schüler(innen) einmal im Jahr entweder in ein Altersheim oder zu Heimatfesten oder Weihnachtsfeiern und haben dort älteren Menschen mit Gedichten und Liedern aus deren Jugend Freude gemacht.

Sporadisch gab es Aktionen an der Schule von ganz anderer Art, wie zum Beispiel bei einer Europawahl. Unsere Schule war Wahllokal in unserem Bezirk.

Die Kinder bastelten im Kunstunterricht ihre eigene Wahlkabine und Wahlurne. Die Klassenlehrerinnen haben einen eigenen Wahlzettel mit aktuellen Schulthemen erstellt. Mit ihrer Wahlstimme konnten die Kinder entscheiden, wie sie zukünftige Projekte an ihrer Schule gerne umgesetzt hätten. Hierfür hatte der Rektor ihnen eigens einen separaten Wahlraum – neben dem offiziellen Wahlraum – zur Verfügung gestellt. Es handelte sich hierbei um eine freiwillige Aktion. 72 Prozent der Kinder haben daran teilgenommen!

Diese Übung sollte zeigen, dass man schon im Kindesalter »wählen« lernen kann, denn der Sinn des »Kulturführersheins® für Kids« ist es nicht nur, den Kindern Grundwissen an Kultur zu vermitteln, sondern sie auch auf dem Weg zu einem mündigen Bürger(innen) zu begleiten.

Quintessenz

»Skandal Schule – macht Lernen dumm?« lautete das Thema des Fernseh-Zwiegespräches zwischen dem Bürgerphilosophen R. D. Precht und dem Hirnforscher und Bildungskritiker Prof. G. Hüther. Die Zusammenfassung der Diskussion lautete: Wir müssen in der Schule neue Wege gehen!

Vielleicht ist der »Kulturführershein® für Kids« ein kleiner Weg in die richtige Richtung.

Das Düsseldorf-ABC

Zusammengestellt von Kindern mit Kulturführerschein® (in Auszügen):

C wie Carlinhos

Carlinhos war mein Tanzlehrer. Er hat uns alle trainiert für Peter und der Wolf. Peter und der Wolf ist ein Musikalisches Märchen. Und ich habe die Katze gespielt. Es gab auch andere, die mitgespielt haben, zum Beispiel: Luisa, sie hat die Ente gespielt, oder Vivienne sie hat mit mir die Katze gespielt, wir waren sozusagen Partner. Und da waren noch Jona, Julia und Asli, sie haben den Vogel gespielt. Und wir haben noch 3 Jungs. Ein Mal: Adrian, der den Wolf gespielt hat, Marko hat den Jäger gespielt und Meno der den Peter gespielt hat. Carlinhos kommt aus Brasilien. Er ist so ein lustiger und fröhlicher Mensch, aber beim Tanzen ist er ernst. Am 7. 7. 11 hatten wir unsere Aufführung im Innenhof des Naturkundemuseums von Schloss Benrath. Dies war im Rahmen des Kulturführerscheines. Mit Carlinhos macht es Spaß zu Tanzen!!!

Cindy

D wie Düsseldorf

Wir haben in Sachunterricht das Thema »Düsseldorf«!. Deswegen hat jeder aus unserer Klasse ein Plakat hergestellt von einer Sehenswürdigkeit oder einer bekannten Person aus unserer Stadt. Wir werden uns Düsseldorf nochmal genauer ansehen, denn schon bald haben wir dort eine Führung mit Herrn Sauer.

Vivienne

J wie Jim Knopf

Ich und meine Klasse sind ins Marionettentheater gefahren. Dort haben wir uns das Stück Jim Knopf angesehen. Es gefiel mir sehr. Vor allem wie es dort aussah war toll: Der Hintergrund mit den vielen grellen Farben und dunkel war es auch. Außerdem sahen die Marionetten wirklich so aus wie im Fernsehen und so fühlte ich mich auch wie im Fernsehen! Doch eine Praktikantin ist eingeschlafen. Das fand ich sehr lustig, aber ich fand trotzdem, dass es sehr sehr schön war. Eins muss ich einfach sagen: Wie die Marionetten sich bewegten ist eine Kunst, finde ich. Aber mit Sicherheit sehe nicht nur ich das so, sondern auch viele andere.

Valentina

K wie Kulturführerschein

Beim Kulturführerschein erleben wir sehr viele Ausflüge. Zum Beispiel besuchen wir die Tonhalle, die Museen oder das Schloss Benrath – wir gehen überall hin! Von der dritten bis zur vierten Klasse führen wir den Kulturführerschein aus. Es ist sogar umsonst!

Frau Schmerbeck und Frau Grün organisieren alles und kommen auch mit. Frau Kremer begleitet uns, obwohl sie in Rente ist. Sie verpasst keinen Ausflug zum Thema Kulturführerschein. Und so was macht man vielleicht nur einmal im Leben.

Und das Wichtigste dabei ist – es macht allen Spaß!

Emilie

T wie Tonhalle

Wir waren letztens in der Tonhalle. Dort durften wir bei einer Probe der Düsseldorfer Sinfoniker zuhören. Sie haben gerade eine Sinfonie von Beethoven geprobt. Die Tonhalle steht am Rheinufer und war früher ein Planetarium. Das hat uns eine Frau gesagt, die uns durch die Tonhalle geführt hat und uns alles gezeigt hat – auch den Backstage-Bereich! Die Tonhalle hat insgesamt 143 000 Plätze.

Niklas & Can

W wie Warren

Warren kommt aus der USA (Amerika). Er ist ein ausgezeichneter Trommler und er ist sehr lustig. Manche tanzen beim Carlinhos und manche trommeln beim Warren. Außerdem kann Warren auch Geräusche mit seinem Körper machen. Er ist sehr cool!

Dima

Autorin

Schmerbeck, Inge, seniorTrainerin im bundesweiten Programm »Erfahrungswissen für Initiativen«, Initiatorin und Leiterin des Projekts »Kulturführerschein® für Kids« an der Grundschule Südallee in Düsseldorf-Benrath von 2005 bis 2013. Danach Abgabe an das Kulturamt der Stadt Düsseldorf. 2014 das Projekt »Ich schenk' Dir mein Ohr« ins Leben gerufen.
www.ichschenkdirmeinohr.de // inge.schmerbeck@googlemail.com

4.11 Baustelle Zukunft

Generationenwerkstatt in Schule und Quartier

Jörg-Thomas Alvermann

> »Die [...] Kinder haben ja heute kaum noch Zeit für sich, sie haben keinen erwachsenen freien Raum, wie meine Generation ihn noch hatte. Auf der Straße, im Hof, im Wald – da haben wir früher soziale Kompetenz erworben, nicht in der Schule oder zu Hause, wo wir allenfalls gelernt haben, wie man sich korrekt und höflich verhält.«
> JESPER JUUL[1]

Die Geburt meines Sohnes im Jahr 2002 löste bei mir eine anhaltende Beschäftigung mit Lernen und Lehren aus. Die eigene Schulzeit lag weit zurück. Nur mit Mühe hatte ich meine Neugier auf die Welt und die Lust am Denken durch meine eigene Schulzeit retten können. Geistlose Fragmentierung von Wissen in einem System, in dem es letztendlich Glückssache ist, mit welcher Qualität von Unterricht und Lehrpersonal man es zu tun bekommt; so lässt sich diese Zeit im Rückblick zusammenfassen. Freunde mit Schulkindern berichteten, dass sich an Geist und Praxis der deutschen Schulen seit unserer Schulzeit nicht viel geändert hatte. Und einige von diesen Einrichtungen sollte nun mein Sohn eines Tages besuchen.

Ich hatte das Glück, nach Schule und Uni an der Kunstakademie Düsseldorf zu »studieren«. An der Akademie wird Kunst im engeren Sinne nicht gelehrt. Die Akademie bietet einen Rahmen, in dem man sich zum Künstler[2]

1 | »Ich kämpfe täglich mit deutschen Müttern«, Interview in der Zeit vom 26. Februar 2010, www.zeit.de/2010/09/Jesper-Juul (Abgerufen: 27.04.2012, 09:54 UTC)

2 | Bei allen Bezeichnungen, die auf Personen bezogen sind, meint die gewählte Formulierung beide Geschlechter, auch wenn ich aus Gründen der leichteren Lesbarkeit die männliche Form gewählt habe.

bilden kann (oder auch nicht – die Möglichkeit des Scheiterns wird zum ständigen Begleiter). Den Studenten stehen Ateliers, Werkstätten mit hoch qualifizierten Werkstattleitern, Labore, eine Bibliothek, Vorlesungen und Seminare und manchmal sogar Professoren zum Selbstlernen zur Verfügung. Der Lehrplan heißt: Selbstbildung in großer Freiheit und Eigenverantwortung. Die eigene künstlerische Arbeit zeigt man zur Auseinandersetzung und Kritik den anderen Mitgliedern der Akademie. Wenn man will, gelangt man so auf die »Höhe der Zeit« oder die »Höhe der Kunst«. Eine Erfahrung, die »Nicht-Kunstakademikern« schwer zu vermitteln ist. Eine Erfahrung, die einem als Künstler hilft, unabhängig von konventionellen Belohnungssystemen wie Noten, Geld oder gesellschaftlicher Anerkennung zu lernen, zu arbeiten und zu wachsen. Es zählt das reale Ergebnis der Arbeit. Wie bei kleinen Kindern, die mit hoher Frustrationstoleranz immer wieder aufstehen, bis sie das Laufen gelernt haben. Oder einem »Löcher in den Bauch fragen« und einen dazu inspirieren, Selbstverständliches zu hinterfragen.

Nach der Geburt meines Sohnes begann ich damit, mich als Lehrender zu erproben. Über berufsvorbereitende Kurse für Schulabgänger mit den Studienzielen Kunstlehrer, Kommunikationsdesigner und bildender Künstler an der Kunstschule Werksetzen in Düsseldorf, Erwachsenenbildung, Kunst mit Menschen mit geistiger Behinderung und Kunstprojekten in Kindergärten führte der Weg in die Grundschule. In den letzten Jahren habe ich insgesamt acht Grundschulen und eine Förderschule kennengelernt. Die auffälligste Beobachtung: mit zunehmenden Alter nimmt die Fähigkeit, wie ein Künstler zu handeln, ab. »Handeln als Künstler« möchte ich kurz skizzieren (vgl. Brater et al. 2011: 187ff.): »Selbstbeauftragung« durch eigene Ideen und Motive, Arbeitsprozesse lange offen halten, um Neues oder Überraschendes zu finden, Arbeitsprozesse mit unbestimmtem Ausgang, Ausdruck im sinnlichen Material, die ursprünglichen Pläne ändern sich mit der Wahrnehmung – und Dialog, Spiel und Experiment.

Ich arbeite im Nebenberuf als »außerschulischer Kooperationspartner« an zwei Grundschulen in Düsseldorf. Wie inzwischen alle Düsseldorfer Grundschulen, bieten diese Schulen eine Betreuung bis in den Nachmittag an, die von Trägern der Jugendhilfe organisiert wird. Beide Schulen liegen in Sozialräumen der Stufe 4. Die sozialräumliche Gliederung der Stadt Düsseldorf weist für diese Quartiere einen »höheren sozialen Handlungsbedarf« aus. »Überdurchschnittlich ist der Anteil der alleinerziehenden Familienhaushalte. Auch der Ausländeranteil ist hoch.« »Die Hauptschulquote des Sozialraums ist hoch, die Gymnasialquote gering.«[3] Die Schüler beider Schulen kommen

3 | Sozialräumliche Gliederung. Fortschreibung 2011 der Landeshauptstadt Düsseldorf, Amt für Statistik und Wahlen in Kooperation mit dem Jugendamt.

zum größten Teil aus sogenannten »bildungsfernen Milieus« und haben fast alle einen sogenannten »Migrationshintergrund«. Sprachbarrieren, Mangel an Selbstkontrolle, unkontrollierter und nicht-altersgerechter Fernseh- und Medienkonsum und eine niedrige Frustrationstoleranz kennzeichnen das Leben und Verhalten eines großen Teils der Kinder. In der Arbeit mit diesen Kindern (aber auch mit Kindern an Schulen in reicheren Stadtteilen) stellt sich die Frage: Was macht Sinn? Was macht aus Sicht der Kinder mit ihrem langen Schultag Sinn? Was macht aus Sicht des Künstlers Sinn, sein Atelier zu verlassen, um mit diesen Kindern zu arbeiten? Mein »Kerngeschäft«, die Malerei in die Schule zu tragen? Mit Kindern am Nachmittag ein wenig zu malen, machte, wie sich schnell zeigen sollte, wenig Sinn. Selber zum Aushilfs-Lehrer, -Sozialarbeiter oder -Erzieher werden, konnte es auch nicht sein. Konzepte und Schulprogramme mit konkreten Zielen, an die man als Partner anknüpfen könnte, gab es in der Regel nicht. Ein Verständnis über – oder Interesse an – Methoden, Diskurs und Sinn zeitgenössischer Kunst von Mitarbeitern der Schule und der Jugendhilfe ist die Ausnahme.

Gerade diese Methoden erscheinen mir fruchtbar für den Schulbetrieb: besonders die Theorie der »sozialen Plastik« und des »erweiterten Kunst- und Materialbegriffs«. Künstlerisches Handeln im Umgang mit der ganzen Schule als Institution, Organisation und sozialem Feld, und nicht auf eine kleine AG im Wochenplan beschränkt. Künstlerisches Handeln im Geist der Erfahrung von Selbstbildung an der Kunstakademie. Schulen sind aber ein sehr widerspenstiges Material. Im Laufe der Jahre haben sich dann doch Erfolge eingestellt. Erfolgskriterien für meine Arbeit mit Kindern und Schulen sind aus meiner Sicht:

- Die Arbeit wird von allen Beteiligten als sehr intensiv und befriedigend erlebt und bleibt im »Gedächtnis hängen«.
- Ausgehend von den unzensierten Ideen der Kinder entstehen eigenwillige und originelle Produkte. Das können Texte, Theaterstücke, Filme, Bilder, Objekte und gestaltete Orte sein.
- Die Beteiligten wachsen im Laufe des Projekts, und das Projekt wird dadurch komplexer.
- Das »Betriebsklima« verbessert sich. Disziplinierende Interventionen werden fast überflüssig.
- Die Beteiligten sind in der Lage, offene Prozesse (mit-)zugestalten.

Notwendige Voraussetzungen für diese Erfolge:

- Ich habe in der Arbeit mehr gelernt als gelehrt.
- Die Beteiligten hatten ein hohes Maß an freier Wahl und Gestaltbarkeit des Angebots.

- Ich konnte eine belastbare und vertrauensvolle Beziehung zu den Kindern und Partnern entwickeln (Zeitrahmen).
- Die Schulleitung stand engagiert und schützend hinter dem Angebot.
- Zeiten, Finanzen und Räumlichkeiten waren im Sinne der Logik des Angebots angemessen.
- Die Arbeit fand in multiprofessionellen Teams statt (u.a. mit freiwilligen Unterstützern, Lehrern, Erziehern, bildenden Künstlern, Theaterpädagogen, Musikern und Eltern).

Diese Voraussetzungen sind alle »spielentscheidend«. Die letzte, die Teamarbeit, möchte ich im Sinne von Keywork und Schule im Folgenden besonders würdigen.

»Ich bin gut – wir sind besser« – der Titel eines Buchs von Olaf-Axel Burow[4] liefert das Motto für gelingende Teamarbeit. Teamarbeit zur selben Zeit am selben Ort. Teamarbeit, bei der man Stärken und Schwächen, die der anderen und die eigenen, kennenlernt. Teamarbeit, in der man sich ergänzt und gegenseitig inspiriert. Diese Teamarbeit muss gestaltet werden. Vertrauensbildende Maßnahmen, die Freude an der Verschiedenheit, das regelmäßige Gespräch und die Bereitschaft, »Mentale Modelle« zu überprüfen und zu verbessern (vgl. Senge 2011) sind unerlässlich. Ein Künstler interessiert sich für sein Material. Gerade wenn es widerspenstig und komplex ist.[5] Eine weitere »Gelingens-Bedingung« sind gute Kenntnisse über die Rahmenbedingungen in der Schule und die Rahmenbedingungen für die Schule. Hätte ich mich einfach in das System (Bildungsanbieter in der OGS[6]) gefügt, wären diese Erfolge nicht möglich gewesen. Je länger ich als »Außerschulischer« in Schulen arbeite und über Schule und Bildungssystem lerne, desto unverständlicher werden mir die Schule und das Bildungssystem.

- Wer übernimmt in der Schule und im Bildungssystem für was die Verantwortung, und wofür können Schule und Bildungssystem verantwortlich sein?
- Warum ist die Organisation »Schule« so unselbstständig?
- Warum können Schulen als Organisation so wenig lernen?
- Wieso ist die Arbeit an Schulen so organisiert oder gestaltet, dass viele ihrer Mitglieder erkranken?

---

4 | Burow, Olaf-Axel (2000): Ich bin gut – wir sind besser. Erfolgsmodelle kreativer Gruppen. Stuttgart: Klett-Cotta.

5 | »Nun müssen die Künstler das Material kennenlernen; sie tun das, indem sie ohne konkrete Absicht und vorstellungsfrei spielen, d. h. es probeweise behandeln und sehen, was sich ergibt« (Brater et al. 2011: 188)

6 | OGS = Offene Ganztagsschule

- Gibt es wissenschaftliche oder empirische Begründungen für die innere Organisation von Schule (Stundentafel: Verteilung von Fächern im Stundenplan, Organisation von Zeit: Schulstunde 45 Minuten)?
- Warum ist in der Schule für die Interessen und individuellen Begabungen der Schüler und Lehrer, also für die Möglichkeit, wirkliche Bildungserfahrungen zu machen, so wenig Raum?

Fragen, die sich auch zahlreiche Bildungsforscher, Erziehungswissenschaftler, Neurobiologen und Eltern von Schulkindern stellen. Fragen, die man sich als Kooperationspartner von Schulen in Keywork-Projekten stellen muss. Wer mit Schulen kooperieren möchte, dem helfen am Ende die schönsten Projektbeschreibungen nicht weiter. Schulen sind zu unterschiedlich, das System Schule und das Schulsystem sind beide schwer zu durchschauen. Sie folgen einer eigenwilligen hermetischen Logik. Wenn man als »Außerschulischer« nachhaltig mit Schulen kooperieren möchte, muss man, nach meiner Erfahrung, der Komplexität des Systems Rechnung tragen. Das heißt übergreifende Muster identifizieren, um nicht an isolierten »Schnappschüssen« (Senge) kleben zu bleiben. In dem Beitrag »Keywork und Schule« der Schriftenreihe des Keywork – Soziale Plastik im Quartier e. V.[7] unternehme ich einen Versuch in diese Richtung.

Dies ist auch eine Verpflichtung gegenüber den Freiwilligen, die man für eine Mitarbeit an Schulen gewinnen möchte. »Bürger im 3. Lebensalter« (vgl. Sautter 2007) wollen nicht nur Erfüllungsgehilfen sein, sondern haben ein hohes Bedürfnis, sich aktiv einzubringen und mitzugestalten. Bei Engagement in Schulen möchte man Wirkung bzw. Selbstwirksamkeit erleben. Das Pilotprojekt der »Generationenwerkstatt Flingern-Süd« gibt hier erste Hinweise, die ich im Folgenden kurz vorstellen werde. Qualifizierung und Fortbildung, der rechtliche und der politische Rahmen bei Projekten mit Schulen werden abschließend kurz beleuchtet. Vorher möchte ich aber noch einmal die Sinn-Frage stellen. Warum soll es Keywork-Projekte an Schulen geben? Welchen Sinn macht eine Kooperation besonders aus Sicht der Kinder und der Jugendlichen? Den »erwachsenenfreien Raum«, von dem Jesper Juul im Interview mit der Zeit, spricht werden wir ihnen nicht zurückgeben können. Dafür vielleicht aber neue Erlebnisräume, die für sie das Leben in Schule und Stadtteil bereichern. Auch zu diesen Fragen gibt es Konzepte und Theorien aus der Bildungsforschung und den Erziehungswissenschaften. Ich konzentriere mich hier auf die Diskussion über die Öffnung von Schule.

7 | Parallel zu diesem Text ist ein deutlich umfangreicherer Text mit dem Titel »Keywork und Schule« entstanden.

Schulöffnung und Sozialraum

Von ihrer historischen Konzeption und Entwicklung her sind Schulen geschlossene und geschützte Einrichtungen beziehungsweise Systeme. Wer und was in die Schule gelangt (oder nicht gelangt,) unterliegt staatlicher Kontrolle und wird von der Verwaltung beaufsichtigt. Im Mittelpunkt von Schule steht der personell, inhaltlich, zeitlich und räumlich formatierte Unterricht. Schule findet ausdrücklich nicht in der Lebenswelt statt, sondern bildet, besonders durch Lehrmittel, die Welt symbolisch und gestaffelt ab (vgl. Baumert 2001, zit. n. Fuchs 2010).

In den letzten Jahrzehnten verstärkt sich die Einsicht, dass die »traditionelle« Schule in ihrer bisherigen Form aktuellen und zukünftigen Herausforderungen nicht mehr gewachsen ist. Zusätzlich beschleunigt wurde diese Einsicht durch die PISA-Studie (erstmals 2000) sowie Fragen zur Globalisierung und Digitalisierung der Welt. Diese Herausforderungen drücken sich in einem Zerbrechen biografischer Kategorien wie Geschlechterrollen, Familienstruktur, Erwerbsbiografie und kultureller Identität aus.

»Das Leben und Aufwachsen heutiger Kinder und Jugendlicher hat sich [...] in den letzten Jahrzehnten grundlegend verändert. Dies erfordert eine Neubestimmung der Bildungs- und Sozialisationsfunktion von Schule. Kennzeichen und Entwicklungslinien dieser Veränderung sind u. a.: Verlust (der Kinder, d. Verf.) an Eigenständigkeit, [...] Auflösung der Kernfamilie, Mediatisierung (von Erfahrungen, d. Verf.) und Wohnumwelten, die nur wenig Raum für die Entfaltung von Individualität, Kreativität und sozialen Erfahrungen zulassen.«[8]

Des Weiteren könnte man aus der Perspektive von Kindern und Jugendlichen folgende Merkmale des Wandels nennen: Überfülle an unverarbeiteten Informationen, mangelnde Unterstützung und Orientierung bei der Selbstfindung, Motivationsschwäche und immer öfter Armut.

»Im Mittelpunkt (der aktuellen erziehungswissenschaftlichen Diskussion, d. Verf.) steht die individuelle Entwicklung von Kindern. Diese müssen in einer komplizierten Lebenswelt, in der es zunehmend an Orientierungspunkten mangelt, ihr Leben planen und gestalten« (Pauli 2006: 4).

Dazu sollen sie in Zukunft vermehrt Orientierungswissen erwerben, »das heißt, Interpretationsfähigkeit, Verantwortungsbewusstsein, Bewerten, Urteilsvermögen, ethisch begründbares Handeln, das zur Orientierung im gesell-

---

8 | Kubina, zitiert nach Gleißner: www.thomas-gleissner.de/downloads.htm (Abgerufen: 26.04.2014, 18:45 UTC)

schaftlichen Kontext dient« (Pauli 2006: 4). Daneben gibt es das »traditionelle« Verfügungswissen,[9] das sich durch Kenntnis von Fakten auszeichnet.

Damit der Einzelne Orientierungswissen[10] zur Bewältigung der oben genannten Probleme bilden kann, müssen sich das Lernen und das Lehren ändern. Die Eigenmotivation, der Kontext und sinnhaft empfundene Aufgaben rücken in den Mittelpunkt des Lernens und Lehrens. Die Ergebnisse beim Lernen können vorher nicht festgelegt werden, das Lernen wird »offener«. Mit Unterricht und Schulbuch kann das nicht geleistet werden. Deshalb soll sich die Schule öffnen.

Öffnung meint hier explizit, durch Öffnung die Schule auch im Inneren verändern und nicht nur »Unterstützung von außen holen«. Schon in den Jahrzehnten vor der Veröffentlichung der PISA-Studie (2000) wurde die Öffnung von Schule diskutiert[11] und erprobt. In den 90er-Jahren gab es Programme auf Länderebene, die eine Vernetzung von Schule im Stadtteil in den Blick nahmen. In NRW nannte sich das entsprechende Programm: »Gestaltung des Schullebens und Öffnung von Schule« (GÖS). An diesem Programm waren »im Jahr 1997/98 insgesamt 500 Schulen mit 50 000 Schülern und 3 800 Lehrkräften aus mehr als 200 Kommunen beteiligt« (Behr-Heintze, A./Lipski, J. 2004: 7).

Mithilfe außerschulischer Partner und Lernorte sollten die folgenden Aufgaben besser erfüllt werden: die individuelle Förderung der Schüler, die soziale Koedukation, das fächerübergreifende Arbeiten, das projektbezogene Lernen mit Praxisbezug, ein Lehren und Lernen, das sich am Gemeinwesen orientiert, die »Wahrnehmung des lebensweltlichen Umfeldes« und die »Vermittlung authentischer Erfahrungen« (Kultusministerium des Landes Nordrhein-Westfalen 1988: 18ff.). Was hier auch immer mit »authentischer Erfahrung« gemeint ist, die Erwartungen, die an die Öffnung von Schulen in den Stadtteil gerichtet wurden, waren hoch. »GÖS« hat man damals umfangreich evaluiert, und die Ergebnisse konnten sich sehen lassen:

»Das Lernen an außerschulischen Lernorten bzw. die Einbeziehung außerschulischer Expertinnen und Experten in den Unterricht hat nach Aussage der Schüler/innen Wirkungen, die offensichtlich deutlich über das hinausgehen, was sonst Lernen in der Schule bewirkt. Mit Lernarrangements in Schulöffnungsprojekten werden fachliche Sachverhalte nicht nur besser verstanden, sondern insgesamt auch bessere Ergebnisse erreicht. Gleichzeitig wächst das Interesse an schulischem Lernen generell, weil die Schüler/innen

---

9 | Die Unterscheidung Orientierungswissen – Verfügungswissen wurde von dem Philosophen Jürgen Mittelstraß eingeführt.

10 | Ein weiterer Begriff in der Bildungsdebatte ist die »Kompetenz« – also die latente Fähigkeit, konkrete Probleme zu lösen.

11 | Zum Beispiel: Holtappels, Heinz Günter (1994): Ganztagsschule und Schulöffnung. Perspektiven für die Schulentwicklung. Weinheim und München: Juventa

hierbei die Erfahrung machen, dass sie für ihre Lernergebnisse mitverantwortlich sein und dabei selbst etwas bewirken können. Die meisten Schüler/innen sind der Meinung, dass sie in der Schule mehr lernen würden, wenn auch sonst im Unterricht in ähnlicher Weise wie im GÖS-Unterricht gelernt werden könnte.« (Haenisch 2001: 28)

Diese Erfahrungen wurden nicht zur Weiterentwicklung von Unterricht und Schule genutzt. In den 2000er-Jahren entstanden durch die stark forcierte Einführung von Ganztagsschulen[12] zwar Kooperationen von Schulen und insbesondere Trägern der Jugendhilfe. Dadurch ist es aber nicht zu einer konzeptionellen Ausrichtung in Richtung Orientierungswissen gekommen. Die dilettantische Einführung der verkürzten Gymnasialzeit (»G8«) mit der Verdichtung von Verfügungswissen von neun auf acht Jahre hat an den deutschen Gymnasien eher das Orientierungswissen verdrängt.

Die Diskussion über die Mängel der »traditionellen« Schule gegenüber aktuellen und zukünftigen Herausforderungen findet in Wissenschaft, Politik und Feuilleton statt. Aus den Schulen selbst hört man dazu wenig. Das ist für eine Umsetzung von Schulöffnung nicht unproblematisch. Energie in Kooperationen zu stecken, wird von manchen Lehrern als (weitere) Zumutung empfunden und nicht als Chance gesehen. Wenn dann die Praxis des gewohnten Unterrichts noch durch neumodischen »GÖS-Unterricht« infrage gestellt wird, haben es Kooperationen nicht einfach. In dem Film »Die Dritten kommen – Wie Künstler und Handwerker die Schule verändern« dokumentiert Reinhard Kahl dies sehr anschaulich. Der Film verfolgt das Modellprojekt »Kreativität in die Schule (KidS)«[13] an der Ferdinand-Freiligrath-Schule in den 90er-Jahren in Berlin. Die Schule hatte damals mit zahlreichen Problemen zu kämpfen. Brennpunkt, hoher Ausländeranteil, Sprachgrenzen, geringe Lernbereitschaft der Schüler, Gewalt, usw. Durch die Kooperation mit sogenannten »Dritten«, also Künstlern, Handwerkern und Sportlern, wollte man dieser Misere entkommen. Die »Dritten« erkennt man daran, dass ihr tätiger Lebensmittelpunkt außerhalb der Schule liegt. »Der ›Dritte‹ ist Meister seiner Sache. Der ›Dritte‹ vermittelt, dass es sich lohnt erwachsen zu werden« (Kahl 1999). Dazu die heutige Schulleiterin der Schule, Hildburg Kagerer: »Ein Junge sagte mir mal, für ihn war das Entscheidende, Menschen (die Dritten, d. Verf.) zu erleben, die mit der Gefahr leben. Die in dieser Unsicherheit leben, die nur dann Geld kriegen, wenn ihnen etwas einfällt« (zit. n. Kahl 1999). Der Versuch

12 | Unter dem Begriff »Ganztagsschule« summieren sich sehr unterschiedliche Konzepte und Formen von Schule. In den meisten Fällen handelt es sich um eine »Betreuungsschule«, in der Unterricht und außerunterrichtliche Angebote nicht verknüpft werden.

13 | Weiterführende Informationen: www.ferdinand-freiligrath-schule.de/download/konzept_von_kids.pdf

wird nach einigen Mühen zu einem Erfolg und die Kooperation fester Bestandteil der Schule. »Die sich bereits kurzfristig einstellenden Erfolge waren überraschend: Die Eigenverantwortung und die Lern- und Leistungsfähigkeit der Jugendlichen stieg. Das Kriminalitätsmaß sank [...].«

»In der regulären Schulzeit arbeiten Schüler, Lehrer und qualifizierte ›Dritte‹ in fächerübergreifenden, projektorientierten Vorhaben in zusammenhängenden Unterrichtsblöcken von mehreren Stunden. Entscheidend ist, dass die Jugendlichen bei der Planung und Durchführung dieser Vorhaben wirklich selbstständig werden, ausprobierend, experimentierend, auch Fehler machend.«[14]

Das Konzept von Schulöffnung hat sich in Modellversuchen in der Praxis bewährt, besonders wenn es so konsequent umgesetzt wird wie in dem Modellversuch der Ferdinand-Freiligrath-Schule. Der Versuch zeigt aber auch, wie problematisch das Konzept für Lehrer werden kann. Hildburg Kagerer:

»Bei einem Teil des Kollegiums wächst Unmut über den Modellversuch. Viele Lehrer teilen die Vision nicht, durch ›Dritte‹ ließe sich die Schule aus ihrer Agonie holen. Sie befürchten, Aufgaben wie Rechtschreibung, Dreisatz und das Grundwissen in den Schulfächern kämen zu kurz.« (Zit. n. Kahl 1999)

Als nach der Modellphase zeigt, dass »KidS« dauerhaft an der Schule umgesetzt wird, verlassen acht Lehrer die Schule.

Generationenwerkstatt Flingern-Süd

Die Idee: Schüler, Pädagogen, Freiwillige, Handwerker, Künstler und Träger der Freien Wohlfahrtspflege kommen in Werkstätten in Schule und im Stadtteil zusammen, um Bildung, Kultur und nachbarschaftlichen Zusammenhalt vor Ort zu leben und zu stärken.

Durch die Presse wurde man an der KGS Mettmanner Straße in Düsseldorf auf das Projekt »Offene Werkstätten« aufmerksam, das ich in wesentlichen Grundzügen als Ganztagskonzept für eine Montessori-Grundschule entwickelt habe. Kernidee des Projektes ist es, für Kinder im Ganztag Werkstätten nach dem Vorbild der Kunstakademie einzurichten. In diesen Werkstätten können die Kinder möglichst frei und selbstbestimmt an eigenen Werken arbeiten. Um die Kinder bei eigenen Projekten individuell zu unterstützen, ist eine intensive und behutsame Begleitung erforderlich, die mit den Ressourcen

14 | www.ferdinand-freiligrath-schule.de/download/konzept_von_kids.pdf

der Schule nicht geleistet werden kann. Ich begab mich auf die Suche nach Unterstützern und lernte das Keywork-Konzept kennen.

Bei einer Fortbildung zum Thema »Keywork im Quartier« des Evangelischen Erwachsenenbildungswerks Nordrhein (eeb nordrhein) entstand im Gespräch mit Karin Nell die Idee, die Werkstätten für generationenübergreifendes Lernen und Arbeiten weiterzuentwickeln. Für die Zusammenarbeit mit den Kindern sollten freiwillige Unterstützer gewonnen werden. Die Werkstätten sollten nach Schulschluss für soziale und kulturelle Projekte von Bürgern aus dem Stadtteil offen sein (zum Beispiel für den ehrenamtlichen Handwerkerservice für Senioren vor Ort). Alle Partner profitieren von dem Projekt. Es geht ausdrücklich nicht um klassisches Ehrenamt, sondern um gegenseitiges Geben und Nehmen, um den gelebten Generationenvertrag im Stadtteil – ein erster Schritt im Sinne von Öffnung und Vernetzung von Schule in das Quartier.

Das eeb Nordrhein, das zentrum plus Flingern-Düsseltal (Träger: Diakonie), Lehrbeauftragte der FH Düsseldorf und der neu gegründete Keywork – Soziale Plastik im Quartier e. V. (vgl. Alvermann, J.-T./Friedler, G. 2014) verabredeten eine Zusammenarbeit für erste Planungsschritte mit folgender Aufgabenverteilung:

- **Keywork – soziale Plastik im Quartier e.V.:**
  Koordination der Kooperation vor Ort, Öffentlichkeitsarbeit, Akquise von Geld- und Sachspenden, für die Zukunft Transfer des Projekts an andere Schulen und in andere Stadtteile Düsseldorfs.
- **eeb nordrhein:**
  Konzeptionierung und Durchführung von Qualifizierungsmaßnahmen für alle Beteiligten im Projekt. Bildung von multiprofessionellen Teams für Werkstätten und Schule.
- **Zentrum plus Flingern-Düsseltal/Diakonie[15]:**
  Akquise, Vermittlung und Begleitung interessierter Bürger aus dem Stadtteil, Vernetzung des Projekts im Stadtteil auf Ebene der freien Träger und der Stadtbezirkskonferenz, Beteiligung an der Finanzierung von Qualifizierungsmaßnahmen.
- **FH Düsseldorf, FB 6 Sozial- und Kulturwissenschaften:**
  Vermittlung von Studierenden für Praktika in den Werkstätten, wissenschaftliche Begleitung und Dokumentation des Projekts.

15 | Die »zentren plus« sind Einrichtungen in Trägerschaft der Düsseldorfer Wohlfahrtsverbände und finden sich in vielen Stadtteilen Düsseldorfs. Sie sind Beratungs- und Begegnungsstätten für »Ältere und Junggebliebene«.

Im Mai 2013 wird mit dem Schulleiter und der Leiterin der OGS eine behutsame Einführung der Offenen Werkstätten für das Schuljahr 2013/14 verabredet. Im Souterrain der Schule haben wir in den Sommerferien und den ersten Schulwochen drei Räume gründlich entrümpelt und aufgeräumt. Zwei Räume, die miteinander verbunden sind, wurden nach den Prinzipien der »Offenen Werkstätten« eingerichtet. In den Räumen finden die Kinder ein umfangreiches Angebot an Materialien und Werkzeugen zur freien Verfügung. Die Stadt Düsseldorf (Schulverwaltungsamt) hat die Schule bei der Einrichtung finanziell unterstützt. Mit dem Geld konnten dringend benötigte Schränke und Regale gekauft werden. Der Förderverein der Schule hat im Rahmen seiner Möglichkeiten einige Werkzeuge angeschafft. Durch eine großzügige private Spende an den Keywork – Soziale Plastik im Quartier e. V. wurde es möglich, die Einrichtung der Räume sinnvoll zu ergänzen.

Zurzeit gibt es vier Werkstattangebote am Nachmittag für die Kinder an der Schule. Drei bildende Künstler, drei freiwillige Unterstützer aus dem Stadtteil und ein Praktikant der FH Düsseldorf arbeiteten mit den Kindern. Die ersten Erfahrungen mit dem Projekt sind durchweg positiv, besonders bei der Zusammenarbeit mit den Kindern.[16]

Bedarf nach weiterer Unterstützung besteht. Mithilfe eines Flyers wollen wir die Anwohner im Quartier auf das Projekt aufmerksam machen. Eine gemeinsame Fortbildung wird von den Beteiligten gewünscht und wird zurzeit vorbereitet. Als einen weiteren Kooperationspartner sind wir mit der Kreishandwerkskammer Düsseldorf im Gespräch. Die Kreishandwerkskammer könnte bei der Vermittlung von Handwerkern im Ruhestand, Werkzeugen, Materialien sowie außerschulischen Lernorten wichtige Hilfe leisten. Inzwischen sind auch andere Schulen aus Düsseldorf auf das Projekt aufmerksam geworden und haben ihr Interesse bekundet.

Mit der Etablierung der Offenen Werkstätten an der KGS Mettmanner Straße wurde ein erster Schritt in Richtung Keywork an und mit Schule gemacht. Keywork ist eine Methode, mit der sich die Mitglieder der Schule erst noch vertraut machen müssen. Im nächsten Schritt müsste die Schule herausfinden, welche ihrer Ziele sie mit Keywork und einer Vernetzung in das Quartier erreichen könnte. Eine weitere Frage ist: Welche Ressourcen haben die Schule und ihre Mitglieder, die sie im Gegenzug den Menschen im Quartier zur Verfügung stellen können?

16 | Lediglich von Teilen des Schulverwaltungsamts gab es Bedenken (Sicherheit, »Fremde« in der Schule), die inzwischen ausgeräumt wurden. In einem weiteren Schritt sollen aber in jedem Fall Politik und Verwaltung umfassend über das Projekt informiert werden.

Offene Werkstätten

Natürlich gibt es ganz verschiedene Möglichkeiten und Anknüpfungspunkte für Kooperationen von Freiwilligen und Schulen. Aus der Sicht von Schulen könnte man sicher auch Unterstützung im Schulbüro bei der EDV, beim Betrieb einer Schulbibliothek oder bei der Begleitung von Schulausflügen ins Museum gebrauchen. In diesen Bereichen findet man schon oft klassisches Ehrenamt in Schulen.

Bei der Entwicklung von Keywork-Konzepten mit Schulen stehen die Schüler im Mittelpunkt meiner Überlegungen. Mit den Offenen Werkstätten ist über Jahre im künstlerischen Spiel, im Experiment und in der Erprobung ein Konzept im Geist von Keywork entstanden: Partizipation und Selbstorganisation. Offene Werkstätten bieten Raum für Selbstwirksamkeit und selbstbestimmtes Arbeiten. In der Gemeinschaft entsteht die Möglichkeit für Teilhabe und gegenseitige Inspiration. Offene Werkstätten sind sorgfältig geplante Lern- und Erfahrungsräume mit unterschiedlichen Schwerpunkten.

In der Kunstwerkstatt herrscht große Freiheit im Handeln. Die Werkstatt ist, ähnlich den Keywork-Ateliers[17], wie ein Künstleratelier eingerichtet. In der unterrichtsfreien Zeit entscheiden die Kinder selbstständig, wann sie kommen und wann sie wieder gehen, sie wählen, mit welchem Material sie in der Werkstatt arbeiten und was sie mit ihren Arbeiten hinterher anstellen. Sie übernehmen die Verantwortung für ihre Arbeit und verfolgen keine vorgegebenen Ziele. Die Werkstatt bietet Raum für das oben beschriebene Handeln als Künstler. Materialuntersuchungen mit offenem Ausgang haben hier genauso Platz, wie das spontane Anfertigen eines Geschenks zum Muttertag. Die Kunstwerkstatt versucht auch, der Bedeutung non-formaler[18] und informeller Bildung[19] für Kinder gerecht zu werden. In der Praxis hat sich gezeigt, dass die Kinder besonders die Arbeit mit Ton und das experimentelle Konstruieren mit Fundstücken und Verpackungen wählen.

Vor der freien Nutzung der Holzwerkstatt absolvieren die Kinder einen Werkzeugkurs. Im Mittelpunkt steht der Bau einer Holzkiste mit Deckel. Der Kurs entspricht einem Angebot formaler Bildung.[20] Zunächst werden die Werkzeuge und Maschinen erprobt und nötige Verhaltensregeln (Unfall-

17 | Vgl. Urbainski, Uscha (2007): Kunstschule WERKSETZEN – das erste Keywork-Atelier in Düsseldorf. In: Knopp, Rheinhold/Nell, Karin (Hg.): Keywork – Neue Wege in der Kultur- und Bildungsarbeit mit Älteren. Bielefeld: transcript Verlag.

18 | Non-formale Bildung: Organisierter Prozess mit Angebotscharakter (Freiwillig).

19 | Informelle Bildung: ungeplant durch inneren oder äußeren Impuls ausgelöst, Voraussetzung für weitere Bildungsprozesse wie non-formale Bildung.

20 | Formale Bildung: strukturiert und verpflichtend, auf Leistungszertifikate ausgerichtet.

schutz) im Umgang mit der Werkstatt besprochen. Für das Arbeiten mit Holz in der Werkstatt sind Grundkenntnisse in Geometrie, Arithmetik und Sachkunde von Nutzen. Die Teilnehmer erhalten zur Unterstützung eine persönliche Arbeitsmappe mit hilfreichen Informationen. Das Angebot ist potenziell mit dem regulären Unterricht vernetzbar. Nach einem erfolgreichen Abschluss der Kurs-Phase können die Schüler Projekte nach eigenen Plänen realisieren. Die Aufgabe der Erwachsenen ist es, die Kinder dabei aufmerksam zu begleiten und nur die nötigsten Hilfestellungen zu geben. Die Anzahl und Haltung der Erwachsenen, die die Kinder unterstützen, hat großen Einfluss auf die Ergebnisse und die Kinder. Gerade Kinder mit Konzentrationsproblemen, Lernschwierigkeiten oder einem großen Geltungsbedürfnis gelangen in der Werkstatt zur Ruhe und zu nachhaltigen Erfolgserlebnissen. Es hat sich gezeigt, dass die Kinder bevorzugt Möbel und Gegenstände für den Alltag bauen. Holzspielzeug wird selten angefertigt.

Das Konzept für eine Forscherwerkstatt mit grünem Klassenzimmer ist in der Entwicklung. Ausgehend von Fragen der Kinder zu Phänomen des Alltags (Wie viel Zucker ist in einem Lutscher? Wie funktioniert eine Batterie?) oder Wünschen (Bau eines Autos, das mit Sonnenenergie fährt, Bau eines Vulkans mit anschließendem Ausbruch) werden kleine Projekte initiiert. Den bedeutsamen Fragen wird auf unterschiedlichen Wegen nachgegangen. Ergebnisse werden dokumentiert und gegebenenfalls diskutiert. So entstehen weiterführende Fragen und Aufgaben. In das Konzept der Forscherwerkstatt sollen die folgenden Beobachtungen aus den beiden anderen Werkstätten einfließen: »1. Lernende denken anders, als wir vermuten. 2. Lernende sind effizienter, als wir denken. 3. Lernende brauchen Wiederholungen. 4. Lernende müssen handeln können« Heck et al. 2013: 10).

Keine Methoden ohne Konzept. Der Wunsch, etwas »Kunstakademie« in die Schule zu bringen, und die Entwicklung der Werkstätten in der Praxis wurden immer von konzeptionellen und theoretischen Fragen begleitet. Die Perspektive des sozialen Konstruktivismus mit seiner konstruktivistischen Didaktik (vgl. Reich 2006) hat sich bei didaktischen Fragen als besonders ergiebig erwiesen. Die konstruktivistische Sichtweise auf das Lernen bietet wertvolle Orientierung für das Lernen mit Kindern. Eine Gegenüberstellung nach Kersten Reich[21]:

21 | Die vollständige Gegenüberstellung mit Aufsatz unter: www.uni-koeln.de/hf/konstrukt/reich_works/aufsatze/reich_48.pdf

Tabelle 1: Wandel im Lernverständnis nach Kersten Reich 2005: 6, Schulmagazin 5–10, Nr. 3

Alte Sichtweise vom Lernen	**Neue konstruktivistische Sichtweise**
Lehrer zentriert	Lerner zentriert
an Experten objektiviert	an Handlungen objektiviert
wird von Experten vorgegeben	partizipativ erarbeitet
Vollständigkeitspostulat	Viabilitätspostulat
rationalisiert	beziehungsorientiert
kontrollorientiert	wachstumsorientiert
individualisiert	subjektiviert im Team
lineare Sichtweise	systemische Sichtweise

Ein weiteres wesentliches Element der Werkstätten ist der Raum als »dritter Pädagoge« oder »vorbereitete Umgebung«. Die sorgfältige Einrichtung des Arbeitsraums hat sich in der heterogenen künstlerischen und handwerklichen Arbeit mit Kindern als hilfreich und entlastend erwiesen. Die Gestaltung von Räumen – die »vorbereitete Umgebung« für das Lernen – hat in der Pädagogik der italienischen Ärztin und Pädagogin Maria Montessori eine zentrale Bedeutung.

»Die vorbereitete Umgebung wird vom Erzieher für das Kind geschaffen. Jeder Gegenstand, den das Kind darin vorfindet, wurde von ihm bewusst ausgewählt. Es soll auf jeder Entwicklungsstufe ein Angebot wahrnehmen können, das einer jeweiligen sensiblen Phase entspricht. Der Erzieher darf dabei andererseits nicht der Gefahr unterliegen, eine solche Fülle von Material und Betätigungsangeboten zusammenzutragen, dass das Kind durch zu viele verschiedene Reize erdrückt wird. Vorbereitete Umgebung bedeutet also auch eine Beschränkung auf das Wesentliche, denn nur aus einem übersichtlichen Angebot kann das Kind auch wirklich frei wählen«. (Esser, B./ Wilde, Ch. 2007: 46)

Nach Montessori ist es außerdem wichtig, dass alle Materialien gut sichtbar und übersichtlich präsentiert werden. Den Nutzern muss es möglich sein, ohne große Mühe die Materialien zu ihren Arbeitsplätzen zu tragen. Die Materialien sind vollständig, gepflegt und insgesamt in einem guten Zustand. Montessori spricht hier auch vom »Aufforderungscharakter« der Materialien: Raum und Materialien inspirieren zur Arbeit. Eine sachgerechte Aufbewahrung von Material und Werkzeugen ist Ausdruck einer Wertschätzung für das Material, für die Arbeit und für die Nutzer. Jedes Werkzeug und jedes Material in solchen Räumen ist ein Lehrmittel, es wird unter pädagogischen oder entwicklungspsychologischen Aspekten ausgewählt und muss diese Auswahl in der Praxis bestätigen.

Für die Offenen Werkstätten gilt: Es ist wichtig, die richtigen Möbel und Werkzeuge anzuschaffen. Dies kostet in der Einrichtungsphase für die Verhältnisse von Schulen viel Geld. Auf den ersten Blick ist es für andere Mitglieder der Schule nicht immer nachvollziehbar, warum zum Beispiel echte Werkschränke, stabile Hocker oder teure Zugsägen angeschafft werden. Die Finanzierung der Einrichtung durch Spenden und Unterstützer ist auch deshalb hilfreich.

Bei guter Vorbereitung kann jeder Nutzer der Werkstätten auf »seinem Level« lernen und arbeiten:

»Alle Materialien sind so arrangiert, daß sie das Kind von einer leichten zu einer schwierigeren Übung führen, von konkretem Material zur Abstraktion, von einem niedrigen zu einem anspruchsvolleren Level« (Anderlik 1996: 35, zit. n. Nell 2007: 101).

Die oben beschriebenen Werkstätten bilden eine Schnittstelle für Schulöffnung nach innen und außen. Konzept und Methode lassen sich nach innen für Unterrichtsentwicklung, individuelle Förderung, vernetzten Unterricht und Stärkung des Orientierungswissens nutzen. Über die Werkstätten werden Unterstützer für die Schule (auch für weitere Bereiche) aus dem Quartier gewonnen. Erste Erfahrungen in der Arbeit mit multiprofessionellen Teams werden gemacht. Außerschulische Angebote und Lernorte können aus dem Innenraum der Schule mithilfe des lokalen Netzwerks gezielt entwickelt werden. Gezielt heißt, dass man sich an den konkreten Problemen, Fragen und Begabungen der Schüler und Erwachsenen orientiert. Die sorgfältige Gestaltung und Planung solcher Lernorte ist aufwendig und zeitintensiv.

Qualifizierung im Team

Lernen und Arbeiten in Teams im Profi-Laien-Mix ist ein zentrales Element von Keywork. In diesem Kontext steht die Entwicklung von geeigneten Maßnahmen zur Qualifizierung der multiprofessionellen Mitarbeiter für die Arbeit in den Werkstätten (und anderer Bereiche an der Schnittstelle von Schule und Quartier). Dabei kann auf die innovativen Konzepte für Fortbildungsprogramme in der Seniorenarbeit zurückgegriffen werden (vgl. Nell 2007).

Bei der Konzeption von Fortbildungen gibt uns das Feedback der Freiwilligen, die uns an den Schulen begleiten, wichtige Anhaltspunkte. Was ist ihnen wichtig? Woran können sie erfahren, dass ihr Engagement sinnvoll ist?

Welche Rollen wollen sie einnehmen? Eine Beteiligung der Lehrer und Erzieher der beteiligten Schule ist wünschenswert.

»Für die Reform von Kommunikation innerhalb der Schule und im Sozialraum sowie die Schaffung kooperativer Beziehungen müssen Fortbildungen für Pädagog/innen die Vorteile einer veränderten Zusammenarbeit erkennbar machen. Ohne einen erkennbaren individuellen Gewinn (der durchaus in professionsbezogenen Aspekten liegen kann) wird die Veränderungsbereitschaft gering sein.« (Pauli 2006: 34)

Gesetz und Vertrag

»Für die Schule gilt eine Vielfalt unterschiedlicher Rechtssysteme von internationalen Pakten, die ein Menschenrecht auf Bildung garantieren, über die Verfassung, Schulgesetze, Beamtenrecht, öffentliches Tarifrecht für die unterschiedlichen Arbeitnehmergruppen in der Schule, die verschiedenen Rechtsregelungen, die sich mit Kindern und Jugendlichen befassen (Jugendschutz, Jugendstrafrecht), bis hin zum Zivilrecht und den Verwaltungsvorschriften, die kleinzeilig alle möglichen Aktivitäten regeln. Zudem gibt es zahlreiche Sicherheitsvorschriften für das Gebäude und die dortige Ansammlung von Menschen. Schule befindet sich also in einem dichten Netz von Rechts- und Verwaltungsvorschriften.« (Fuchs 2010: 47)

Dieses Geflecht von Regeln ist, wie die Aufzählung des Kulturwissenschaftlers Max Fuchs zeigt, sehr umfangreich. In seinem ganzen Umfang kann es den meisten Mitgliedern der Institution Schule gar nicht vollständig bekannt sein. Das führt in der Praxis der einzelnen Schule immer wieder zu unbeabsichtigten Regelverstößen. Das führt aber auch zur Einhaltung oder Annahme von Vorschriften, die es überhaupt nicht gibt. Als Kooperationspartner von Schulen sollte man alle Gesetze und Vorschriften kennen, die die Kooperation und das Projekt betreffen könnten, und sich möglichst auf schriftliche Quellen stützen.[22] In den Schulgesetzen der Bundesländer sind Regelungen zu außerschulischen

22 | Die Nutzung von Werkzeug und Maschinen in der Grundschule oder »Eingriffe« auf dem Schulgelände sind solche Themen. Hier ein kleines Beispiel: Vor einigen Jahren hatte ich mich mit der Leitung der Ferienbetreuung einer Düsseldorfer Grundschule zu einem Ferienprojekt mit dem Thema »Bau einer Hütte aus Ästen und Zweigen im Grünbereich des Schulhofs« verabredet. Als die Kinder, Erzieher und ich mit den Arbeiten beginnen wollten, schritt der Hausmeister der Schule ein. Der Bau einer Hütte aus Ästen und Zweigen (aus dem nahe gelegenen Wald) auf dem Schulgelände sei nicht gestattet. Begründung: Der Bau der Hütte wäre vergleichbar mit dem Aufstellen eines Carports (da z. B. Regenwasser umgeleitet wird) und dafür bräuchte man eine

Kooperationen ausdrücklich vorgesehen. Als Beispiel hier NRW mit folgendem Paragrafen im Schulgesetz des Landes:

»§ 5 Öffnung von Schule, Zusammenarbeit mit außerschulischen Partnern
(1) Die Schule wirkt mit Personen und Einrichtungen ihres Umfeldes zur Erfüllung des schulischen Bildungs- und Erziehungsauftrages und bei der Gestaltung des Übergangs von den Tageseinrichtungen für Kinder in die Grundschule zusammen.
(2) Schulen sollen in gemeinsamer Verantwortung mit den Trägern der öffentlichen und der freien Jugendhilfe, mit Religionsgemeinschaften und mit anderen Partnern zusammenarbeiten, die Verantwortung für die Belange von Kindern, Jugendlichen und jungen Volljährigen tragen und Hilfen zur beruflichen Orientierung geben.
(3) Vereinbarungen nach den Absätzen 1 und 2 bedürfen der Zustimmung der Schulkonferenz.«

Die gesetzliche Regelung von Kooperationen mit Schulen ist aus der Perspektive von Keywork-Projekten sehr zu begrüßen. Die Schulkonferenz ist das wichtigste Gremium der Schule. Die Zustimmung durch die Schulkonferenz und die Aufnahme ins Schulprogramm bieten die Chance für verbindliche Rahmenbedingungen von Partnerschaften. Einem Kooperationsvertrag[23] durch Beschluss der Schulkonferenz sollte eine Erprobungsphase vorausgehen. In dieser Phase sollten sich die Partner intensiv und anschaulich über ihr Verständnis von Bildung unterhalten. Hehre Ideale sind immer schnell formuliert. Im vertiefenden Gespräch gibt es aber oft sehr unterschiedliche Auffassungen von Bildung. Deshalb sollte man gemeinsam möglichst konkrete Ziele festlegen und sich über die Methoden zum Erreichen dieser Ziele verständigen. In der Erfahrung werden dann diese Methoden auf Tauglichkeit überprüft und weiterentwickelt. In all diesen Punkten sollte für alle Beteiligten möglichst große Transparenz herrschen.

Alle gesetzlichen Regelungen, die Kooperationen mit Schule betreffen, können hier nicht aufgeführt werden. Eine Aufgabe des Keywork – Soziale Plastik im Quartier e. V. wird es sein, diese Regelungen zu sammeln und allen Interessierten zur Verfügung zu stellen. Dazu gehören auch Fragen von Versicherung, Haftpflicht und Ehrenamt.

Baugenehmigung. Die Erzieher und ich konnten im Gespräch mit dem Hausmeister diese Konstruktion von Wirklichkeit nicht erschüttern, und der Hüttenbau fand leider im Wald statt. Mit dem Förster hatte ich vorher über die Entnahme von Ästen und Zweigen verhandelt (auch ein heikles Thema), den Hausmeister hatte ich vergessen. Ein Anfängerfehler – seitdem haben wir auf anderen Schulhöfen eine ganze Reihe von Hütten ohne Baugenehmigung gebaut!

23 | Im Internet findet man zahlreiche Vorlagen für solche Vereinbarungen und Verträge.

Die gesetzliche Bedingungen sind auch immer im Wandel; so gilt seit 2009/10, dass man für »kinder- und jugendnahe« Tätigkeiten ein erweitertes Führungszeugnis benötigt. Manche Vorschriften sind recht kryptisch abgefasst, wie etwa die »Richtlinien zur Sicherheit im Unterricht« der Kultusministerkonferenz aus dem Jahr 2003. Diese Regeln sind bei der Nutzung von Fachräumen in der Schule zu beachten. Regelungen zu Kooperationen auf kommunaler Ebene in Düsseldorf zur OGS liegen in zusammenhängender Form nicht vor. Es empfiehlt sich im Zweifelsfall, direkten Kontakt mit der Schulaufsicht oder Schulverwaltung aufzunehmen.

Politik und Verwaltung

Keywork-Projekte mit Schulen im Quartier haben eine politische Dimension und benötigen hinsichtlich ihres Rahmens und ihrer Akzeptanz politische Unterstützung. Das trifft im besonderen Maß auf die Schulen und ihre Ressourcen für das Lernen als Organisation und für Kooperationen zu. Die Schulen sehen sich immer wieder mit neuen Aufgaben (Ganztag, Individuelle Förderung, Erziehung, Inklusion) »von oben« konfrontiert. Zur Erfüllung dieser Aufgaben stellt man ihnen aber »von oben« nicht die nötigen Mittel zur Verfügung. Ein Zustand, der sich beim Personal in Beschreibungen von Erschöpfung und Überforderung ausdrückt. Ein Zustand, der sicher Anteil an den häufigen Erkrankungen und den ungewöhnlich hohen Zahlen bei der vorzeitigen »Dienstunfähigkeit« von Lehrern hat. Nur ein Beispiel: Der Schulleiter einer Grundschule wird in Nordrhein-Westfalen mit einer Wochenarbeitsstunde von seinen sonstigen Aufgaben freigestellt, um den Ganztagsbetrieb zu koordinieren. Eine Stunde pro Woche für bis zu 10 Betreuungsgruppen à 25 Kinder plus die Mitarbeiter der Jugendhilfe, die zahlreichen Bildungsanbieter, die Kinder, die an- und abgemeldet werden, das Mittagessen und die ursprünglich einmal angedachte Entwicklung und Konzeption der Ganztagsschule! Über Meldungen wie diese aus der Rheinischen Post vom 8. März 2013 muss man sich nicht wundern:

»Etliche Grundschulen in Deutschland stehen ohne Schulleiter da. In Nordrhein-Westfalen hat etwa jede achte Schule zurzeit keinen Rektor, mehr als die Hälfte der knapp über 700 leeren Chefsessel gibt es an Grundschulen.« (Rheinische Post 2013: o. S.)

Durch das Engagement von außerschulischen Partnern darf dem Land und der Kommune eine Diskussion über die unzureichende Ausstattung von Schulen für ihre Aufgaben nicht erspart werden. Durch dieses Engagement dürfen auch keine außerschulischen Angebote von Bildungsanbietern ersetzt werden. Auch wenn im Rahmen der Einrichtung von Generationenwerkstätten an Schulen Möbel, Werkzeug und Materialien durch Spenden gewonnen werden, gilt es, sich kritisch mit der Ausstattung von Schulen auseinanderzusetzen. Auf die verhältnismäßig schlechte Finanzierung des Bildungsbereichs in Deutschland im internationalen Vergleich wird in der öffentlichen Debatte regelmäßig hingewiesen.

Wenn Politik und Verwaltung Schulöffnung und Kooperationen im Stadtteil ernsthaft entwickeln wollen, dann müssen sie den Schulen die nötigen Mittel zur Verfügung stellen. Kooperationen brauchen Zeit für regelmäßige Gespräche, inhaltliche Konzeptionen, Hospitationen und solide Planung und Organisation. Die Mitarbeiter (ob nun Schulleiter, Lehrer, Erzieher oder Schulsozialarbeiter), die für die Kooperationen verantwortlich sind, müssen für ihre Aufgabe an anderer Stelle ausreichend entlastet werden.

Literatur

Alvermann, Jörg-Thomas (2014): Keywork und Schule. Schriftenreihe des Keywork – Soziale Plastik im Quartier e. V. , Band 1, Düsseldorf

Alvermann, Jörg-Thomas/Friedeler, Günter (2014): Ein Verein für Keywork – Warum? In: Knopp, Rheinhold/Nell, Karin (Hg.): Keywork4. Ein Konzept zur Förderung von Partizipation und Selbstorganisation im Überschneidungsbereich von Kultur-, Sozial- und Bildungsarbeit. Bielefeld: transcript Verlag

Behr-Heintze, Andrea/Lipski, Jens (2004): Schule und soziale Netzwerke. Zentrale Befunde und Empfehlungen – Eine Zusammenfassung des Schlussberichtes. München: Deutsches Jugendinstitut e.V.

Brater, Michael/Freygarten, Sandra/Rahmann, Elke/Rainer, Marlies (2011): Kunst als Handeln – Handeln als Kunst. Was die Arbeitswelt und Berufsbildung von Künstlern lernen können. Bielefeld: W. Bertelsmann Verlag

Esser, Barbara/Wilde, Christiane (2007): Montessori-Schulen. Grundlagen, Erziehungspraxis, Elternfragen. 11., überarb. u. erw. Aufl. Hamburg: Rowohlt Taschenbuch Verlag

Fuchs, Max (2010): Schule, Subjektentwicklung und Kultur. In Braun, Tom (Hg): Auf dem Weg zur Kulturschule, München: Kopaed

Heck, Urs/Weber, Christian/Baumgartner, Markus (2013): Lernen in Erfahrungsräumen. Ein Praxismodell für den Sachunterricht. 2. erw. Auflage. Baltmannsweiler: Schneider Verlag Hohengehren GmbH

Nell, Karin (2007): Keywork lernen. Fortbildungskonzepte für die Gewinnung und Qualifizierung von Keyworkern. In: Knopp, Rheinhold/Nell, Karin (Hg.): Keywork – Neue Wege in der Kultur- und Bildungsarbeit mit Älteren. Bielefeld: transcript Verlag

Pauli, Bettina (2006): Kommunikation und Kooperation innerhalb der Schule und im Sozialraum. Expertise für das BLK-Verbundprojekt »Lernen für den GanzTag«, www.ganztag-blk.de/cms/upload/pdf/berlin/Pauli_Kooperation.pdf

(Abgerufen: 10. Mai 2014, 21:04 UTC). Reich, Kersten (2006): Konstruktivistische Didaktik. Lehr- und Studienbuch mit Methodenpool. 3. überarb. Auflage. Weinheim und Basel: Beltz Verlag

Urbainski, Uscha (2007): Kunstschule WERKSETZEN – das erste Keywork-Atelier in Düsseldorf. In: Knopp, Rheinhold/Nell, Karin (Hg.): Keywork – Neue Wege in der Kultur- und Bildungsarbeit mit Älteren. Bielefeld: transcript Verlag

Sautter, Sabine (2007): An der Schnittstelle von Sozialem und Kultur. Bürgerschaftliches Engagement in der zweiten Lebenshälfte. In: Knopp, Rheinhold/Nell, Karin (Hg.): Neue Wege in der Kultur- und Bildungsarbeit mit Älteren. Bielefeld: transcript Verlag

Senge, Peter (2011): Die fünfte Disziplin. Kunst und Praxis der lernenden Organisation. 11., überarb. u. aktual. Aufl. Stuttgart: Schäffer-Poeschel Verlag

Schulgesetz für das Land Nordrhein-Westfalen vom 15.02.2005, Stand 18.01.2013, Frechen: Rittersbach Verlag

Filme

Kahl, Reinhard (1999): Die Dritten kommen. Wie Künstler und Handwerker die Schule verändern, DVD, 109 min., Archiv der Zukunft

Autor

Alvermann, Jörg-Thomas, Künstler, Studium an der Kunstakademie Düsseldorf, zahlreiche Ausstellungen im In- und Ausland, Vorsitzender des Keywork – Soziale Plastik im Quartier e. V. Düsseldorf. Parallel zur freiberuflichen Arbeit als Künstler: Kunst mit Menschen mit geistiger Behinderung, Berufsvorbereitung für Schulabgänger mit den Studienzielen Kunstlehrer, Kommunikationsdesigner und bildender Künstler. Entwicklung innovativer Konzepte für Kinder, Kunst und generationenübergreifendes Lernen in Ganztagsschulen.

4.12 Sockentheater – Keywork für das Theaterpublikum von morgen

Interview mit Evelyn Arndt und Uwe Bähr

Karin Nell

2006 hat das eeb nordrhein im Jungen Schauspielhaus, das damals noch Kinder- und Jugendtheater hieß, das Fortbildungsprogramm »Soziales Inszenieren« mit 20 Menschen im nachberuflichen Leben durchgeführt. In der Zusammenarbeit ist u. a. die Idee entstanden, die WunderBar einzurichten und ein Puppentheater zu gründen. Kurze Zeit später ging das Düsseldorfer Sockentheater an den Start. Seither hat es vor mehreren 100 Kindern und Erwachsenen Vorstellungen gegeben: in Schulen, in Kindergärten, in Theatern, in Zelten und auf öffentlichen Plätzen. Uwe Bähr, Rentner und freiwilliger Mitstreiter fast von Anfang an, und Evelyn Arndt, ausgebildete Puppenspielerin und Regisseurin, haben wechselvolle Zeiten in dem Projekt erlebt.

Uwe, du bist für dein Engagement 2012 im Bundestag mit dem Preis »Vorbilder der Weiterbildung« beim Deutschen Weiterbildungstag geehrt worden. Der Schauspieler Christian Griese vom GRIPS-Theater in Berlin hat die Laudatio gehalten. Wie kam es zu der Auszeichnung?

Uwe Bähr: Ich habe den Preis für mein freiwilliges Engagement bekommen. Ich habe ja in meinem Ruhestand noch mal so was wie eine Ausbildung gemacht. Ich habe Puppenspieler gelernt und bin fast noch mal Schauspieler geworden. Irgendjemand hat mich damals angesprochen und gefragt, ob ich nicht im Sockentheater mitmachen will. Hanno Dreger, der war früher mal Gymnasiallehrer, hatte damals eine kleine Gruppe zusammengestellt, und die plante, ein Puppentheater zu gründen. Aber von Anfang an stand fest: Wir wollen das Puppenspiel erlernen. Von der Pike auf. Und dann haben wir Fördermittel beantragt und Evelyn Arndt engagiert. Die wurde uns vom Leiter des Kinder- und Jugendtheaters empfohlen. Dann ging es los. Wir waren ja am Anfang nur eine kleine Gruppe. Wir haben uns gemeinsam für die Socken entschieden. Ich glaube, weil das so unkompliziert war und wir damit sehr schnell loslegen konnten. Ich weiß noch ganz genau, wie das angefangen hat: Evelyn hat zwei Knöpfe auf meinen Handrücken geklebt, und plötzlich habe ich meine erste Rolle gespielt. Eine stumme Rolle. Unser erstes Stück hat Lisa Dyksmann geschrieben, eine Frau aus unserer Gruppe. Dann ging es weiter mit dem Stück von Martin Baltscheidt: Die Geschichte vom Löwen, der nicht schreiben konnte. Ich war darin das Krokodil und durfte sogar berlinern. Die Kinder waren von dem Stück begeistert. Ein anderes Stück, das wir einstudiert haben, war »Wolf sein« von Bettina Wegenast; da hatte Evelyn mit Unterstützung aus unserem Netzwerk wieder Fördermittel organisiert und wir konnten uns sogar eine professionelle Bühnenbildnerin aus Berlin, Birgit Schöne, leisten. Ich habe nicht nur Puppenspiel gelernt, sondern auch Märchenerzählen. Der Regisseur Klaus Peter Fischer hat uns in einem Workshop beigebracht, wie man die Zuhörer – das waren ja meistens Kinder – mit seiner Stimme und mit wenigen Gesten fesseln kann. Erzählen hat er gesagt, ist besser als Vorlesen. Ich habe mich damals sehr intensiv mit dem Märchen »Der Fischer und seine [...] Frau« beschäftigt. Das hatte den wenigsten Text. Danach haben wir die Bremer Stadtmusikanten aufgeführt. Und später den Münchhausen und jetzt den Hamlet für Kinder.

Evelyn, was hat dich als professionelle Puppenspielerin und Regisseurin an der Zusammenarbeit mit den Senioren und Seniorinnen gereizt?

Evelyn Arndt: Die Zielgruppe machte mich einfach neugierig und ich spürte das ernsthafte Interesse der Senioren an einem Theaterprojekt. Und ich hatte große Lust, gemeinsam mit ihnen ein Theater aufzubauen. Die Senioren wollten unbedingt für Kinder spielen und ich konnte mich in der Regie üben. Das war unser gemeinsamer Nenner. Es ging ja nicht nur darum, zu inszenieren. Zur Probenarbeit gehören auch Stimm-, Hand- und Bewegungstraining. Wir mussten Bühnentechnik besorgen, Bühnenbilder und Figuren bauen, Fördermittel beantragen, den Spielplan erstellen und den Bühnentransport für die Aufführungen organisieren. Klar, die Senioren wollen in erster Linie spielen. Da bleibt immer viel Organisationsarbeit an mir hängen. Ich habe aber auch gesehen, wie wir immer mehr zu einem Ensemble zusammengewachsen sind. Ich kann sagen: Ich arbeite jetzt mit von mir selbst ausgebildeten Puppenspielern zusammen. Manchmal denke ich: Wir sind fast so etwas wie eine Familie. Da gibt es viel gegenseitige Unterstützung. Wir freuen uns miteinander, aber wir streiten uns auch.

Ich hatte und habe immer noch einen hohen Anspruch an unsere Arbeit. Am Anfang habe ich unmissverständlich eine Bedingung gestellt: dass wir zeitgenössische Kinderstücke zur Aufführung bringen. Natürlich kann man jetzt fragen: Und wie ist das mit Münchhausen, den Bremer Stadtmusikanten und mit Hamlet? Da sage ich immer: Die sind im Kern allgemeingültig und hochaktuell. Das sind eben Klassiker.

Man kann sich gut vorstellen, dass es nicht einfach ist, wenn gestandene Menschen mit unterschiedlichen Vorstellungen und Voraussetzungen zusammen Theater machen und wenn sie als Laien mit professionellen Theatermachern zusammenarbeiten. Da gibt es doch sicher auch Probleme?

Uwe Bähr: Und ob. Es gibt immer Auseinandersetzungen. Einmal hat es auch zwischen mir und Evelyn ordentlich geknallt. Ich war eigentlich wütend auf eine Mitspielerin und habe meine Wut an unserer Regisseurin ausgelassen. Ich kann Streit nicht gut aushalten. Aber ich bin dann doch nicht abgehauen. Ich hätte mir ja selbst etwas genommen, wenn ich die Sache hingeschmissen hätte. Im Sockentheater ist das wahrscheinlich so wie in allen Theatern: Da guckt man immer ganz genau, wer welche Rolle bekommt. Und da hat auch jeder Puppenspieler andere Vorstellungen, wie man die Figuren zu spielen hat. Es ist für uns Ältere auch schwer, wenn wir uns von einer jungen Regisseurin sagen lassen müssen, was wir zu tun haben. Das behagt uns manchmal gar nicht. Wir wollen ja eigentlich nicht mehr Anfänger sein. Aber man sieht natürlich am Ergebnis, dass ein Profi bei uns Regie führt. Allein kriegen wir das bestimmt nicht so gut hin.

Evelyn Arndt: Ja, es gibt Probleme. So, wie Uwe das beschrieben hat. In der Probenarbeit stoßen immer ganz unterschiedliche Vorstellungen aufeinander. Das Ensemble besteht ja auch aus Menschen mit ganz unterschiedlichen Lebenserfahrungen; hier kommen starke Charaktere zusammen. Es ist manchmal sehr, sehr anstrengend, jedem einzelnen Puppenspieler gerecht zu werden und eine gemeinsame Linie zu finden. Und noch für eine gute Arbeitsatmosphäre zu sorgen. Es haben ja auch schon mal Mitspielerinnen die Gruppe verlassen, weil ihnen die Zusammenarbeit nicht gepasst hat. (...) Aber einige sind auch gegangen, weil sie nicht mehr konnten, weil sie umgezogen oder krank geworden sind (...). Jeder hinterlässt eine Lücke. Es ist uns aber immer wieder gelungen, neue, begeisterte Mitspieler zu finden, aber die fangen dann jedes Mal wieder bei null an. Darauf müssen wir Rücksicht nehmen.

Wie finanziert ihr das Projekt?

Evelyn Arndt: Das Geld ist unser größtes Problem. Immer sind wir damit beschäftigt, Mittel aufzutreiben. Ein mühsames Geschäft, das viel Energie bindet. Ich bin ja noch lange nicht im Ruhestand und muss von meiner Arbeit leben. Wir können uns auch keinen eigenen Probenraum leisten. Von Anfang an proben wir am Jungen Schauspielhaus. Dort steht uns aber nur in einer ganz bestimmten, auslastungsfreien Zeit ein Raum zur Verfügung.

Uwe Bähr: Ja, das ist auch für uns Ältere ein Problem, wenn wir sehen, wie wenig Evelyn mit ihrer Arbeit verdient. Wir kommen ja meist aus Berufen, die gut bezahlt wurden. Und wir haben jeden Monat unsere Rente auf dem Konto. Aber die Künstler, die müssen ja erst noch für ihre Rente sorgen. Wie soll das gehen, wenn man immer nur unterbezahlte Honorare bekommt? Ich sage immer: Evelyn leistet viel mehr ehrenamtliche Arbeit im Sockentheater als wir alle zusammen.

Den Hamlet spielt ihr im Theatermuseum. Wie kam es zu der Kooperation?

Evelyn Arndt: Der Hamlet für Kinder entstand durch eine Anregung des Theatermuseums. Wir feiern ja in diesem Jahr den 450. Geburtstag von Shakespeare. Wir haben lange überlegt, ob wir das Stück machen sollen. Eine große Herausforderung. Im Hamlet geht es um existenzielle Themen: Liebe, Verrat, Vatermord, Verlust, Tod aus Verzweiflung. Da habe ich mich schon gefragt: Wie kann man einer Puppenspielerin aus dem Sockentheater zumuten, Verliebtheit zu spielen, wenn sie vor Kurzem Witwe geworden ist? Und: Was löst die Beerdigungsszene aus, wenn der eigene Vater oder die beste Freundin im Sterben liegt? Die Themen kommen ganz nah an uns heran. Das verlangt uns viel ab. Die Auseinandersetzung mit der Rolle kann sehr erschöpfen. Natürlich ging es bei den Proben auch immer wieder um die Frage: Wie können wir den Kindern von heute ein solches Stück zeigen? Die Inszenierung ist übrigens für Kinder ab der vierten Klasse geeignet. In der Vorbereitung haben wir gemerkt, dass hier immer wieder bestimmte Fragestellungen auftauchten: Was brauchen Kinder von heute? Was haben wir als Kinder gebraucht? Was brauchen Kinder überhaupt? Was kann man ihnen zumuten?

Uwe Bähr: Ja, der Hamlet ist wahrscheinlich unser anspruchsvollstes Stück. Wir haben uns darauf gut vorbereitet. Wir haben uns Filme angesehen, viel über Shakespeare gelesen, wir haben im Internet recherchiert und wir haben versucht, uns in Shakespeares Zeit hineinzuversetzen. Und dann mussten wir auch den schwierigen Text lernen. Ich spiele in dem Stück insgesamt fünf Rollen: den Polonius, den Schauspieler-König, Hamlets Vater, den Geist und ein Mitglied des Hofstaats. Ich muss im Hamlet zweimal sterben. Der Auftritt im Theatermuseum, der war toll. In einem richtigen Theaterraum aufzutreten, das hat schon was.

Wenn ihr drei Wünsche frei hättet, was würdet ihr euch für euch selbst oder das Sockentheater wünschen?

Evelyn Arndt: Erster Wunsch: Dass wir immer besser werden in unserer Kunst. Zweiter Wunsch: Dass wir – als das Puppentheater der Freiwilligen unter professioneller Leitung – das Publikum auch weiterhin begeistern. Mit nachhaltiger Wirkung, und zwar bis in die nächste und übernächste Generation hinein. Und dritter Wunsch: Ich wünsche mir ganz persönlich, dass ich mal von meiner Arbeit als Puppenspielerin und Regisseurin leben kann.

Uwe Bähr: Ich wünsche mir, dass ich noch einmal den Münchhausen spielen kann. Das ist meine Lieblingsrolle. Zweitens wünsche ich mir einen Soloauftritt als Märchenerzähler von »Der Fischer und seine Frau« – das ist mein Lieblingsmärchen. Und drittens wünsche ich mir, dass wir als Gruppe noch lange zusammenbleiben und dass von irgendwoher Goldtaler auf uns regnen und wir nicht immer um jeden Euro kämpfen müssen.

Abbildung 1: Uwe Bähr, Puppenspieler im Düsseldorfer Sockentheater

Foto: Anne Leyendecker

Literatur

www.deutscher-weiterbildungstag.de/...2012/vorbilder-2012html. Zugriff 2.5.2014

Regisseurin und Puppenspieler

Arndt, Evelyn, geboren 1967 in Berlin-Mitte, ist Diplom-Puppenspielerin und Regisseurin. Sie ist Absolventin der Hochschule für Schauspielkunst »Ernst-Busch« Berlin und arbeitet freiberuflich an unterschiedlichen Theatern. Evelyn Arndt lebt seit 15 Jahren in Düsseldorf und begleitet das Sockentheater seit 2007.

Bähr, Uwe, geboren 1938 in Berlin, war vor seiner Pensionierung in unterschiedlichen Berufen tätig (Maurer, Bademeister, Verwaltungsangestellter). Über das Fortbildungsprogramm »Soziales Inszenieren« am Düsseldorfer Kinder- und Jugendtheater hat er zu seiner »Herzenssache« gefunden. Seit 2007 ist er Ensemblemitglied im Düsseldorfer Sockentheater.

4.13 Keywork e. V.

Ein Verein für Keywork – warum?

Jörg-Thomas Alvermann, Günter Friedeler

Das Konzept von Keywork hat sich im deutschsprachigen Raum in den letzten Jahren verbreitet und ist an zahlreichen Orten auf fruchtbaren Boden gefallen. Ausgewählte Beispiele finden sich in diesem – und in dem 2007 herausgegebenen Buch von Reinhold Knopp und Karin Nell »Keywork – Neue Wege in der Kultur- und Bildungsarbeit mit Älteren«.

Bei der Lektüre wird deutlich, dass es sich um sehr unterschiedliche Initiativen in Stadtteilen, Gemeinden, Museen oder Theatern handelt. Alle Projekte zeichnen sich bei allen Unterschieden durch eine gemeinsame Grundhaltung aus. Herausforderungen für unsere Gesellschaft und Kultur werden als gemeinsame Lern- und Gestaltungsaufgaben begriffen. Profis und Laien aus Kunst, Kultur und Sozialem kommen zusammen, übernehmen Verantwortung und entwickeln neue Rollen.

Nicht alle Projekte im Geist von Keywork konnten gelingen. Trotz großen Engagements konnte sich nicht jedes Projekt etablieren. Gute Ideen wurden nicht immer umgesetzt, einige Konzepte wurden entkernt und verwässert. Der kritische Rückblick zeigt, dass es Einzelpersonen oft schwer haben, von Verwaltung, Verbänden und Institutionen als gleichberechtigte Partner(innen) bei inhaltlichen und finanziellen Fragen in Projekten im öffentlichen Raum wahrgenommen zu werden.

Inzwischen haben »bürgerschaftliches Engagement«, »neue Nachbarschaften« und »Generationen-Projekte« in Quartier und Gemeinde Konjunktur. Das ist zeitgemäß und zu begrüßen. Die Beteiligten in solchen Projekten stehen aber immer wieder vor zahlreichen Hindernissen und stoßen auf Widerstände. Eine neue Kultur der Selbstorganisation und Partizipation muss sich gegen alte Strukturen des »Kümmerns« von oben und die vorherrschende »Expertisierung« unserer Lebenswelt behaupten. Dass gerade multiprofessionelle und generationenübergreifende Teams und Netzwerke besonders passgenaue Lösungen entwickeln, ist eine Erfahrung, die viele Akteure/Akteurinnen so noch nicht gemacht haben.

Eine kleine Gruppe von Menschen, die hauptamtlich oder freiwillig in den letzten Jahren an Keywork-Projekten beteiligt waren und den Keywork-Gedanken maßgeblich entwickelt haben, hat sich 2013 zusammengefunden, um sich besser zu vernetzen und zu organisieren. Das inhaltliche Profil von Keywork soll gemeinsam weiterentwickelt und geschärft werden. Erfahrungen und Handlungswissen sollen dokumentiert und gesichert werden. Nach intensiven Beratungen wurde im April 2013 in Düsseldorf der gemeinnützige Verein »Keywork – Soziale Plastik im Quartier e. V.« gegründet.

Keywork – Soziale Plastik im Quartier e. V.

Gegen die Gründung eines Vereins gab es aus dem Kreis der heutigen Mitglieder in den Vorbesprechungen Bedenken. Der Betrieb eines Vereins bindet Ressourcen, die nicht in die »eigentliche, inhaltliche« Arbeit fließen. Ein Verein muss verwaltet werden. Er benötigt Finanzen, um sich selbst zu erhalten. Erfahrungen mit dem Innenleben von Vereinen haben gezeigt, dass Vereine immer wieder von Menschen mit einem ungesunden Geltungsbedürfnis als Bühne oder als Spielwiese missbraucht werden. Interne Konflikte verschlingen dann wertvolle Zeit und Energie.

Trotz dieser berechtigten Bedenken bietet die Bildung eines gemeinnützigen Vereins auch eine Reihe von Vorteilen:

- Der gemeinnützige Verein kann Spenden und Zuwendungen entgegennehmen und Spendenbescheinigungen ausstellen, die gegenüber dem Finanzamt geltend gemacht werden können.
- Konto- und Buchführung des Vereins sorgen für zweckentsprechende und transparente Verhältnisse beim Einsatz von Finanzen.
- Der Verein kann sich an Förderprogrammen beteiligen, die für Privatpersonen nicht zugänglich sind.
- Der Verein wird als Kooperationspartner von anderen Organisationen anders wahrgenommen als Einzelpersonen.
- Der satzungsgemäße Vereinszweck schafft einen klar definierten Rahmen für Aktivitäten und er bietet Orientierung und Sicherheit.
- Der Verein gibt den Mitgliedern eine Form, als Einheit (auch rechtlich) aufzutreten.
- Vom Verein getragene Projekte sind stabiler, da sie nicht so stark von Präsenz und Engagement der Einzelpersonen abhängig sind.

Der Gestaltung der Satzung unseres Vereins wurde im Vorfeld der Vereinsgründung besondere Aufmerksamkeit gewidmet. Bei der Formulierung der Satzung haben Vereinsgründer die Möglichkeit, wichtige Weichen für die

Arbeit im zukünftigen Verein zu stellen. Eine große Zahl an Mitgliedern zu gewinnen und in die Breite zu gehen, ist nicht Ziel des Keywork-Vereins. Ziel ist vielmehr, mit wenigen (stimmberechtigten) Mitgliedern das Keywork-Konzept zu verankern und zu vertiefen. In der Satzung werden drei Formen von Mitgliedschaft unterschieden: »ordentliche Mitglieder« mit Stimmrecht, »fördernde Mitglieder« ohne Stimmrecht und »Ehrenmitglieder« mit Stimmrecht (die aber vom Mitgliedsbeitrag befreit sind). Die Aufnahme von Mitgliedern erfolgt einmal im Jahr durch die Mitgliederversammlung. Der Vorstand wurde bewusst klein gehalten (drei Mitglieder) und für einen längeren Zeitraum (3 Jahre) gewählt. So soll Handlungsfähigkeit gesichert und unnötiger Aufwand bei Personal- und Ämterfragen vermieden werden.

Die Mitglieder haben außerdem vereinbart, den Verein nach drei Jahren einer gründlichen Revision zu unterziehen. Dann wird geprüft, ob sich die Organisationsform »Verein« bei Keywork-Projekten bewährt hat. Es wird dann auch ermittelt, ob sich der organisatorische Aufwand zum Betrieb eines Vereins im Rahmen hält. Sollte sich hier ein Missverhältnis zwischen Vorteilen und Aufwand der Arbeit zeigen, wird der Verein wieder aufgelöst.

Die aktuellen Mitglieder des Vereins arbeiten in sehr unterschiedlichen gesellschaftlichen Bereichen mit dem Keywork-Ansatz:

- Qualifizierungsprogramme für Keyworker
- Keywork und Stadtentwicklung
- Keywork und Entwicklung neuer Netzwerke
- Keywork und Kunst
- Keywork-Ateliers im Quartier (Neue Orte der Begegnung)
- Keywork und Demenz
- Keywork und Schule
- Keywork und Inklusion

Vereinsintern haben wir unter den Mitgliedern klare Zuständigkeiten für die einzelnen Bereiche festgelegt. Jeder Bereich wird von einem Mitglied finanziell und inhaltlich verantwortet und nach außen repräsentiert. Eine Vereinsordnung regelt dies im Einzelnen. Gerade bei der Verwendung von Spenden, dem Umgang mit Finanzen und der Nennung von Ansprechpartner(inne)n werden so Missverständnisse untereinander vermieden.

In der Satzung §2 Abs. (1) ist der Vereinszweck so festgelegt:
»Zweck des Vereins ist die Förderung und Pflege der generationenübergreifenden kulturellen und inklusiven Bildung, sowie der Jugend- und Altenhilfe in städtischen Quartieren (durch die Vermittlung von Handlungswissen, die Realisierung von Projekten und Veranstaltungen im Bereich der bildenden Kunst, Musik, Literatur, Bühnenkunst, Architektur und der kulturellen Bildung).« Der Verein fördert im Sinne der Abgabenordnung (AO) die Jugend- und Alten-

hilfe und die Kunst und Kultur (§ 52 Abs. 2 Satz 1 Nr. 4 und 5). Hier drückt sich formal der Zusammenhang von Sozialem und Kunst und Kultur in Keywork-Projekten aus.

An dieser Stelle hat auch der Zusatz »Soziale Plastik im Quartier« im Vereinsnamen seinen Ursprung. Dazu Karin Nell in einem Vortrag für interculturpro, 2010: »Man kann soziale Netzwerke als soziale Plastiken (nach Beuys, Anm. der Autoren), als soziale Kunst auffassen, die ihre Wirkung in den Sozialraum hinein entfaltet. Auf die gleiche Weise, wie ein Gemälde einen Saal verändert, eine Skulptur einen Platz neu definiert, vermag ein Netzwerk dem gesellschaftlichen Leben eine neue Qualität zu verleihen.« Im Sinne des erweiterten Kunstbegriffs von Joseph Beuys können im sozialen Miteinander auch nicht materielle Kunstwerke entstehen, die jeder Mensch »als Künstler« mitschaffen kann.

Der Name des Vereins mit den Begriffen »Keywork« und »Soziale Plastik« provoziert nähere Erklärungen und vertiefendes Gespräch.

Anliegen der Mitglieder des Vereins

- **Den Verein zu einem Labor/einer Werkstatt zu machen,** in der Keywork-Akteure/-Akteurinnen das Keywork-Profil schärfen und fortentwickeln.
- **Qualitätsmanagement:** Qualitätskriterien formulieren, Voraussetzungen für Qualität identifizieren.
- **Qualifizierung:** innovative Qualifizierungskonzepte erarbeiten und das gemeinsame Lernen fördern.
- **Öffentlicher Diskurs:** Organisation von Informations- und Diskussionsveranstaltungen.
- **Dokumentation:** Erfahrungen und Prozesse dokumentieren und analysieren. Ergebnisse Interessierten offen zugänglich machen.
- **Vernetzung:** Akteure/Akteurinnen bestehender und geplanter Keywork-Projekte vernetzen.
- **Begleitung und Modelltransfer:** Keywork-Projekte initiieren, bestehende Keywork-Initiativen begleiten und die verschiedenen Ausprägungen der Keywork-Projekte im Blick behalten. Modelltransfer unterstützen.

Der Verein ist im Atelier der Kunstschule Werksetzen in Düsseldorf auf der Bagelstraße 117 beheimatet. Eine Homepage des Vereins ist in Vorbereitung.

Literatur

Knopp, Reinhold/Nell, Karin (2007): Keywork. Neue Wege in der Kultur- und Bildungsarbeit mit Älteren Bielefeld, transcript Verlag

Nell, Karin (2010): Von der Kunst des Netzwerks. www.interkulturpro.de/ik_pdf/ik_tpd9.pdf (Zugriff 18.03.2014)

Autoren

Alvermann, Jörg-Thomas, Künstler, Studium an der Kunstakademie Düsseldorf, zahlreiche Ausstellungen im In- und Ausland, Vorsitzender des Keywork – Soziale Plastik im Quartier e. V. Düsseldorf. Parallel zur freiberuflichen Arbeit als Künstler: Kunst mit Menschen mit geistiger Behinderung, Berufsvorbereitung für Schulabgänger mit den Studienzielen Kunstlehrer, Kommunikationsdesigner und bildender Künstler. Entwicklung innovativer Konzepte für Kinder, Kunst und generationenübergreifendes Lernen in Ganztagsschulen.

Friedeler, Günter, seniorTrainer im Programm »Erfahrungswissen für Initiativen«, Initiator mehrerer Projekte des bürgerschaftlichen Engagements, die im Überschneidungsbereich von sozialer und kultureller Arbeit angesiedelt sind (u. a. Kulturzentrum der Generationen am Düsseldorfer Kinder- und Jugendtheater, Wohnen mit Verantwortung, Keywork an der Paul-Klee-Schule in Düsseldorf, Herzenssprechstunde); Aufgabenschwerpunkte: Projektberatung, Keywork im Quartier, Aufbau von Keywork-Ateliers an Schulen.

Anhang

Publikumslabor

Modellprojekt am Theater an der Ruhr in Mülheim

Freiwillige Mitarbeiter und Mitarbeiterinnen für die Realisierung eines innovativen Modellprojekts gesucht

Das Theater an der Ruhr ist das Theater für die Stadt Mülheim an der Ruhr, gegründet bereits 1981. Als seinerzeit visionäres alternatives Modell eines Ensembletheaters mit schlanken Betriebsstrukturen hat sich das Haus bis heute als einer der Fixpunkte in der bundesdeutschen Theaterlandschaft behaupten können. Nicht zuletzt deshalb, weil der prägende Gedanke des interkulturellen Reisetheaters, den die Gründerväter Roberto Ciulli, Helmut Schäfer und Gralf-Edzard Habben damals schon entwickelten, bis heute nachhaltigen Einfluss auf die deutschsprachige Theaterlandschaft ausübt und die Interkulturarbeit mittlerweile zahllose Nachahmer gefunden hat.

Das Theater an der Ruhr ist heute daran interessiert, zukunftsfähige Konzepte für die engere Zusammenarbeit mit seinem Publikum zu entwickeln und zu erproben. Deshalb greift es einen Vorschlag aus seiner lokalen Mülheimer Zuschauerschaft auf und unterstützt den Aufbau eines selbst organisierten, autonomen Publikumslabors.

Für dieses innovative Vorhaben in Mülheim suchen wir:

- Männer und Frauen mit Theaterleidenschaft und Interesse am Aufbau eines selbst organisierten Publikumslabors am Theater an der Ruhr

Wir bieten:

- ein interessantes, vielseitiges Aufgabenfeld im Überschneidungsbereich von Kulturarbeit, Sozialarbeit und Erwachsenenbildung
- Möglichkeiten zur persönlichen Weiterentwicklung
- Kontakt zu Menschen mit gleichen Interessen
- Projektarbeit zur Entwicklung neuer Verantwortungsrollen des Publikums
- Möglichkeiten zur Realisierung eigener Projektideen

- professionelle Begleitung aus den Bereichen Theaterarbeit, Erwachsenenbildung, Theaterpädagogik, Projektmanagement, Öffentlichkeitsarbeit und Marketing
- Zusammenarbeit in einem multiprofessionellen Team
- Möglichkeit des gemeinsamen Aufbaus von nachhaltigen Organisations- und Mitwirkungsstrukturen
- ein Fortbildungsprogramm zum Aufbau des Projektteams und begleitende Coachings
- Einblick in die Arbeit eines bundesweit bekannten und international agierenden Theaters
- Einblick in kulturelle und soziale Arbeitsfelder
- Freiwilliges Engagement auf Augenhöhe
- gute Rahmenbedingungen für ein selbstständiges und selbst bestimmtes Engagement, um eigene kleine, zeitlich befristete Projekte zu entwickeln

Wir erwarten:

- Interesse an Theater- und Projektarbeit
- Interesse am Umgang mit Menschen und soziale Kompetenz
- Teamfähigkeit
- Flexibilität
- Kreativität und/oder Organisationstalent
- Bereitschaft zu intergenerativer und interkultureller Begegnung

Es handelt sich ausschließlich um eine freiwillige Tätigkeit. Interessierte sollten mindestens 8 bis 10 Stunden pro Monat für das Projekt einplanen können. Die regelmäßige Teilnahme an den Gruppentreffen ist erwünscht (auf Urlaubszeiten wird selbstverständlich Rücksicht genommen!).

Die Teilnahme am Projekt ist kostenlos. Bei den Veranstaltungen wird lediglich eine kleine Umlage für Getränke und ggf. für Verpflegung erhoben.

Das Projekt startet mit einer Informationsveranstaltung am 25.10.2014 zwischen 12 und 15 Uhr im Theater an der Ruhr, Mülheim.

Anmeldung und Information:

Theater an der Ruhr
Akazienallee 61
45478 Mülheim an der Ruhr
Ansprechpartner: Rolf C. Hemke
rolf.hemke@theater-an-der-ruhr.de